Es gibt Frauen, die

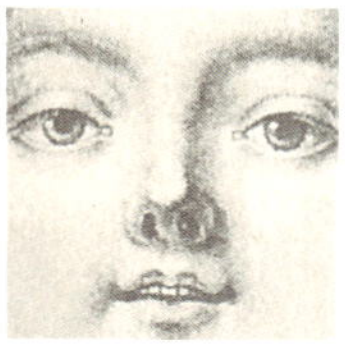

ihre Männer mit einer ebenso

Wenn man schöne Beine

blinden schwärmerischen und

ehalten will muß man sie von den Blicken

Ich mag Fältchen. Sie sind meine Auszeichnung – sie zeigen, daß ich gelebt habe.

Shirley MacLaine

Eine Frau ohne Mann ist wie ein Fisch ohne

Sie müssen lernen, daß es nichts Kulturfeindlicheres gibt, als die Demut des

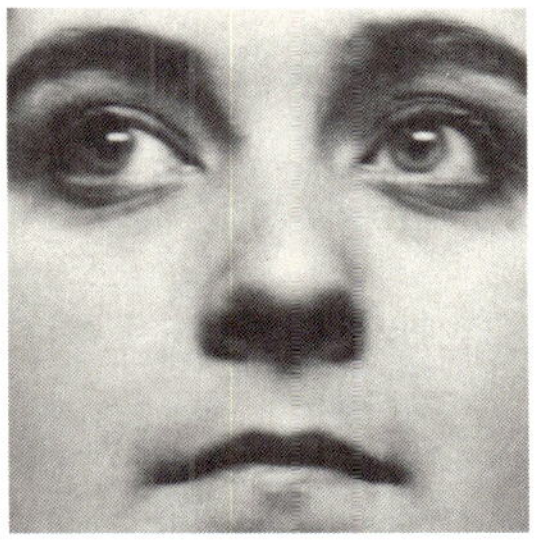

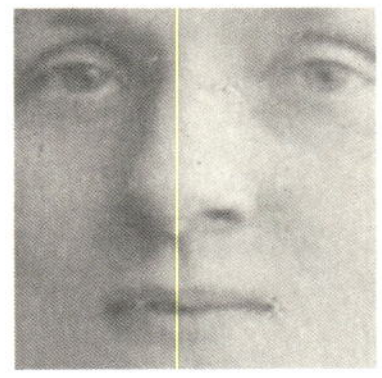

Ein Mann kann h

Die Ehe – die vom Staat sanktioni

Die Gleichberechtigung der Geschlechte

Adam war nichts als ein rol

Weibes und daß das endlich aufkeimende Selbstgefühl der Frau eine neue Ära der Kulturentwicklung bedeutete

Es gibt Fr

Therese Schlesinger

Wenn ein Mann zurück

Der ideale Ehemann

hstens vollstän... sein ... Eine Frau aber vollk

...wird erst dann erreicht sein, wenn mittelmäßige Frauen hohe Ämter

...te Tyrannei · Alma Mahler-Werfel

...ntwurf, und die Schöpfung des Menschen ist Gott erst völlig gelungen, als er Eva geschaffen hat.

Simone de Beauvoir

... die Heldinnen sind, von denen man aber nie etwas erfahren würde, wenn es ... gäbe, die ungehörige Fragen

weicht er zurück. Eine Frau weicht nur zurück,

...st ein unbestätigtes Gerüc...

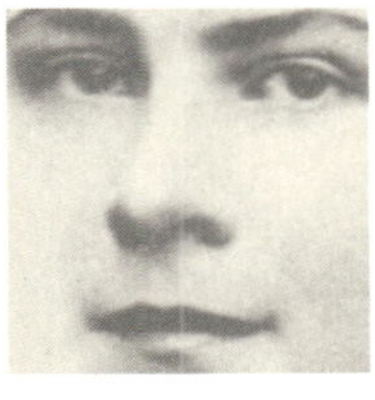

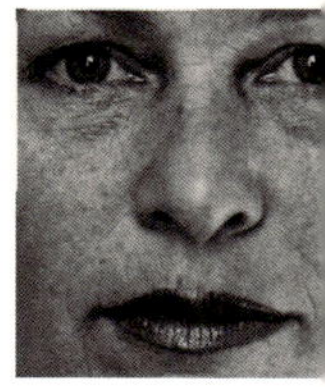

eine Frau, aber vollkommen

...ster. Marie von Ebner-E...

bekleiden.

Françoise Giroud

...was wollen Frauen? Schuhe

Frauen geben Fehler leichter zu als Männer. Deshalb sieht es so au...

Jungen sind wie Milch

...um besser Anlauf nehmen zu können.

Es gibt Frauen, die Heldinne...

...ein unbestätigtes Gerücht.

stellen.

Lina Loos

Zsa Zsa Gábor

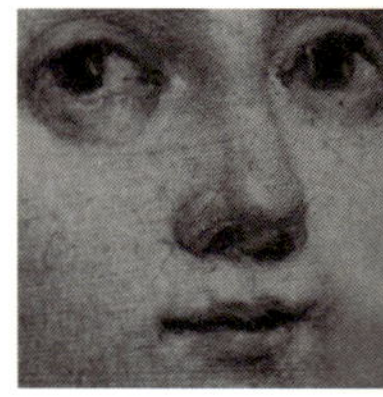

chenbach

ls machten sie mehr.
Gina Lollobrigida

venn man sie stehen läßt, sind sie sauer.
Madonna

der Mann das Amt hat

Frau hat Millio

nd, von denen man aber nie etwas erfahren würde, wenn es nicht Frauen gäbe, die ungehörige Fragen stellen.
Lina Loos

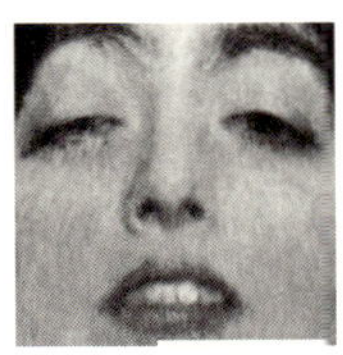

Im Auftrag des
Amtes der NÖ Landesregierung –
Abteilung Kultur und Wissenschaft

Schriftleitung
Dr. Elisabeth Vavra

Lektorat
Andrea Riedl, Sonja Paschen,
Eckehard Wolf

Für den Inhalt der Beiträge zeichnen die Autoren verantwortlich.

Gesamtherstellung
Druckerei Ueberreuter
Print & Digimedia

Die Deutsche Bibliothek –
CIP-Einheitsaufnahme
Aufmüpfig&angepaßt; Frauenleben in Österreich, Katalog des Niederösterreichischen Landesmuseums zur NÖ Landesausstellung 1998. Neue Folgenummer: Nr. 419
ISBN-Nr. d. Landes NÖ: ISBN 3-85437-143-8
Wien, Köln, Weimar; Böhlau, 1998
ISBN 3-205-98948-1

böhlauWien
niederösterreich kultur

aufmüpfig&ang

Niederösterreichische

Besonderer Dank für die Restaurierung des Schlosses Kirchstetten gebührt dem Bundesdenkmalamt. Landeskonservator Hofrat Dr. Werner Kitlitschka und sein Team haben hier in kürzester Zeit Außerordentliches geleistet. Dies wäre aber ohne Koordination von Reg. Rat Kurt Waldhütter von der Abteilung Kultur und Wissenschaft des Amtes der NÖ Landesregierung und Herrn Dipl.-Ing. Günther Graf vom Gebietsbauamt IV (Krems) nicht möglich gewesen.

Dank gebührt dem Straßenbaudirektor Vortr. Hofrat Dipl.-Ing. Meinrad Stipek und der örtlichen Straßenmeisterei Laa an der Thaya für die Herstellung des Parkplatzes und des Schloßvorplatzes.

Das Bundesland Niederösterreich dankt folgenden Firmen und Institutionen für die Unterstützung der Ausstellung:

Die Niederösterreichische Versicherung
Happy Promotion
Illbau
ORF Landesstudio Niederösterreich

Wissenschaftliche Mitarbeiter
HR Dr. Alfred Auer, Kunsthistorisches Museum, Sammlungen Schloß Ambras, Innsbruck
Univ.Prof. Dr. Karl Brunner, Institut für Österreichische Geschichtsforschung der Universität Wien und Institut für Realienkunde des Mittelalters und der frühen Neuzeit der Österreichischen Akademie der Wissenschaften, Krems
Univ. Prof. Dr. Fritz Fellner, Wien
Uschi Fellner, Wien
Dr. Lisa Fischer, Wien
Elfriede Hammerl, Wien
Univ. Prof. Dr. Friederike Hassauer, Institut für Romanistik, Universität Wien
Ursula Heindl, Wien
Univ. Prof. Dr. Peter Husslein, Vorstand der Universitätsklinik für Frauenheilkunde, Allgemeines Krankenhaus Wien
Mag. Gertraud Knoll, Superintendentin
Dr. Christina Lutter, Bundesministerium für Wissenschaft und Verkehr, Wien
Dr. Marina Marcovich, Wien
Thomas Maurer, Wien
Dr. Herlinde Menardi, Tiroler Volkskunstmuseum, Innsbruck
Dr. Konstanze Mittendorfer, Österreichische Nationalbibliothek, Wien
Mag. Margit Kohlert, Landeskonservatorat für Niederösterreich, Bundesdenkmalamt, Wien
Dr. Manfred Pawlik, Wien
Dr. Wolfgang Pauser, Wien
Dr. Veronika Pelikan, Wien
Mag. Dr. Rotraud A. Perner, Institut für Projektberatung und Supervision, Wien
Mag. Susanne Claudine Pils, Wiener Stadt- und Landesarchiv, Wien
Erika Pluhar, Wien
Dr. Brigitte Pohl-Resl, Institut für Österreichische Geschichtsforschung der Universität Wien
Dr. Erwin Pröll, Landeshauptmann
Liese Prokop, Landeshauptmannstellvertreter
Christoph Schönborn, Erzbischof von Wien
Dr. Werner Schneyder, Wien
Univ.-Doz. Dr. Edith Specht, Institut für Alte Geschichte, Altertumskunde und Epigraphik, Universität Wien
Dr. Christa Svoboda, Carolino Augusteum – Salzburger Museum für Kunst und Kulturgeschichte, Salzburg
Dr. Christine Tropper, Archiv der Diözese Gurk, Klagenfurt
Dr. Gert Tschögl, Wien
Dr. Beatrix Urbanek, Wien
Dr. Maria Wolf, Institut für Erziehungswissenschaften, Universität Innsbruck
Univ. Prof. Dr. Herwig Wolfram, Institut für Österreichische Geschichtsforschung der Universität Wien
Dipl. Ing. Dr. Klaus Woltron, Wien

Leihgeber
Das Bundesland NÖ dankt allen Museen, Archiven, Bibliotheken, Instituten und privaten Persönlichkeiten für die Bereitschaft, die Ausstellung mit Leihgaben zu unterstützen.

Aschaffenburg, Museen der Stadt Aschaffenburg
Augsburg, Evang.-Luth. Dekanat
Budapest, Szépmüvészeti Múzeum
Český Krumlov, Státní oblastní archív
Düsseldorf, Institut für Geschichte der Medizin, Heinrich-Heine-Universität, Graphiksammlung „Mensch und Tod"
Eggenburg, Ingrid Steininger
Göppingen, Archiv und Museen
Kempten, Stadtarchäologie und Diakonisches Werk
München, Freiherrlich Welsersche Familienstiftung

Veranstalter
Bundesland Niederösterreich

Geschäftsführung
Amt der NÖ Landesregierung
Univ.-Doz. Dr. Georg Schmitz
Leiter der Gruppe Kultur, Wissenschaft und Unterricht
Dr. Gottfried Stangler
Stellvertretender Leiter der Abteilung Kultur und Wissenschaft

Wissenschaftliche Ausstellungsleiterin
Dr. Elisabeth Vavra
Institut für Realienkunde des Mittelalters und der frühen Neuzeit der Österreichischen Akademie der Wissenschaften, Krems

Ausstellungskoordination
Mag. Dagmar Leindl
Reg.Rat Ing. Hubert Schwarz

Ausstellungsgestaltung
Architekt Dipl.-Ing. Carl Auböck

Ausstellungssekretariat
Irene Eder, Manuela Hacker

Ausstellungsassistentinnen
Judith Erharter
Biljana Mencovic

Technische und sicherheitstechnische Angelegenheiten
Reg. Rat Ing. Hubert Schwarz, Elisabeth Gassner, Michaela Opitz, Marion Török, Hubert Moschinger

Rechtliche Angelegenheiten
Mag. Angela Apel

Werbung
Jirgal Werbegesellschaft
Franz Jirgal
Elisabeth Schmidt

Protokoll
Dr. Ernst Schebesta

Örtliche Ausstellungsleitung
Johann Romann, Elfriede Grausam

Restaurierungen
Mag. Ralph Wittig, Hilda Brocks, Friedbert Herndlhofer

Mitarbeiter Büro Auböck
Petra Ziegler, Oliver Pfeiler

Fotografien
Abteilung LAD5-Pressedienst
Wolfgang Bernhard, Reinhard Kasper sowie siehe Fotonachweis

Weiters haben an der Ausstellung mitgewirkt
Ottilie Benauer, Norbert Braunecker, Mag. Hermann Dikowitsch, Gabriele Erhard, Margot Fettinger, Rudolf Klippl, Erich Lang, Wolfgang Molcik, Andrea Mukstadt, Christa Petlach, Helene Schmidt, Werner Schoberwalter, Mag. Eva Smekal

Frauenleben in Österreich

Landesausstellung '98

[Schloß Kirchstetten]

Nürnberg, Germanisches Nationalmuseum
Regensburg, Museum Ostdeutsche Galerie
Regensburg, Fürst Thurn und Taxis Museen
Annaberg, Pfarramt
Baden, Rollett-Museum
Eggenburg, Krahuletz Museum
Friesach, Stadtpfarramt St. Bartlmä
Graz, Akademische Druck- und Verlagsanstalt
Graz, Neue Galerie am Landesmuseum Joanneum
Horn, Höbarthmuseum
Innsbruck, Sammlungen Schloß Ambras
Innsbruck, Tiroler Volkskunstmuseum
Klagenfurt, Archiv der Diözese Gurk
Klagenfurt, Kärntner Landesarchiv
Klagenfurt, Kloster der Elisabethinen
Klagenfurt, Landesmuseum für Kärnten
Krustetten, Marion Blaschitz
Linz, Bertha-von-Suttner-Schule
Linz, Bundesstaatliche Studienbibliothek
Linz, Nordico – Museum der Stadt Linz
Linz, Oberösterreichisches Landesmuseum
Krems, Stadtarchiv
Maria Enzersdorf, Sonja Leiss
Murau, Schwarzenbergische Archive
Salzburg, Dommuseum
Salzburg, Carolino Augusteum – Salzburger Museum für Kunst und Kulturgeschichte
Salzburg, KR Max Gramiller
Salzburg, Rupertinum, Salzburger Landessammlungen
St. Florian, Augustiner-Chorherrenstift
St. Pölten, Institut B.M.V. der Englischen Fräulein
St. Pölten, Stadtmuseum
Völkermarkt, Galerie Magnet
Vorau, Augustiner-Chorherrenstift
Wien, Archiv der Gesellschaft der Musikfreunde in Wien
Wien, arztplan, Ing. Michael Bör
Wien, Berufsschule für Friseure
Wien, Bundesmobiliensammlungen
Wien, Hans Dichand
Wien, Dr. Cornelia Eibl
Wien, Vera Eisenberger KG.
Wien, Lisa Fischer
Wien, Rosa Gasteiger
Wien, Kunst- und Auktionshaus Wolfdietrich Hassfurther
Wien, Haus-, Hof- und Staatsarchiv
Wien, Historisches Museum der Stadt Wien
Wien, Institut für Geschichte der Medizin der Universität Wien
Wien, Mag. Anna Maria Kovacic
Wien, Friedl Kubelka-Bondy
Wien, Kunsthistorisches Museum, Ägyptisch-orientalische Sammlung
Wien, Kunsthistorisches Museum, Gemäldegalerie
Wien, Modeschule der Stadt Wien im Schloß Hetzendorf
Wien, Modesammlungen des Historischen Museums der Stadt Wien
Wien, Naturhistorisches Museum
Wien, Niederösterreichisches Volksliedwerk
Wien, Österreichische Galerie
Wien, Österreichische Nationalbibliothek, Druckschriftensammlung
Wien, Österreichisches Tabakmuseum
Wien, Österreichisches Theatermuseum
Wien, Sammlung Rudolf Schmutz
Wien, Sigmund-Freud-Museum
Wien, Magdalena Steinhauser
Wien, Wiener Stadt- und Landesarchiv
Wien, Wiener Stadt- und Landesbibliothek
Wien, Hans Georg Wulz
Wien, Zentralbibliothek für Medizin

Das Land Niederösterreich dankt folgenden Leih- bzw. Lizenzgebern für die Bereitstellung von Filmmaterial:

Eva Brunner-Szabo, Wien
Linda Christanell, Wien
Connaissance du Cinema, Paris
Creditanstalt, Wien
EA-Generali Foundation, Wien
Valie Export, Wien
Filmarchiv Austria, Wien
Lisi Frischengruber, Wien
Ilse Gassinger, Kanada
Sabine Groschup, Wien
Henkel, Wien
Edith Hirsch, Wien
Jahnfilm, Wien
Jupiter Film, Wien
Gerda Lampalzer, Wien
Maria Lassnig, Wien
Mara Mattuschka, Wien
Medienwerkstatt, Wien
Miele Österreich
Manfred Neuwirth, Wien
ORF
Friederike Pezold, Wien
Ursula Pürrer, Berlin
Hans Scheirl, London
Hubert Sielecki, Wien
Anna Steininger, Wien
Stiftung Murnau, Wiesbaden
Transit-Film, München
Regina Ziegler Filmproduktion, Berlin

Fotonachweis

Besonderer Dank gebührt:

Veronika Hofinger, Wien
Seite 27
Lisa Holzer, Wien
Seite 83, 101, 135
Lisa Rastl, Wien
Seite 37, 49
Cathrine Stukhard, Wien
Seite 61, 115
sowie:
Nikolaus Walter, Feldkirch
Seite 162, 163, 370, 373, 374

Aschaffenburg, Museen der Stadt Aschaffenburg,
Seite 205, 260
Düsseldorf, Institut für Geschichte der Medizin, Heinrich-Heine-Universität, Graphiksammlung „Mensch und Tod"
Seite 197, 199, 200
Göppingen, Archiv und Museen
Seite 256, 259
Graz, Neue Galerie am Landesmuseum Joanneum Seite 306, 338,
Innsbruck, Tiroler Volkskunstmuseum
Seite 170, 172, 175, 177, 178, 180, 181, 182, 185, 229, 230
Krems, Institut für Realienkunde
Seite 28, 31, 34, 38, 39, 41, 44, 47, 51, 54, 55, 58
Klagenfurt, Landesmuseum für Kärnten
Seite 16, 20
Linz, Nordico – Museum der Stadt Linz
Seite 240
Linz, Oberösterreichisches Landesmuseum
Seite 234, 236, 239, 240, 242, 260, 298
Nürnberg, Germanisches Nationalmuseum Seite 260
Regensburg, Museum Ostdeutsche Galerie
Seite 297
Rohrendorf bei Krems, Peter Böttcher
Seite 186, 188, 208, 212, 215, 245, 262, 264, 265, 269, 278, 288, 297, 326, 340, 443, 356
Salzburg, Dommuseum
Seite 211
Salzburg, Carolino Augusteum – Salzburger Museum für Kunst und Kulturgeschichte
Seite 216, 226, 233, 236, 274, 277

Salzburg, KR Max Gramiller
Seite 284
Villach, Museum der Stadt Villach
Seite 79
Wien, Bildarchiv der Österreichischen Nationalbibliothek
Seite 14, 15, 202, 206, 211, 292, 300, 304, 310, 313, 318, 322, 325, 334, 337, 344, 348, 351, 352, 354, 360, 367
Wien, Vera Eisenberger KG.
Seite 291
Wien, Kunst- und Auktionshaus Wolfdietrich Hassfurther
Seite 192, 270
Wien, Historisches Museum der Stadt Wien
Seite 90, 94, 240, 246, 248, 251, 255, 280, 283, 284, 286, 321, 331, 359, 363
Wien, Institut für Geschichte der Medizin der Universität Wien
Seite 218
Wien, Niki Kloss Seite 332
Wien, Mag. Anna Maria Kovacic
Seite 328
Wien, Friedl Kubelka-Bondy
Seite 347
Wien, Kunsthistorisches Museum
Seite 62, 63, 75, 164, 167, 168
Wien, Österreichische Galerie
Seite 85, 103, 106, 111, 188, 191
Wien, Österreichisches Institut für Zeitgeschichte – Bildarchiv
Seite 116, 120, 125
Wien, Fotostudio Otto
Seite 216, 284, 294

Inhalt

was sie sein sollen.

frage in die Welt.

Vorwort

Aus der Vergangenheit mehr Verständnis für die Gegenwart und Grundlagen für die Bewältigung der Zukunft abzuleiten – das ist eine Forderung an die Geschichtsforschung, die Geschichtsschreibung und die Geschichtspräsentation, der, so finde ich, die Landesausstellung „aufmüpfig & angepaßt – Frauenleben in Österreich" im Schloß Kirchstetten bei Staatz in besonderer Weise gerecht wird. Sie erzählt am Beispiel von Einzelschicksalen 1000 Jahre Frauengeschichte in Österreich und zeigt auf, daß es immer schon Frauen gegeben hat, die im positiven Sinn „aufmüpfig" waren. Sie sind aus den Rollenbildern ihrer Zeit ausgebrochen und damit zu Wegbereiterinnen geworden. So unterschiedliche Frauenpersönlichkeiten wie die Dichterin Frau Ava, die Nobelpreisträgerin Bertha von Suttner, die in engem Zusammenhang mit dem Ausstellungsort Schloß Kirchstetten steht, oder die „Muse" Alma Mahler-Werfel haben im Laufe der Jahrhunderte durch ihr Leben und Wirken Stück für Stück viele Vorurteile und Klischees ad absurdum geführt. Und sie haben damit den Boden vorbereitet, auf dem wir beispielsweise – weil es immer noch viele Barrieren gibt – im Vorjahr eine Gleichbehandlungsbeauftragte für den NÖ Landes- und Gemeindedienst installiert haben. Die Landesausstellung erzählt somit nicht ein abgeschlossenes Kapitel Geschichte, sondern sie soll dazu beitragen, den Weg, den uns prominente und anonyme Frauen in der Vergangenheit vorgezeigt haben, auch in Zukunft weiterzugehen, sie soll zum Nach- und wohl auch zum Umdenken anregen. Damit erfolgreiche und engagierte Frauen in Politik, Wirtschaft und Kultur nie mehr als „aufmüpfig" eingestuft, sondern als etwas Selbstverständliches angesehen werden. Um diese Zielsetzung zu erreichen, bietet die heurige Landesausstellung eine besondere Fülle und Vielfalt an Rahmenaktivitäten zum Thema. Es ist bereits die 29. Niederösterreichische Landesausstellung, und wir erwarten dabei den siebenmillionsten Besucher. Selbstverständlich ist mit einer solchen Großveranstaltung auch eine erhebliche wirtschafliche Umwegrentabilität verbunden – auch aus diesem Grund freue ich mich als leidenschaftlicher Weinviertler über die Landesausstellung in unserer Region. Ich wünsche ihr viele interessierte und aufgeschlossene Besucherinnen und Besucher und somit einen erfolgreichen, aber im Sinn der angeführten Zielsetzung auch folgenreichen Verlauf.

Dr. Erwin Pröll
Landeshauptmann

Edith Specht

Frauen in der Austria Romana

Noreia-Isis-Statue aus dem Bäderbezirk Virunum. Klagenfurt, Landesmuseum für Kärnten

Das heutige Österreich war seit etwa 400 v. Chr. Siedlungsgebiet keltischer Stämme (Latènezeit). Um 180 v. Chr. erlangten die Noriker die politische Vormachtstellung und schufen das erste staatliche Gebilde von einiger Bedeutung, das *regnum Noricum* mit seinem Zentrum in Kärnten (Magdalensberg). Der norische Einflußbereich reichte von Kärnten aus in den Osten von Nordtirol und über den Alpenhauptkamm hinweg ins Wiener Becken nach Westungarn bis zum Plattensee, nach Slowenien und zeitweilig bis Istrien. Die Fürsten der Noriker unterhielten traditionell gute Beziehungen zu Rom.

Den Zusammenhalt dieses Reiches ermöglichten Bündnisse und Koalitionen zwischen den einzelnen Stämmen, die auch durch eine gezielte Heiratspolitik des Adels abgesichert wurden. Frauen hatten Schlüsselpositionen im politischen Spiel.

Rom rückt in den Vordergrund

Ab dem 2. Jh. v. Chr. wurden offizielle Handelsverträge zwischen Rom und dem *regnum Noricum* abgeschlossen, woraufhin Händler und Kaufleute vermehrt ins Land strömten. Der Grund des römischen Interesses an Noricum lag in seinem Reichtum an Bodenschätzen, wie Gold, Kupfer, Blei, Zink und vor allem in der Erzeugung eines speziellen, stahlähnlichen Eisens, des *ferrum Noricum.* Dessen hervorragende Qualität war jahrhundertelang sprichwörtlich, und es wurde weithin exportiert. Anfangs waren es die Besitzer der großen Handelshäuser aus Aquileia und anderen Orten Oberitaliens, die Barbii, Cispii und andere, die in dem ihnen wohlbekannten Wirtschaftszentrum am Magdalensberg Fuß faßten, später profitierten Leute aus aller Welt, Griechen und Thraker, aber auch aus Syrien und aus Nordafrika, vom Handel mit Noricum. Die Kontakte zwischen Einheimischen und Zuwanderern waren nützlich und in vielfacher Hinsicht gewinnbringend.

Die alten und engen ökonomischen Verbindungen sowie die geschickte Diplomatie Roms führten dazu, daß 15 v. Chr. das *regnum Noricum* offenbar ohne größere Kampfhandlungen besetzt und als römische Provinz Noricum dem Imperium Romanum eingegliedert werden konnte. Wenig später wurde der Ostteil verwaltungstechnisch abgetrennt und der römischen Provinz Pannonien zugewiesen.

Die Etablierung der Römer hatte zur Folge, daß wir von da an über die Vorgänge in den neuen Provinzen ungleich besser informiert sind als davor. Mit der Bürokratie und dem Lateinischen als Verwaltungssprache hat nämlich auch der Gebrauch der Schrift Einzug in unser Gebiet gehalten. Von nun an treten zahllose Inschriften zu den üblichen Funden aus den Gräbern und Siedlungen und informieren über den Wirkungsbereich und die gesellschaftliche Stellung der Frauen, die in den literarischen Quellen jener Zeit sonst kaum erwähnt werden. Aus diesen Inschriften erfahren wir, daß die zugewanderten Unternehmer ihre Frauen auch aus den einheimischen Familien zu gewinnen trachteten, nicht zuletzt deshalb, weil sie dadurch leichter Eingang in die lokale Gesellschaft finden konnten. In Virunum gelang es dem aus Italien stammenden Caius Maximius Junianus, als Gemeinderat in die führende norische Familie der Gegend einzuheiraten, die als Grubenbesitzer und Händler mit dem *ferrum Noricum* schwerreichen Dripponii.

Inschriften aus der Gegend um den Magdalensberg wiederum zeigen, daß Angehörige der bekannten italischen Unternehmerfamilie Barbius über Generationen hinweg durch Heirat mit norischen Frauen eine eigene einheimische Linie bildeten. Die Leiter von Handelsniederlassungen, wie sie auf dem Magdalensberg und anderweitig bestanden, waren oft Freigelassene, also ehemalige Sklaven, und auch diese heirateten in lokale Familien ein.

Ehen zwischen Einheimischen und Zuwanderern gab es also in allen Gesellschaftsschichten. Die keltischen Frauen haben zwar ihre Traditionen aufrechterhalten, durch die gegenseitige Beeinflussung ist aber eine neue, als provinzialrömisch bezeichnete Kultur entstanden, in der das von den Frauen bewahrte einheimische Element vorherrschte. Der wohlhabende Clymenos ehelichte Aiu, Tochter eines Kelten namens Casticus, und Philocrates heiratete die Keltin Banona. Der aus Oberitalien stammende römische Bürger Caius Fabius Advenna machte sogar seine frühere keltische Sklavin Buxa zur Gattin.

Die Masse der Bevölkerung besaß zumeist nicht das römische Bürgerrecht, sondern den Status von freien Peregrinen (*peregrini*, wörtl. Fremde), genoß aber die Vorteile des straff geführten römischen Beamtenstaates und hatte durch die größere Rechtssicherheit mehr Möglichkeiten zur wirtschaftlichen Entfaltung innerhalb des riesigen Imperiums.

Daß auch Frauen diese Chancen nützten, zeigt das Beispiel der Norikerin Titinia Primula, die vermutlich mit norischem Stahl handelte, wobei sie bis nach Numidien in Nordafrika kam, wo sie verstarb. Sie hatte bereits römisches Bürgerrecht.

Der Status von Frauen in Theorie und Praxis

Formal galt im römischen Reich überall das gleiche Recht, das Frauen weder eine Rechtspersönlichkeit noch die Geschäftsfähigkeit zugestand. Die offizielle reichsrömische Gesetzeslage hat in den Provinzen oft nur wenig Auswirkungen auf die Lebensumstände der Bevölkerung gehabt; das belegt u. a. ein stattliches Grabmonument, das der Sklave Candidus aus der Gegend um Leibnitz für sich und Surilla, seine beste Ehefrau (*coniugi optimae*), errichten ließ.

Ein Sklave hätte seine Lebengefährtin nicht als *coniunx* bezeichnen dürfen, da er nach römischem Recht keine gültige Ehe eingehen konnte. Das entsprach aber nicht dem lokalen Rechtsverständnis.

Im Gebiet des ehemaligen *regnum Noricum* wurde zumindest im ländlichen Bereich die althergebrachte Ordnung im wesentlichen beibehalten. Die einheimische (keltische) Frau hatte grundsätzlich das Recht, ihren Mann selbst zu wählen, und sie konnte nur mit ihrer Einwilligung verheiratet werden. Ferner konnte sie eigenes Vermögen besitzen. Bei einer Eheschließung blieb die Frau Eigentümerin ihres Vermögens und das, was sie als Mitgift in die Ehe einbrachte, mußte der Ehemann durch seinen Beitrag in gleicher Höhe verdoppeln. Dieses Gesamtvermögen wurde dann gemeinschaftlich verwaltet und der Gewinn zurückgelegt. Nach dem Tod eines Ehepartners fiel dessen Teil der oder dem Überlebenden zu. Es gab daher sehr wohlhabende Frauen, und diese nahmen nicht zuletzt wegen ihres Reichtums auch Einfluß auf die Politik. Sie waren *mulierculae publicanae,* über die sich Cicero so ärgerte, weil sie in den Provinzen spürbar ihren Einfluß auf die amtlichen Vertreter Roms ausübten (Verr.2,3,77/9).

Die für altrömische Verhältnisse ungewöhnlich große persönliche Freiheit der peregrinen Frauen beruhte nicht zuletzt auf dem Ausmaß der Leistungen der Frauen für den Fortbestand und für das Funktionieren der bäuerlichen Gemeinschaft. Erstaunt berichten davon antike Schriftsteller: Was die Arbeitsteilung zwischen Männern und Frauen angeht, so verhält sich das genau umgekehrt wie bei den Griechen und Römern. Die Frauen (der Kelten) teilten jegliche Arbeit mit den Männern; sie hatten Kraft und Umsicht wie die Männer.

Die bäuerliche Gesellschaftsstruktur kannte genau definierte Rechte und vor allem auch Pflichten für alle, denn unser Klima verlangt sorgfältige Vorausplanung und sinnvolles Wirtschaften, damit Mensch und Vieh auch in langen und kalten Wintern überleben können. Die Frauen besorgten als Herrin des Hauses, als Bäuerin und Sennerin, aber auch als Hofmagd die Vorratshaltung für die Verpflegung, das Mahlen des Getreides zu Mehl, das Dörren und Trocknen von Obst, Gemüse und Hülsenfrüchten, das Verarbeiten des Schlachtfleisches – Schweinernes war besonders beliebt –, auch zu Würsten, sowie die Herstellung von Milchprodukten wie Butter und Käse. Weiters verarbeiteten sie die Schafwolle; durch Reinigen, Spinnen und Weben stellten sie das Material für die bedeutende Textilproduktion her. Gewalkte norische Mäntel und Wetterflecke waren geschätzte Exportartikel.

In der Kompetenz der Frauen lag aber auch die Durchführung von bedeutenden Riten und Kulten; der auffallende Brustschmuck – eine Kette aus Rosetten mit Anhängern aus Mondsicheln und Eicheln – läßt vermuten, daß die Frau Atilia aus Piber (Stmk.) eine Kultfunktionärin gewesen ist.

Grabstein der Romana für ihre Tochter Maveta aus Traismauer. Stadtmuseum Traismauer

Das römische Militär als gesellschaftlicher Faktor

Rom mußte seine neugewonnenen Provinzen gegen Übergriffe feindlicher Nachbarn sichern, wobei in unserem Raum die Donau die Reichsgrenze (*limes*) bildete. Zuerst wurde Carnuntum (NÖ), wo der Strom besonders leicht zu überqueren war und wo der uralte Handelsweg der Bernsteinstraße entlang der Marchfurche auf die Donau traf, um das Jahr 30 mit einem Militärlager gesichert. Eine Legion (6000 Mann) wurde hier stationiert, die das Lager zu einer Festung ausbaute. Dann erfolgte schrittweise der Ausbau des Limes in Österreich stromaufwärts bis zur Innmündung durch Anlegen zunächst kleinerer Lager, die aber im Laufe der Zeit ständig erweitert wurden.

Für die einheimischen freien Männer war der Dienst im römischen Heer eine willkommene Möglichkeit, das Bürgerrecht zu erlangen. Die Burschen kamen im Alter von 17 bis 20 Jahren zum Militär (zu einer Hilfstruppe, denn in eine Legion wurden nur römische Bürger aufgenommen), wo sie fünfundzwanzig oder mehr Jahre dienten. Nach erfolgreicher Ableistung der Dienstzeit konnte ihnen, nun als Veteranen, durch ein Dekret (Militärdiplom) das römische Bürgerrecht verliehen werden sowie das Recht auf eine gültige Eheschließung mit nur einer peregrinen Frau, das *connubium.*

Grabstele des Candidus und der Surilla, vermutlich aus Solva (Stmk.), seit 1534 in Graz, neuzeitlich überarbeitet, jetzt Lapidarium Eggenberg Nr. 124

Porträtbüste aus Lendorf, Klagenfurt, Landesmuseum für Kärnten

In unmittelbarer Nähe zu diesen Lagern entstanden rasch Lagersiedlungen, die sogenannten *canabae* oder *vici*. Hier lebten die Frauen, die zwar nicht offiziell, aber faktisch die Ehefrauen der Soldaten und die Mütter derer Kinder waren. Sie mußten selbst für sich und ihre Kinder sorgen, weil der Vater während seiner aktiven Militärzeit dazu nicht in der Lage war; sein Sold wurde nämlich von der Militärkasse verwaltet und erst bei der Abrüstung ausbezahlt. Dennoch waren solche Verbindungen von der einheimischen Bevölkerung nicht ungern gesehen, da mit dem *connunbium* zwar nicht die Ehefrau, wohl aber deren Kinder das römische Bürgerrecht des Vaters erhielten.

In den Lagersiedlungen lebte auch das Begleitpersonal der Truppe. Frauen und Männer jedes Standes und verschiedenster Herkunft betrieben dort Schenken, Garküchen, Läden aller Art und Werkstätten jeglichen Gewerbes. Aus Tanzenberg in Kärnten stammten zwei Männer, die in den *canabae* von Lauriacum (OÖ) bei einem Barbareneinfall erschlagen wurden. Ihre Frauen Marcia Salbia und Aurelia Ursa errichteten ihnen in der Heimat Gedenksteine. Der Mann der Ursa war bereits siebzig Jahre alt, als er starb; vermutlich war auch Ursa nicht mehr jung, und der Verlust hat sie besonders hart getroffen.

Frauen am Limes

Aus den Lagersiedlungen entstanden schnell größere Ortschaften und Städte. Das auf dem Gebiet des heutigen Österreich stationierte Militär war zwar keineswegs in einen kulturell oder zivilisatorisch rückständigen Raum gekommen, doch hat die große Zahl der Neuankömmlinge Entwicklungsprozesse beeinflußt und die Romanisierung vorangetrieben. Lateinisch als die Kommandosprache des Militärs wurde rasch auch zur allgemeinen Schriftsprache für die Zivilbevölkerung, wie die zahlreichen Grabinschriften beweisen, die Peregrine, Männer wie Frauen, für ihre lieben Verstorbenen verfassen ließen.

So auch für Victoria, die um das Jahr 200 in Klosterneuburg (NÖ) plötzlich als Alleinerbin dastand. Sie ließ einen Grabstein setzen, für Vater, Mutter und ihre drei kleinen Geschwister, die offenbar bei ein und derselben Unbill (Pest?) ums Leben gekommen waren, auf dem sie und alle Verstorbenen abgebildet sind: der Vater in seiner römischen Militärkleidung, die Frauen aber in ihrer Tracht, obwohl sie bereits römische Namen tragen. Die Mutter Victorina war eine Einheimische, und ihre Tochter Victoria, obwohl sie offenbar Latein konnte, identifizierte sich mit der von der Mutter übernommenen Tradition und nicht mit der römischen des Vaters. Dieser, Ulpius Avitus, hatte seinen Abschied vom Militär mit allen Rechten erhalten und sich neben dem Lager seiner Stammtruppe in Klosterneuburg niedergelassen. Kaum zwanzigjährig, fiel der einzigen Überlebenden Victoria die Verantwortung für den Familienbesitz zu, der wohl aus einer Landwirtschaft und einem Weinberg bestand.

Veteranen traten mit ihrem angesparten Sold, etwaigen Abfindungssummen, Donativen und Beuteanteilen relativ vermögend ins Zivilleben ein, was sie als Partner einheimischer Frauen recht annehmbar machte. Die Bestimmung in den Entlassungsdekreten, daß das *connubium* nur für *eine* Frau zu gelten habe, erklärt sich daraus, daß im Laufe der langen Dienstzeit manche Soldaten mehrere „Bräute" an verschiedenen Orten gehabt haben mochten, was bei der Versetzung in den Ruhestand zu Problemen führte. Daher nennt das Entlassungsdekret (Militärdiplom) aus Ovilava (Wels, OÖ) für den Clemens, Sohn des Aulus, bei der Verleihung des connubiums die keltische Frau Seccia und deren Sohn Saturninus als Anspruchsberechtigte (*uxor*) ausdrücklich mit Namen. Damit war der Status von Frau Seccia und ihrem Sohn festgeschrieben und vor etwaiger Konkurrenz sicher. In Carnuntum hat der Gendarm der (militärischen) Strompolizei Marcus Antonius Basilides seine (nicht rechtsgültige) Gattin sicher nicht derartigen Unannehmlichkeiten ausgesetzt. Er war über den Tod seiner geliebten Augustiana Cassia Marcia und des gemeinsamen Söhnchens so betrübt, daß er deren Lebenszeit auf den Tag genau am Grabstein festhielt.

Die große Kinderliebe zeigt sich auch in der tiefen Trauer über den Tod kleiner Kinder; selbst Leute, die offenbar nur wenig Geld besaßen, setzten rührend häßliche Gedenksteine, wie die Peregrine Romana aus Traismauer ihrer dreijährigen Tochter Maveta.

Gegen Ende des 2. Jhs. verwüsteten schwere Kriege mit Markomannen, Quaden, Jazygen und anderen Stämmen das Limesgebiet. Den anschließenden Bauboom im Zuge des Wiederaufbaus nützte in Carnuntum eine tüchtige Frau: Atilia Firma, die aus der Industriestadt Siscia an der Save (heute Sisak) zugewandert war. Sie stammte aus einer dort tätigen Ziegelbrennerfamilie und baute in der Nähe des großen Legionslagers von Carnuntum eine florierende Ziegelfabrik auf. „Firmas Firma" lieferte ihre Produkte stromauf- und abwärts, über die römischen Provinzgrenzen hinweg bis nach Wien und nach Komárom in Ungarn.

Eine weitere tüchtige Frau dürfte in Gols, das zum Verwaltungsgebiet von Carnuntum gehörte, die Matta gewesen sein. Sie starb als würdige, siebzigjährige Matrone; der Grabstein zeigt sie mit einem breiten Pelzhut und überreich geschmückt mit großen Fibeln, Ringen, Halsreifen, Armbändern und verziertem Gürtel. So thront sie selbstbewußt auf einem Sessel, zu ihren Lebzeiten war sie wohl eine lokale Grundbesitzerin oder eine erfolgreiche Weinhändlerin.

Die einheimische Frauentracht

Die Bekleidung der Frauen bestand aus einem knöchellangen Hemd, darüber wurde ein Obergewand aus schwerem Stoff getragen, mit Ärmeln oder ärmellos, das mit großen Fibeln an der Schulter und einem Gürtel zusammengehalten wurde. Zu festlichen Anlässen wurde ein Schultertuch getragen. Die verhältnismäßig aufwendige Schneiderarbeit der keltischen Kleidung (Ärmel!), über die sich die antiken Autoren wunderten, war nur möglich, weil die hervorragenden Eisenscheren aus dem *ferrum Noricum* hier weit verbreitet waren. Die keltische Kleidung war sehr farbenfroh, bestickt, gestreift oder verschiedenfarbig kariert, ähnlich den heute noch üblichen Schottenmustern. Vor Kälte schützten Mäntel und Wetterflecke aus gewalktem Wollstoff. Als Fußbekleidung dienten hauptsächlich *socci* (Patschen) aus Filz, Sandalen, Holzschuhe, aber auch feine Lederschuhe.

Besonderer Wert wurde auf den Schmuck gelegt, der nach Alter und sozialem Rang der Trägerinnen unterschiedlich war. Allgemein wurden die großen Flügelfibeln an den Schultern, Halsreifen mit einem oder mehreren Mondanhängern (*lunula*), Armreifen sowie Anhänger und Verzierungen an den Gürteln getragen.

Besonders auffällig waren die Kopfbedeckungen der verheirateten Frauen. Die Monumente zeigen uns die unterschiedlichsten Formen von Hüten und Hauben aus Pelz, Filz oder Leder, über die mitunter auch Schleier gelegt wurden.

Die Caixu aus Hartberg, mit ihrem keltisch-illyrischen Namen, hat zwar den römischen Bürger Tiberius Julius Avitus geheiratet, läßt sich aber selbstbewußt in ihrer norischen Frauenhaube und dem Halsschmuck abbilden. Selbst Frauen, die bereits lateinische Namen haben, wie Quarta und Proculeia aus der Gegend um Leibnitz, lassen sich in der einheimischen Kleidung mit dem typischen Schmuck verewigen, während die Familienväter als römische Bürger entsprechend gekleidet dargestellt sind.

Leider ist das Porträtfeld der Inschrift der Cirpia Elvima nicht erhalten. Es wäre interessant zu wissen, wie sie sich sah, denn sie hat als römische Bürgerin den Stein für ihren Gatten, der nicht römischer Bürger war, und für sich selbst setzen lassen.

Die einheimische Kleidung der Männer bestand aus einem Leibrock mit Ärmeln und Hosen, darüber trugen sie einen Umhang aus Wolle oder Filz (Loden), der auch eine Kapuze haben konnte. Die römische Männerkleidung war die Toga, die über einer Tunika getragen wurde; der Mann wird in der Regel mit der *mappa* in der Hand dargestellt, die als Schriftrolle oder aber als eine Art Taschentuch interpretiert wird.

Frauen in den Städten

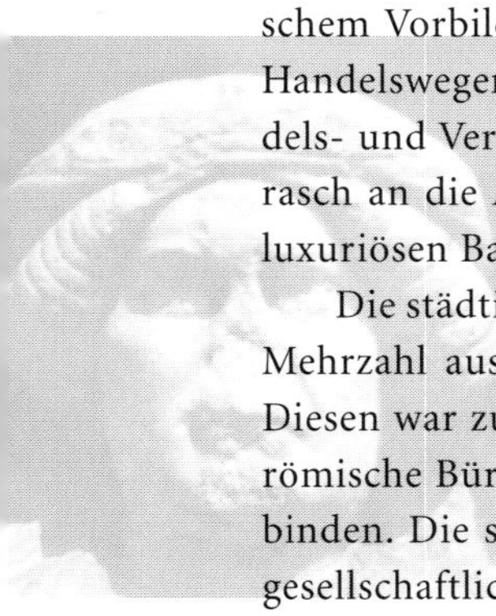

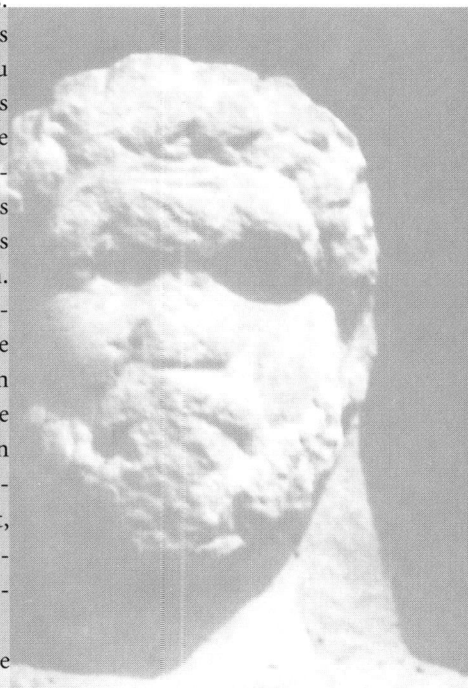

Während die Romanisierung der Bevölkerung am Limes von den Militärstützpunkten aus erfolgte, ging sie im Binnenland von den Städten aus, die nach römischem Vorbild gegründet worden waren. Vorwiegend an Kreuzungspunkten von Handelswegen wurden aus kleinen Weilern bald große städtische Siedlungen, Handels- und Verwaltungszentren. Die einheimische Bevölkerung gewöhnte sich sehr rasch an die Annehmlichkeiten der römischen Zivilisation, beispielsweise an die luxuriösen Badeanstalten, und paßte sich der neuen Lebensweise an.

Die städtische Oberschicht bildeten die hohen Verwaltungsbeamten, die in der Mehrzahl aus Italien stammten, und Mitglieder des alten einheimischen Adels. Diesen war zumeist schon anläßlich der Städtegründungen des 1. Jhs. n. Chr. das römische Bürgerrecht gewährt worden, um sie dadurch möglichst eng an Rom zu binden. Die selbstbewußten Frauen aus diesen reichen Familien bestimmten das gesellschaftliche Leben einer Stadt und konnten auch als Vorbild dienen, wie eine Ehreninschrift aus Celeia zeigt. Der dortige Gemeinderat hat für die aus der alteingesessenen Familie der Ennii stammende Vera eine öffentliche Ehrung wegen ihres vorbildlichen Benehmens beschlossen und dies inschriftlich festgehalten. Ob dies die übrigen Damen in Celeia zur Nachahmung veranlaßt hat, werden wir nie erfahren.

Die breite Mittelschicht in den Städten, die Handwerker, Kaufleute oder Gewerbetreibenden, besaß politisch nur wenige Rechte. Daher organisierten sich einzelne Berufsgruppen oder Interessensgemeinschaften in *collegia* oder *conventus*, deren Mitglieder, Frauen ebenso wie Männer, hier ihre beruflichen und sozialen Belange korporativ wahrnehmen konnten. Ferner hatten diese Vereine kultische Aufgaben (wie auch heute noch etwa bei der Fronleichnamsprozession), vor allem aber dienten sie der Geselligkeit und Unterhaltung. Dies wurde von Rom durchaus gefördert, die *collegia* waren staatlich genehmigt, und sofern sie soziale Aufgaben übernahmen, wurden den Mitgliedern steuerliche Vergünstigungen gewährt. Die Zugehörigkeit zu einem *collegium* hatte einen hohen Stellenwert in der Gesellschaft.

Auch im Wirtschaftsleben der Städte hatten Frauen ihren festen Platz, wie eine Liste der Mitglieder einer Berufsvereinigung der (Möbel-)Tischler (*collegium subaedianorum*) aus Virunum (Kärnten) zeigt. Auf der Tafel aus teurem Marmor werden die Namen der Mitglieder genannt, 35 Männer und 22 Frauen. Letztere waren entweder Gattin oder Schwester eines männlichen Kollegiaten (also die Frau Meisterin), vier dieser Frauen lassen sich aber keinem der Männer zuordnen, zwei römische Bürgerinnen und zwei freie Peregrine, sie waren wohl selbständig tätig.

Die Stellung der Ehefrau eines erfolgreichen Meisters erkennt man auch in dem schönen Grabmonument, das Nammonius Mussa sich und seiner Frau Meisterin Kalendina zu Lebzeiten herstellen ließ. Er übte das altehrwürdige Handwerk des Schmieds in Kalsdorf bei Graz aus. Die Eheleute ließen sich gleichrangig und selbstbewußt in ihrer Tracht darstellen.

Grabplatte des C. Trebonius mit
Frau und Tochter aus Solva
(Stmk.) jetzt auf Schloß Seggau
eingemauert

In den Provinzstädten der Austria Romana war die Einwohnerschaft bald bunt gemischt, weil Händler aus allen Teilen des Reichs sich dort niederließen, wo die Geschäfte gut gingen und ein steter Zuzug von italischen Verwaltungsbeamten erfolgte, somit haben auch Frauen ganz unterschiedlicher Herkunft hier ihre Spuren hinterlassen. Was die schöne Euhodia aus Ephesos, eine Freigelassene, nach Celeia in das heutige Slowenien führte, wo sie 40jährig verstarb, wissen wir nicht. Sie ließ sich in teurem Marmor verewigen: eine elegante Dame – mit kunstvoller Frisur und einer schlichten Perlenkette ganz nach stadtrömischer Mode gekleidet, fällt sie unter den zahllosen Porträts der einheimischen Damen auf.

Auch die mit 30 Jahren verstorbene Pompeia Theodora aus der Gegend um Graz, die vielleicht auch eine griechische Freigelassene war, erhielt von ihrem trauernden ehemaligen Herrn ein Grabmonument, auf dem sie nach großstädtischem Stil gekleidet dargestellt ist.

Diese reichen Frauen aus der Gesellschaftsschicht der zugewanderten Freigelassenen, haben ihren gewohnten Lebensstil beibehalten und wohl auch in eigenen, von denen der alteingesessenen Familien abgegrenzten Zirkeln und Frauenvereinen verkehrt. Die Zugehörigkeit zu solchen Kollegien spielte ja im gesellschaftlichen Leben eine große Rolle, in Rom standen bestimmte Frauenvereine sogar unter dem Patronat der Kaiserin.

Abschluß der Romanisierung und das Ende der Römerzeit in Österreich

Unter Caracalla wurde im Jahre 212 allen freien Reichsuntertanen das römische Bürgerrecht verliehen *(constitutio Antoniniana)*, womit der Prozeß der Romanisierung auch in unserem Gebiet als abgeschlossen gelten kann. Dies erkennt man auch aus den Darstellungen auf den Grabsteinen, von denen gegen Ende des 3. Jhs. die einheimische Frauentracht verschwunden ist.

Eine lange Friedensperiode, die nur durch den Einfall der Markomannen um 280 unterbrochen worden war, ging mit dem Alamannensturm des Jahres 330 zu Ende. Das war der Auftakt zu einer ganzen Serie von Einfällen verschiedener germanischer Stammesverbände, die in den wohlhabenden Gebieten der römischen Provinzen Beute machen wollten; das Militär konnte diese Übergriffe nicht verhindern, und schließlich brach auch die römische Zivilverwaltung zusammen. Die Verarmung der geplagten Bewohner zeigt sich deutlich in den archäologischen Befunden. Die Fundstücke sind ärmlich, und es gibt keine repräsentativen Grabbauten – die Steine sprechen nicht mehr.

Der gewinnträchtige Export kam weitgehend zum Erliegen, Handwerk und Gewerbe produzierten nur noch für den lokalen Bedarf, und der überwiegende Teil der Bevölkerung lebte hauptsächlich von den Produkten aus dem eigenen Garten oder Acker. Die Hauptlast der mühseligen Arbeit lag nun auf den Schultern der Frauen, da die Verteidigung der Höfe die meiste Zeit der Männer in Anspruch nahm. Schließlich begann die romanisierte Bevölkerung aus dem Limesgebiet nach Italien auszuwandern, zermürbt von den ständigen Kriegen und Schwierigkeiten mit Markomannen, Hunnen, Ostgoten und schließlich mit den nördlich der Donaugrenze siedelnden Rugiern. Die großen prächtigen Villen in dem von Plünderungen und Kampfhandlungen heimgesuchten Gebiet wurden von ihren Eigentümern verlassen. Lichtscheues Gesindel und Menschenräuber trieben sich herum, worunter besonders die seßhaften Frauen zu leiden hatten.

Aus dieser letzten Phase der Austria Romana berichtet die Lebensgeschichte des Heiligen Severin, der um 460 im Gebiet von Favianis (Mautern an der Donau) wirkte, von einer bemerkenswerten Frau. Diese hat, obwohl sie als *nobilissimus orta natalibus* zur lokalen Oberschicht gehörte, ihre Villa nicht im Stich gelassen. Als damals eine Hungersnot ausbrach, hat sie, die vornehme Witwe Procula, vorsorglich genügend Getreide auf ihrem Gutshof eingelagert, das sie aber nicht für die allgemeine Bewirtschaftung abgeliefert hat. Der Heilige Severin redete ihr ins Gewissen, und sogleich ließ sie es an die Armen verteilen und half, die ärgste Not zu lindern. (Eugippius, Vita Sancti Severini 3, 1–3)

Im Jahre 488 zog eine letzte Gruppe von den provinzialrömischen Bewohnern unseres Gebietes in Richtung Italien. Das bedeutete das Ende der Austria Romana, wie sie seit 15. v. Chr., also über ein halbes Jahrtausend lang, bestanden und eine ganz spezifische, eigenständige Kultur hervorgebracht hat. Wie wesentlich sie von tüchtigen, klugen und auch einflußreichen Frauen mitgeformt wurde, sollte diese kleine Auswahl von Zeugnissen verdeutlichen, die uns unmittelbar ansprechen.

Weiterführende Literatur:

Geza Alföldy, The Provinces of the Roman Empire. Noricum. London 1974.

Arthur Betz, Ekkehard Weber, Aus Österreichs römischer Vergangenheit. Wien 1990.

Helmut Birkhan, Kelten. Wien 1997.

Erna Diez, Porträtkunst in Noricum. In: Gymnasium Beiheft 5 (1965) 93ff.

Jochen Garbsch, Die norisch-pannonische Frauentracht im 1. und 2. Jahrhundert (Münchner Beiträge zur Vor- und Frühgeschichte 11) München 1965.

Andras Mocsy, Pannonia and Upper Moesia. Budapest 1974.

Walter Modrijan, Römische Bauern und Gutsbesitzer in Noricum. In: Gymnasium (Beiheft 7, 1970) 120ff.

Otto Schlippschuh, Die Händler im römischen Reich in Gallien, Germanien und den Donauprovinzen Raetien, Noricum und Pannonien. Amsterdam 1974.

Ekkehard Weber, Die römerzeitlichen Inschriften der Steiermark. Graz 1969.

Karl Brunner

Ave Eva

Törichte Jungfrau.
Südtirol, Ende 12. Jh.
Hocheppan, Burgkapelle

Nun war sie wieder mit ihren Mädchen allein. Sie hatte ihr Märchen erlebt: Sie bekam einen Helden, knapp fünfzehn, gut trainiert und auf eine nette Art blöde. Eine Mission, denn solange sie es auf diesem Hof aushielt, wurde er wenigstens von ihren eigenen Verwandten in Ruhe gelassen. Es hatte politische Probleme zwischen den Familien gegeben, und die waren durch die Heirat öffentlich beigelegt worden, wie es Gottfried von Straßburg schreibt:

Ez vüeget sich vil dicke alsô
daz under landen schade ergât.
sô suln si beidenthalben rât
bediu suochen unde vinden
und suln ez mit ir kinden
wider ze suone bringen
(Gottfried, Tristan 8490 ff.)

Das Hochzeitsfest würde schon in die Annalen eingehen, wörtlich: Ihre bisherige Erzieherin, die Priorin, würde bei ihrem Freund, dem Abt, schon dafür sorgen, daß sich der ans Kloster geschenkte Acker bereits im Diesseits bezahlt machte. Auch von den Sängern sollte er eine wohlwollende Presse bekommen; sie hatten genug gekostet. Von Minne war dabei auch gesungen worden.

Diu minne füeget einen list,
daz zwei einander liebes jehent
der êrsten stunt, sô sî gesehent
ein ander minneclîche.
(Rudolf von Ems, Der guote Gêrhart 3020 ff.)

Nun, ein paar Wochen danach, waren die Männer auf Kriegszug, und sie war „allein“ am Hof, wo dutzende Leute von ihr Anweisungen erwarteten. Sie hatte fast zuviel Macht für ihren Geschmack, obwohl sie dafür ausgebildet war, wurde nächste Ostern dreizehn und war zu ihrer großen Erleichterung schwanger.

Die Magd war nie allein gewesen. Ins Stroh geboren, zum Glück in der Wärme eines Stalles und unter Tieren und Gesinde aufgewachsen, selber nicht viel anders als ein Tier. Als sie ins rechte Alter kam, lief sie den ersten, die sie nehmen wollten, davon; gegen einige konnte sie sich wehren, sie war kräftig genug von der Küchenarbeit.

Als dann der junge Herr ein Auge auf sie warf, hatte sie eine Zeit lang ein ganz gutes Leben, auch wenn ihr die Frauen rasch klar machten, daß sie Magd war und bleiben würde.

Daz er bi mir laege, wessez iemen
(nu enwelle got!), so schamt ich mich.
Wes er mit mir pfaege niemer niemen
bevinde daz wan er unde ich.

(Walther von der Vogelweide L. 40, 10.)

Immerhin redete ihr Liebhaber seiner Schwester ein, sie in deren Kammer zu nehmen, um einzuheizen und den Damen beim Baden zu helfen. Sie war schätzungsweise etwa zwölf, als sie zum ersten Mal schwanger wurde. Vielleicht würde sie sogar als Amme taugen. Sie konnte zufrieden sein, denn sie hatte ein Dach über dem Kopf, Kleidung und zu essen.

Der Priester von Midian hatte sieben Töchter. Sie kamen zum Wasserschöpfen und wollten die Tröge füllen, um die Schafe und Ziegen ihres Vaters zu tränken. Doch die Hirten kamen und wollten sie verdrängen. Da stand Mose auf, kam ihnen zu Hilfe und tränkte ihre Schafe und Ziegen. (Exodus 2, 16ff.)

Um allein zu sein, dafür hatte eine dritte unendlich viel geopfert. Adelstöchter haben an sich nur einen Lebenszweck: durch Ehen Bündnisse zu stiften, die Macht der Familien zu vermehren und ihren Männern Erben zu gebären. Erbtochter war sie zum Glück nicht. Die sind in einer zwiespältigen Lage, von allen möglichen Interessenten belagert wie einst Penelope und auch ein begehrtes Faustpfand in Händen der Herrscher, die „Witwen und Waisen beschützen", um verdiente Gefolgsleute belohnen zu können.

Während Männer mit ihren geistlichen Karrieren gut in das politische Konzept eines Adelsclans einzubauen sind, liegt der unmittelbare „Nutzen" einer geistlichen Frau nicht auf der Hand. Im Gegenteil, es kostete nicht wenig, ihr einen standesgemäßen Platz in einem Kloster zu sichern. Bis weit ins Hochmittelalter mußten viele Mädchen, die eine geistliche Berufung spürten, sich den Weg ins Kloster erkämpfen. Und warum wollte sie diesen Weg gehen? Heute würden wir sagen: Selbstverwirklichung, Zugang zu höherer Bildung, Kontemplation, unter Umständen sogar schriftstellerische Tätigkeit. Vor allem aber Ausbruch aus dem weiblich-biologischen Rollenzwang, obwohl man festhalten muß: Diese geistlichen Frauen suchten und fanden sehr wohl einen geschlechtsspezifischen Zugang zur Religiosität.

O domine arridens matri
per risum illum concede mihi obsecro congaudere
tuæ perpetuæ iocunditati.

(Nonnberger Gebetbuch, München, Clm. 14848, fol. 4v)

O Herr, der Du Deine Mutter so hold angelächelt hast,
ich flehe Dich an, gewähre mir Anteil
an Deiner ewigen Freude.

So könnte man unzählige Biographien skizzieren, denn „die Frau" gibt es selbstverständlich auch im Mittelalter nicht. Aber es gibt einige Parameter für weibliches Leben, die man angeben kann. Wie auch sonst meist in der Sozialgeschichte eignet sich das im deutschsprachigen Raum übliche Dreierschema der Chronologie (Früh-, Hoch- und Spätmittelalter) überhaupt nicht. Wir können eher zwei Phasen beobachten, mit einer Wende etwa um 1200.

Die gesellschaftliche Rolle von Frauen wurde ganz wesentlich davon bestimmt, wie wertvoll ihre Reproduktionsfähigkeit und ihre Arbeitskraft waren. Im ersten Mittelalter war der Wunsch nach Kindern, als Arbeitskraft, Erbe und Sicherung des Alters, in allen sozialen Ebenen ein bestimmender sozialer Faktor. Kaum die Hälfte

Kluge Jungfrau.
Südtirol, Ende 12. Jh.
Hocheppan, Burgkapelle

Törichte Jungfrau.
Südtirol, Ende 12. Jh.
Hocheppan, Burgkapelle

der geborenen Kinder wurde groß, die durchschnittliche Lebenserwartung der Menschen ging nicht viel über dreißig.

tuot ein chint der muoter leit,
so zelt si, was arbeit
si duorh ez erliten hat
und fluoht im dar nach als drat.
(Thomasin von Zerklaere, Der welsche Gast 11495ff.)

Die Lebenserwartung der Frauen war im Schnitt kürzer, weil die häufigen Geburten den Körper schwächten. Aber die Gesundheit hing von der Qualität der Ernährung ab, und die war nach Ständen verschieden, während die Geburten selbst für alle Stände bedrohlich waren. Frauen im gebärfähigen Alter wurden rechtlich besonders geschützt, um eine Ehefrau zu bekommen, mußte der Mann ihr einen beträchtlichen Teil des Vermögens als „Dos" überschreiben.

Doch förmliche Ehen wurden nur in jenen Schichten geschlossen, wo es etwas zu vererben gab, also in der adeligen Oberschicht und – unter Kontrolle der Herren – bei den Bauern. Bis ins 12. Jahrhundert hatte die Kirche wenig Einfluß auf die Eheschliessung, die als rein rechtliche Angelegenheit betrachtet wurde. Die Position der Frau im ehelichen Haushalt hing sehr wesentlich davon ab, welche Rücksicht der Ehemann auf ihre Verwandtschaft nehmen mußte. War dieses Bündnis politisch nicht mehr erwünscht oder nicht fruchtbar, wurde die Ehe getrennt.

Die Kirche lief lange vergeblich Sturm gegen den Brauch, Ehen ohne Konsens der Partner, vor allem der Frauen, zu vermitteln, und gegen die Scheidung. Bischof Pilgrim von Passau im 10. Jahrhundert meinte, ein Wiederverheiratungsverbot nach Ehescheidung sei nur eine Aufforderung zum Mord. Immer wieder versuchten Geistliche, den Adel dazu zu bewegen, auf die Frauen Rücksicht zu nehmen, und in einer Lehrdichtung des 11. Jahrhunderts mit dem Helden „Ruodlieb" verlangt sogar die junge Verlobte das Versprechen ehelicher Treue von ihrem künftigen Mann, in dieser Zeit gänzlich unrealistisch. Das bekannteste Zitat aus dieser Quelle aber ist:

Haec suus, ille sua vocitabantur vice versa,
mutato sexu soloecismi scemate facto
(Ruodlieb XII 27f.)
Es sprach das Fräulein: „Du bist mein", der Junker dagegen: „Ich bin dein",
wobei sie das Geschlecht versetzten, die rechte [grammatikalische] Bindung so verletzten.

Das erinnert ein wenig an die einer Nonne zugeschriebene Strophe:

Dû bist mîn, ich bin dîn
des solt dû gewis sîn.
Dû bist beslozzen
in mînem herzen,
verlorn ist daz sluzzelîn:
dû muost ouch immêr darinne sîn
(Minnesangs Frühling I 8)

Für die Fortpflanzung galt die Metapher, der weibliche Leib sei der Acker, in den der Mann seinen Samen legt. Die physiologische Rolle des weiblichen Eis wurde erst in der Neuzeit entdeckt. Die Schuld an der Unfruchtbarkeit wurde aber dennoch meist der Frau in die Schuhe geschoben, wenn es zu einer Ejakulation kam. Für die Bereitschaft zur Empfängnis galt die Lust der Frau als Voraussetzung. Im Falle einer Empfängnis bei Vergewaltigung war das eine verhängnisvolle Anschauung. Frauen galten als sexuell aggressiver als Männer, Nonnen mußten daher, meinte man, unter strengster Klausur gehalten werden.

Das Motiv von der Verführerin Eva war besonders in der von Geistlichen geprägten lateinischen Literatur allgegenwärtig, aber man sollte deren Bedeutung für die Lebenswirklichkeit von Laien nicht überschätzen. Es gab zudem auch andere Stimmen in der kirchlichen Tradition:

Et ne quis forte sexus a suo creatore se contemptum putaret,
virum suscepit [Christus], natus ex femina est.
(Augustinus, De vera religione 16)
Und damit kein Geschlecht wähnte,
es sei von seinem Schöpfer
verschmäht, nahm er das männliche an
und wurde von der Frau geboren.

Aus der Werthaltung gegenüber der Frau als Gebärerin und Zentrum der Familie entwickelte sich im Hochmittelalter eines der wenigen europäischen Kulturphänomene, in denen Frauen auch unabhängig von ihrer biologischen Rolle, aber als Frau, gesellschaftliches Ansehen trugen.

Saget mir ieman, waz ist minne?
weiz ich des ein teil, so wist ichs gerne me.
Der sich baz denn ich versinne,
der berihte mich durch waz si tuot so we.
Minne ist minne, tuot si wol.
tuot si we, so enheizet si niht rehte minne,
sus enweiz ich wie si danne heizen sol.
(Walther von der Vogelweide L. 69, 1)

Die soziale Dimension des Phänomens der Minne ist bis heute noch nicht zufriedenstellend erforscht. Männer der Oberschicht konnten ihre sexuellen Bedürfnisse problemlos mit Mägden und Dirnen abreagieren. Das Verhältnis zu einer adeligen Dame war daher eine politische Angelegenheit, eingebettet in eine kulturelle Form. Zudem gab es eine ständig zunehmende Schar an Frauen und Männern, denen keine rechtsförmliche Ehe gestattet wurde, unter anderem, um die Zahl der legitimen Erben klein zu halten. Sie bildeten eine Art „Reservearmee" und mußten emotional bei Laune, aber zugleich auf Distanz gehalten werden. Derart nüchterne Überlegungen erklären zwar nicht eine der schönsten Blüten europäischer Kunst, aber charakterisieren den Boden, auf dem sie wachsen konnte. Die Minnekultur hat wenig mit der Lebenswirklichkeit zu tun, sondern ist ein Konstrukt wie die meisten anderen Elemente des höfischen Lebens, trug aber als solches zur Gestaltung gesellschaftlicher Wirklichkeiten bei.

Die für unsere Problematik entscheidende Entwicklung ist, „... daß die Geschlechtersphäre zur Grundlage spezifischer Sensationen, zur ‚Erotik' sublimiert, damit eigenwertgesättigt und außeralltäglich wird." (Max Weber, Der Fortschritt der Ratio)

Ein benachbartes Phänomen ist die seit der Karolingerzeit verstärkt einsetzende Marienverehrung. Die jungfräuliche Mutter Gottes sammelte und heiligte viele außerchristliche Elemente. Die Mariendichtung nahm erotische Motive aus dem alttestamentarischen Hohen Lied und aus der mittelalterlichen Minnedichtung auf. Maria war Fürsprecherin beim himmlischen Herrscher wie die adelige Dame beim irdischen. Wie diese war sie nicht an die formalen Regeln des Rechtes gebunden, sondern konnte außerordentliche Gnade erwirken.

Vergine madre, figlia del tuo Figlio,
Umile ed alta piú che creatura,
Termine fisso d'eterno consiglio, ...
(Dante, Divina Commedia, Paradiso 33,1)

Agnes, Gattin des Hl. Leopold, als Stifterin aus dem Urbar des Propstes Hausmannstetter, Leonhard Beck, 1513. Klosterneuburg, Stiftsarchiv

Das führt zu dem größten Problem, dem eine Frauengeschichte des Mittelalters gegenübersteht: Es fällt ohnehin immer schwer, in elementaren Lebensbereichen deren Kulturbedingtheit zu realisieren und nicht die eigenen Vorstellungen zurückzuprojezieren. Unser Gesellschafts- und Geschichtsbild ist aber darüber hinaus noch von einer Dominanz der schriftlich fixierten Normen charakterisiert. Die gab es im Mittelalter auch, doch hatten diese weit nicht jene Bedeutung für die Lebenswirklichkeit wie in der Neuzeit. Der Lebensbereich der Frauen spielte sich in wesentlichen Zügen nicht dort ab, wovon schriftliche Quellen berichten, die in großer Mehrheit von Männern stammen.

Zusammenfassend kann man für das erste Mittelalter skizzieren: Menschen beiderlei Geschlechts sind besonders stark gebunden an vorgefaßte Rollenbilder, innerhalb dieser aber ist das Ansehen von Frauen verhältnismäßig hoch gewesen.

Frowe, daz wil ich iuch leren,
wie ein wip der werlte leben soll.
guote liute sult ir eren,
minneclich an sehen und grüezen woll
(Walther von der Vogelweide L. 86, 15)

Diese Welt ist aber voller Gewalt, die sich auf Frauen in zweierlei Weise besonders auswirkte: Sie waren in kriegerischen Auseinandersetzungen bevorzugte Beute und der Schutz, dessen Frauen bedurften, wurde in vielfältiger Weise zur Einschränkung ihrer Freiheit benutzt. Nur Einsichtige wußten:

Wan es wart nie kein hut so gut,
die ein ieglich biderb wip
nun ir selber tut.
(Salman und Morolf 85)

Die Möglichkeiten zur Selbstverwirklichung für Frauen der Oberschicht war auch innerhalb der Kirche größer als je danach. Als zentrale Figuren eines adeligen Haushaltes hatten Frauen großen Einfluß, der noch dadurch verstärkt wurde, daß die Männer in politischen und kriegerischen Geschäften viel unterwegs waren.

Um 1200, mit starken zeitlichen Abweichungen in den verschiedenen Kulturlandschaften Europas, kommt es zu einer demographischen Wende, die die gesellschaftliche Position von Frauen nachhaltig beeinflußte. Aufgrund einer verbesserten Ernährungslage und anderer Faktoren kam es zu einem starken Anwachsen der Bevölkerung, nicht zuletzt auch aufgrund der ständigen Kriege kam es zu einem Frauenüberschuß. Zur Erhaltung der Familie waren weniger Geburten nötig.

Die Folge war eine starke Reduktion der gesellschaftlichen Möglichkeiten von Frauen. Die Professionalisierung im Handwerk war mit wenigen Ausnahmen für Frauen nicht zugänglich. Frauen mußten, um heiraten zu können, eine Mitgift mitbringen, sodaß es teuer wurde, Töchter zu haben. Zahlreiche Frauen unterer Bevölkerungsschichten in den Städten wurden in die Prostitution gedrängt, die zeitweise sogar in manchen Städten als „zünftisches Handwerk“ galt, weil es immer noch für bestimmte soziale Schichten empfindliche Restriktionen gab in der Möglichkeit, zu heiraten und einen Hausstand zu gründen, etwa für junge Handwerker.

Eine letzte Bemerkung zum Ausräumen eines Vorurteils: Das Hexen-Syndrom ist ein Phänomen der beginnenden Neuzeit. Für das Mittelalter war Magie ein selbstverständlicher Bestandteil der Alltagswirklichkeit, was unter anderem damit zusammenhängt, daß man viele natürliche Abläufe nicht durchschauen konnte. Was Heilige wirkten, war keine Magie, sondern Wunder.

Hildegard von Bingen, eine der klügsten Frauen des Mittelalters überhaupt, glaubte fest an die Möglichkeit von Liebeszauber und kannte Rezepte, ihre Nonnen vor solchem zu hüten. Sie rät auch zu besonderer Vorsicht nach der Geburt:

Mulier, cum infantem parit, farn illi circumponatur, etiam in cunis infantis circa infantem, et diabolus tanto minus insidiatur, quia cum diabolus faciem infantis primum inspexerit, illum valde odit ... (Hildegard von Bingen, Physica I 47)

Um eine Frau soll nach der Geburt Farn gebreitet werden und auch in den Wiegen des Kindes um das Kind, dann wird der Teufel um so weniger lauern, weil wenn der Teufel das Gesicht des Kindes als erstes sieht, schadet er ihm sehr ...

Darin spiegelt sich natürlich die ganz besondere Angst um das Neugeborene in den ersten Stunden. Der Farn hat zumindest das Ungeziefer abgehalten.

Das Wissen weiser Frauen auf medizinischem Gebiet war überlebenswichtig und wurde erst im zweiten Mittelalter durch eine wissenschaftliche Medizin kontrolliert. Schadenszauber jeglicher Art, den auch die Gebildetsten für möglich hielten, wurde selbstverständlich streng verfolgt. Erst die allmähliche Entwicklung von Naturwissenschaften und deren weitgehende Monopolisierung durch Männer führten zu einer Ausgrenzung und Diffamierung von Praktiken, die nicht mit dem engen Instrumentarium formaler Logik zu erfassen waren. Menschen, die weiterhin solche betrieben und zum Teil altes Wissen bewahrten, wurden dementsprechend ausgegrenzt und diffamiert, und das traf vornehmlich Frauen.

Die überraschendste Entdeckung einer Frauengeschichte des Mittelalters ist wohl, daß man keinesfalls von einer linearen Entwicklung ausgehen darf. Auf eine für uns vielleicht zum Teil archaisch erscheinende Weise ging es Frauen im ersten Mittelalter, also vor 1200, besser als in der immer urbaner werdenden Kultur der späteren Zeit. Aber selbst nach unseren Quellen, die für die mittelalterliche Sozialgeschichte nicht so reichlich fließen, wie wir es wünschen würden, sind die einzelnen Frauenschicksale nicht nur, was ja zu erwarten wäre, nach den Ebenen der Stände stark verschieden, sondern hängen trotz des übermächtigen Rollenzwanges in einem großen Maße von den Fähigkeiten einzelner weiblicher Persönlichkeiten ab, sich innerhalb der ihnen durch Geburt zugewiesenen Rollen durchzusetzen.

Weiterführende Literatur:

Wilhelm Brauneder, Frau und Vermögen. In: Frau und spätmittelalterlicher Alltag 573–585.
Edith Ennen, Frauen im Mittelalter. München, 5. Aufl. 1994.
Frau und spätmittelalterlicher Alltag. Internationaler Kongreß Krems an der Donau 2.–5. Oktober 1984 (Veröffentlichungen des Instituts für mittelalterliche Realienkunde Österreichs 9 = Sitzungsberichte der Österreichischen Akademie der Wissenschaften, phil.-hist. Kl., 473) Wien 1986.
Georges Duby, Michelle Perrot (Hg.), Geschichte der Frauen. Bd. 2: Mittelalter (Hg. Christiane Klapisch-Zuber). Frankfurt/Main 1993.
Die Geschichte Kaiser Friedrichs III. von Aeneas Silvius, übersetzt von Theodor Ilgen. Teil 1. Leipzig 1889.
Claudia Opitz, Frauenalltag im Spätmittelalter. In: Duby, Perrot, Geschichte der Frauen, 2, 283–339.
Ferdinand Opll, Nachrichten aus dem mittelalterlichen Wien. Zeitgenossen berichten. Wien, Köln, Weimar 1995.
Richard Perger, Simon Pötel und seine Handelsgesellschaft. In: Jahrbuch des Vereins für Geschichte der Stadt Wien 40 (1984) 7–88.
Christine de Pizan, Das Buch von der Stadt der Frauen. München, 4. Auflage 1995.
Brigitte Rath, Prostitution und spätmittelalterliche Gesellschaft im österreichisch-süddeutschen Raum. In: Frau und spätmittelalterlicher Alltag 553–572.
Brigitte Pohl-Resl, Rechnen mit der Ewigkeit. Das Wiener Bürgerspital im Mittelalter (Mitteilungen des Instituts für Österreichische Geschichtsforschung, Ergänzungsband 33) Wien 1996.
Dies., Vorsorge für die Hinterbliebenen als Verpflichtung. Zu einschlägigen Aussagen bürgerlicher Testamente des späten Mittelalters. In: Du guoter Tod. Sterben im Mittelalter. Ideal und Realität (Hg. Markus Wenninger) Klagenfurt 1997 (in Druck).
Helga Schüppert, Frauenbild und Frauenalltag in der Predigtliteratur. In: Frau und spätmittelalterlicher Alltag 103–156.
Rüdiger Schnell, Bertholds Ehepredigten zwischen Mündlichkeit und Schriftlichkeit. In: Mittellateinisches Jahrbuch 32 (1997) 93–108.
Die Wiener Stadtbücher 1395–1430. Teil 1: 1395-1400 (Hg. Wilhelm Brauneder, Gerhard Jaritz, Fontes rerum Austriacarum III/10) Wien 1989.
Stadtbuch 1 = Wiener Testamentbuch 1, Wiener Stadt- und Landesarchiv, Handschrift A 285/1 (bis zum Jahr 1400 ediert in: Die Wiener Stadtbücher).
Stadtbuch 2 = Wiener Testamentbuch 2, Wiener Stadt- und Landesarchiv, Handschrift A 285/2.
Anneliese Stoklaska, Weibliche Religiosität im mittelalterlichen Wien unter besonderer Berücksichtigung der Agnes Blannbekin. in: Religiöse Frauenbewegung und mystische Frömmigkeit im Mittelalter (Hg. Peter Dinzelbacher, Dieter R. Bauer, Beihefte zum Archiv für Kulturgeschichte 28) Wien 1988, 165–184.

Brigitte Pohl-Resl

Stadt der Frauen

Hungrige Speisen,
Werke der Barmherzigkeit,
Meister S. H. von 1485.
Linz, Schloßmuseum

„Reiche, aber vom Alter gebeugte Kaufleute heiraten junge Mädchen und lassen sie sehr bald als Witwen zurück. Diese nehmen dann zu Männern Jünglinge aus dem Kreise der Hausgenossen, mit denen sie schon oft ehebrecherischen Umgang gehabt haben. Auf diese Weise entpuppt sich der, welcher gestern noch arm war, heute als reicher Mann. Dagegen nehmen diese nun wieder, wenn sie ihre Frauen überleben, andere, und so geht die Sache im Kreise fort; nur selten folgt der Sohn auf den Vater." (Die Geschichte Kaiser Friedrichs III. 21). So interpretierte Aeneas Silvius Piccolomini, der spätere Papst Pius II. (gest. 1464), das Heiratsverhalten der wohlhabenden Wiener Bürgerschaft im späten Mittelalter. Angesichts dessen, daß ihm diese Umstände erwähnenswert schienen, müssen sie über seine Vorstellungen von gewöhnlichem, angepaßtem Verhalten hinausgegangen sein. Auch weitere seiner Beobachtungen zum Sozialverhalten der Wiener Bürgerinnen im späten Mittelalter stehen durchaus in Kontrast zum landläufig überlieferten Bild: „Die meisten Mädchen wählen sich ihre Männer ohne Vorwissen ihrer Väter. Witwen heiraten noch während der Trauerzeit ganz nach ihrem Belieben." Viele halten Aeneas' Berichte für Übertreibungen. Das mag durchaus zutreffen; daß seine Berichte aber auf alltäglichen Beobachtungen beruhen, zeigen zahlreiche Quellen aus dem Alltagsleben, wie etwa Testamente.

Das Leben der Magdalena Scheibelwieser-Pötel illustriert die Realität hinter Aeneas' Reflexionen. *Und was uber das vorgeschriben mein geschefft und geltschuld uberbeleibt, es sein erb oder varundgut, gelter in briefen oder in puchern oder auf pergen, als mein gut nichts ausgenomen ungeverleich, schaff ich alles meiner lieben hausfraun Magdalen ledichleich an meinkchlichs irrung ungeverlich, das sy ir mein sel lass empholhen sein.* („Und was über mein zuvor geschriebenes Testament sowie über meine Schulden hinaus überbleibt, ... vermache ich meiner lieben Hausfrau Magdalena." Wiener Stadt- und Landesarchiv, Hauptarchivakt 35/1431; ausgestellt 10. Februar 1431). Dieser auf den ersten Blick wenig spektakuläre Satz aus dem Testament, *geschefft,* eines Mannes wirft ein kurzes Schlaglicht auf das Leben einer Frau, das in vieler Hinsicht geeignet ist, Möglichkeiten und Grenzen von Frauen im späten Mittelalter, insbesondere im städtischen Bereich, aufzuzeigen. Die bei weitem bedeutendste Grenze liegt in den auf uns gekommenen Texten, und zwar insofern, als sie zum allergrößten Teil von Männern stammen. Aufzeichnungen wie die der Helene Kottanerin sind Ausnahmen im späten Mittelalter. Christine de Pizans (gest. 1430) literarischen Werken fehlen die Parallelen nicht nur im österreichischen Raum. Doch das soll kein Hindernis sein, über diese Grenze zu blicken und Einblicke in die Wirklichkeiten weiblicher Lebenswelten zu gewinnen. Magdalena Scheibelwieser-Pötel ist ein gutes Beispiel dafür. Ihre Geschichte läßt sich über die Äußerungen der Männer, mit denen sie ihr Leben teilte, erschließen. Was wir erfahren, gibt dennoch tiefe Einblicke in das Leben einer Frau im späten Mittelalter, die zu einer begünstigten bürgerlichen Oberschicht zu zählen war.

Magdalenas erster Mann, Hans Scheibelwieser, hatte ihr mit einem schlichten Satz in seinem Testament sein gesamtes Vermögen hinterlassen, abgesehen von dem, was er verschiedenen Verwandten vermacht hatte sowie für religiöse und karitative Stiftungen aufgewendet wissen wollte. Den Rest, und das war immerhin ein gewaltiges Wirtschaftsunternehmen mit Sitz unter anderem im Fondaco dei Tedeschi in Venedig, vermachte er seiner Frau. Seine Geschäftspartner erwähnt Scheibelwieser zwar in seinem Testament, sie erhalten jedoch keinen seiner Geschäftsanteile. Das Ehepaar verbanden offenbar tiefe Gefühle. Das zeigt sich nicht nur daran, daß er seine Frau „lieb" nennt. Während dieses Wort in vielen Gegenden und Zeiten mehr formelhaft in Testamenten angewendet wurde, hat es im spätmittelalterlichen Wien durchaus signifikanten Charakter (Pohl-Resl, Vorsorge für die Hinterbliebenen). Außerdem beweisen die letztwilligen Verfügungen des Hans Scheibelwieser, daß er von Magdalenas Geschäftssinn überzeugt war. Magdalena heiratete einen der ehemaligen Angestellten ihres verstorbenen Mannes bereits im Jahr nach dessen Tod. Gemeinsam mit diesem, Simon Pötel, traf sie alle nötigen Vorkehrungen, um den letzten Willen ihres ersten Mannes vor allem hinsichtlich der religiösen Stiftungen in die Praxis umzusetzen. Magdalena sorgte dafür, daß alle Meßstiftungen für Hans Scheibelwieser die notwendige finanzielle Basis in Form von regelmäßigen Einnahmen erhielten. Die Gedenkfeierlichkeiten sollten ja „ewig" abgehalten werden, bedurften also stetiger ökonomischer Absicherung. Die Umsicht, mit der Magdalena diese Vorkehrungen traf, zeigen neuerlich die tiefe Verbundenheit zu ihrem ersten Mann. Doch auch ihren zweiten Mann wählte sie offensichtlich aus Liebe, ganz bestimmt jedoch nicht aus ökonomischen Gründen. Zum Zeitpunkt der Eheschließung mit Magdalena besaß Simon Pötel bloß ein Haus, das ihm das Ehepaar Scheibelwieser geschenkt hatte. Bald nach der Hochzeit machte ihn Magdalena zum Miteigentümer an ihrem Besitz, einschließlich der Handelsgesellschaft. Von da an tauchten die beiden bei allen weiteren Besitzerwerbungen gemeinsam auf. Als Magdalena 1448 starb, war Simon Pötel ihr einziger Erbe. Der wurde in den darauffolgenden Jahrzehnten der reichste Bürger Wiens. Wieder zeigt sich die Zuneigung der beiden Ehepartner zueinander in der Sorgfältigkeit und auch Ausführlichkeit, mit der Simon Gedächtnisstiftungen für Magdalena errichtete, in die auch er nach seinem Tod inbegriffen sein sollte. Wenige Jahre nach Madgalenas Tod heiratete Simon Pötel die Witwe eines Wiener Kaufmannes. Im Unterschied zur ersten Ehe herrschte in Pötels zweiter Ehe dann strikte Gütertrennung (vgl. Perger, Simon Pötel und seine Handelsgesellschaft 16 ff.).

Frauen wie Magdalena Scheibelwieser-Pötel waren es wohl, die Aeneas Silvius zu seiner Bemerkung über das Heiratsverhalten der Wiener Kaufleute verleiteten. Ganz klar zeigt sich hier, wie die Realität von Frauen aus der wohlhabenderen Schicht der Bürger aussehen konnte. Sie bestimmten über ihr Leben weitgehend selbständig. Sie suchten sich ihre Ehepartner aus, waren geschäftstätig und konnten frei über ihren Besitz verfügen. Während die Frage nach dem ehelichen Güterrecht im frühen Mittelalter oftmals durch gesetzliche Normen sehr strikt geregelt

Knieendes Stifterpaar,
1. Hälfte 15. Jh.
Weiten, Pfarrkirche

Stifterscheibe des Bäckers Tocel,
1. Hälfte 15. Jh.
Weiten, Pfarrkirche

erscheint und dies für gewisse Gesellschaftsschichten wohl auch im späten Mittelalter so war, standen im städtischen Bereich Männern wie Frauen verschiedene Möglichkeiten zur freien Wahl. Am Beispiel der beiden Ehen der Magdalena Scheibelwieser-Pötel sowie jener des Simon Pötel zeigt sich ja etwa, daß verschiedene Modelle zur freien Wahl standen. Das beginnt bei Heiratsgaben, betrifft die Abmachungen während der Ehe und geht bis zu letztwilligen Verfügungen (Brauneder, Frau und Vermögen 573 ff.). „Das Recht, Testamente zu machen, ist uneingeschränkt, daher verschreiben denn auch Männer ihren Frauen, Frauen ihren Männern ihr Vermögen“, bemerkte Aeneas Silvius. Das Testament des Hans Scheibelwieser ist ein Beispiel dafür, ebenso wie das eigenständige Handeln seiner Witwe Magdalena deren freie Verfügungsgewalt über ihren Besitz anzeigt. Sie machte aus freiem Willen schon kurz nach der Hochzeit ihren zweiten Mann zum Miteigentümer, von da an erscheinen die beiden gewissermaßen als „Ehe- und Arbeitspaar“, wie es für die spätmittelalterliche städtische Gesellschaft gerne beschrieben wird, allerdings zumeist in bescheideneren Verhältnissen. Charakteristisch war diese Form des partnerschaftlichen Wirtschaftens für Handwerker und im Kleinhandel, Lebenswelten, über die uns die Quellen nicht allzu viel berichten. Bei diesem Modell bleibt jedoch stets zu bedenken, daß die Rollenverteilung innerhalb solcher Partnerschaften in der Regel streng geschlechterspezifisch vorgenommen wurde, die Frauen also mehr für die „inneren“ Belange zuständig waren (Opitz, Frauenalltag 311).

Weniger ausgeglichen als im Fall von Magdalena und Simon Pötel scheinen die Besitzverhältnisse im Fall der drei Ehen des Stefan Chrigler im ersten Drittel des 13. Jahrhunderts gewesen zu sein. Zumindest von seiner zweiten und dritten Frau wissen wir, daß sie urkundlich ihr gesamtes Vermögen ihrem Mann überließen (Pohl-Resl, Vorsorge für die Hinterbliebenen). Stefan Chrigler war einer jener Männer, die zu Beginn ihrer Karriere kaum eigenes Vermögen besaßen. Nicht zuletzt aufgrund des Kapitals seiner Ehefrauen wurde er hingegen rasch zu einem der wohlhabendsten und einflußreichsten Händler und Geldmakler in Wien. Beteiligt an den Geschäften Chriglers war keine seiner Ehefrauen. Seine dritte Frau erklärte übrigens explizit, daß sie die Besitzübertragung aus freier Entscheidung und ohne Zwang durchgeführt hätte. Bleibt zu hoffen, daß die entsprechende Stelle in der Urkunde keine leere Formel war. Daß solche Verträge zwischen Ehepartnern nämlich nicht immer so *ledichleichen, vreilichen und unbetwungenlichen* zustande gekommen waren, zeigen Aussagen wie jene der Katharina, Ehefrau des Blasius Swertfurb, aus dem Jahr 1399. Ihr Mann hatte sie mit Schlägen dazu gezwungen, das *gemecht,* den Ehegütervertrag, auszustellen: *Auch hat die vorgenant Kathreyn gemeldet umb daz gemecht, daz si dem vorgenanten Blasio irm wirt getan hat mit einem brieff, daz si daz von grosser sleg wegen tun hab muzzen* (Pohl-Resl, Vorsorge für die Hinterbliebenen).

Was Aeneas Silvius Piccolomini aufgefallen war, „nur selten folgt der Sohn auf den Vater“, zeigt sich im Fall des Stefan Chrigler ebenso wie bei Hans Scheibelwieser und Simon Pötel. Innerhalb der wohlhabenden Oberschicht der Kaufleute und Fernhändler setzte sich der von Aeneas beschriebene „Kreis“ wahrlich häufig fort im spätmittelalterlichen Wien. Das soll selbstverständlich nicht heißen, daß diese Bevölkerungsgruppe üblicherweise kinderlos war. Allerdings war das beschriebene Heiratsverhalten dann oft genug der Grund für endlose Erbschaftsstreitigkeiten, da Kinder aus verschiedenen Ehen, Verwandte der früheren wie aktuellen Ehepartner sowie diese selbst bedacht werden wollten. Oft war es für Witwen schwierig, konkurrierende Ansprüche gegenüber den Kindern aus früheren Ehen geltend zu machen. Doch nicht nur solche Kinder waren in der Erbschaft oft bevorzugt; das gleiche traf auf eigene Kinder zu, manchmal sogar, wenn diese zum Zeitpunkt der

Testamentserrichtung bzw. des Todes des Vaters noch gar nicht geboren waren: Herwort auf der Säul z. B. bestätigte 1403 seiner Frau auf dem Totenbett ihre Morgengabe. Was darüber hinaus sowie nach Bezahlung seiner Schulden an Vermögen überblieb, sollte zur Gänze dem Kind gehören, mit dem seine Frau gerade schwanger war (Stadtbuch 1 fol. 151 r; Pohl-Resl, Vorsorge für die Hinterbliebenen). Wenn Frauen nicht über eigenen Besitz verfügten bzw. nicht über einen Ehegütervertrag abgesichert wurden, waren sie darauf angewiesen, daß ihre Männer in ihren Testamenten vorsorgten. Sehr häufig findet sich daher etwa die Klausel, wonach den Ehefrauen ein lebenslängliches Wohnrecht im ehelichen Haus gewährleistet wurde, während die Liegenschaft selbst an die Kinder ging. Ein Wiener Bürger ging überhaupt soweit, daß er ganz genau festlegte, welche Räume bzw. welchen Winkel in der Stube seine Frau benutzen durfte: *Und darnach schaff ich ir den gemach under der chuchen oben und unden gegen der gassen aus und den winkchel in der stuben hofhalben gegen Sand Johans uber* (Stadtbuch 1 Nr. 549; Pohl-Resl, Vorsorge für die Hinterbliebenen).

Viele in der Literatur bemühte Klischees oder übertriebene Vereinfachungen, die in anderen Bereichen ihre Berechtigung haben mögen, wie etwa die gerne zitierte „Eingebundenheit in den Generationenverband", werden bei eingehendem Quellenstudium relativiert. Wiederverheiratung von Witwen etwa war eine Möglichkeit, die Sicherheit und tragfähige Existenzgrundlage, die die Institution „Ehe- und Arbeitspaar" bot, wiederherzustellen. Altersvorsorge in Form von Absicherung über karitative Institutionen war eine andere. Das Wiener Bürgerspital, die bevorzugte Wohltätigkeitsanstalt der Wiener Bürgerschaft, bot Bürgern und Bürgerinnen die Möglichkeit, eine Pfründe zu erwerben. Sie übertrugen dem Spital Geld oder Besitz und erkauften sich damit das Recht, in einer Zeit, wo sie durch Alter oder Krankheit arbeitsunfähig geworden waren, eine kleine Wohnung im Spitalsbereich zu beziehen und dort versorgt zu werden. Die genauen Bedingungen wurden in eigenen Verträgen geregelt, in denen die Wahl der Wohnräume oder die jährliche Menge an Brennholz ebenso ausgehandelt wurden wie der Speisezettel oder Qualität und Quantität der täglichen Weinration. Viele Frauen legten besonderen Wert auf eine eigene Toilette, *secret*, wie es in der zeitgenössischen Terminologie heißt. Für eine Pfründnerin mußte eigens eine Toilette eingebaut werden, weil die von ihr gewählte Wohnung bis dahin über keine verfügte. In der Sprache der Quellen werden die Pfründnerinnen und Pfründner übrigens als *herren* bezeichnet, vollkommen unabhängig vom Geschlecht. Ein Grund, warum Frauen in der Geschichte so lange als „unsichtbar" galten, liegt also wohl auch an unzureichender Quellenanalyse und -interpretation (Pohl-Resl, Rechnen mit der Ewigkeit 96 ff.).

In der Regel lebten nur ein bis drei Pfründnerinnen und Pfründner gleichzeitig im Wiener Bürgerspital, während üblicherweise 200 bis 250 Arme dort beherbergt wurden. Wie in allen anderen Bereichen auch, sind wir über die Lebensverhältnisse der unvergleichlich bessergestellten Minderheit sehr viel besser informiert. Während die einen eigene Zimmer oder Wohnungen hatten, gab es für die anderen nur zwei große Massenbeherbungsräume, einen für Frauen und einen für Männer. Erst in späterer Zeit kamen weitere Differenzierungen dazu, wie etwa ein Raum für Waisenkinder. Über die alltägliche Ernährung der Armen berichten die detaillierten Küchenrechnungen nichts, während für die *herren* täglich Fleisch oder Fisch und Gemüse besorgt wurden. An Festtagen speisten diese Geflügel oder Wild und was sonst am Speiseplan der reichen Bürgerschaft stand. Das Festessen der Armen entsprach hingegen dem, was die Pfründnerinnen und Pfründner wochentags aßen. Für die Waisenkinder und wohl auch die Kinder armer Frauen, die im Spital geboren wurden, wurde auch eine Schule eingerichtet. Ob dort auch Mädchen unterrichtet wurden, läßt sich nicht mehr feststellen. Die Quellen erwähnen

Durstige tränken,
Werke der Barmherzigkeit,
Meister S. H. von 1485.
Linz, Schloßmuseum

Fremde beherbergen,
Werke der Barmherzigkeit,
Meister S. H. von 1485.
Linz, Schloßmuseum

wieder einmal nur die *knaben in der schul*, nämlich dann, wenn sie anläßlich von Gottesdiensten und religiösen Feierlichkeiten im Spital singen sollten. Die städtischen Schulen waren jedenfalls auch für Mädchen zugänglich. Wie ausführlich uns die Quellen über die Lebenswelten der Menschen, die im Wiener Bürgerspital arbeiteten oder lebten, berichten, entspricht sehr gut der allgemeinen Überlieferungslage. Sie erzählen viel von den *herren*, wenig von den Armen. Das Dienstpersonal erscheint meist nur als Rechenposten in den Lohnlisten. Eine knappe Eintragung in den Rechnungen etwa gibt an, welchen Lohn Hebamme, Amme, Köchin, Wäscherin und verschiedene Mägde erhielten. Wir erfahren nicht, unter welchen Bedingungen sie arbeiteten und schon gar nichts über ihr Privatleben (Pohl-Resl, Rechnen mit der Ewigkeit 133 ff.).

Wenn in spätmittelalterlichen Städten von Armut die Rede ist und von Menschen, die nicht in der Lage waren, für ihren Unterhalt aufzukommen und so an den Rand der Gesellschaft gedrängt wurden, so gehört in diesen Zusammenhang auch die Prostitution. Aeneas Silvius Piccolomini hatte auch dazu in Wien seine Beobachtungen gemacht: „Dirnen gibt es in sehr großer Zahl; selten begnügt sich ein Weib mit einem Mann. Sobald adlige *herren* zu den Bürgern kommen, nehmen sie deren Frauen zu einer Unterredung unter vier Augen bei Seite; die Männer bringen Wein herbei, verlassen das Haus und machen den Adligen Platz." (Die Geschichte Kaiser Friedrichs III. 20). Ob die Bürger wirklich so bereitwillig ihre Frauen Adeligen überließen oder ob wir es hier mit reiner Übertreibung zu tun haben, sei dahingestellt. Aeneas kommentiert jedenfalls ein Phänomen, das durchaus einen festen Platz einnahm im spätmittelalterlichen städtischen Sozial- und Wirtschaftsleben. Wie in den meisten größeren europäischen Städten im Mittelalter ging man durchaus pragmatisch damit um. Prostitution konnte einfach unter ökonomischen Gesichtspunkten betrachtet werden. Das beginnt mit Äußerungen von Theologen wie Thomas von Chobham, der meinte, daß Prostituierte zu Taglöhnern zu zählen seien, weil sie eine Arbeitsleistung erbrachten, und reicht bis zu Beobachtungen, wie sie wieder einmal Aeneas berichtet: „Fast alle Bürger halten Weinkneipen, heizen Stuben, richten eine Küche ein und ziehen Zecher und Dirnen heran, denen sie etwas gekochtes Essen umsonst verabreichen, damit sie um so mehr trinken; doch geben sie diesen ein kleineres Maß." Die für uns oft merkwürdige, anscheinend widersprüchliche Mentalität der spätmittelalterlichen Stadtbevölkerung kristallisiert sich etwa an Institutionen wie dem Wiener „Büßerinnenhaus" zum Heiligen Hieronymus. Eine Gruppe von reichen Wiener Bürgern gründete 1384 diese Anstalt für *arme freye frawen, die sich vor offenen sundigen unleben dem allmechtigen got zu puss und pezzerung begeben wellent*. Die Anstalt war klosterähnlich organisiert, die Insassinnen waren zu Gemeinschaftsleben und zu Bußübungen verpflichtet und sollten einer Arbeit nachgehen, wobei gewisse Tätigkeiten, wie Weinausschank, ausgenommen waren. Es war ausdrücklich vorgesehen, daß die Insassinnen heiraten konnten, ohne daß der Bräutigam um seine Ehre oder Rechte fürchten mußte (Stoklaska, Weibliche Religiosität 182 f.; Rath, Prostitution und Gesellschaft 567). Das Hieronymus-Kloster erfreute sich größter Beliebtheit bei der Stadtbevölkerung als Ziel für karitative Stiftungen, genauso wie das bereits seit dem ersten Drittel des 13. Jahrhunderts bestehende Kloster St. Maria Magdalena, ebenfalls eine „Heimstätte für besserungswillige Frauen" (Stoklaska, Weibliche Religiosität 171). Verschiedene Interessen treffen hier aufeinander. Frauen, die ein neues Leben beginnen wollen, konnte so geholfen werden. Die Stadtregierung, die ja selbst Frauenhäuser, Bordelle, betrieb, um so den marginalisierten und somit in mancherlei Hinsicht gefährlichen Bereich der Prostitution besser kontrollieren und regulieren zu können, unterstützte „Büßerinnenhäuser" ebenfalls, um so den betroffenen Frauen zurück in ein bürgerliches Leben zu verhelfen. Nicht zuletzt dienten Institutionen wie die „Büßerinnenhäuser" den Bürgern, die in mehrfacher Hinsicht Nutznießer von Prostitution und Frauenhäusern waren, sei es als Wirte oder Kunden oder als Arbeitgeber jener Gruppe von Stadtbewohnern, aus denen die meisten Kunden der Bordelle stammten, der unverheirateten Gesellen. Sie konnten letztendlich etwaiges schlechtes Gewissen beruhigen, indem sie die „Büßerinnenhäuser" mit testamentarischen Stiftungen unterstützten.

Die Bemühungen, ledige Frauen in das bürgerliche Ehemodell einzubinden, betrafen „besserungswillige" Prostituierte ebenso wie arme Frauen, die über keine oder nicht ausreichende Mitgift verfügten. Solche Heiratsausstattungen waren oft Bestandteil der karitativen Bestimmungen in Testamenten, wie z. B. auch im Fall des Hans Scheibelwieser. Der Apotheker Mathias Bon errichtete 1399 eine Stiftung, aus deren Mitteln jährlich sechs arme ledige Frauen ausgestattet werden sollten. Mit der Ausführung dieses letzten Willens wurde der Wiener Stadtrat betraut; daß dieser seine Aufgabe ernst nahm, zeigen die entsprechenden Einträge in den städtischen Rechnungen (Stadtbuch 2 fol. 40r–41r; Pohl-Resl, Vorsorge für die Hinterbliebenen).

Die Vielschichtigkeit der Interessen, die hinter solchen Bemühungen stehen konnten, zeigt sich gut anläßlich von Ereignissen wie dem Fest, das König Ludwig der Große von Ungarn 1347 in Wien veranstaltete. Dazu wurde der Friedhof bei den Augustinern mit grünen Blättern bedeckt, eine Tanzlaube gebaut und mit Windlichtern geschmückt. 45 Jungfrauen wurden festlich eingekleidet. Eine Woche lang wurde Tag und Nacht getanzt (Opll, Nachrichten aus dem mittelalterlichen Wien 79 f.). Die festlichen jungen Frauen waren wohl als Dekoration für die Veranstaltung gedacht, sollten aber auch junge Männer anlocken und hatten für die Veranstalter ähnliche Bedeutung wie die Dirnen, die von Wirten in ihre Gaststätten gelockt wurden, um den Weinkonsum zu fördern. Gleichzeitig konnte den jungen Frauen so aber auch der Weg in eine Ehe bereitet werden, so wie den ehemaligen Prostituierten in den „Büßerinnenhäusern".

Das Modell Ehe wurde nicht nur von weltlichen Obrigkeiten unterstützt und gefördert, es war ein besonderes Anliegen der Kirche. Ein Mittel, mit dem kirchliche Normen und Wertvorstellungen unter der städtischen Bevölkerung verbreitet wurden, waren Predigten. Berthold von Regensburg (gest. 1272) z. B. widmete sich diesem Thema ausführlich, wobei ihm daran gelegen war, die Partnerschaftlichkeit der Ehe zu betonen, so wie es ja bestens zum Konzept „Ehe- und Arbeitspaar" paßte: „Die erste Aufgabe besteht darin, daß die Eheleute friedlich, geduldig und fürsorglich miteinander leben und daß sie sich gegenseitig gut behandeln. Dann garantiere das eheliche Leben ein süßes, angenehmes, erfreuliches, himmlisches und engelhaftes Dasein. Beide Eheleute sollen für Frieden in Haus sorgen." Sowie: „Wenn einer der beiden Gatten bösartig, jähzornig, ungeduldig, giftig wie eine Schlange, von Zorn entbrannt wie ein Drache und bitter wie ein Teufel ist, dann muß der andere ihn geduldig ertragen." Scharf wandte er sich gegen eine alleinige Vorherrschaft des Mannes im Hause: Männer, die sich tyrannisch verhielten, waren für ihn „ein grausamer Teufel, eine giftige Schlange, kein Ehegatte, sondern ein ungerechter Folterer". Die Sorge für ein harmonisches Eheleben sollten nach Bertholds Meinung beide Ehepartner gemeinsam tragen. Von diesen partnerschaftlichen Gedanken abgesehen, vertrat der Prediger durchwegs die Ansicht, daß Männer und Frauen unterschiedlich waren und dies auch bleiben sollten: Ein Mann soll ein Mann sein, eine Frau soll eine Frau sein. Der Mann soll kämpfen, die Frau das Spinnrad drehen. Die Männer sollen das Geld nicht mit anderen Frauen noch beim Spiel und beim Zechen vergeuden; die Frauen sollen ihr Verlangen nach Schmuck und schönen Kleidern nicht mit Hilfe des Griffs in das Portemonnaie des

Nackte bekleiden,
Werke der Barmherzigkeit,
Meister S. H. von 1485.
Linz Schloßmuseum

Mannes befriedigen (Schnell, Bertholds Ehepredigten 104 f.). Interessanterweise wird an dieser Stelle den Frauen nur nahegelegt, sich nicht an der Brieftasche des Mannes zu vergreifen, um ihre Eitelkeit zu befriedigen, es wird nicht diese als solche kritisiert. Ansonsten galt Bertholds Zorn ebenso wie der der anderen Prediger insbesondere der *luxuria* und *superbia* der Frauen, ihrer Putzsucht. Der Baseler Dominikaner Johannes Herolt behandelte dieses Thema in seinen Predigten in der ersten Hälfte des 14. Jahrhunderts sehr ausführlich. Er übte z. B. Kritik an Frauen, die lange Schleppen trugen. Darauf nehme der Teufel Platz. Oder er erzählt von einem Priester, der oft für seine verstorbene Mutter betete und sie eines Tages neben dem Altar sah, zurückgehalten und gefesselt von zwei Dämonen. Sie erklärte ihrem Sohn, daß er vergeblich für sie betete, sie war verdammt. Als Strafe trug sie anstelle des Kopfschmucks und der Haare hauptumzingelnde Schlangen, für die Entblößung ihres Halses und der Brüste saß auf ihrem Busen eine Kröte, die ihr Flammen ins Gesicht spie als Vergeltung für das Schminken. Ihre Arme waren gefesselt mit glühenden Ketten wegen der unkeuschen Umarmungen und Berührungen, die Füße, weil sie Gott beleidigt habe durch Tänze und Reigen (Schüppert, Frauenbild und Frauenalltag in der Predigtliteratur 120 f. bzw. 125). Solche Vorwürfe und Schauergeschichten, die Männer über Frauen erzählten, gab es viele. Sie veranlaßten Christine de Pizan dazu, ihre Utopie von der „Stadt der Frauen" zu entwickeln: „In meinem Inneren war ich verstört und fragte mich, welches der Grund, die Ursache dafür sein könnte, daß so viele und so verschiedene Männer, ganz gleich welchen Bildungsgrades, dazu neigten und immer noch neigen, in ihren Reden, Traktaten und Schriften derartig viele teuflische Scheußlichkeiten über Frauen und deren Lebensumstände zu verbreiten." Am Ende ihrer Überlegungen gab sie den Zeitgenossinnen dann den Rat: „Kurz und gut, Ihr Frauen aller Stände, ob vornehmer, bürgerlicher oder niedriger Herkunft, seid stets äußerst wachsam und auf der Hut gegen die Feinde Eurer Ehre und Eurer Unbescholtenheit! Ihr seht ja, liebe Frauen, wie die Männer Euch allerorts aller erdenklichen Laster zeihen. ... Laßt es Euch also angelegen sein, Ihr meine hochverehrten Frauen, durch Eure Tugendhaftigkeit anziehend zu wirken, flieht das Laster in all seinen Erscheinungsformen, betreibt den Ausbau unserer Stadt, vermehrt die Anzahl ihrer Bewohnerinnen und übt Euch in Heiterkeit und Rechtschaffenheit."

Weiterführende Literatur:

Wilhelm Brauneder, Frau und Vermögen. In: Frau und spätmittelalterlicher Alltag 573–585.
Edith Ennen, Frauen im Mittelalter. München, 5. Aufl. 1994.
Frau und spätmittelalterlicher Alltag. Internationaler Kongreß Krems an der Donau 2.–5. Oktober 1984. (Veröffentlichungen des Instituts für mittelalterliche Realienkunde Österreichs 9 = Sitzungsberichte der Österreichischen Akademie der Wissenschaften, phil.-hist. Kl., 473) Wien 1986.
Georges Duby, Michelle Perrot (Hg.), Geschichte der Frauen. Bd. 2: Mittelalter (Hg. Christiane Klapisch-Zuber). Frankfurt/Main 1993.
Die Geschichte Kaiser Friedrichs III. von Aeneas Silvius, übersetzt von Theodor Ilgen. Teil 1. Leipzig 1889.
Claudia Opitz, Frauenalltag im Spätmittelalter. In: Duby, Perrot, Geschichte der Frauen, 2, 283–339.
Ferdinand Opll, Nachrichten aus dem mittelalterlichen Wien. Zeitgenossen berichten. Wien, Köln, Weimar 1995.
Richard Perger, Simon Pötel und seine Handelsgesellschaft. In: Jahrbuch des Vereins für Geschichte der Stadt Wien 40 (1984) 7–88.
Christine de Pizan, Das Buch von der Stadt der Frauen. München, 4. Auflage 1995.
Brigitte Rath, Prostitution und spätmittelalterliche Gesellschaft im österreichisch-süddeutschen Raum. In: Frau und spätmittelalterlicher Alltag 553–572.
Brigitte Pohl-Resl, Rechnen mit der Ewigkeit. Das Wiener Bürgerspital im Mittelalter (Mitteilungen des Instituts für Österreichische Geschichtsforschung, Ergänzungsband 33) Wien 1996.
Dies., Vorsorge für die Hinterbliebenen als Verpflichtung. Zu einschlägigen Aussagen bürgerlicher Testamente des späten Mittelalters. In: Du guoter Tod. Sterben im Mittelalter. Ideal und Realität (Hg. Markus Wenninger) Klagenfurt 1997 (in Druck).
Helga Schüppert, Frauenbild und Frauenalltag in der Predigtliteratur. In: Frau und spätmittelalterlicher Alltag 103–156.
Rüdiger Schnell, Bertholds Ehepredigten zwischen Mündlichkeit und Schriftlichkeit. In: Mittellateinisches Jahrbuch 32 (1997) 93–108.
Die Wiener Stadtbücher 1395–1430. Teil 1: 1395–1400 (Hg. Wilhelm Brauneder – Gerhard Jaritz, Fontes rerum Austriacarum III/10) Wien 1989.
Stadtbuch 1 = Wiener Testamentbuch 1, Wiener Stadt- und Landesarchiv, Handschrift A 285/1 (bis zum Jahr 1400 ediert in: Die Wiener Stadtbücher).
Stadtbuch 2 = Wiener Testamentbuch 2, Wiener Stadt- und Landesarchiv, Handschrift A 285/2.
Anneliese Stoklaska, Weibliche Religiosität im mittelalterlichen Wien unter besonderer Berücksichtigung der Agnes Blannbekin. in: Religiöse Frauenbewegung und mystische Frömmigkeit im Mittelalter (Hg. Peter Dinzelbacher, Dieter R. Bauer, Beihefte zum Archiv für Kulturgeschichte 28) Wien 1988, 165–184.

Christina Lutter

Lebensordnungen und Geschlechterbeziehungen am Beginn der Frühen Neuzeit

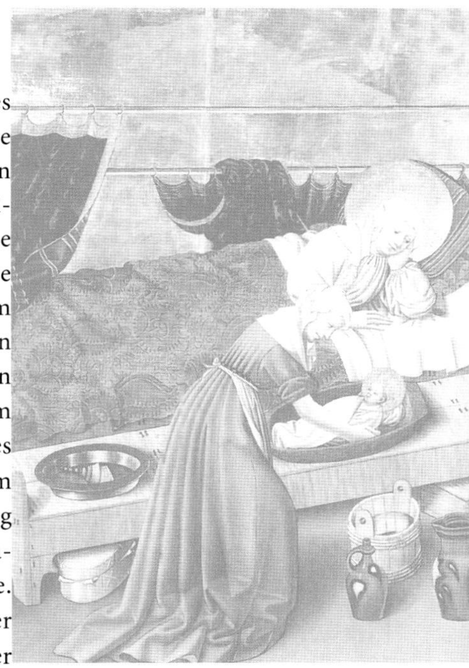

Geburt Mariens, Meister des Albrechtaltares, 1438–1440. Stift Klosterneuburg, Kunstsammlungen

Um die Mitte des 15. Jahrhunderts entstand im Umkreis des habsburgischen Hofes ein einzigartiges Dokument weiblicher Lebenswelten. Helene Kottannerin, die Kammerfrau der Herzogin und späteren Königin Elisabeth und die Erzieherin ihrer Kinder, schrieb mit ihren *Denkwürdigkeiten* die Geschichte der machtpolitischen Auseinandersetzungen um die habsburgische Erbfolge in Ungarn, an der sie als Akteurin maßgeblich beteiligt war. Dabei handelt es sich gleichzeitig um die ersten deutschsprachigen Memoiren einer Frau. Die Kottannerin war seit 1436 im Dienst Herzog/König Albrechts von Österreich und seiner Frau Elisabeth. In deren Gefolge reiste sie 1439 nach Ungarn, wo Albrecht im Oktober völlig unvermutet an der Ruhr starb. Damit wurde die Frage der Erbfolge virulent. Die Königin war im fünften Monat schwanger, und man hatte somit Hoffnung auf die Geburt eines Erben. Um Zeit zu gewinnen, täuschte die 31jährige hochschwangere Elisabeth im Januar 1440 auf dem Reichstag zu Ofen (Buda) daher zunächst ihre Zustimmung zu Plänen der ungarischen Großen vor, den 15jährigen König von Polen zu heiraten, während sie gleichzeitig die Nachfolge des ungeborenen Kindes vorbereitete. Die Legitimation des Thronfolgers konnte jedoch nur durch seine Krönung mit der ungarischen Stefanskrone gesichert werden, die sich in der Schatzkammer der Plintenburg befand: In der Nacht vom 20. auf den 21. Februar gelang Helene Kottannerin in Begleitung eines ungarischen Adeligen und dessen Knechtes der Raub der Krone, die sie tags darauf der Königin überbrachte. Laut ihrem Bericht erfolgte die Geburt des Thronfolgers nur kurz nach ihrem Eintreffen (Mollay 1971, Dienst 1986, Holzner 1994).

Die Geschichte des Kronenraubes und seine politischen Hintergründe sowie die Geburt des kleinen Ladislaus stehen im Zentrum der dramatischen Erzählung. Einzigartig an der lebendigen Darstellung in der Ich-Form, bei der ihr persönlicher Anteil am Gelingen des Unternehmens durchaus hervorgehoben wird, ist jedoch vor allem die Perspektive der Frau als Autorin, die Blicke auf weibliche Lebensräume und Vorstellungswelten, auf das alltägliche Zusammenleben von Frauen, Männern und Kindern wie das selbstverständliche Tragen politischer Verantwortung eröffnet, die die mittelalterliche und frühneuzeitliche Überlieferungssituation ansonsten kaum zuläßt. Damit stellt sich die Frage nach den Spuren, die Frauen in der Geschichte hinterlassen haben, als Problematik einer Überlieferung, die Frauen nur gelegentlich sichtbar werden und noch seltener selbst zu Wort kommen läßt. Der Großteil derjenigen Quellen, die Geschlechterbeziehungen thematisieren, beruht auf der geistig-geistlichen Tradition der Kirchenväter und mittelalterlichen Theologen. Sie postulieren die moralische und geistige Schwäche des weiblichen Geschlechts und legitimieren damit die rechtliche Minderstellung der Frau und ihre Unterordnung unter die Herrschaft des Mannes. So konstitutiv die antik-christliche Anthropologie für mittelalterlich-frühneuzeitliche Frauenbilder war, so sehr gibt sie andererseits nur einen begrenzten Ausschnitt wahrgenommener und gelebter Wirklichkeit wieder.

Die persönliche Lebensgeschichte der Helene Kottannerin wie ihre *Denkwürdigkeiten* geben hingegen zahlreiche Hinweise auf wesentliche Ordnungskategorien, die das Leben und die Beziehungen von Frauen und Männern im 15. genauso wie im 16. Jahrhundert bestimmten. Die Erzählerin selbst war Tochter eines ungarischen Kleinadeligen, heiratete zunächst den Bürgermeister von Sopron und nach dessen Tod den Bürger Johann Kottanner aus Wien, der seinerseits Kammerherr des Wiener Dompropstes war. Aus ihrer ersten Ehe hatte sie einen Sohn, mit Johann Kottanner mehrere Kinder, von denen sie in den *Denkwürdigkeiten* jedoch nur ihre Tochter Katharina namentlich erwähnt, die sie gemeinsam mit ihrem Mann nach Ungarn begleitete. In der für Mittelalter wie Frühe Neuzeit charakteristischen ständischen Gesellschaftsordnung war das Denken *in ordines,* in Kategorien der Ungleichheit, selbstverständlich. Die eindeutige Markierung von Standesgrenzen und Hierarchien schließt jedoch weder soziale Mobilität noch Nähe und Vertrautheit grundsätzlich aus. Die Kottannerin gehörte durch ihre Herkunft einerseits dem ungarischen Kleinadel an, durch ihre Vermählungen gleichzeitig der bürgerlichen Oberschicht, was ihr wohl auch den Zugang zum herzoglichen Hof eröffnete. Ihr Verhältnis zur Königin wurde von sozialer Abhängigkeit ebenso wie von einer engen persönlichen Beziehung geprägt, die sie immer wieder hervorhebt. Für ihre Dienste wiederum wurden sie und ihr Mann durch Schenkungen entsprechend belohnt (Holzner 1994, 11 f.).

Eine zentrale Rolle in der ständischen Gesellschaft spielte die Eingebundenheit in den Generationenverband. Die Sorge um sich selbst ist nicht zu trennen von einem Selbstverständnis, das sich aus der jeweiligen Position im Familienverband und der daraus resultierenden Verantwortung ergab, standesgemäße, sozial und wirtschaftlich tragfähige Beziehungsnetze zu knüpfen. Die Ehe stellte für alle Schichten eine grundlegende gesellschaftliche, im Zusammenhang mit der Schaffung und Erhaltung von Herrschaft auch eminent politische Institution dar. Für den dynastischen Bereich wird dies in der Geschichte des Kronenraubes thematisiert. Nach der Geburt gilt die erste Sorge der Königin dem Thronfolger. Die Verteidigung des Erbanspruches des kleinen Ladislaus steht im Zentrum der Geschichte. Das Eingebundensein in den Generationenverband ebenso wie in die christliche Weltordnung bestimmte die Bedeutung der Nachkommenschaft: So wie die Verehelichung für Männer wie Frauen Bedingung für eine wirtschaftlich eigenständige Lebensführung war und gesellschaftlichen Statusgewinn brachte (Wunder 1992, 59), waren Kinder die Voraussetzung für die materielle und soziale Sicherung des Erreichten. In adeligen Familien bedeutete eine große Anzahl vor allem männlicher Nachkommen größere Machtchancen. Wieviele Kinder sich ein bürgerliches oder bäuerliches Paar „leisten“ konnte, war von den agrarischen, gewerblichen und herrschaftlichen Bedingungen abhängig, die jedoch regional variierten. Heirat und Nachkommenschaft stellten ein soziales Privileg dar, das obrigkeitlichen und kirchlichen Regelungen unterworfen war. Zwar werden Schwangerschaft, Geburt und Kinderbetreuung als weibliche Domäne geschildert, die Sorge um die Kinder ist jedoch jeweils abhängig vom gesellschaftlichen Ort der Beziehungen: Im Zentrum der persönlichen Lebenssituation der Kottannerin steht ihr Dienst für die Königin; mit dieser Aufgabe war die Sorge um die eigene Familie in Einklang zu bringen. Johann Kottanner, der in der gesamten Erzählung nur zweimal erwähnt wird, und die gemeinsame kleine Tochter Katharina kamen daher auf die Reise mit. Der im Hofdienst geforderten Mobilität waren wohl andere Interessen unterzuordnen. Umgekehrt war das Leben der Kottannerin durch die Betreuung des neugeborenen Ladislaus wesentlich mehr der alltäglichen Sorge um Kinder gewidmet als das seiner königlichen Mutter Elisabeth. Die Delegation der Kinderbetreuung war in der adeligen Lebenswelt üblich; gleichzeitig wurde sie durch die politische Verantwortung der Königin für die Erfüllung von Herrschaftsaufgaben als Stellvertreterin des verstorbenen Albrecht notwendig (Holzner 1994, 101–107).

Handlungsweise und Strategie der Königin Elisabeth zeigen eindrucksvoll, daß Frauen nicht nur Objekte von Besitz- und Tauschgeschäften waren, sondern selbst aktiv Politik betrieben. Dasselbe gilt etwa für Maria von Ungarn, die Schwester Karls V. und Ferdinands I., die ein Jahrhundert später als 26jährige Witwe die Statthalterschaft der habsburgischen Niederlande übernahm und knapp 25 Jahre lang als äußerst selbstbewußte und kompetente Herrscherin gegenüber ihren männlichen Brüdern agierte (Laferl/Lutter 1997). Beispiele von Handlungsspielräumen, die die normative Rechtsungleichheit ausgleichen konnten, wonach die Eheschließung den Übergang von der Vormundschaft des Vaters in jene des Mannes begründete, gibt es nicht nur im dynastischen Bereich. An der Erhaltung und Weitergabe von Besitz und Herrschaft waren im adeligen, bürgerlichen und bäuerlichen Bereich Frauen wie Männer als „Ehe- und Arbeitspaar" (Wunder 1992, 98) gemeinschaftlich beteiligt. Dies äußert sich in den vermögens- und erbrechtlichen Bestimmungen, die nach Stand, sozialer Position und den regionalen ökonomischen Bedingungen und Herrschaftsverhältnissen je verschieden waren, aber eine teilweise sehr weitreichende Rechtsfähigkeit von Frauen belegen. So treten etwa in ländlichen Vorarlberger Quellen die Ehepartner bei Rechtsgeschäften gemeinsam auf, und auch erbrechtlich scheinen Frauen mit wenigen Ausnahmen nicht benachteiligt gewesen zu sein. Ähnliches gilt für das bäuerliche Besitzrecht in Salzburg, während in der Steiermark nach den rechtlichen Bestimmungen Frauen regional sehr unterschiedlich begünstigt waren (Ebner 1984, 517).

In der spätmittelalterlichen und frühneuzeitlichen ständischen Gesellschaft wurde die Kategorie Geschlecht immer in komplexer Verflechtung verschiedener Faktoren wirksam: Geburtsstand und Lebensalter waren verbunden mit dem Umstand, ob Frauen ledig, verheiratet oder verwitwet waren, mit der sozialen Situation und dem gesellschaftlichen Umfeld, mit regional verschiedenen, wirtschaftlich und obrigkeitlich bestimmten Lebenschancen und hatten je unterschiedliche Auswirkungen auf ihren Handlungsspielraum. Nach Lebenswelten und Bedeutungen von Geschlechterverhältnissen zu Beginn der Frühen Neuzeit zu fragen, läßt gegenüber diesen Kontinuitäten die grundlegenden Veränderungen, die der Begriff „Neuzeit" vom „Mittelalter" abgrenzt, und ihre Wahrnehmung durch die betroffenen Menschen aus einer veränderten Perspektive betrachten: Wie haben sich Bevölkerungs- und wirtschaftliches Wachstum, Humanismus, Reformation und Konfessionalisierung, die mediale Revolution durch die Erfindung des Buchdrucks und die Entstehung des „modernen" obrigkeitlichen Staates auf die Lebens- und Handlungschancen von Frauen verschiedener Schichten ausgewirkt?

Im humanistischen und reformatorischen Diskurs wurde die Frage nach den Beziehungen zwischen den Geschlechtern neu gestellt. In der *Querelle des femmes* wurde vom 15. bis zum 18. Jahrhundert die weibliche Natur, Wissensfähigkeit und

Stifterfamilie, Steiermark,
1515–1525.
Graz, Diözesanmuseum

gesellschaftliche Stellung von Männern und einigen Frauen diskutiert (Fietze 1996, 237). Besonders nachhaltige Auswirkungen hatte dabei die protestantische Ehelehre: Ausgehend von der grundsätzlichen Gleichheit aller Menschen in ihren Möglichkeiten, das Wort Gottes zu leben, wandte sich Martin Luther gegen die hierarchischen, mit den ständischen Ordnungen verflochtenen katholischen Vermittlungsinstanzen und gegen die zölibatäre Lebensform ihrer Vertreter. Im Unterschied zur katholischen Kirche nahm Luther eine grundsätzlich positive Haltung gegenüber der Sexualität ein, definierte jedoch das eheliche Zusammenleben als ihren einzig legitimen Ort. Die Ehe wurde damit in der protestantischen Lehre über ihre bisherige Bedeutung als soziale und wirtschaftliche Institution hinaus zur „ersten Ordnung Gottes und zur zentralen gesellschaftlichen Ordnung" (Wunder 1992, 88). Der prinzipiellen Gleichheit der Geschlechter vor Gott stand allerdings das Verständnis einer Aufgabenverteilung innerhalb der Ehe gegenüber, das die traditionell bestehenden Herrschaftsverhältnisse gleichzeitig modifizierte und bestätigte. So formulierte Luther in seinen Tischreden zu Beginn der 1530er Jahre, *daß das Weib geschaffen ist zur Haushaltung, der Mann aber zur Policey, zu weltlichem Regiment, zu Kriegen und Gerichtshändeln, die zu verwalten und führen* (Luther 1912, 532). Außerdem betonten auch die Reformatoren die weibliche Unterordnung und Gehorsamspflicht der Frau.

Zum weiblichen Aufgabenbereich der *Haushaltung* gehörte die christliche Kindererziehung, die in der protestantischen Lehre eine Schlüsselrolle einnahm. Zwar sprach sich Luther gleichzeitig für eine allgemeine Schulbildung aus, die weder standes- noch geschlechtsspezifisch sein sollte, ein insofern revolutionärer Gedanke, als weibliche Bildung in den mittelalterlichen Klöstern als wichtigsten Erziehungs- und Versorgungsinstitutionen bisher ein Privileg der Geistlichkeit und der Oberschichten dargestellt hatte. Allerdings waren Frauen nach wie vor von höherer Bildung und wissenschaftlicher Betätigung ausgeschlossen. Ausnahmen stellten die Bildungskonzepte einiger humanistischer Gelehrter wie Erasmus von Rotterdam oder Konrad Celtis, der auf Wunsch des Habsburgers Maximilian I. nach Wien berufen wurde, und ihr wissenschaftlicher Austausch mit gelehrten Frauen dar. In Abgrenzung zur scholastischen Vorstellung der geistigen Minderwertigkeit der Frau, die vor allem durch Thomas von Aquin in seiner *Summa Theologica* (1270) expliziert wurde (Hassauer 1994, 22 f.), gingen sie von der intellektuellen und moralischen Gleichwertigkeit der Geschlechter aus. Bildungschancen, wie sie etwa die Tochter des Vorarlberger Humanisten Achilles Pirmin Gasser wahrnehmen konnte (Niederstätter 1991, 32), blieben allerdings einigen wenigen „Ausnahmefrauen" (Bejick 1996, 171) vorbehalten. Die humanistischen Bildungsideale konnten die Grenzen der ständischen Ordnung nicht überschreiten. Die durch den Buchdruck in Kürze in ganz Europa verbreitete Erziehungsschrift für die „christliche Frau" des Humanisten Juan Luis Vives, *De institutione feminae Christianae*, unterweist in drei Büchern die Jungfrau, die Ehefrau und die Witwe in der exemplarischen Gestaltung von Leben und Ehe (Fietze 1996, 129–133).

Ebenso wie die bürgerlich-protestantischen Bildungskonzepte letztlich wieder an die mittelalterliche Tradition anschlossen, bildeten auch in den von der gegenreformatorischen Praxis entwickelten Erziehungsmodellen Häuslichkeit, Kindererziehung und Fürsorgetätigkeit den Bildungskanon (Engelbrecht 1983, 12 f.; Vocelka 1994, 36 f.). Von der neu gegründeten Jesuitenuniversität in Graz (1585) und jener der Benediktiner in Salzburg (1622) blieben Frauen ebenso ausgeschlossen wie von den jesuitischen Gymnasien und protestantischen Landschaftsschulen. Im Bereich der Elementarbildung gab es in den Städten bereits vor den konfessionellen Auseinandersetzungen Mädchenschulen und gemischte „deutsche" Schulen.

Nach der Tiroler Schulordnung von 1586 wurden Buben und Mädchen gemeinsam unterrichtet, während Salzburger Bestimmungen von 1569 und 1594 zumindest eine räumliche Trennung der Schülerinnen und Schüler forderten. Für alle katholischen Kinder gleich war der Katechismusunterricht in Verbindung mit dem sonntäglichen Meßbesuch, der seit dem Konzil von Trient (1545–1563) verpflichtend war.

Wie sehr jedoch die Bildungschancen ökonomisch und sozial begrenzt blieben, zeigen Beispiele von Stiftungen: 1564 wurden auf Initiative der Königin Anna im Wiener Hofspital 20 arme Waisenmädchen erzogen, *biß sie ihr brodt selbst gewinnen mügen*. Ebenso ermöglichte eine Stiftung 1572, in einem aufgelassenen Kloster gemeinsam mit einem Waisenhaus die *Jungkfrauen Zucht Schuell zu Sanndt Iheronimo* einzurichten, die 20 arme Mädchen unter der Voraussetzung aufnahm, daß sie ehelich geboren waren (Weiss 1996, 31; 316). Ständische Privilegien zeigten sich hingegen in den Möglichkeiten des häuslichen und des Privatunterrichts, aber auch in der Tatsache, daß in den habsburgischen Ländern die Auflassungen von Klöstern infolge evangelischer wie katholischer Erneuerung weniger wirksam wurden als in protestantischen Gebieten (Ulbrich 1997, 168 f.). Die vor allem den Frauen der Oberschicht zur Verfügung stehenden alternativen Lebens- und Identifikationsformen des klösterlichen Lebens und der religiösen Erfahrung blieben in den katholischen Gebieten dadurch teilweise erhalten. Selbst neue Klostergründungen vorzunehmen, wie drei der Töchter Ferdinands I. es taten, auf deren Wunsch 1566 ein Damenstift in Hall errichtet wurde, blieb wohl auch hier nur wenigen vorbehalten.

Insgesamt führte das protestantische Ehekonzept ebenso wie die katholische Erneuerung und ihre Institutionalisierung durch die Gegenreformation zur Vereinheitlichung frühneuzeitlicher Lebensordnungen. Im katholischen Bereich wurde diese Entwicklung durch die Ehebestimmungen des Konzils von Trient, vor allem durch die kirchliche Trauung und den doppelten Konsens der Brautleute und ihrer Eltern als Bedingung für eine legitime Partnerschaft festgeschrieben. Die Durchsetzung der Ehe als dominierendes Modell der Gestaltung von Geschlechterbeziehungen hatte am Übergang von der ständischen zur bürgerlichen Gesellschaft allerdings nicht nur religiöse Gründe. Der spätmittelalterliche Wandel der Arbeits- und Lebenszusammenhänge durch veränderte ökonomische Beziehungen zwischen städtischen und ländlichen Räumen schuf dafür die Voraussetzungen. Dabei wurden in der Reformation Handlungsmuster der „Familiarisierung von Arbeit und Leben" (Wunder 1992, 89) aufgegriffen, die im städtischen Bürgertum bereits praktiziert wurden (dazu B. Pohl in diesem Band). Durch die Aufwertung der Ehe wurden gleichzeitig Handlungen, die diesem sozialen Ordnungsmodell nicht entsprachen, kriminalisiert. Verschiedene Handwerkerordnungen aus österreichischen Städten nennen im 15. Jahrhundert als Voraussetzung für die Aufnahme in die Zunft die eheliche Geburt und untersagten ihren Mitgliedern den Umgang mit Prostituierten (Rath 1994, 358).

Mit der Ausbildung frühmoderner Herrschaftsstrukturen – hier vor allem des spezifisch habsburgischen „konfessionellen Absolutismus" (Vocelka 1994, 42) – wurde das bürgerlich-religiöse Ordnungsmodell Ehe in das obrigkeitliche Ordnungsverständnis integriert und öffentlich normiert. Seine Anerkennung als einzig legitimer Ort von Sexualität und Reproduktion hatte weitreichende Folgen, die in Erziehung und Propaganda, herrschaftlicher Kontrolle und rechtlicher Sanktionierung zum Ausdruck kommen. In den Landes- und Polizeiordnungen des 16. Jahrhunderts werden Ehebruch und *leichtferttige vneheliche beywonungen* (Vocelka 1994, 34 für Kärnten 1577) ebenso unter strenge Strafen gestellt, wie man zur gleichen Zeit die Prostitution durch Schließung der Frauenhäuser einzuschränken

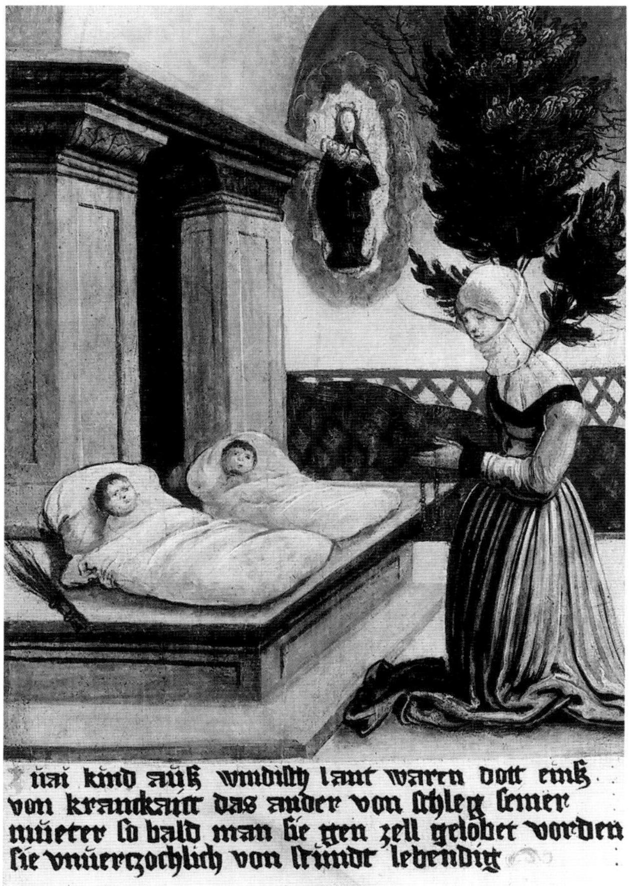

Erweckung zweier toter Kinder. Tafel des „Großen Mariazeller Wunderaltares", 1518/22. Graz, Alte Galerie am Landesmuseum Joanneum

Heilung von Unfruchtbarkeit. Tafel des „Großen Mariazeller Wunderaltares", 1518/22. Graz, Alte Galerie am Landesmuseum Joanneum

versuchte. Die strafrechtlichen Normierungen schrieben in vielen Fällen die geschlechtsspezifische Ungleichbehandlung fest, insbesondere bei Sittlichkeitsdelikten. Unterschiede gab es sowohl bei der Härte der Bestrafung als auch bei den Hinrichtungsarten; sie müssen jedoch bei der Frage nach ihrer Wirksamkeit im Zusammenhang mit regionalen Unterschieden vor allem in der Gerichtspraxis gesehen werden. So stand auf Ehebruch in der *Constitutio Criminalis Carolina* Karls V. (1532) ebenso wie in der Halsgerichtsordnung Maximilians I. für Tirol (1499) für Männer wie Frauen die Todesstrafe, dennoch ging in München nur eine einzige von 48 Hinrichtungen zwischen 1574 und 1591 auf einen Ehebruch zurück (Behringer 1990, 95). Weitreichende Auswirkungen hatte jedoch vor allem die Kriminalisierung und strenge Bestrafung vorehelicher sexueller Beziehungen, die zu einer illegitimen Schwangerschaft führten. Die vor allem im ländlichen Bereich übliche nachträgliche Legitimation derartiger Beziehungen durch Eheschließung wurde damit ebenso wie die vor allem für soziale Unterschichten „leistbare" Lebensform des Konkubinats gesellschaftlich verunmöglicht. Der damit verbundene moralische Druck und die soziale Ausgrenzung Schwangerer und lediger Mütter ab dem 16. Jahrhundert ist von der Problematik des frühneuzeitlichen Kindsmordes nicht zu trennen (Mitterauer 1983, 1985; van Dülmen 1991).

Die großen regionalen Unterschiede und zeitlichen Ungleichzeitigkeiten in der Wahrnehmung und Ahndung von Delikten verdeutlichen die Komplexität von Machtausübung in der frühneuzeitlichen Gesellschaft. Dies kann etwa Joseph Patrouch anhand von Untersuchungen von Strafprozessen vor grundherrlichen oberösterreichischen Gerichten im 16. und 17. Jahrhundert zeigen (Patrouch 1994, hier 152). Monokausale Erklärungsmuster eines gezielten kirchlich-obrigkeitlichen Zusammenwirkens werden den komplexen gesellschaftlichen Verhältnissen und den lokalen Dimensionen der Macht nicht gerecht. Dasselbe gilt für die Beteiligung von Frauen an den religiösen Erneuerungsbewegungen und den Bauernkriegen (Kobelt-Groch 1993; Gismann-Fiel 1982), vor allem aber für die Anfänge der Hexenprozesse im 15. und 16. Jahrhundert und die Frage, wie es zu jenen Verfolgungen kommen konnte, die drei Jahrhunderte lang zeitgleich mit den „Errungenschaften" der Moderne Europa prägen sollten (Behringer 1987; Blauert 1989, 1990; Dienst 1987). Gerade hier und in Verbindung mit der Suche nach den historischen Orten des Lebens von Frauen gilt es, den vielfältigen Verflechtungen von kirchlich-gelehrten Vorstellungen und obrigkeitlicher Verfolgung mit ländlichem Hexenglauben, lokal unterschiedlichen Machtkonstellationen und konkreten wirtschaftlichen und sozialen Konflikten im persönlichen Umfeld, die überhaupt erst eine Anklage ermöglichten, auf die Spur zu kommen.

Weiterführende Literatur:

Wolfgang Behringer, Hexenverfolgung in Bayern.Volksmagie, Glaubenseifer und Staatsräson in der Frühen Neuzeit. München 1987.
Ders., Mörder, Diebe, Ehebrecher. Verbrechen und Strafen in Kurbayern vom 16. bis 18. Jahrhundert. In: van Dülmen 1990 (1), 85–132.
Urte Bejick, Deutsche Humanistinnen. In: Kleinau, Opitz 1996, 152–171.
Andreas Blauert, Frühe Hexenverfolgungen. Ketzer-, Zauberei- und Hexenprozesse des 15. Jahrhunderts. Hamburg 1989.
Ders. (Hg.), Ketzer, Zauberer, Hexen. Die Anfänge der europäischen Hexenverfolgungen. Frankfurt/Main 1990.
Ders. Gerd Schwerhoff (Hg.), Mit den Waffen der Justiz. Zur Kriminalitätsgeschichte des späten Mittelalters und der Frühen Neuzeit. Frankfurt/Main 1993.
Gisela Brinker-Gabler (Hg.), Deutsche Literatur von Frauen. Bd. 1: Vom Mittelalter bis zum Ende des 18. Jahrhundert. München 1988.
Anne Conrad, Zwischen Kloster und Welt. Ursulinen und Jesuitinnen in der katholischen Reformbewegung des 16./17. Jahrhunderts. Mainz 1991.
Natalie Zemon Davis, Frauen und Gesellschaft am Beginn der Neuzeit. Frankfurt/Main 1989.
Heide Dienst, Feindseligkeit zwischen Frauen (Innsbruck 1485). In: Wiener Historikerinnen. Die ungeschriebene Geschichte. Historische Frauenforschung. Wien 1985, 28–213.
Dies., Frauenalltag in erzählenden Quellen des Spätmittelalters. In: Frau und spätmittelalterlicher Alltag 1986, 213–242.

Dies., Magische Vorstellungen und Hexenverfolgungen in den österreichischen Ländern (15.–18. Jahrhundert). In: Erich Zöllner (Hg.), Wellen der Verfolgung in der österreichischen Geschichte (Schriften des Instituts für Österreichkunde 48). Wien 1986, 70–94.
Dies., Hexenprozesse auf dem Gebiet der heutigen Bundesländer Vorarlberg, Tirol (mit Südtirol), Salzburg, Nieder- und Oberösterreich sowie des Burgenlandes. In: Valentinitsch 1987, 265–294.
Peter Dinzelbacher, Heilige oder Hexen. Schicksale auffälliger Frauen in Mittelalter und Frühneuzeit. München, Zürich, London 1995.
Richard van Dülmen (Hg.), Armut, Liebe, Ehre. Frankfurt/Main 1988.
Ders. (Hg.), Verbrechen, Strafen und soziale Kontrolle. Frankfurt/Main 1990 (1).
Ders. (Hg.), Arbeit, Frömmigkeit und Eigensinn. Studien zur Historischen Kulturforschung II. Frankfurt/Main 1990 (2).
Ders., Frauen vor Gericht: Kindsmord in der frühen Neuzeit. Frankfurt/Main 1991.
Ders., Kultur und Alltag in der frühen Neuzeit. 16.–18. Jahrhundert. 3 Bde. München 1992–1995.
Ders. (Hg.), Hexenwelten: Magie und Imagination vom 16.–20. Jahrhundert. Ausstellung in der Stadtgalerie Saarbrücken 1. Mai bis 30. Juni 1987. Frankfurt/Main 1987.
Ders., Theater des Schreckens: Gerichtspraxis und Strafrituale in der frühen Neuzeit. Frankfurt/Main 4. Aufl. 1995.
Herwig Ebner, Die soziale Stellung der Frau im spätmittelalterlichen Österreich. In: Frau und spätmittelalterlicher Alltag 1986, 509–552.
Josef Ehmer (Hg. unter Mitarb. von Markus Cerman), Historische Familienforschung. Ergebnisse und Kontroversen. Michael Mitterauer zum 60. Geburtstag. Frankfurt/Main 1997.
Helmut Engelbrecht, Geschichte des österreichischen Bildungswesens. Erziehung und Unterricht auf dem Boden Österreichs. 2. Bd.: Das 16. und 17. Jahrhundert. Wien 1983.
Daniela Erlach, Markus Reisenleitner, Karl Vocelka (Hg.), Privatisierung der Triebe. Sexualität in der Frühen Neuzeit. Frankfurt/Main 1994.
Katharina Fietze, Spiegel der Vernunft. Theorien zum Menschsein der Frau in der Anthropologie des 15. Jahrhunderts. Paderborn, München, Wien, Zürich 1991.
Dies., Frauenbildung im Renaissance-Humanismus. In: Kleinau, Opitz 1996, 121–134.
Dies., Frauenbildung in der „Querelle des femmes“. In: Kleinau, Opitz 1996, 237–251.
Frau und spätmittelalterlicher Alltag. Internationaler Kongreß in Krems/Donau 2.–5. Oktober 1984. Wien 1986.
Hildegund Gismann-Fiel, Das Täufertum in Vorarlberg. Dornbirn 1982.
Friederike Hassauer, Homo. Academica. Geschlechterkontrakte, Institution und die Verteilung des Wissens. Wien 1994.
Karin Hausen, Heide Wunder (Hg.), Frauengeschichte – Geschlechtergeschichte. Frankfurt/Main 1992.
Kornelia Holzner, Zum Alltag von Frauen und Männern in den "Denkwürdigkeiten der Helene Kottannerin“ (1439–1440). Ungedr. Dipl. Arbeit, Wien 1994.
Erika Kartschoke (Hg.), Repertorium deutschsprachiger Ehelehren in der Frühen Neuzeit. Berlin 1996.
Elke Kleinau, Claudia Opitz (Hg.), Geschichte der Mädchen- und Frauenbildung. Bd. 1: Vom Mittelalter bis zur Aufklärung. Frankfurt/Main, New York 1996.
Marion Kobelt-Groch, Aufsässige Töchter Gottes. Frauen im Bauernkrieg und in den Täuferbewegungen. Frankfurt/Main, New York 1993.
Eva Labouvie, Zauberei und Hexenwerk. Ländlicher Hexenglaube in der frühen Neuzeit. Frankfurt/Main 1991.
Christopher F. Laferl, Christina Lutter, „Innere“ und „äußere“ Autonomie einer Fürstin der Frühen Neuzeit. Maria von Ungarn am Beginn ihrer niederländischen Statthalterschaft (1531–1534). In: Frühneuzeit-Info 8/1997, Heft 2, 170–177.
Ursula Liebertz-Grün, Höfische Autorinnen. Von der karolingischen Kulturreform bis zum Humanismus. In: Brinker-Gabler 1988, 39–64
Dr. Martin Luthers Tischreden 1531–1546 (Tischreden aus der ersten Hälfte des 16. Jahrhunderts, Weimar 1912).
Michael Mitterauer (Hg.), Historische Familienforschung. Frankfurt/Main 1982.
Ders., Ledige Mütter. Zur Geschichte illegitimer Geburten in Europa. München 1983.
Ders., Illegitimität in Europa. Historische Bedingungen in Familienverfassung, Wertsystem und Arbeitsorganisation. In: E.W. Müller (Hg.), Geschlechtsreife und Legitimation zur Zeugung. Freiburg, München 1985.
Alois Niederstätter, Wolfgang Scheffknecht (Hg.): Hexe oder Hausfrau. Das Bild der Frau in der Geschichte Vorarlbergs. Sigmaringendorf 1991.
Alois Niederstätter, Das Jahrhundert der Mitte. An der Wende vom Mittelalter zur Neuzeit 1400–1522 (Österreichische Geschichte 5, hg. von Herwig Wolfram). Wien 1996.
Joseph F. Patrouch, Sexualität und Herrschaft: Sexuelles Fehlverhalten in Strafprozessen vor drei grundherrlichen Gerichten Oberösterreichs. In: Erlach, Reisenleitner, Vocelka 1994, 151–165.
Brigitte Rath, Prostitution und spätmittelalterliche Gesellschaft im österreichisch-süddeutschen Raum. In: Frau und spätmittelalterlicher Alltag 1986, 553–571.
Dies., Von Huren, die keine sind. In: Erlach, Reisenleitner, Vocelka 1994, 349–366.
Lyndal Roper, Was there a Crisis in Gender Relations in Sixteenth-Century Germany In: Krisenbewußtsein und Krisenbewältigung in der Frühen Neuzeit – Crisis in Early Modern Europe. Frankfurt/Main 1992, 371–386.
Beate Schuster, Die freien Frauen. Dirnen und Frauenhäuser im 15. und 16. Jahrhundert. Frankfurt/Main, New York 1995.
Peter Schuster, Hinaus oder ins Frauenhaus. Weibliche Sexualität und gesellschaftliche Kontrolle in der Frühen Neuzeit. In: Blauert, Schwerhoff 1993, 17–31.
Claudia Ulbrich, Unartige Weiber. Präsenz und Renitenz von Frauen im frühneuzeitlichen Deutschland. In: van Dülmen 1990 (2), 13–42.
Dies., Frauen in der Reformation. In: Nada Boskovska Leingruber (Hg.), Die frühe Neuzeit in der Geschichtswissenschaft. Paderborn, München, Wien, Zürich 1997.
Helfried Valentinitsch – Ileane Schwarzkogler (Hg.), Hexen und Zauberer. Katalog der Steirischen Landesausstellung auf der Riegersburg/Oststeiermark 1. Mai–26. Oktober 1987. Graz, Wien 1987.
Ders. (Hg.), Hexen und Zauberer. Die große Verfolgung – ein europäisches Phänomen in der Steiermark. Graz, Wien 1987.
Ders., Die Verfolgung von Hexen und Zauberern im Herzogtum Steiermark – eine Zwischenbilanz. In: Valentinitsch 1987, 297–316.
Karl Vocelka, Überlegungen zum Phänomen der „Sozialdisziplinierung“ in der Habsburgermonarchie. In: Erlach, Reisenleitner, Vocelka 1994, 31–45.
Sabine Weiss, Die Österreicherin. Die Rolle der Frau in 1000 Jahren Geschichte. Graz, Wien, Köln 1996.
Siegrid Westphal, Reformatorische Bildungskonzepte für Mädchen und Frauen. In: Kleinau, Opitz 1996, 135–151.
Merry E. Wiesner, Beyond Women and the Family: Towards a Gender Analysis of the Reformation. In: The Sixteenth Century Journal 18 (1987) 311–321.
Heide Wunder, Frauen in der Gesellschaft Mitteleuropas im späten Mittelalter und in der Frühen Neuzeit (15. bis 18. Jahrhundert). In: Valentinitsch 1987, 123–154.
Dies., Von der frumkeit zur Frömmigkeit. Ein Beitrag zur Genese bürgerlicher Weiblichkeit (15.–17. Jahrhundert). In: Ursula A. J. Becker, Jörn Rüsen (Hg.), Weiblichkeit in geschichtlicher Perspektive. Fallstudien und Reflexionen zu Grundproblemen der historischen Frauenforschung. Frankfurt/Main 1988.
Dies., Christina Vanja (Hg.), Wandel der Geschlechterbeziehungen zu Beginn der Neuzeit. Frankfurt 1991.
Dies., „Er ist die Sonn', sie ist der Mond“. Frauen in der Frühen Neuzeit. München 1992.

Susanne Claudine Pils

Frauenleben im 17. und 18. Jahrhundert

Maria Theresia und die Kaiserliche Familie mit neun Kindern auf der Terrasse von Schloß Schönbrunn, Martin von Meytens, 1752. Wien, Kunsthistorisches Museum

Linke Seite: Jugendbildnis Maria Theresias, Andreas Möller, 1726. Wien, Kunsthistorisches Museum

Frauen erscheinen – aufgehoben in Ehe, Familie und dem „ganzen“ Haus – als „natürliche“ Konstanten der Gesellschaft ohne eigene Geschichte. (Wunder 262) Der Tradition der Historiographie des 19. Jahrhunderts folgend, ist der umfassende Wandel der frühmodernen ständischen Gesellschaft zur „modernen“ bürgerlichen Gesellschaft in der Forschung bisher ohne Frauen vorgestellt worden, obwohl es durchaus eine Geschichtsschreibung über weibliche Vergangenheit gegeben hatte, die allerdings wieder in Vergessenheit geriet und erst in den achtziger Jahren des 20. Jahrhunderts erneut aufgegriffen wurde. (Habermas, Wunder 539) Auch wenn ihre wirtschaftlichen, sozialen und kulturellen Leistungen als untergeordnet und nur ausführend angesehen wurden, waren Frauen keineswegs von politischer Herrschaft ausgeschlossen und übten diese – wie die Beispiele regierender Frauen als auch der Ehefrauen, die an der „Herrschaft“ im Haus beteiligt waren, zeigen – nicht lediglich über „informelle“ Macht („Weibermacht“) aus. Die Regentschaft fürstlicher Frauen war ebenso „normal“ und üblich wie die Tatsache, daß bäuerliche Wirtschaften, Handwerksbetriebe und die Geschäfte der Kaufleute nur aufgrund der gemeinsamen Verantwortlichkeit von Ehefrau und Ehemann betrieben werden konnten. Die Frühneuzeit umfaßte zwar als Ordnung die Unterordnung der Ehefrau, daneben aber auch die Gefährtenschaft von Ehemann und Ehefrau. Die Ehe wurde als erste Ordnung Gottes verstanden, die gemeinsam erstrebte Haushaltsgründung als Ausdruck gesellschaftlicher Mündigkeit. Die Vorstellung, daß Ehe und Geschlechterbeziehungen „Privatsache“ sind und somit nicht in eine „allgemeine Geschichte“ gehören, ist eine Erfindung des 19. Jahrhunderts. Ehemann und Ehefrau waren in ihren Ämtern als Hausvater und Hausmutter Teil der politischen Öffentlichkeit. Die Ehefrau repräsentierte in ihrer Funktion als Hausherrin den Haushalt, nicht als Vertreterin des Mannes. (Wunder 263) Erst im 19. Jahrhundert wurden Familie und Haushalt zum Bereich „privater Herrschaft“, Frauen durch ihre Geschlechtszugehörigkeit von der neuen, durch Wahl legitimierten Form politischer Partizipation ausgeschlossen. Haushalt wurde zur Hauswirtschaft im engeren Sinn, die Familie zur kleinsten Zelle des Staates, an deren Spitze der Ehemann als Familienoberhaupt stand, der allein die Familie repräsentierte, die moderne Trennung von politisch und privat damit vollzogen. (Wunder 263)

Frauen treten uns in der Frühen Neuzeit in den unterschiedlichsten Bereichen als handelnde Personen entgegen. Nicht immer ist ihr Handeln jedoch auf den ersten Blick als solches sichtbar. Schriftliche Zeugnisse fehlen für viele Bereiche, sind nur über Umwege zu ermitteln. Besonders wenn es sich um Angehörige der Unterschichten – Dienstmädchen, Tagelöhnerinnen, Bettlerinnen, Marketenderinnen und Prostituierte – handelt, sind persönliche Quellen nicht vorhanden. Sehr wohl scheinen sie jedoch als anonyme Personen in Stadtrechnungen auf und werden somit zu Rechnungsgrößen, sie sprechen zu uns auch „indirekt“ – durch den Blick eines Schreibers und Richters „gefiltert“ – in Gerichtsprotokollen als Angeklagte in Prozessen wegen Kindsmord, Hexerei, Diebstahl. Ebensowenig stehen schriftliche Aussagen von Bürgerinnen und Bäuerinnen auf der Tagesordnung. Über Verlassenschaftsabhandlungen, Testamente und Leichenpredigten lassen sich Einblicke in ihr Leben, in die ihnen wichtigen Lebensbereiche, oft jedoch „nur“ in ihre Habseligkeiten – vor allem Kleidung und Schmuck – gewinnen. Gedenkbücher wie jene der steirischen Beamtentochter Maria Elisabeth Stampfer (1638–1700), die mit einem um 15 Jahre älteren aufstrebenden Bergwerksunternehmer verheiratet war, und der Kärntner Kleinadeligen Maria Cordula von Pranck (1634, gest. nach 1673) bilden eher die Ausnahme. Zahlreicher sind jedoch Quellen in Adelsarchiven, wenn sie auch lange in der traditionellen, auf politische Geschichte konzentrierten Forschung unbeachtet geblieben waren und erst in den letzten Jahren an Interesse gewannen. Die Familienarchive des österreichischen Adels, inklusive jenes der kaiserlichen Familie, beinhalten Briefe von Frauen an Frauen, Kinder und Männer sowie persönliche Notizen. Frauen treten uns hier in unterschiedlicher Intensität entgegen. Wir erfahren von ihren Heiraten und Ehen, Schwangerschaften und Geburten, ihren Krankheiten und denen ihrer Kinder und Verwandten, die oftmals auch tödlich verliefen. Frauenleben stellen sich anders dar, wenn Frauen selbst ihr Leben aufschreiben. Ein Beispiel dafür bietet das Familienarchiv Harrach, das neben unzähligen Briefen unter anderem die „Tagzettel“ der Johanna Theresia Harrach (1639–1716), ein für ihren Mann während dessen eineinhalbjähriger Abwesenheit (1665, 1676/77) geschriebenes „Tagebuch“ in Briefform, verwahrt. Vergleicht man damit das ebenfalls erhaltene Tagebuch ihres Mannes, wird die unterschiedliche Art, weibliches Leben „festzuhalten“, besonders deutlich, nicht zuletzt dann, wenn Ferdinand über die Geburten seiner Frau schreibt. Ein Beispiel für eine bereits edierte Quelle sind die bis 1626 reichenden Notizen der Anna Maria Khevenhüller, die mit Helmhart Jörger (1572–1631) verheiratet war (Quellen 124), oder auch die edierten Briefe von Regentinnen wie etwa die Maria Theresias an ihre Töchter, die uns aus weiblicher Perspektive einen Eindruck in die Erziehung, Wertvorstellungen und Tätigkeiten von Frauen vermitteln.

Während Maria Cordula von Pranck in ihrem Gedenkbuch als Person kaum hervortritt und sie nur in der Relation zu den Bezugspersonen ihres Lebensbereiches – ihrem Ehemann, ihren Eltern und Kindern – „greifbar“ wird, wobei sie uns wohl in den Schilderungen des Sterbens ihrer Kinder am nächsten kommt, beschränkt sich Maria Elisabeth Stampfer in ihrem von 1679 bis 1694 reichenden Gedenkbuch nicht allein auf „Familiennachrichten“. Sie beleuchtet mit der Geschäftsentwicklung ihres Ehemannes zugleich die Situation in ihrer Heimatgemeinde Vordernberg, dokumentiert mit den Berichten über Wallfahrten und Reisen, über das Wegheiraten ihrer Töchter und die Reisen der Söhne an entfernte Orte die Mobilität der Menschen in der vorindustriellen Zeit, verfolgt daneben auch die Geschicke des Hauses Österreich ebenso wie die ihrer eigenen Heimat Steiermark in der Auseinandersetzung mit den Türken und wurde damit zur Historiographin der steiermärkischen Geschichte. (Wunder 22)

Maria Elisabeth Stampfer, geborene Delatorre, begann 1679 im Alter von 41 Jahren ihr Pichl, an dessen Beginn das Gedenken an ihre zehn Jahre zuvor verstorbene Mutter und den 1679 verstorbenen Bruder steht. In den folgenden Einträgen rekapituliert sie bedeutende Daten ihres bisherigen Lebens, einschließlich der Umstände ihrer Eheschließung mit Hans Adam Stampfer, die 23 Jahre zurücklag. Gerichtet ist das Gedenkbuch an ihre damals zehn Kinder (zwei Töchter und ein Sohn waren bereits zuvor gestorben). Sie verzeichnete darin in den folgenden Jahren die ihr wichtigen Ereignisse: die am 24. Mai 1684 für sie beinahe tödlich verlaufende Geburt ihres sechzehnten Kindes, ihren dreißigsten Hochzeitstag am 18. Juli 1686 mit jenem Mann, der bei der Verlobung *nit nach Gelt und Gudt gefragt/ hatt mich so gern gehabt,* die Heirat ihrer Tochter, die in ihrem Ehemann zugleich einen „Liebhaber" fand, die Reisen ihrer Söhne in entfernte Orte. Während sie die Abwesenheit der Söhne in Kauf nimmt, verhindert sie jedoch die Liebesheirat einer anderen Tochter, weil deren Bewerber sie nach Wien mitgenommen hätte. Daneben beschreibt sie ihr Leben an der Spitze ihres ständig wachsenden Haushaltes, in dem sie – entsprechend den Aufgaben einer „Hausmutter" – nicht nur die eigenen, sondern auch fremde Kinder sowie Dienstboten bei Krankheiten pflegte und kurierte. Geschehnisse, die sie freuten, sie ärgerten oder in Atem hielten, finden sich ebenso wie sie etwa mit Stolz die Erfolge ihrer Heilkünste beschreibt. Die – den Aufzeichnungen zufolge – überaus harmonische Ehe, das gegenseitige Beistehen, Fleiß und Sparsamkeit machten die Stampfer zur angesehensten und reichsten Familie in Vordernberg. Hatte Maria Elisabeth selbst „nur" 800 Gulden in die Ehe miteingebracht, so bekamen ihre Töchter später jeweils ein vielfaches dieser Summe als Erbteil und Mitgift in ihre Ehen mit. 1689 erhält Hans Adam den Titel eines „Herrn von Walchenberg" und das Angebot aus Kärnten, die dortige Eisen- und Hüttenwirtschaft zu beleben. Die Familie übersiedelt nach Vellach, die dort aufgebauten neuen Bergwerke erhält der älteste Sohn Hans Josef, das Radwerk in Vordernberg dagegen der zweite Sohn Hans Friedrich. Maria Elisabeth wirkt nach dieser Übersiedlung jedoch müde, sie sorgte sich um ihren, trotz seiner angegriffenen Gesundheit weiterhin in seinen Bergwerken arbeitenden Ehemann und litt selbst seit ihrer letzten Niederkunft unter einem chronischen Hüftleiden. Die Hoffnung auf einen geruhsamen Lebensabend hatte sich nicht erfüllt. (Goger 7 ff.) Bis 1694 reichen ihre Aufzeichnungen; ihr Mann stirbt 1695, sie selbst 1700.

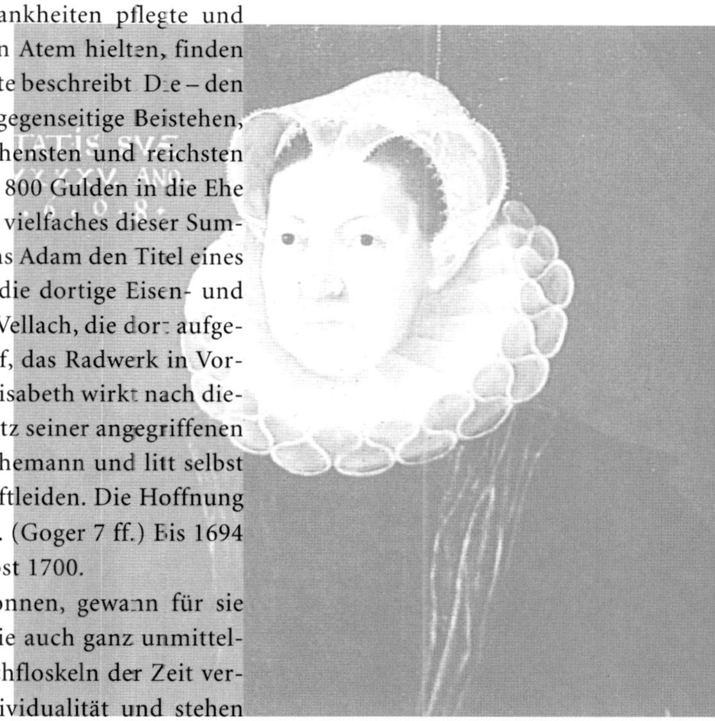

Das Gedenkbuch, ursprünglich für ihre Kinder begonnen, gewann für sie selbst zunehmend die Funktion eines Tagebuches, in das sie auch ganz unmittelbare Eindrücke eintrug. (Wunder 23) Auch wenn sie Sprachfloskeln der Zeit verwendet, bekunden viele Einträge ihre gefühlsmäßige Individualität und stehen damit im Gegensatz zu den Gedenkbucheinträgen von Maria Cordula von Pranck. Ihr 1673, nach dem Tod ihres 1672 verstorbenen zweiten Ehemannes, angefangenes Gedenkbuch beginnt mit den Lebensdaten ihres Vaters, seines Vaters, seiner Mutter sowie seiner Geschwister, bevor sie seine erste Ehefrau und die Kinder dieser Ehe nennt. Während sie von der ersten Frau ihres Vaters wenig zu berichten weiß, führt sie für deren vier Kinder genauestens den Tag und die Stunde sowie die Gestirnekonstellation bei der Geburt an, ebenso Paten und Patinnen, Todestage und Todesursache. Die genauen Angaben legen die Vermutung nahe, daß Maria Cordula sich dabei auf vorhandene Aufzeichnungen stützte. Sie selbst kam 1634 als erstes Kind aus der zweiten Ehe des Vaters zur Welt, kennt den Geburts- und Tauftag der Mutter, deren Eltern sie jedoch nicht nennt, sowie der vier nach ihr geborenen Brüder, von denen zwei bereits im Säuglingsalter starben. Nach ihrer Eheschließung 1654 mit dem um 14 Jahre älteren Johann Hacke, einem Kapitänleutnant, der aus Stade im Erzstift Bremen stammte, führte sie bis zum Ende ihrer

Anna Maria Urschenbeck,
Österreich, 1608.
Schloß Riegersburg

Anna Elisabeth von Kufstein,
verehelichte Kollonitsch,
Österreich, nach 1680.
Kirchberg am Walde,
Dipl.-Ing. Dr. Peter Fischer-Ankern

kurzen Ehe 1659 ein Wanderleben, das sich aus den Geburts- und Sterbeorten ihrer vier Kinder erschließen läßt: Der erste Sohn Hans Jörg wurde 1655 noch im Kärntner Ort Straßburg geboren, wo er zwei Jahre später starb, der 1657 in Bruck an der Mur geborene zweite Sohn starb knapp ein Jahr später in Masowien (Großpolen), wo 1658 die erste Tochter Maria Renata zur Welt kam. Der letzte 1659 im dänischen Dorf Herzleb geborene Sohn starb acht Monate später im mährischen Dorf Menitz, als sie mit ihrem toten – einbalsamierten – Ehemann, der im November 1659 in Demmin (Pommern) gefallen war, auf dem Heimweg nach Kärnten war. Ihre Tochter starb 1660 wieder in der Heimat, in Straßburg. Während ihrer fünfeinhalbjährigen Ehe durchquerte Maria Cordula als Offiziersfrau mit dem Regiment ihres Mannes halb Europa. Nur das erste Kind wurde in Kärnten geboren, die folgenden Kinder unter teilweise schwierigen Bedingungen „unterwegs". Bei der Geburt ihres vierten Kindes hatte ihr General Montecuccoli ein *Woht* (Wache) *gelosen von 20 Mon, den der Feint ist nuer ein Mäll* (Meile) *weg gewest.* Keines der vier Kinder dieser ersten Ehe wurde älter als zwei Jahre, ein besonders deutliches Beispiel für die hohe Säuglingssterblichkeit dieser Zeit. Nach vier Witwenjahren heiratete sie 1663 29jährig den 22 Jahre älteren Hans Sigmund von Pranck, dessen Eltern und Geschwister, über die sie jedoch keine genauen Angaben hatte, sie ebenfalls in ihr Gedenkbuch aufnimmt. Von den drei während dieser Ehe geborenen Kindern, Eva Maria (1663), Sigmund Ludwig (1665) und Sigmund Gottfried (1668), erreichte nur die Tochter das Erwachsenenalter. Sigmund Gottfried war noch zu Lebzeiten seines Vaters 1670 nach der Operation eines Geburtsschadens *mit hösten Hertzenleit seiner Eltern* begraben worden. Ihr Mann starb 1672 an Wassersucht, ihr Sohn Sigmund Ludwig mit 13 Jahren am 17. Mai 1679 *in deme er siebnthalb Jar mit höhster Gedult ganz lamb und Khondrakht bis auf die Lendtn gewöst.* Ihr Gedenkbuch beschließt Maria Cordula aber nicht mit Todesdaten, sondern mit der Geburt und Taufe ihrer Enkeltochter, die nach ihr Cordula Julia Anna genannt wurde und die sie selbst aus der Taufe hob.

Die Unterschiede zwischen der Darstellungsweise der Freifrau von Pranck und der Stampferin hängen einerseits mit der jeweiligen Persönlichkeit und den unterschiedlichen Lebensumständen – hier die zweimal verwitwete Frau, der von den geborenen sieben Kindern nur eines bleibt, dort die verheiratete Frau und Mutter einer kinderreichen Familie – zusammen, andererseits mit der Herkunft aus verschiedenen sozialen Gruppen. Der Quelle entsprechend, die als Gedenkbuch ihrer Tochter und Enkelin deren Familie und Herkunft vergegenwärtigen sollte, lebte Maria Cordula ganz in der adeligen Tradition des Geschlechterdenkens, während für die Frau eines aufstrebenden Bergwerksunternehmers ihr für ihre zehn Kinder begonnenes Gedenkbuch im Lauf der Jahre die Funktion eines Tagebuches gewinnt (Wunder 23).

Von einer völlig anderen Qualität sind Briefe, die – auch wenn sie sich gegebenenfalls an einen strengen Formenkanon halten – mehr Einblicke in die Gedankenwelt von Frauen bieten. Bekanntheit haben die offenherzigen Briefe Lieselottes von der Pfalz (Elisabeth Charlotte Herzogin von Orléans, 1652–1722) und auch Kaiserin Maria Theresias an ihre Kinder erlangt. Aber die „Offenherzigkeit" dieser Briefe ist keine Ausnahme, wie jüngste Forschungsprojekte belegen. Um eine Sonderform von Briefen handelt es sich bei den „Tagzetteln" der Joh. Th. Gräfin Harrach, die sie ihrem Mann Ferdinand Bonaventura Graf Harrach in dessen Auftrag während seiner Abwesenheit 1665 und 1676/77 schrieb. Was immer die Gründe für diesen Wunsch Ferdinands waren, ob nun Kontrollanspruch über sie oder ausschließlich Interesse an ihren täglichen Tätigkeiten, dem Wohl der Kinder, den Gerüchten in Wien, bieten uns diese „Tagzettel" Einblick *in eineinhalb Jahre in ihren Tagesablauf, geben darüber hinaus auch Aufschluß über ihre Gefühle ihrem*

Mann und ihren Kindern gegenüber, ihre Tätigkeiten, „Haushaltung" und Geschäfte. Für Johanna bieten die Tagzettel die Möglichkeit, mit ihrem Ehemann über ihre Gedanken – sei das nun in bezug auf Kinder, Haushalt oder Ehe – zu „sprechen". Die Verwendung des Wortes „sprechen" erfolgt hier berechtigt, da sie die Tagzettel als ihr Organ betrachtet, mit ihrem Mann – in Dialektform – über weite Entfernung zu kommunizieren. Daß es natürlich ein nur unzureichendes Mittel war, muß nicht extra erwähnt werden. Auf Ferdinands Antworten konnte – oder wollte – Johanna meist nicht warten (Pils 404 f.). Bei der Lektüre der ersten „Tagzettel-Phase" (11. Juli bis 23. Dezember 1665) und auch der zweiten (27. November 1676 bis 5. November 1677) gewinnt man den Eindruck, daß Johanna, wie sie selbst mehrmals anmerkt, tatsächlich schreibt *alß wie sie redt.* Ihre Tagzettel sind im Gegensatz zu Briefen, die oft stereotype Anrede- und Abschiedsformeln verwenden, nicht in dieser Weise formalisiert, auch wenn sie sich bei ihren Aufzeichnungen an eine bestimmte Form hält, die ihrem Tagesablauf entspricht: wann sie aufsteht, in welcher Kirche sie beichtet, wer zu Besuch kommt und wen sie besucht. Daneben kommt sie immer wieder ins „Plaudern", schweift sehr oft ab, behandelt Themen, die ihren gesamten Lebensraum betreffen, beschreibt Bereiche wie Haushalt (Geld, Geschäfte, Haus), Kinder (Erziehung, Aussehen), Ehe (Sehnsüchte, Eifersucht, Scherze, Beschwerden, Pflichten, Überlegungen) und die Geschehnisse in Wien. Aufgrund der langen Zeit zwischen diesen beiden Tagzettelphasen läßt sich auch die Entwicklung ihrer Persönlichkeit sehr gut nachzeichnen. Während die 26jährige 1665 kaum über Politik spricht, sondern sehr auf die Geburt ihres dritten Kindes konzentriert ist, findet die 38jährige 1676/77 teilweise sehr scharfe Worte für die Politik in Spanien und Wien, und es nimmt dieser Bereich nun generell einen breiteren Raum ein: Tratsch, Gerüchte, Streitereien und Intrigen werden „intensiver", „genauer" behandelt, die eigene Meinung wird – nicht nur zum politischen Geschehen – pointierter zum Ausdruck gebracht.

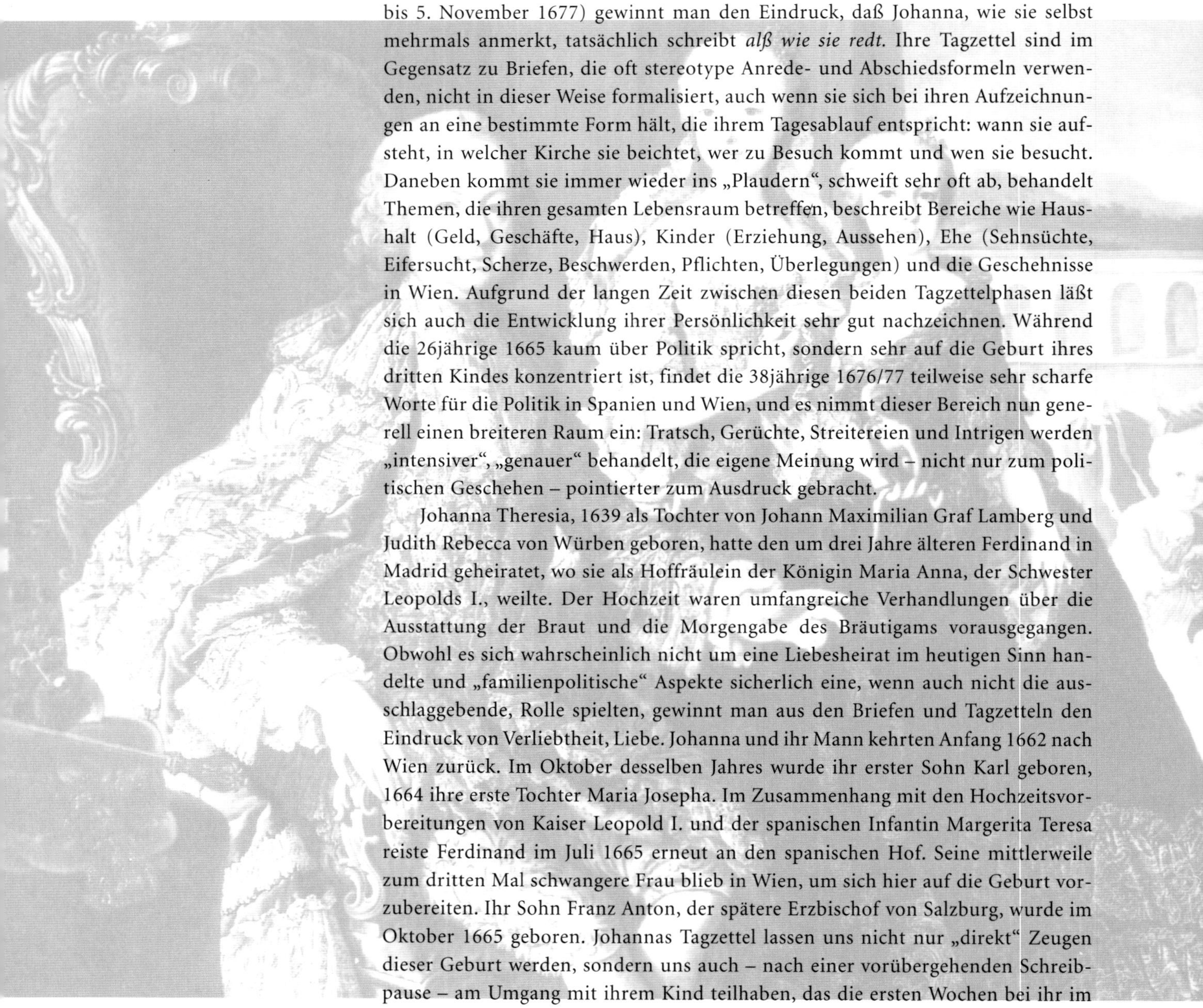

Johanna Theresia, 1639 als Tochter von Johann Maximilian Graf Lamberg und Judith Rebecca von Würben geboren, hatte den um drei Jahre älteren Ferdinand in Madrid geheiratet, wo sie als Hoffräulein der Königin Maria Anna, der Schwester Leopolds I., weilte. Der Hochzeit waren umfangreiche Verhandlungen über die Ausstattung der Braut und die Morgengabe des Bräutigams vorausgegangen. Obwohl es sich wahrscheinlich nicht um eine Liebesheirat im heutigen Sinn handelte und „familienpolitische" Aspekte sicherlich eine, wenn auch nicht die ausschlaggebende, Rolle spielten, gewinnt man aus den Briefen und Tagzetteln den Eindruck von Verliebtheit, Liebe. Johanna und ihr Mann kehrten Anfang 1662 nach Wien zurück. Im Oktober desselben Jahres wurde ihr erster Sohn Karl geboren, 1664 ihre erste Tochter Maria Josepha. Im Zusammenhang mit den Hochzeitsvorbereitungen von Kaiser Leopold I. und der spanischen Infantin Margerita Teresa reiste Ferdinand im Juli 1665 erneut an den spanischen Hof. Seine mittlerweile zum dritten Mal schwangere Frau blieb in Wien, um sich hier auf die Geburt vorzubereiten. Ihr Sohn Franz Anton, der spätere Erzbischof von Salzburg, wurde im Oktober 1665 geboren. Johannas Tagzettel lassen uns nicht nur „direkt" Zeugen dieser Geburt werden, sondern uns auch – nach einer vorübergehenden Schreibpause – am Umgang mit ihrem Kind teilhaben, das die ersten Wochen bei ihr im Zimmer schläft, mit dem sie – wie mit allen ihren Kindern – ausgiebig spielt, das jedoch ebenso „selbstverständlich" eine Amme hat, die sie mit Bedacht ausgewählt hatte und der sie auch beim Stillen ihres Sohnes zusieht.

In den folgenden Jahren lebte das Ehepaar in Wien, Frankreich und ab 1673 wiederum in Spanien, wo Ferdinand als kaiserlicher Botschafter tätig war. Von Vorteil auf die Gesandtschaft Ferdinands wirkte sich dabei das besondere Verhältnis seiner Frau zur mittlerweile verwitweten Königin Maria Anna aus, die für ihren minderjährigen und geistesschwachen Sohn Karl II. die Regentschaft in Spanien führte (Magis 70). Im September 1676 schickte Ferdinand seine Familie aus Spanien nach Wien voraus. Er selbst wollte nach Übergabe seiner Amtsgeschäfte und der Auflösung des spanischen Haushaltes nachkommen. Politische Schwierigkeiten verhinderten jedoch fürs erste seine baldige Ausreise. Johanna kam mit ihren fünf Kindern im November 1676 in Wien an und mußte noch über ein Jahr auf ihren Ehemann warten. Wieder in Wien, richtete sie sich in ihrem Haus in der heutigen Bankgasse ein, teilte dem aus Spanien mitgenommenen Personal seine Positionen und Räumlichkeiten zu, stellte auch neue Diener ein, kaufte für diese neue Livreen im Hinblick darauf, daß es ihrem Mann und dem Haus keine Ehre machen würde, wenn ihre Angestellten „abgerissene“ Kleidung trügen, und ärgerte sich darüber, weil sie nicht wußte *was die naren* [ihre Diener] *mänen, wan ich allän bin, daß alleweill waß anfangen undt ich leidt ihnen doh vill weniher alß mein lieber saz.* Besonders 1665 hatte sie mehr um die Vorherrschaft im Haus zu kämpfen, obwohl sie, wie sie selbst meint, strenger als ihr Ehemann war.

Um die Geschichte des Ehepaares Harrach zu Ende zu erzählen, sei noch erwähnt, daß es insgesamt neun lebend geborene Kinder hatte, von denen drei bereits im Kleinkindalter starben. Noch in Spanien hatte Johanna 1676 eine Totgeburt erlitten, die ihr Mann in seinen Tagebüchern beschreibt und auf die auch sie des öfteren in ihren Tagzetteln Bezug nimmt und *firchtet* [...] *unsinig auff daz tode kindt schwanger zu werden.* Ihr letzter Sohn Johann Joseph Philipp kam 1778, also knapp zehn Monate nach Ferdinands Rückkehr aus Spanien zur Welt; die Leute, die ihr *brofezein* [...], *daz sobalt er wird komen, daz ich wir schwanger werden, daz mir woll nit lieb wer,* behielten recht. 1706 starb Ferdinand nach 45jähriger Ehe. Johanna überlebte ihren Mann um zehn Jahre und starb am 3. Februar 1716 im Alter von 77 Jahren laut den Wiener Totenbeschauprotokollen hier *im Harrachschen hauß auf der Freyhung an einem stockschlag und alters halben.*

Als Paradebeispiel einer Frau, die nicht nur in Abwesenheit ihres Mannes bzw. nach dessen Tod in der Lage war, die (Regierungs-)Geschäfte zu führen, kann Kaiserin Maria Theresia (1717–1780) gelten. Sie, die sich gerne als Landesmutter sah und dieses Image bis zum äußersten „ausreizte“, konnte sich in der Männerdomäne „Regieren“ behaupten, mußte ihren politischen Einfluß nicht erst über einen entscheidungsschwachen Gatten bzw. minderjährigen Sohn geltend machen. Maria Theresia übte selbst Herrschaft aus, wobei sie sich einerseits mit dem Image der ununterbrochen schwangeren Landesmutter der Vorstellung der „Hausmutter“ unterwarf bzw. dieses propagandistisch zu ihrem Vorteil ausnutzte, sich aber andererseits gegen mächtige Gegner tatkräftig zu behaupten wußte und mit ihren Reformen im Staat die Grundlagen des modernen, auf den Ideen der Aufklärung basierenden Staates schuf. Ihr Hauptziel war nicht die „Glückseligkeit“ der Untertanen, sondern das Interesse des Staates, (Weiss 134) dem sie auch ihre Kinder „opferte“.

Maria Theresia trat nach dem Tod ihres am 20. Oktober 1740 überraschend einer Pilzvergiftung erlegenen Vaters 23jährig – ohne auf diese Aufgabe vorbereitet gewesen zu sein – die Regierung an. Bis zuletzt hatte Karl VI. die Hoffnung auf einen Thronfolger nicht aufgegeben. Während er selbst bei bester Gesundheit war, kränkelte seine Frau Elisabeth Christine. Eine zweite Ehe war daher nicht ausgeschlossen (Weiss 126). Mit der von Spanien, Rußland, Preußen, England, den Reichsfürsten – außer Bayern, Sachsen und Pfalz – sowie Frankreich anerkannten Pragmatischen Sanktion hatte er jedoch die Erbfolge zugunsten seiner ältesten Tochter geregelt, falls er ohne männlichen Erben sterben sollte. Noch am Todestag ihres Vaters übernahm Maria Theresia die Regierungsgeschäfte und nahm zugleich mit ihrer Thronbesteigung den Titel einer Königin von Böhmen und Ungarn an. Am darauffolgenden Tag führte sie erstmals den Vorsitz der Geheimen Konferenz. Ihr Ehemann Franz Stephan, bereits von Karl VI. zum Mitglied dieses obersten Beratungsgremiums ernannt, saß zu ihrer Linken und beriet sie in den folgenden Wochen und Monaten. Im Gegensatz zu ihr verfügte er über einige politische Erfahrung, kannte die Fürstenhöfe von Paris, Brüssel, London, Berlin und Wolfenbüttel und hatte während seiner Statthalterschaft in Ungarn militärische Erfahrungen gesammelt. Am 21. November 1741 ernannte ihn Maria Theresia zu ihrem Mitregenten. Ihre Bemühungen, ihm die Kaiserwürde zu verschaffen, schlugen jedoch vorerst fehl: Der mit der Tochter Josephs I. Maria Amalia verheiratete bayerische Kurfürst Karl Albrecht wurde zum Kaiser gewählt (Weiss 127). Erst nach seinem Tod erfolgte die Wahl und Krönung Franz I. Stephans. Maria Theresia, die zwar zur Krönungszeremonie nach Frankfurt reiste, wurde dort jedoch nicht zur Kaiserin gekrönt. Bereits von Beginn ihrer Regentschaft an stand ihr mit dem preußischen König Friedrich II. ein mächtiger Gegner gegenüber. An ihn verlor sie Schlesien, an Spanien mußte sie nach Beendigung des Österreichischen Erbfolgekrieges einige italienische Besitzungen (Parma, Piacenza und Guastalla) abtreten, gewann aber Galizien, die Bukowina und das Innviertel dazu. An allen Erwerbungen hatte ihr Sohn Joseph II. – seit 1764 römischer König und nach dem Tod seines Vaters 1765 von Maria Theresia zum Mitregenten ernannt – maßgeblichen Anteil. Dieser heißersehnte Thronerbe war fünf Monate nach Maria Theresias Regierungsantritt geboren worden, nachdem zuvor „nur“ drei Mädchen zur Welt gekommen waren. Mädchen, die sie – mit Ausnahme ihrer Lieblingstochter Marie Christine – der Politik opferte und „günstig“ verheiratete. Als Maria Theresia 1780 starb, hatte sie das Haus Habsburg sicherlich gestärkt zurückgelassen, ihre Kinder mit den für sie wichtigen Fürstenhäusern verheiratet.

Vier Frauen, deren Lebensläufe, so unterschiedlich ihre soziale Herkunft auch war, Ähnlichkeiten aufweisen. Sie heirateten alle im Alter von etwa 20 Jahren, und mit Ausnahme von Maria Cordula, von der wir keine genauen Angaben dazu haben, dürften sie mit ihren Ehemännern glücklich gewesen sein. Bei allen sozialen Gruppen, denen an der Weitergabe ihres Besitzes und Namens an die eigenen Nachkommen lag, spielten Kinder eine große Rolle, und der Status der Ehefrau hing wesentlich davon ab, ob sie diesem Wunsch nachkommen konnten (Wunder 162). Die vier vorgestellten Frauen bekamen in relativ rascher Geburtenfolge Kinder: Maria Cordula sieben, von denen nur eine Tochter überlebte, Maria Elisabeth 16, von denen sieben entweder direkt nach der Geburt oder sehr jung starben, Johanna Theresia zehn, von denen drei als Säuglinge und Kleinkinder starben bzw. eines tot geboren wurde, Maria Theresia 16, von denen sechs jung starben. Die Frauen aller Stände waren sich der Risiken von Schwangerschaft und Geburt nur allzu bewußt. Maria Elisabeth erlitt 1672 infolge eines Sturzes eine Fehlgeburt, von der sie sich erst nach drei Jahren erholte. Während 1677 „nur“ ein Mädchen und 1682 ein Knabe nach schweren Geburten starben, überlebte sie selbst die sechzehnte Geburt in ihrem 47. Lebensjahr nur mit knapper Not, nachdem sie 29 *Stundt* [...] *in grosen Schmerzen gewöst. Man hatt mier nit daß Löben mer erdält/ hab beicht und chumieziert.* Von dieser letzten Geburt trug sie ein Hüftleiden davon, das ihr bis an ihr Lebensende Beschwerden machte. Alle versuchten, sich mit Hilfe von Religion und Volksglauben einer glücklichen Schwangerschaft und Entbindung zu versichern. 1665 wünschte sich Johanna eine besere *nidterkonft* als die anderen Frauen in ihrer Umgebung, *dan heier reht ein ibelß jar ist fir die schwangern weiber; es ist mir reht ein wenih bang dißmall, wan ich nidt absondterlich auff den heilihen Franzisca von Baula hoffen det.* Als Johanna nach einer schweren

Geburt am 26. Jänner 1676 in Madrid von einem nach Ansicht der Ärzte bereits drei Tage toten Knaben entbunden wurde, *attribuirt* sie, wie ihr Mann in seinem Tagebuch schreibt, *dise glükliche niderkunfft einem schlissel, so unser frau de Porta Celi in der handt hat, unndt viel dergleichen miraclen gethan, dann so baldt die patres de S. Phelipe Neri gemeldten schlissel gebraht, ist sie in einer stundt dernach niderkomen.* Von Frauen aller Stände wurden Amulette und Leibbinden getragen und bestimmte Verhaltensweisen vor und während der ersten sechs Wochen nach der Geburt beachtet, um sich und das Kind vor Schädigung zu bewahren (Wunder 159). Aufregungen vor der Geburt wurden nach Möglichkeit vermieden, wenn es für Johanna auch nicht immer leicht war, bei Streitereien unter ihren Dienern Ruhe zu bewahren, *dan er* [Ferdinand] *kendt mih, daz ich kann zimlih zornih sein undt wegen der abgeschmahen sahe hedt ich nidt geren, daz eß mein kindt schaden ded.*

Mit dem Fortschreiten der Schwangerschaft begannen die Vorkehrungen für die Zeit nach der Geburt: das Vorbereiten der Wäsche für den Säugling und die Suche nach einer geeigneten Amme, die für Johanna und Maria Theresia ebenso wie für viele adelige Frauen von Bedeutung war, während Maria Cordula und Maria Elisabeth ihre Kinder vermutlich selbst stillten. Dabei zählte für Johanna nicht, daß die Amme *ein rechtß berfegtß schenß menz* [ist], wenn man von anderer Seite hörte, *daß sie ein erzhuer sei; so wier ich hiez erst reht nahfragen lasen, e ih sie nimb, dan an mein kindt ist mir mer gelegen, alß an der schen gestaldt* (Tagezettel 23.7.65). An der Amme, die Johanna schließlich nimmt, *ist wol nihtß schenß* [...], *aber die soll gar guedt sein* (Tagezettel 29.8.65). Wie wichtig die Wahl der richtigen Amme war, belegt Johannas Beispiel deutlich, da sie glaubt, *daß der Franz Andani wirdt gewiß auh bes weren, dan sein amel auh ein dickhlischer fogel* (Tagezettel 28.11.65). Die Heiserkeit ihrer Tochter Josepha soll nach Meinung dieser Amme daher kommen, daß deren damalige Amme *esih mit pfeffer undt sallz gesen*. Johanna hat das *nie gewist, ih man ih hedt ihr sonst gewiß steß geben; allerlei komen allezeit erst herfir, wan sie außgemeldt haben undt nimer da sein.* Sowohl ihr Arzt Billiotte und auch die Frauen, die sie um Rat gefragt hat, *wisen mir nichtß derfir zu radten, sagen es wirdt ihr son vergen, eß ist mir angst undt bang derbei, daß die haser stim behaldten dedt* (Tagezettel 11.12.65). Besondere Sorgfalt verwendete man am Kaiserhof zudem auf die Wahl der Erzieherin, der das Neugeborene persönlich anvertraut wurde. Diese sogenannte Aja mußte adelig sein. Meist waren es Witwen von Hofbediensteten, von denen manche allerdings keine Erfahrung im Umgang mit Säuglingen hatten (Weiss 16).

Bis ins 18. Jahrhundert war die Entbindung am Kaiserhof ebenso wie bei der übrigen weiblichen Bevölkerung reine Frauensache. Weibliche Familienmitglieder und Hofangehörige sowie eine Hebamme standen der Kaiserin bei, wenn sie auf dem „Kindsstuhl" ihr Kind zur Welt brachte. Auch Johanna hat, nachdem ihr *den ganzen dag ibel gewest*, am 2. Oktober 1665 *umb 5* [...] *umb die hewan gesigt undt umb die jagermasterin, Borzia undt sein schwester undt mein schwagerin undt Colleredtin und ist zwischen 6 undt 7 mit ein buben erfreidt wordten. Da sie derff nidt mer schreiben wegen der augen, undt ist mir noh nidt reht weiß sein soll,* beendet sie ihre kurze Nachricht an ihren Mann, der ihr später Vorhaltungen macht, damit ihre Gesundheit gefährdet zu haben. Ihr war es aber – verständlicherweise – wichtig, ihn von der Geburt wissen zu lassen. Erst am 27. Oktober beginnt sie aus Anlaß ihres Hochzeitstages wieder mit den Aufzeichnungen. Führte Maria Theresia bei der Geburt eine Änderung herbei, indem sie ihren Leibarzt Gerard van Swieten zu ihren Geburten beizog, der, nur von einer Hebamme unterstützt, die Herrscherin im Bett entband, so läßt sich dies – wie obiges Beispiel zeigte allerdings nicht bei allen ihren Geburten – bereits zwei Generationen zuvor bei Johanna im Falle ihrer

Totgeburt feststellen. Aber nicht alle Frauen konnten bei Risikogeburten auf einen Arzt zurückgreifen. Ärztliche Versorgung wie bei den Harrach und anderen adeligen Familien war für die Bevölkerung – besonders die ländliche – nicht üblich. Bei speziellen Frauenfragen wie Schwangerschaft, Geburt, Stillen und der Betreuung von Kleinkindern verließ sich jedoch auch Johanna zuerst auf ihre heilkundige Schwägerin Anna Marie Gräfin Lamberg, die sie nicht nur zu ihrer Entbindung rief, sondern die sie auch bei anderen gesundheitlichen Problemen immer wieder heranzog, und holt erst in weiterer Folge, wenn nötig, den Arzt (Pils 1994, 30). In der Basisversorgung der Bevölkerung mit heilenden Verfahren spielten Frauen somit eine ganz wesentliche Rolle. Ihre Kenntnisse wurden im Rahmen spezifisch weiblicher Kommunikationsnetze weitergegeben (Langer-Ostrawsky 63). Johanna wurde von einer jungen Frau, die zum ersten Mal schwanger war, *bedten, ich solß lasen zueschaun, wan ich nidter wir komen, ich hab ihrß nidt abschlagen kenen, aber gelegen ist eß mir woll nidt.* Frauen entbanden ihre Kinder somit mit Hilfe von Familienangehörigen und Nachbarinnen oder, sofern sie es sich leisten konnten, einer Hebamme. Die Tätigkeit von speziellen Geburtshelferinnen ist in Österreich seit dem 14. Jahrhundert (Salzburg 1327) bezeugt. Erlernten sie anfangs ihr Handwerk von anderen Hebammen durch praktische Tätigkeit, so sollten sie etwa in Salzburg seit 1689 vor ihrem Berufsantritt eine Prüfung ablegen; ab dem Ende des 18. Jahrhunderts wurde die Berufsausbildung (männlichen) akademischen Ärzten unterstellt (Weiss 17).

Welche der vier häufigsten Gebärpositionen (kniend, sitzend, stehend oder liegend) in Österreich während des Mittelalters vorherrschend war, läßt sich nicht im einzelnen feststellen. In „besseren" Kreisen waren vermutlich bereits spezielle Gebärstühle üblich. 1528 schreibt der Vizedommeister, daß er *unnser gnedigisten frawen kunigin ain kinderstuell nach anzaigen der hebamben zuerichten und machen lassen* soll (Gedenkbuch 28). Zu Beginn der Neuzeit mehren sich die Belege für ihre Verwendung. Die Gebärende saß dabei angekleidet auf diesem Sessel (mit Armlehnen), die Hebamme ließ sich auf einem niedrigen Hocker vor ihr nieder und führte die Geburt durch.

Nach der Geburt bestimmten Fragen nach der Ernährung und Versorgung des Kindes sowie der Wiederherstellung und Pflege der Mutter den Tagesablauf. Die Frage Stillen oder Nicht-Stillen wurde – heute ebenso wie von zeitgenössischen Autoren, beispielsweise im Rahmen der Hausväterliteratur – kontroversiell behandelt. Zum einen warf man adeligen Frauen ein Nicht-Interesse an ihren Kindern vor, zum anderen den Ehemännern, durch ein „Stillverbot" die Empfängnisfähigkeit ihrer Frauen zu gewährleisten, da Stillen eine erneute Konzeption hinauszögerte (Wunder 161, King 30). Dazu kamen medizinische und moralische Argumente: Das Stillen schade der Mutter körperlich und es sei nicht schicklich (Badinter 70).

Nach der Geburt ihres Sohnes hatte Johanna 1665 große Schwierigkeiten mit der Amme, was sie in der Folge dazu bringt, ihrem Mann zu schreiben: *ih schwer, daß ih lieber woldt 2 mall nidterkomen, wan ih nur kein amel dirff haben; daß best war, daß er mih ließ auff ein kinfftihß selbst seihen* [= stillen]; *aber ih waß, wan er wirdt herkomen undt heren, daß vill meinen, die firstin von Auersperg sei wegen daß seihen so krankh worden, wirdt ihm dobeldt der lust vergen.* Medizinische Gründe dürften maßgeblich für die ablehnende Haltung Ferdinands gegen das Stillen durch seine Frau gewesen sein. Es gab jedoch Gegenbewegungen, wie nicht nur das erwähnte Beispiel der Fürstin Auersperg zeigt. In seiner Instruktion empfiehlt Fürst Karl Eusebius von Liechtenstein (1615–1684) Muttermilch als Nahrung für den Säugling und tritt entschieden für das Stillen durch die Mutter ein. Im Normalfall hatten aber adelige Familien für ihre Säuglinge wohl Ammen.

Für die Mütter begann nach der Geburt eine Zeit der Erholung. Johanna begann am 27. Oktober wieder mit ihren Aufzeichnungen und blieb am 31. Oktober erstmals einen ganzen Tag auf, verließ jedoch das Haus noch nicht. Während die Frauen der sozialen Unterschichten bereits nach wenigen Tagen zur gewohnten Arbeit zurückkehren mußten, dauerte die Kindbettzeit beim Adel und bei den Frauen, die es sich leisten konnten, wesentlich länger. Sie endete stets mit dem ersten Kirchgang der Frauen, die bei diesem Herfürgang gemeinsam mit ihrem Kind feierlich gesegnet wurden („Hervorsegnung"). Die vierzigtägige Phase der „Unreinheit" war damit vorbei, die Wöchnerin begab sich, meist in Begleitung einiger Frauen, mit ihrem Kind zur Pfarrkirche, wo sie vom Pfarrer empfangen wurde. Johanna ließ sich am 10. November *derhambt firer segnen, dan margen die geistlike nidt zeit haben, ich bin aber kleichwoll nidt ihn wilenß heidt auszugen.* Trotz des Segens, den sie einen Tag vor den üblichen 40 Tagen empfangen hatte, weil die Priester keine Zeit hatten, ging sie erst am darauffolgenden, dem vierzigsten Tag erstmals wieder in die Kirche.

Für jede dieser exemplarisch vorgestellten Frauen stand das Wohl und Fortkommen der Familie an oberster Stelle. Persönliche Genugtuung am Erreichen dieser Ziele ist darin inkludiert. Den Söhnen wurde ein möglichst vermehrtes Erbe hinterlassen bzw. es wurden ihnen Ämter verschafft, die Töchter strategisch günstig verheiratet. So wie es für das Ehepaar Stampfer nicht zielführend war, eine Tochter nach Wien zu verheiraten – in eine Stadt, zu der die Familie keine weiteren (Handels-)Verbindungen hatte – und diese daher einem Einheimischen zur Frau gegeben wurde, so wurden auch (oder insbesondere) die Töchter Johannas und Maria Theresias gezielt verheiratet. Das persönliche Glück der Töchter war zwar sicherlich erhofft, aber nicht ausschlaggebend. Liebe war nicht die Voraussetzung für eine Ehe, sondern sollte vielmehr während des Ehelebens entstehen (Pils 1996, 398). Die Töchter Maria Theresias sollten durch ihre Frömmigkeit, die als *Pietas Austriaca* Teil der Habsburgerideologie war, zum Vorbild für ihre zukünftigen Ehemänner und Untertanen werden. Liebenswürdig und immer bemüht, den Wünschen des Gemahls zuvorzukommen, sollten sie fortwährend trachten, ihm zu gefallen und nützlich zu sein (Kovács 73).

Entsprechend ihren zukünftigen Aufgaben wurden die Töchter – mit mehr oder weniger Erfolg – erzogen, insbesondere jene des Kaiserhauses. Sowohl Franz Stephan als auch Maria Theresia erließen für ihre Töchter Erziehungsinstruktionen. Sobald feststand, wen sie heiraten würden, wurden sie neben dem normalen Erziehungsprogramm in der Sprache und Geschichte des zukünftigen Heimatlandes unterrichtet. Als Tochter und Frau eines Botschafters wußte auch Johanna Theresia um die Bedeutung von Fremdsprachenkenntnissen. Während sie selbst nur Spanisch sprach, erlernte ihre Tochter Maria Josepha (geb. 1664) daneben zusätzlich Französisch. Ihrem Mann gegenüber teilt sie mit Stolz mit, daß *die Joseffä hadt den heren vatter miesen spanisch und franzesisch singen, er sagt, sie redt bade sprachen haubt guet; er erfrei sich, daz er so ein gelerdte dochter hadt* (Tagezettel 18.5.77). Sie selbst greift zuweilen auch auf die Kenntnisse ihrer Tochter zurück und ließ sich von *der Joseffä meine spanischen brieff lesen, dan ich kanß nicht, aber sie recht gueat, so ist die dochter son kinstlicher als die mueter.* (Tagezettel 15.2.1677). Ihre zweijährige Tochter Rosa *lerent 2 sprachen* [Deutsch und Spanisch] *zukleich* (Tagezettel 15.3.77).

Während Johannas Söhne, 1677 vierzehn, elf und sieben Jahre alt, in Wien die Jesuitenschule besuchten und ihre Unwissenheit Johanna manchmal zur Verzweiflung brachte, erhielt Josepha offensichtlich außer dem Harfenspiel – *dan sonst schlaget sie nie trauff* – keinen weiteren Unterricht. Ihr Lehrer *ist der, der ihn der hoffcabellen schlagt, und er lerent sie ardlich, dan er kan selber auff keiner solchen härben schlagen, dan seine ist treifach, doch gibt er ihrß zu versten, sie mueß eß ihr aber alß selber auffsezen, hab offt sohn recht triber gelacht* (Tagezettel 29.3.1677). Darüber hinaus las Josepha ihrer Mutter aus spanischen religiösen Werken vor, und Johanna hat ihr – als „praktischen" (Haushalts-)Unterricht – unter anderem *zeigt wies soll hänndtsuch woschen, dan ich hab ihr ein kaufft* (Tagezettel 12.12.1676).

Im Gegensatz zu ihrer Tochter Rosa, die Johanna überaus liebte, bot Josepha von Beginn an für ihre Mutter offensichtlich nur Anlaß zu Ärger und machte Probleme. Sie war störrisch, ungehörig und was Johanna am meisten Sorgen bereitete war, daß sie *undter den kindtern daz schandtligst undt schwerzeste; daß madtel hedt ih zumb liebsten zumb schensten gehabt, daz mir vill heren umb sie auffgewardt hedten, waß hedt ih fir ein freidt gehabt, die bueben wanß nur kradt sein, sie derffen nidt schener sein* (Tagezettel 14. Nov. 1665). Auch als sie Josepha *falsche har gemaht undt ein gesträdt, die hadt recht umb ein guedtß beser außgesegen, ändert sich nichts daran, daß sie von den kindtern* [...] *woll zumb schandtligstihen* [ist], *undt ih hedt nur so geren, daß sie schen wer* (Tagezettel 9.12.65). Erst zwölf Jahre später, im Juli 1677, formuliert Johanna vorsichtig: *mich dungt auch die Joseffä wirdt hibsch, ich will erst heren was mein herz sagen wirdt, derß sohn lang nicht gesegen hadt* (Tagezettel 22.7.77). Mit 16 Jahren wurde Josepha mit dem zwölf Jahre älteren Johann Joseph Graf Khuenburg verheiratet und lebte – unglücklich und von Heimweh geplagt – in Salzburg.

Da ihr Mann nicht anwesend war, war es Johanna ein besonderes Anliegen, ihre Kinder gut zu erziehen. Ihr Mann sollte keinen Grund zur Klage haben. Als ihr Sohn von einem Pagen lernte, *alleweill die zung waß wie lang auser zu reckhen undt alleweill ein ungebardten iber die andter, daz man hoffmastern mueß baldt mit sarffen baldt mit guedten wordten* fällt Johanna ein, daß ihm [Ferdinand] *kleih ladt umb se war, undt eß mueß warlä nur sein, daß er fein manirlihe kindter findt, wan er kombt, daß er nidt ursah hadt, mit mir zu krein* [schimpfen], *daz ih ihmß ibel zieg, daß lob hab ich, solß zwar nidt selbst sagen, daz ihß haubt guedt erzieg* (Tagezettel 14. Nov. 1665).

Wie sah nun der Alltag Johannas aus, von der wir in dieser Hinsicht am besten informiert sind? Betrachtet man ihren Tagesablauf während der genannten eineinhalb Jahre, so zeigt sich, daß sie den Großteil ihrer Zeit mit Visiten verbrachte: Es war in gewissem Sinn Teil ihres „Berufes" als „adelige Frau" und Ehefrau eines Botschafters, Visiten zu absolvieren und zu empfangen. Es war auch wichtig, immer präsent zu sein. Eine Aufgabe, die ihr manchmal sehr beschwerlich wird, weil sie oft keine Zeit mehr zu Hause verbringen kann, sie ihre Kinder nur selten sieht.

Das gegenseitige Besuchen bei oder nach Krankheiten, im Kindbett, nach Aderlässen war Teil der gesellschaftlichen Verpflichtungen (Pils 1994, 34) und auch Informationsbörse. Als Johanna nach der Geburt ihres Sohnes einmal an ihren Mann schreibt, daß sie aufgrund der wenigen Visiten an diesem Tag nichts Neues erfahren hat, wird das sehr deutlich. Normalerweise geben sich die Besucher in dieser Phase, bzw. wenn sie krank ist, jedoch die Klinke in die Hand, ebenso nach ihrer Rückkehr aus Spanien 1676. Bereits am Tag ihrer Ankunft in Wien schreibt sie, daß sie, unmittelbar nachdem sie ihr Haus betreten hatte, sehr viele Visiten hatte. Diese Besuche freuten sie zwar, kamen ihr jedoch auch bis zu einem gewissen Grad ungelegen, da sie erst um vier Uhr am Nachmittag mit dem Schiff in Wien-Nußdorf angekommen war und sie und ihre fünf Kinder von der Reise verständlicherweise erschöpft waren. Schlafen ging sie in dieser Nacht erst um halb zwei Uhr früh, nachdem sie noch bis Mitternacht Besuche empfangen hatte, die sich auch tags darauf und während der folgenden Tagen und Wochen fortsetzten.

Besuche erfordern Gegenbesuche: *naher visitiren gefaren, hiez fangt bei mir widter dise rollet an, dan ih 55 zu visitiren hab,* (Tagezettel 13.11.1665) schreibt sie nach ihrem Wochenbett. 1677 wundert sie sich über die Liebe ihrer kleinen Tochter

Kaiser Franz I., Maria Theresia und Familie auf einer Schloßterrasse in Schönbrunn, Martin van Meytens. Wien, Schloß Schönbrunn

Rosa, obwohl diese sie aufgrund der unzähligen Besuche kaum sieht, und gibt 1665 als eine der Erklärungen für ihr ständiges Unterwegssein an, daß sie es zu Hause ohne ihren Mann einfach nicht aushalten würde.

Besuche bei Verwandten und Bekannten, die meist in unmittelbarer Nähe des Hofes in der Herrengasse bzw., wenn sie zum Hofstaat des Kaisers bzw. der Kaiserin gehörten, direkt in der Wiener Hofburg wohnten sowie Besuche bei Hof selbst waren an der Tagesordnung. Fast täglich fährt Johanna mit Verwandten und Bekannten in die Hofburg oder die Favorita, wo die verwitwete Kaiserin, die Stiefmutter Leopolds, anzutreffen war, oft auch nach Laxenburg, wo die regierende Kaiserin und der Kaiser im Frühjahr residierten (Gabriel 49, Benedik 176). Es gehört zu den Charakteristiken der Höfe in ganz Europa, daß es sich um ein festes gesellschaftliches Gefüge handelt (Gabriel 4). Die Gesellschaft bei Hof ist „immer die gleiche; die Lokalität aber wechselt" (Elias 73). Hießen die Schlösser in Frankreich Versailles und Marly, so waren es in Wien in den Wintermonaten die Hofburg, im Frühjahr Laxenburg, von Juli bis Oktober die Favorita auf der Wieden, im Bereich des heutigen Theresianums, während der Jagdsaison kurzfristig Kaiser-Ebersdorf sowie nach der Zerstörung der Favorita 1683 durch die Türken, Schönbrunn. Ebenso wie es am französischen Hof üblich war, daß die Höflinge „alle oder mindestens ein bedeutender Teil von ihnen zugleich ein Logis im Hause des Königs, im Schloß Versailles und eine Wohnung, d. h. ein Hôtel in der Stadt Paris hatten" (Elias 71), so traf dies auch auf den Wiener Hof zu. Zwar waren etwa in der Favorita keine Hofquartiere vorgesehen, sodaß die Hofkämmerer und Minister jeden Tag aus der Hofburg hinausfahren mußten, aber es waren vermutlich einige gegen die Favoritenstraße situierte Räume für die Hofdamen der Kaiserin reserviert (Benedik 176). Eine besondere Ehre war es für die Adeligen, die nicht zum Hofadel gehörten, wenn sie eine Wohnung in einem der kaiserlichen Schlösser zugewiesen bekamen (Gabriel 5).

War etwas los am Hof, befand sich alles *was hendt und fieß hat gehabt* (Tagezettel 11. Februar 1677) dort. Gesehen und gesehen werden! Schön tun und sich schön tun lassen. Man spielte Karten, Kegel, war bei Feuerwerken, Schlittenfahrten, Balletten und Theatervorstellungen, die am Wiener Hof insbesondere seit Kaiser Leopold I. einen hervorragenden Platz einnahmen (Ehalt 147), mit dabei, plauderte mit dem Kaiser und der Kaiserin, setzte sich mit an die Tafel und erfuhr Neuigkeiten. Bei diesen Gelegenheiten erfuhr Johanna zum Beispiel immer die neuesten für sie relevanten Nachrichten, zum Beispiel wann ihr Mann nun tatsächlich die Erlaubnis erhielt, Madrid zu verlassen.

Johanna führte in Wien ihren Haushalt ohne ihren Mann und war seine wichtigste Fürsprecherin vor Ort beim Kaiser, als dessen Spielgefährte Ferdinand nach dem frühen Tod seiner Eltern aufgewachsen war. Auch wenn sie in manchen Fällen die Unterlassung von Anweisungen seinerseits anmerkt und damit mögliche Fehler, die sie macht, ihrem Mann „anlastet", der an sich, wie sie einmal – taktisch – schreibt, *ihn ein finger mer* [versteht] *alß ich ihn allen* (Tagezettel 18. Juni 1677), schafft sie es dennoch, die Schwierigkeiten der Eingewöhnung in Wien zu meistern und sich innerhalb kürzester Zeit wiederum in die Gesellschaft zu integrieren. Ebenso wie ihr das am spanischen Hof gelungen war, wobei ihr hier ihre gute Beziehung zur regierenden Königin Maria Anna zugute gekommen war. Als Tochter eines ehemaligen Botschafters, der in Münster und Madrid tätig gewesen war, und Frau eines Botschafters hatte sie mit diesen Situationen umzugehen gelernt. In unsicheren Fällen oder Streitfällen wie dem Verbleib des französischen Koches, den Ferdinand angestellt hatte, der Johanna aber von Anfang an ein Dorn im Auge war, spart sie zwar nicht mit ätzenden Bemerkungen über dessen Verschwendungssucht und fettes Essen, stellt zudem eine eigene einheimische Köchin an, behält den Koch aber trotzdem, in der Meinung, daß ihr Mann sich vermutlich sofort nach seiner Rückkehr, wenn er sich selbst von dessen Unzulänglichkeiten überzeugt hätte, von diesem trennen würde.

So wie Johanna zwar ihre eigene Meinung zum Ausdruck brachte, sich aber den Wünschen ihres Mannes unterordnete, fügte sich auch Maria Elisabeth Stampfer, 53jährig, dem Willen ihres Mannes, als dieser auf das Angebot einging, die Eisen- und Hüttenwirtschaft in Kärnten zu beleben und mit seiner Familie nach Vellach übersiedelte. An oberster Stelle stand das Fortkommen der Familie, dem – wie bei der Verheiratung der Töchter bereits erwähnt – persönliche Wünsche, Vorlieben und Träume untergeordnet wurden. Von Beginn an wurden zum Beispiel nachgeborene Söhne Johannas und Maria Theresias für die geistliche Laufbahn vorgesehen: der 1665 geborene Franz Anton, zweiter Sohn des Ehepaares Harrach, wurde Erzbischof von Salzburg, der 1678 geborene jüngste Sohn Johann Joseph Philipp Deutschordensmeister, der dritte Sohn Alois Thomas Raimund übernahm nach dem frühen Tod seines ältesten Bruders Karl die Geschäfte des Hauses Harrach, folgte seinem Vater als Botschafter des Kaisers in Spanien nach und war zudem Vizekönig von Neapel. Die beiden Töchter wurden verheiratet. Ebenso verschafften Maria Theresia und Maria Elisabeth ihren Söhnen ein sicheres Auskommen und verheirateten die Töchter bzw. schickten die „Übriggebliebenen" ins Kloster.

Müde und ausgelaugt wirkt Maria Elisabeth bei den letzten Einträgen in ihr Gedenkbuch. Ihr Hüftleiden machte ihr Beschwerden, die Hoffnung auf einen geruhsamen Lebensabend hatte sich nicht erfüllt. Sie starb fünf Jahre nach ihrem Mann 1700 mit 62 Jahren. Einsam und müde fühlte sich auch Maria Theresia nach dem Tod ihres Mannes (1765) und dem Wegzug fast aller ihrer Kinder am Ende ihres Lebens. Sie starb 1780 in den Armen ihres Sohnes Josef II. Johanna litt an grauem Star und starb altersschwach mit 77 Jahren in jenem Haus auf der Freyung, das ihr 1706 verstorbener Mann hatte erbauen lassen. Sie alle (inklusive Maria Cordula) hatten – und darin liegt vielleicht ihre Besonderheit – ihre Männer überlebt.

Diese vier exemplarisch vorgestellten Frauen stehen als Beispiele für Frauen, deren Existenz durch ihre privilegierte Stellung gesichert war, deren Lebensstrategien vermutlich ähnlich waren, deren „Frauenleben" – sozial verschieden – doch in vergleichbaren Bahnen verliefen. Und die damit im völligen Gegensatz zu Frauen stehen, die aus wirtschaftlichen Gründen nicht heiraten konnten, sich als Dienstmädchen oder mit Betteln ihren Lebensunterhalt verdienten, die nach dem Tod ihrer Ehemänner in Armut fielen, die neben sich selbst auch noch Kinder durchbringen mußten oder aus Altersgründen nicht mehr arbeiten konnten.

Betteln, Vagieren und Prostitution waren in der vorindustriellen Gesellschaft einige der vielen (illegalen) Überlebensstrategien der Unterschicht, insbesondere für die ständig von Verarmung bedrohten Dienstmägde und Tagelöhnerinnen (Jütte 1997, 21). Sie hatten es, einmal in das Bettelmilieu abgestürzt, bedeutend schwerer als Männer, es wieder zu verlassen (Bräuer 94). Bis ins 19. Jahrhundert wurde die Tatsache, daß viele Frauen aufgrund der schlechten Chancen auf dem Arbeitsmarkt und infolge einer restriktiven Armenpolitik in diese Lebensformen gedrängt wurden, nicht in ihrem ökonomisch-sozialen Kontext gesehen, sondern als Ausdruck sittlicher Verdorbenheit und einer spezifisch weiblichen charakterlichen Disposition interpretiert. Betteln und Vagieren wurden auf den angeblich für das weibliche Geschlecht typischen Hang zu Faulheit und Müßiggang, Prostitution auf die spezifisch weibliche „Liederlichkeit" und den triebhaften Charakter der weiblichen Sexualität zurückgeführt (Jütte 1995, 118). Aber trotz der moralischen Entrüstung, die angesichts vagierender und bettelnder Frauen vorherrschte, kamen Frauen unter den Armen in verschiedenen Epochen stets überproportional in den

Genuß einer Unterstützung oder wurden wenigstens als „bedürftig" registriert. Sie wurden in einer Zeit, in der zunehmend zwischen „würdigen" und „unwürdigen", „schwachen" und „starken", „arbeitsunfähigen" und „arbeitsunwilligen" Armen unterschieden wurde, eher als unterstützungswürdig angesehen. Während ihr Anteil an den registrierten Almosenempfängern bzw. anerkannten Hilfsbedürftigen in der frühen Neuzeit meist zwischen 60 und 85 Prozent betrug, stellten sie bei vagierenden Bettlern nur etwa ein Drittel.

Ab dem 16. Jahrhundert, als ein allmählicher Anstieg der Zahl der Armen zu bemerken war, begann man mit disziplinären Maßnahmen gegen – stadtfremde – Bettler vorzugehen. Für die Hausarmen, die in der Lage waren, einen bescheidenen Haushalt zu führen und somit noch einen ehrbaren Status genossen, ließen die Städte Almosenkästen bzw. -laden herstellen und vor den Kirchen aufstellen, um die Spendenfreudigkeit der Bevölkerung anzuregen (Just, Pils 8). Der Dreißigjährige Krieg und die Türkenkriege verschärften die Situation. In Wien richtete sich der Blick zunehmend auf die Vorstädte; St. Ulrich taucht als Bettler-„Schwerpunkt" in den Quellen gesondert auf. Kontrollen spielten dort sowie im Umfeld von Wien zunehmend eine wichtige Rolle, die niederösterreichische Regierung sah darin ein brauchbares Mittel, die wachsenden Bettlerprobleme beherrschen zu können. 1641 befahl sie allen Ortsobrigkeiten, Kontrollen vorzunehmen und die „unwürdigen" Bettler „abzuschaffen".

Ein Paradoxon stellte das Exekutivorgan der Stadt Wien gegen die Bekämpfung des Bettlerwesens bzw. für das Aufgreifen von Bettlern dar: Lange Zeit war die Stadtguardia die Instanz mit dem unmittelbarsten Bettlerkontakt. Oft aber waren die Familien bzw. Frauen der Angehörigen der Stadtguardia durch den schlechten Sold der Guardia neben Hilfsarbeiten selbst auf Diebstahl und Betteln zum Lebenserwerb angewiesen. 1646 wurde daher von der niederösterreichischen Regierung die Rumorwache geschaffen, aber erst in den achtziger Jahren des 17. Jahrhunderts stärker in die innerstädtischen Ordnungsaufgaben einbezogen, unter anderem auch in die Kontrolle der Bettler. Kompetenzstreitigkeiten zwischen Rumorwache und Stadtguardia führten zu häufigen Auseinandersetzungen, entsprechende Konsequenzen wurden aber erst unter Maria Theresia durch die Auflösung der Stadtguardia (verordnet 1721, durchgeführt 1741) gezogen. Ausschließlich zur *Abtreibung der Betteleut* diente seit 1732 die ca. 30köpfige Tagwache, im Volksmund „Bettelfanger" genannt (Just, Pils 11).

In Wien war bereits 1526 die Aufsicht über die Bettler vom Sterzermeister auf die Spitalsmeister übergegangen. Während über 1529 hinaus nur das alte Bürgerspital sowie die Spitäler St. Marx und Klagbaum Bestand hatten, kamen 1540 das Hofspital und das Lazarett sowie in der zweiten Hälfte des 17. Jahrhunderts die Chaossche Stiftung für Waisenkinder, der Kontumazhof, das Pestspital Spittelau, das Patzmayersche (Portzmayersche) Haus am Tiefen Graben und das Bäckenhäusel in der Währingergasse hinzu, bis 1693 in der Alsergasse das Großarmenhaus entstand.

Spitäler und Armenhäuser waren überfüllt, Ende 1684 beherbergte das Wiener Bürgerspital in seinen 16 Stuben 728 Personen; viele Kranke, Lahme, Alte und Hilfsbedürftige wurden weggeschickt. Auch die Aufnahmekapazität des 1693 geschaffenen Großarmenhauses in der Alsergasse war mit über 1000 Personen bald erschöpft. Bei der Bettlervisitation 1696 wurden innerhalb von vier Wochen 2000 Männer, Frauen und Kinder von den städtischen Behörden examiniert, vor der zweiten Türkenbelagerung 1683 wurden angeblich sogar 7000 Bettler aus Wien ausgewiesen. 1727 stufte eine Untersuchungskommission in Österreich ob der Enns etwa 25.900 Personen (ca. 7 % der Bevölkerung) als versorgungsbedürftig ein, eine Situation, die offensichtlich der der gesamten österreichischen Länder

Maria Johanna Schusterschitz,
1781, Villach,
Museum der Stadt Villach

entsprach. Anfang des 18. Jahrhunderts (1701/03) waren in den Spitälern der Stadt 1142 Personen untergebracht, zu denen noch etwa 1000 Menschen kamen, die im Großarmenhaus Alsergasse lebten. Nach Ansicht des Wiener Rats reichten diese Plätze aber längst nicht aus. Zunehmend war man in der Regierungszeit Leopolds I. ab den neunziger Jahren zu legislativen Aktivitäten gegen Bettler übergegangen. Nicht nur die Scheidung in „würdige" und „unwürdige" Bettler wurde gefestigt, sondern an der weiteren sozialen Differenzierung der Armen wurde gearbeitet.

Dem Konzept von „Hilfe und Strafe" entsprechend, entstanden am Ende des 17. Jahrhunderts schließlich Zucht- und Arbeitshäuser, in denen arbeitsfähige Bettler untergebracht wurden. Auf die politisch-gesetzgeberische Praxis der obrigkeitlichen Bettlerbekämpfung haben somit seit der Mitte des 17. Jahrhunderts offensichtlich zwei Faktoren besonders intensiv eingewirkt: ein strafrechtlicher und ein kameralistischer. Da der arbeitsfähige, aber „unwillige" Bettler ein Leben führte, das – aus der Perspektive der Obrigkeit – auf den Müßiggang gegründet und insofern nicht gottgefällig war, mußte der Staat mit entsprechenden Strafformen einschreiten. Neben die Vertreibung der Bettler rückte die Zwangsarbeit in den Blickpunkt. 1671 wurde von Leopold I. das Zuchthausprivileg erlassen. Der Gedanke der entehrenden Leibstrafen wurde damit zunehmend abgewertet und Freiheitsstrafen – gekoppelt mit Zwangsarbeit – aufgewertet. Auch die österreichischen Kameralisten wandten sich in auffallend scharfer Form gegen den Bettel, sofern er dem Müßiggang und der Faulheitspflege diene, und forderten eine Einschränkung des Almosengebens. Mit seiner Werkhaus-Idee wollte der Kameralist Johann Joachim Becher Handwerkern, Waisen, Hausarmen und vielen anderen einen Arbeitsplatz sichern, um sie an Arbeit zu gewöhnen. Das 1676 auf dem Tabor gegründete Haus wurde während der Türkenbelagerung 1683 allerdings zerstört. Die von den Kameralisten propagierte Idee der Schaffung von Arbeitsplätzen durch die Obrigkeit zeigte allerdings Wirkung. 1702 erließ Leopold I. ein Patent, das die Bedeutsamkeit der Manufakturgründung unterstrich (Just, Pils 10 f.).

Ein Reskript Leopolds I. von 1679 mit dem Geltungsbereich Wien faßte die beim damaligen Vorgehen gegen Bettler üblichen graduellen Abstufungen zusammen. Bei den jährlichen Armenvisitationen sollten alle Bettler ohne Stadtzeichen ausgewiesen, bei abermaliger Anhaltung jedoch öffentlich ausgepeitscht werden, bei einem dritten Aufgreifen in Eisen gelegt in Grenzorte zur Zwangsarbeit gebracht oder *wol gar umbs leben, andern zum exempel, abgestrafft* werden. Das mildeste und bequemste Mittel, sich unwillkommener Vagabunden zu entledigen, war der Abschub in die Heimatgemeinde. Einen ersten Versuch, die bis dahin vagen Anordnungen zum „Abschaffen" des Bettelvolks durch ein festes System zu ersetzen, bildeten die Schubpatente Karls VI. Es kam zur Einführung fester Termine, zur Bezeichnung der Schubwege und Verpflegsorte. Den Angelegenheiten des Schubwesens schenkte auch Maria Theresia größtes Augenmerk, Anpassungen an das neue Administrativmodell der Kreisverfassung wurden durchgeführt (Just, Pils 12).

Unter Joseph II. entstanden zur Unterstützung der Armen Pfarrarmeninstitute (Wien 1783), die allerdings hinter den an sie gestellten Erwartungen zurückblieben. Aus diesem Grund beabsichtigte Franz I. in Wien eine neuerliche Reform der Armenpflege unter dem Hamburger Caspar Voght nach dem Vorbild der 1788 in dessen Heimatstadt begründeten Armenanstalt. Aus dem Beratungsgremium zur Durchführung seiner Reformen, der Wohltätigkeitskommission in Wien (1801–1806) entwickelte sich allmählich eine autonome Wohltätigkeitsanstalt, die sich hauptsächlich um verarmte Bürger kümmerte. 1842 wurde die zentrale Leitung der Armenfürsorge in Wien dem Magistrat übergeben. Ebenso verstaatlicht wurden auch die zunehmend entstehenden Einrichtungen für werdende (ledige)

Mütter, nachdem es bereits im Mittelalter im Bürgerspital eine „Gebärstube“ gegeben hatte. Neben die traditionelle Hausgeburt trat ab dem 18. Jahrhundert sukzessive die Entbindung in öffentlichen Anstalten. Sie wurden einerseits gegründet (Wiener Gebärhaus 1784), um der Bevölkerungsgruppe, von der Abtreibung oder Kindsmord bei der Geburt am ehesten angenommen wurde – ledige Mütter, besonders Dienstboten – eine Möglichkeit zu geben, dort – gratis oder gegen ein geringes Entgelt – zu entbinden. Ihre Kinder fanden Aufnahme in den oft angeschlossenen Findelhäusern, da für den aufgeklärt-absolutistischen Staat mit seinen physiokratischen Tendenzen eine hohe Bevölkerungszahl als größter Reichtum galt. Man setzte daher alles daran, daß möglichst viele Kinder gesund zur Welt kamen. Andererseits dienten die Gebärenden auch als „Übungsmaterial“ für angehende Hebammen. Zunehmend wurden Schwangerschaft und Geburt zum Objekt der Medizin, der Ausbau der praktischen Geburtshilfe in den Gebäranstalten sollte somit auch der medizinischen Wissenschaft bzw. dem medizinischen Fortschritt dienen (Weiss 20 f.).

Das Leben dieser Frauen unterschied sich wesentlich von jenem in gesicherter Existenz lebender Frauen. Von den in Österreich in der zweiten Hälfte des 18. Jahrhunderts aufgegriffenen und über die Landesgrenze abgeschobenen Bettlern und Bettlerinnen hatten sehr viele und vor allem relativ junge Frauen versucht, mit mehr oder weniger Erfolg in den großen Städten (vor allem Wien) Arbeit als Amme, Küchenmagd oder Dienstbotin zu finden. Wenn die Arbeitssuche auf Dauer erfolglos blieb oder das Arbeitsverhältnis nach kurzer Zeit endete, war dieser Personenkreis, da es ihm an einem sozialen Netz in der fremden Umgebung mangelte, auf die Sicherung des Lebensunterhaltes durch Betteln angewiesen, was die Frauen wiederum früher oder später mit den für die Durchsetzung des allgemeinen oder speziellen Bettelverbots beauftragten Behörden in Konflikt brachte (Jütte 1995, 123). Verschärft wurde die Situation auch dadurch, daß die Möglichkeiten zu heiraten an einen Vermögensnachweis gebunden waren und deshalb viele Arme ohne Trauschein zusammenlebten. Scheiterten diese Ehen auf Zeit, hatte dies insbesondere für Frauen ernste soziale und finanzielle Folgen. Aber auch für verheiratete Frauen, die mit ihren Familien an der Existenzgrenze lebten, stellte sich die Situation nicht anders dar; besonders aber der Verlust des Partners führte unweigerlich in die Armut. Oftmals auch unter – ebenso von Männern verwendeter – Vortäuschung von Krankheiten, versuchten sie Almosen zu erhalten oder griffen dabei auch auf frauenspezifische Strategien (Schwangerschaft, Geburt und Mutterschaft) zurück.

Aus der Perspektive Johanna Theresia Harrachs, die in der Fastenzeit 1677 mit anderen adeligen Damen neben dem Zuchthaus auch das Bürgerspital besuchte und dort die Armen und Kranken speiste, stellte sich das Leben dieser Menschen trostlos dar und *eß ist ein elendt zu segen wie die leidt beisamen ligen ihn bedern, daz kämb einer ligen kan, was haben mir alß gott zu danckhen, daz er unß ihn ein solchen standt hadt komen lasen und nicht so elendt sein* (Tagezettel 22.3.77).

Weiterführende Literatur:

Elisabeth Badinter, Die Mutterliebe. Geschichte eines Gefühls vom 17. Jahrhundert bis heute. München, 4. Aufl. 1991.
Christian Benedik, Zeremonielle Abläufe in habsburgischen Residenzen um 1700. Die Wiener Hofburg und die Favorita auf der Wieden. In: Wiener Geschichtsblätter 46 (1991) 171–178.
Helmut Bräuer, „… und hat seithero gebetlet“ Bettler und Bettelwesen in Wien und Niederösterreich zur Zeit Leopolds I. Wien, Köln, Weimar 1996.
Hubert Christian Ehalt, Ausdrucksformen absolutistischer Herrschaft. Der Wiener Hof im 17. und 18. Jahrhundert (Sozial- und Wirtschaftshistorische Studien 14). Wien 1980.
Norbert Elias, Die höfische Gesellschaft. Untersuchungen zur Soziologie des Königtums und der höfischen Aristokratie. Mit einer Einleitung: Soziologie und Geschichtswissenschaft. Frankfurt/Main 1983.
Irmgard Goger, Das Hausbuch der Maria Elisabeth Stampfer (1679/94). Ein Beitrag zum Selbstverständnis und zur Situation der Frau in der Frühen Neuzeit. Dipl.Arb. Wien 1989.
Rebecca Habermas und Heide Wunder, Nachwort. In: Geschichte der Frauen. Bd. 3 Frühe Neuzeit, hg. v. Arlette Farge u. Natalie Zemon Davis, Frankfurt/Main, New York 1991.

Gustav Hackl (Hg.), Das Hausbüchl der Stampferin, einer geborenen Dellatorin, Radmeisterin zu Vordernberg. Graz 1928.
Olwen Hufton, Arbeit und Familie. In: Geschichte der Frauen, Bd. 3 Frühe Neuzeit, hg. v. Arlette Farge und Natalie Zemon Davis. Frankfurt/Main, New York 1994.
Robert Jütte, Dutzbetterinnen und Sündfegerinnen. Kriminelle Bettelpraktiken von Frauen in der Frühen Neuzeit. In: Von Huren und Rabenmüttern. Weibliche Kriminalität in der Frühen Neuzeit, hg. v. Otto Ulbricht, Köln, Weimar, Wien 1995.
Ders., Frauen auf der Straße. In: Damals 3 (1997) 21–25.
Thomas Just, Susanne Claudine Pils, Die Entstehung der Unbarmherzigkeit. Randgruppen und Außenseiter in Wien vom Mittelalter bis ins 20. Jahrhundert. In: Wiener Geschichtsblätter. Beiheft 1. Wien 1997
Margaret L. King, Frauen in der Renaissance. München 1993.
Elisabeth Kovács, Die ideale Erzherzogin. Maria Theresias Forderungen an ihre Töchter. In: Mitteilungen des Instituts für Österreichische Geschichtsforschung 94 (1986) 49–80.
Gertrude Langer-Ostrawsky, Frauen in der Medizin. In: Beiträge zur historischen Sozialkunde 24 (1994).
Raimund Magis, Pracht, Ehre, Hitze, Staub. Ferdinand Bonaventura Graf Harrach und seine Spanienreise im Sommer 1673. Dipl. Arb. Wien 1996.
Laetitia Gabriel, Zur Lebenswelt adeliger Frauen am Wiener Hof im 18. Jahrhundert. Dipl. Arb. Wien 1994.
Susanne Claudine Pils, „Von Hühneraugen und Kinderkrankheiten“ – Die Tagzettel der Johanna Theresia Harrach als Quelle zur Sozialgeschichte der Medizin. In: Wiener Gespräche zur Sozialgeschichte der Medizin. Vorträge des internationalen Symposions an der Universität Wien 9.–11. November 1994, hg. v. Helmuth Grössing, Sonia Horn u. Thomas Aigner. Wien 1996, 23–36.
Dies., „daz er mih nidt halb so lieb hadt alß wie ich ihm …“ Liebe und Sexualität im ehelichen Nicht-Alltag von Johanna Theresia und Ferdinand Bonaventura Harrach. In: Jahrbuch des Vereins für Geschichte der Stadt Wien 52/53 (1996/97) 397–414.
Maria Cordula Freiin von Pranck, „Gedenckbuch“ der Frau Maria Cordula Freiin von Pranck, verwitwete Hacke, geb. Radhaupt, 1595–1700 (1707). In: Steiermärkische Geschichtsblätter 2 (1881) 9–19.
Die Quellen der Geschichte Österreichs, hg. v. Erich Zöllner, Wien 1982 (Schriften des Institutes für Österreichkunde 40).
Sabine Weiss, Die Österreicherin. Die Rolle der Frau in 1000 Jahren Geschichte. Graz 1996
Franz Wilfingseder, Familiengeschichtliche Aufzeichnungen der Jörger aus dem 16. und 17. Jahrhundert. In: Mitteilungen des Oberösterreichischen Landesarchivs 3 (1954) 337–352.
Heide Wunder, „Er ist die Sonn', sie ist der Mond“. Frauen In der Frühen Neuzeit. Müchen 1992.
Joseph von Zahn (Hg.), Der Frau Marie Elisabeth Stampfer aus Vordernberg Hausbuch. Wien 1887.

Konstanze Mittendorfer

Häuslich und glänzend – die Biedermeierin*

Bildnis Frau Nadassy,
Franz Eybl, 1839.
Wien, Österreichische Galerie

Wo begegnete man(n) der Biedermeierin, als deren vortrefflichste Tugend doch die Häuslichkeit gerühmt wurde? Lassen wir uns von einem zeitgenössischen Experten, dem Journalisten und Kolumnisten des Wiener Publikums Moritz Gottlieb Saphir, berichten:

Ich stand am Thor und sah zum Himmel empor. Da erblick, ich pötzlich, auf dem Wege zwischen mir und dem Himmel, ein Fenster vis-à-vis, und an dem Fenster – ach! an dem Fenster! – Nun meint der Leser gewiß, es wird heißen: und an dem Fenster ein weibliches Wesen u.s.w.? Es ist auch wahr, und an dem Fenster ein weibliches Wesen.

Saphir führt uns näher und macht zugleich auf die Modellhaftigkeit der Szene aufmerksam. Das Fenster war jener sanktionierte Aufenthaltsort häuslicher bürgerlicher Frauen, welcher der Außenwelt am nächsten lag, ein neuralgischer Punkt auf der Trennungsebene von öffentlicher Straße und privatem Wohnraum. Dort verlief die Grenze zwischen Innen und Außen hauchdünn, dort konnten Einblicke vielleicht den Stand und den Zustand der häuslichen Ordnung erhaschen. Von außen, von der Straße aus betrachtet, war die Zone der Fenster der einzige Bereich der Fassade, der individuelle Akzente und Hinweise auf die dahinter lebenden Bewohner der Miethäuser bieten konnte. Die Fassadenpläne der Neubauten zeigen einander sehr ähnliche Entwürfe im klassizistischen Stilrepertoire der Zeit. Die Wohnhäuser wurden in ein einheitliches städtisch-anonymes Straßenbild eingepaßt. Der Blick auf die Gasse war wegen der Zunahme der Hofwohnungen keine Selbstverständlichkeit, Zimmer „nach vorn hinaus" hatten ihren besonderen Preis.

Am Fenster traf der Blick auf die Frau also an einem besonderen Angelpunkt des bürgerlichen Wohnbereichs. Die Glasscheiben machten sie sichtbar, verwiesen schützend nach innen und präsentierten doch, entzogen sie dem direkten Kontakt und verwahrten ihr Bild, wie sie die kleinen Kostbarkeiten in den Vitrinen und Servanten schützten und inszenierten. Geöffnete Fensterflügel sammelten Lichteffekte, irisierten und umrahmten. Der hineinblickenden Frau spiegelten sie ihren Anblick wider, sodaß sie am Ende ihrer kleinen Welt wieder sich selbst sah. Aber von unten, von der Straße aus, konnte ein Passant der ihm fremden Frau ansichtig werden, und zwar – für die saphirsche Erzählung wesentlich – allein, ohne Begleitung von Eltern, Ehemann, Kindern oder Dienstboten. In den meisten anderen Situationen wäre dies ihrer Tugendhaftigkeit in den Augen der Gesellschaft (und in seinen) abträglich gewesen. Mann konnte unbekannter Frau unbewacht gegenübertreten, es hinderte ihn nichts an der Aufnahme eines direkten Kontaktes als das lärmende Straßenleben und der Abstand einiger Stockwerke. Die Verteilung der Rollen in dieser Szene macht die geschlechtsspezifische Zuordnung der Räume deutlich: Er ist anonymer Teil des fluktuierenden Straßengeschehens, ist in Bewegung, sein Blick dringt ins Hausinnere und macht die Frau ausfindig – sie ist lokalisierbarer Bestandteil einer (unsichtbaren) individuellen Wohn- und Familienordnung. Nicht wie sie ihn, von ihrem statischen Beobachtungsplatz aus heraufschauend, vorüberstolpern sieht, ist Teil dieser Perspektive, sondern die Blickrichtung von draußen, die des Mannes, bestimmt die Geschichten. So beginnt z. B. die Schilderung einer Zimmersuche der populären literarischen Figur des Hans-Jörgel: *Und wie i so schau, so steht ein Fräuler oder Mamsell beim Fenster.* Zur beliebten poetischen Metapher verdichtet, wie sie unter anderem Stifter verwendete, erübrigte sich die geschlechtsspezifische Präzisierung des Bildes, die Auflösung war eindeutig: *Die Fenster öffnen sich, und schöne neugierige Augen schauen heraus.*

Am Fenster stehend oder sitzend, finden wir die Frauen miteinbezogen in Darstellungen interessanter Vorgänge in der biedermeierlichen Straßenöffentlichkeit. Vom Geschehen räumlich distanziert, schauen sie von den Fenstern darauf herunter, sind an seiner Peripherie Bestandteil mit der Funktion des schmückenden Beiwerks: *Meist sind es Damen, die in allen Farben gekleidet in dies Frühlingstreiben selber wie leibhaftige blühende Frühlingsgesträuche von den Fenstern herniederschauen,* beschreibt Stifter den Festzug durch die Jägerzeile zum Prater am Ersten Mai. Auch die zeitgenössischen Bildreportagen zeigen Frauen an Fenstern. Sie winken und schwenken Tücher aus allen Fenstern der Spenglergasse, durch die der Kaiser am 16. März 1848, unmittelbar nach Ausbruch der Revolution in Wien, fuhr. Sie winken und jubeln ebenfalls auf Darstellungen des zehn Tage später durch Wien zum Landhaus ziehenden Zuges der Studenten, denen sie, Passantenberichten zufolge, aus Begeisterung Schmuck, Kokarden und Bänder von den Fenstern aus zuwarfen. Gabriella Hauch interpretiert dies als eine aktive Form der politischen Solidaritätserklärung der Frauen aus den höheren Schichten Wiens, als ein Sich-in-Beziehung-Setzen zu den vorüberdefilierenden Männern. Im Hin-Blick auf das zeitgenössische Kommunikationsschema aber reflektieren die Zeugnisse vor allem die gewohnte, aus der aktiven männlichen Perspektive wahrgenommene Verortung und Instrumentalisierung weiblicher Präsenz. Was tut die Frau am Fenster? Sie winkt und jubelt, zusammen mit anderen Frauen, den jeweiligen Helden auf der Straße zu, unterstützt also die männlichen Akteure durch anfeuernde Bewunderung, ist schmückender Bestandteil ihrer Arena. Nur in ihrer überindividuellen Präsenz gewinnt sie politische Bedeutung, „Zustimmung des Volkes" konnotierend. Individuelle Aktionen oder Gegenhandlungen verschluckt, überdeckt diese Form der Präsenz und Verteilung des Geschlechts im öffentlichen Diskurs.

Die einsame Frau hingegen *reißt zum Zeitvertreib von ihren Blumenstöcken die abgestorbenen Stingeln aus,* öffnet dann das Fenster und lockt den quartiersuchenden Mann durch hartnäckiges Ansehen in ihre Wohnung. Der naive Hans-Jörgel steht aber schnell wieder auf der Straße, ratlos das *anreitzerisch herg'richte* Fenster betrachtend (er sieht dort ein Figurenbarometer und ein Eichkatzerl im Häusel), auf das *man hat auffischaun müssen, wie man nur ins Gassel kummen is,* und dunkel ahnend, was der großstadterfahrene Autor im stillen Einverständnis mit dem großstadterfahrenen Leser bereits wußte: daß hinter anreizerischen Fenstern nur anreizerische Frauenzimmer leben können …

Sensibilisiert für die biedermeierlichen Einblicke und Ausblicke, kehren wir zur Erzählung Saphirs zurück. Da steht also der Passant im Regen auf der Straße, und mit seinem ersten Blick auf die schöne Frau bemerkte er, *wie sie am Fenster saß und sich die Nägel spitzte.* Der Fortgang der Geschichte zeigt die Kratzer, die damit dem Erzähler zugefügt wurden. Sie sieht den Mann auf der Straße, der vor dem Regen in der Toreinfahrt Schutz sucht, schickt ihm das Stubenmädchen mit einem Regenschirm und versetzt ihn damit in ahnungsvolles Hoffen, einen gefälligen Eindruck hinterlassen und Lust auf ein baldiges näheres Zusammentreffen erweckt zu haben. Die Rückgabe des Schirms gerät allerdings nicht zur glücklichen Fortsetzung der Bekanntschaft: Der erwartungsvolle Mann muß sich der Eitelkeit zeihen lassen und erfährt, daß er lediglich die Schöne am Fenster in der Erwartung des Geliebten gestört hat. Zurück bleibt ein fassungsloser Frauenfreund – aber wir haben doch einen Eindruck vom Fenster als Loge und Ausguck der Biedermeierin gewonnen. In der nächsten Nummer des von Saphir herausgegebenen und großteils selbst geschriebenen „Humoristen" wurde daraufhin in der Serie „Minne-Gerichte" dem Publikum die Frage gestellt: *Welchem Frauenzimmer ist ein Mann weniger gleichgiltig, dem, welches ans Fenster eilt, oder dem, welches vom Fenster zurückeilt, wenn wir vorübergehen?* Unter den drei Antworten auf die gewichtige Frage, von der Redaktion im Stile fiktiver Leserbriefe verfaßt, darf eine an die weibliche Leserschaft gerichtete Ermahnung nicht fehlen: *Indessen, ich wünsche, daß meine Geliebte weder ans Fenster eile, noch vom Fenster zurückeile, sie habe mit dem Fenster gar nichts zu schaffen! Ans Fenster, vor das Fenster, hinter das Fenster gehören Blumentöpfe, Kanarienvögel, Goldfische, Wettergläser und Laubfrösche; Mädchen gehören hinter den Arbeitstisch, hinter den Lesetisch, weit, weit vom Fenster weg. Am Fenster bekommen die Mädchen Seelen-Sommersprossen, und ihr Herz den Rheumatismus. Mädchen, die stets den Kopf in die Straße stecken, denen steckt die Straße im Kopf; dixi!*

Spuren der Bewohnerinnen im Wohnraum

Hinter je zwei der Gassenfenster lagen in der Regel die geräumigsten und hellsten Räume der Wiener Mietwohnungen, die Wohnzimmer. Ihrer Ausstattung galt die zeitgenössische (und unter dem Stichwort „Biedermeierkultur" auch unsere) Aufmerksamkeit. Erstmals trat auch in der bildenden Kunst der Wohnraum aus dem Hintergrund hervor und nahm den Rang des selbständig-bildwürdigen Sujets ein. Die zahlreichen graphischen Interieurdarstellungen, die aus den 1830er und 1840er Jahren vorliegen, entstanden als Auftragsarbeiten oder als Studien an der eigenen, der persönlichen Umgebung der Künstler bzw. der dilettierenden Bewohner. Sie zeigen Salons und Wohnzimmer als stilisierte, modisch gestaltete Räume. Direkte Spuren der täglichen Benützung fehlen, es handelt sich um Zeugnisse der häuslichen Umgebung als Feld der bürgerlichen Selbstdarstellung. Uns fällt die Ordnung in den Räumen auf, das Arrangierte, die zum geschmackvollen Ensemble verschmolzenen Bestandteile – und eines dieser Bildelemente ist die Figur der Frau. Wenn die Räume nicht menschenleer vorgeführt werden, dann halten sich einzelne Frauen darin auf. Sie sind unter sehr ähnlichen Umständen abgebildet: Die Frau ist allein im Raum. Sie sitzt an einem Tisch. Vom Betrachter/Maler abgewandt, ist sie dort ganz mit sich selbst beschäftigt: Sie schreibt Briefe, liest, vor allem aber verrichtet sie Handarbeiten. Der Tisch ist in der Nähe des Fensters oder ihr Stuhl steht erhöht am Fensterpodest, sodaß sie das Fensterbrett als Ablage benützen und darüber hinweg auf die Straße sehen kann, wenn sie von der Arbeit aufschaut. Aber die Frau sieht niemanden an, ihre Gesichtszüge sind kaum erkennbar. Sie ist in sitzender Pose eines der in sich ruhenden Raumelemente, das nur innerhalb der

Bildebene mit den anderen Gegenständen im Raum kommuniziert, schweigend, über die Farbakzente und Dessins ihrer Kleidung. Das weibliche Geschlecht wird als dekorative Ingredienz des häuslichen Schauraums sichtbar. Das andere bleibt das Unsichtbare, aber es ist jenseits der Kulissen präsent, denn es hat sie erzeugt.

Sehen wir von diesen hineingemalten Frauenfiguren einmal ab, so tragen die dargestellten Wiener Wohnräume zahlreiche Spuren weiblicher Anwesenheit, die uns in Verbindung mit anderen schriftlichen/materiellen Zeugnissen Hinweise auf die Rollen geben, die von den Protagonistinnen dort gespielt werden sollten.

Handarbeiten

Am eindeutigsten geschlechtsspezifisch decodierbare Gegenstände sind die Utensilien der Handarbeit. Die Möbelproduktion lieferte damals die berühmten Globustischchen, die von Wiener Tischlern nach dem 1806 in England patentierten standfesten Schreibtisch in Globusform zu zierlichen Arbeitstischchen umgearbeitet wurden. Der Tischler Benedikt Holl verfertigte Zylinderarbeitstischchen mit kompliziertem Innenleben. Die heute noch erhaltenen Möbelbeispiele zeigen den Typus des Handarbeitsmöbels als Gegenstand größter handwerklicher und künstlerischer Herausforderung für das Kunsttischlergewerbe. Es entstanden Designobjekte, die wir uns in diesen Luxusausführungen nicht in den Wiener Wohnzimmern verbreitet vorstellen dürfen, die aber die allgemeine Akzeptanz und den erstrangigen Platz verkörpern, der weiblicher Handarbeit im bürgerlichen Wohnzimmer zugedacht und von der Öffentlichkeit beigemessen wurde. Die handarbeitende Frau entsprach dem Repräsentationsmuster nicht als Arbeitende – der Wert des Globustischchens stand in unvergleichbarem Verhältnis zur Wertschöpfung der Handarbeit, der es gewidmet war – sie verrichtete eine dekorative Tätigkeit in repräsentativem Rahmen, verkörperte die weibliche Form der Muße (die männliche äußerte sich – wenig dekorativ, aber ohnehin nur vernebelt sichtbar – im Pfeifenrauchen).

In dieser Funktion war das Handarbeiten Bestandteil des über alle gesellschaftlichen Schichten hinwegreichenden Kanons sanktionierter weiblicher Verhaltensweisen der Zeit und eröffnete ein anerkanntes Feld weiblicher Aktivität. In Berichten der „Leipziger Illustrirten Zeitung“ über die jährliche Ausstellung weiblicher Handarbeiten in Wien, organisiert vom „Verein adeliger Frauen zur Beförderung des Guten und Nützlichen“, erwähnt der Korrespondent vor allem die „Liste der hohen Einsenderinnen“ und entwirft eine von der Kaiserin bis zur jüngsten (dreijährigen) Teilnehmerin reichende handarbeitende weibliche Welt. Handarbeit, im Sprachduktus der Zeit eigentlich „Arbeit“, meinte dabei nicht die gewerbsmäßigen Verfertigungen der Textilarbeiterinnen. „Das Verdienstliche der Frauenhand“ galt es außerhalb des Marktwertes gebührend zu schätzen: In der spezifischen Kombination aus den Erfordernissen Geduld und geschulter Fertigkeit entstanden Objekte, die sich zum zeitgenössischen Ausdruck weiblichen Wirkens schlechthin eigneten. Sie beschäftigten die Hände, nahmen die Aufmerksamkeit der Frau in Anspruch, leiteten das Bedürfnis nach Entfaltung in komplizierte, kleinteilige Bearbeitungsverfahren auf winzigen Flächen. Und die Objekte dokumentierten nachweislich, wie verronnene Zeit von Stunden bis Lebensjahren verbracht worden war. Frauen aller Stände galt Handarbeit als sanktionierte, wohlanstehende Ausdrucksform schöpferischer Muße. Von der Gastgeberin der konservativen Wiener Gesellschaft, der Schriftstellerin Caroline Pichler, erzählte Ludwig August Frankl, ein Besucher ihres Salons, wie die Pichler das Vorlesen einer Novelle unterbrach, um die neben ihr sitzende „Gräfin E.“ darauf aufmerksam zu machen, jetzt den Strumpf abzunehmen. Dann las sie wieder weiter. Die Gesellschaft lächelte.

Die geschlechtsspezifische „häusliche" Tätigkeit des Handarbeitens schloß nun auch einen außerhäuslichen gesellschaftlichen Aspekt weiblichen Wirkens ein, wobei der demonstrative Effekt des Handelns den materiellen Wert des dabei entstehenden Produktes überdeckte. Am Ende der Biedermeierzeit nahmen die explizit auf weibliche Leserschichten des mittelständischen Bürgertums ausgerichteten Periodika, alternierend mit den beliebten Modebildern, bereits „Musterblätter" für weibliche Arbeiten auf. Geboten wurden Vorlagen zur Herstellung zeitaufwendiger, teurer Galanterie-Arbeiten, nicht nützlicher Kleidungsstücke. Mit dieser neuen Ausrichtung finden wir daher die Handarbeiten konsequenterweise dort als Beispiel in der zeitgenössischen Diskussion wieder, wo es um grundsätzliche Stellungnahmen zu Rolle und Aufgaben der Frau ging. Leopold Chimani klagte 1821 im „Conversationsblatt" heftig, *daß unsere Töchter nicht mehr für das Haus, sondern für die Welt erzogen werden*, und zählte die *tändelnden Handarbeiten* neben den fremden Sprachen und dem Musikunterricht als Beispiele der *eingelernten, unnützen Kenntnisse und Fertigkeiten* auf, mit denen sich *die Bürgerstochter zum Fräulein hinaufschwingen will.* Und selbst in den niederen Ständen, wo man *ehemals Strümpfe strickte, Hauben und derley nähete und flickte, sieht man nun nur Galanterie-Arbeiten, und des Tagelöhners Tochter schämt sich, einen Strumpf aus grober Wolle, den sie und ihre Ältern tragen sollen, zu verfertigen.* An der Handarbeit hatte sich der Wandel der Arbeit im Haus zur dekorativen, häuslichen Beschäftigung vollzogen. Als Versatzstück weiblichen Rollenverhaltens signalisierte sie der Öffentlichkeit das Bild der häuslich beschäftigten, aber dennoch nicht arbeitenden Frau. In dieser Funktion finden wir auf den Wiener Interieurbildern zwar selten die teuren Designarbeitsmöbel, aber Strickzeug oder Garnknäuel in einem Korb auf kleineren, zierlicheren und somit im Raum bewegbaren Tischen oder am Fensterbrett.

Schreiben

Auf den Darstellungen gut ausgestatteter Wohnzimmer der reicheren Bürgerfamilien findet sich ein Möbel, das der geistig und künstlerisch tätigen Frau ihren eigenen Platz in der repräsentativen Wohnzone einräumte – der Damenschreibtisch. Ursprünglich ein Teil des Kontors, des Büros, wurde dieser Möbeltyp in der ersten Hälfte des 19. Jahrhunderts zum individuellen Ort der Kommunikation mit der Welt und sich selbst, des Briefe- und Tagebuchschreibens und der Lektüre, des Dichters und der gebildeten Frau. Mit all den persönlichen Habseligkeiten, die sich am und um den Schreibtisch in bedeutsamer Ordnung versammelten, trug er in sich, nur von derselben Person benützt zu werden. Wie sehen diese Damenschreibtische aus? Der heute bekannteste Prototyp aus der Wiener Region ist der Damenschreibtisch von Josef Danhauser, der sowohl unter den Entwurfszeichnungen der Danhauserschen Möbelfabrik, im Firmenrepertoire unter Nr. 18, als auch in der Ausführung in Kischbaumholz und in einigen ähnlichen Exemplaren erhalten ist. Nach einer Gouache Johann Stephan Deckers wissen wir, daß auch Erzherzogin Sophie Danhausers Modell für ihr Wohnzimmer in Laxenburg auswählte. Dieses Modell besteht aus einer ovalen Schreibplatte mit zierlichem, niedrigem Schubladenaufsatz, getragen von zwei seitlichen Säulen, im ovalen Sockelband ist ein (roter) Polster eingelassen, der als Fußbank dient. Nach der Formgebung zu schließen, war dieses Möbel nicht für eine abgelegene Ecke gedacht, sondern in den Raum hineinkonzipiert, zum Ansehen von allen Seiten, wobei der geschwungene Aufsatz sich jedoch gleichsam schützend um die Schreiberin und ihre persönlichen Dinge herum aufbauen sollte. Deckers Bild läßt einige dieser Spuren individueller Benützung, verschiedene Bücher und eine Uhr, am Aufsatz sehen – als Schreibtisch einer Frau

Frau von Scharnhorst
im Palais Auersperg,
Franz Barbarini.
Wien, Historisches Museum
der Stadt Wien

Damenzimmer,
Johann Josef Decker.
Wien, Historisches Museum
der Stadt Wien

weist dieses Modell aber nicht nur seine Zierlichkeit aus, sondern vor allem die symmetrisch angeordneten Blumenarrangements an den beiden Säulenenden, die Tisch und Schreiberin schmückend umrahmen.

In den Augen der Produzenten, die Unterschiede zwischen den Schreibtischen für Frauen und Männer schon um der Absatzsteigerung willen zu betonen trachteten, eignete sich neben der Stellfläche für Blumen zur feminisierten Ausführung des Möbels besonders die Einbeziehung eines Spiegels. Dadurch konnte der Schreibtisch auch als Toiletten(„Putz"-)Tisch verwendet werden.

Der Typus des Damenschreibtisches, so wie er in der ersten Hälfte des 19. Jahrhunderts angeboten und auf den Darstellungen gutsituierter Wohnverhältnisse auch vorgeführt wurde, war demnach ein kleinerer Schreibtisch, an dem Ausführung und Ausstattung besonders die dekorativen Elemente betonten, sodaß er in Wechselwirkung mit der Benützerin dem Betrachter ein Gesamtkunstwerk darbieten konnte.

Im Unterschied dazu standen jene kleinen provisorischen Tische in Fensternähe, die zu vielerlei Aufgaben, auch als provisorische Schreibmöbel, dienten und daher keine besondere Ausstattung als die gerade gebrauchten Utensilien aufwiesen. Johann Peter Krafft malte seine älteste Tochter Marie an einem solchen Tischchen in der Fensternische sitzend. Mit Schreibfeder in der Hand blickt sie aus dem Fenster, Papier, Buch, Tintenfaß vor sich am Tisch. Irgendwann wird sie mit dem Schreiben aufhören, ihre Sachen zusammenpacken und keine persönlichen Spuren am Tisch hinterlassen. Es ist nicht die persönliche Markierung des Möbels oder, wie auf den üblichen Interieurbildern, des Raumes durch seine Benützer, sondern die Szene selbst, die Krafft in diesem Bild gestaltete: das Ineinanderspielen von Innen- und Außenraum, an dessen Übergang die Frau am Fenster sitzt und nach draußen sieht. Diesmal aus familiär-vertrauter Perspektive, vom gemeinsam geteilten Rauminneren aus betrachtet und ihrem Blick in den sonnigen Garten folgend, ist dieses Bild auch eines der Zeugnisse für die ästhetisierende Verortung der Frau am Fenster.

Ob ihr nun spezifische oder aufwendigere Möbel oder, wenn es die finanziellen und räumlichen Umstände erlaubten, eigene Räume zugeordnet waren – auf den bildlichen Darstellungen treten die Spuren der Frau im Wohnbereich deutlicher hervor als jene des Mannes. Durch die seiner finanziellen Leistungsfähigkeit zugeschriebenen Wohnung war der Haushaltsvorstand zwar indirekt präsent, vorgeführt wurde sie jedoch als Aufgaben- und Aufenthaltsgebiet der Frau. Sichtbar sind ausschließlich die von Arbeit, Anstrengung, Erwerb freien Momente des geordneten und wohlsituierten häuslichen Lebens. Wohlstand nach außen zu repräsentieren und selbst zu verkörpern, war eine der zentralen Aufgaben der Frau im bürgerlichen Geschlechtsrollenkonzept. Deshalb werden uns auf den meisten Interieurbildern Wohnzimmer nicht nur mit ihrem Mobiliar, sondern auch mit Frauenfiguren gezeigt. Inmitten der Stoffdraperien, der vielen kleinen persönlichen Dinge sitzend, haben sie eben, wie das zerbrechliche Vorzeigegeschirr zu ihrer Seite, den Weg von der Küche zum schmückenden Bestandteil des Putzzimmers gemacht.

Nur zu den zarteren Zwecken des *Daseyns* berufen?

Noch im josephinisch-aufklärerischen Wien der 1780er Jahre ließen sich die Voraussetzungen der „Liebe" und des Ehelebens im mittleren Stand der Kaufleute, Beamten und des Halbadels illusionslos benennen: Der Mann sucht unter dem Schirm der Liebe und folgenden Ehe eine Stelle oder ein Kapital, die Braut weiß wohl von den Absichten, erwartet sich daher keine Liebe, heiratet aber, *weil sie dadurch eine Frau wird, freier leben, ein Haus kommandieren, regieren und verwirren kann und die Wahl hat, sich einen Liebhaber zu halten, der sie für die gleichgültige*

Gesellschaft des Herren Gemahls entschädigt. Denn *was ist das Mädchen, das Weib ohne Mann? Nichts ist es, eine Null ist es in der Gesellschaft.* Dem Autor dieser Zeilen, der „Skizze von Wien“, Johann Pezzl, erschien ebenso wie den von ihm porträtierten Wiener Geschlechtsgenossen eine umständliche Prozedur der Galanterie unnötig, *ein Weib verdient unsere Anhänglichkeit, wenn sie uns durch den reellen Genuß der Liebe beglückt.*

Ein halbes Jahrhundert später faßte der Journalist und spätere Abgeordnete zum Frankfurter Parlament, Franz Schuselka, die allgemein verbreiteten Ansichten über den Lebensbereich und die Bestimmung der Frau in drei Briefen „Ueber die Emancipation des schönen Geschlechtes“ zusammen. Die eindeutige Diagnose gesellschaftlicher Machtverhältnisse zwischen Mann und Frau im sachlich-kühlen Tonfall Pezzls weicht der blumigen Erörterung einer „Zeitfrage“ in Form fiktiver Briefe „an eine Dame“, veröffentlicht in der bekanntesten Wiener Zeitgeistzeitschrift, der „Wiener Zeitschrift für Kunst, Literatur, Theater und Mode“ 1840. Inhaltlich repräsentiert diese kurze Abhandlung die zeitgenössische Rezeption (und den Verbreitungsmodus) der naturrechtlich fundierten Geschlechterphilosophie im österreichischen Raum. Schuselka, damals ein junger Mann von noch nicht ganz 30 Jahren, zählte zum oppositionellen Lager der österreichischen Schriftstellergeneration und trat acht Jahre später als Führer der Linken am Reichstag in Kremsier auf – trotzdem unterschied sich seine Vorstellung von weiblichen und männlichen Lebensbereichen nicht von jenen konservativerer sozialer Gruppen. Der Mann hat *das lastende Vorrecht, der harten Nothwendigkeit des Lebens seine Kraft und Zeit zu opfern,* die Frau ist *nur für die süßeren, zarteren Zwecke des Daseyns zu wirken berufen,* steht ihm als *sichtbarer Schutzengel trostend und labend zur Seite, an ihrem Herzen soll er das Asyl gemüthseliger Ruhe und Freyheit finden. Tritt sie aber in die prosaische Handwerksmäßigkeit des eigentlichen praktischen Lebens ein, zerstört sie selbst jenen poetischen Zauberschein, der sie uns jetzt in der That als höheres Wesen erscheinen läßt. Dann verschwindet der begeisternde Begriff ächter Weiblichkeit, die Häuslichkeit verliert ihre Weihe.*

Es bleibt festzuhalten, daß dieses Konzept den Frauen für den Ausschluß (oder die Entbindung) von der persönlichen, aktiven Teilnahme am geistigen, ökonomischen und politischen Geschehen des „eigentlichen praktischen Lebens“ den indirekten Anschluß über den Mann und die Stilisierung der verbleibenden Pflichten im Reproduktionsbereich, zuhause, an den besonderen, „höheren, reinen“ Lebensinhalt bot. Von seinem Geld, ihrer täglichen Hausarbeit und den Konsequenzen dieser Rollenverteilung für das Zusammenleben wurde nicht geredet, aber von Erziehung im Hinblick auf die getrennten Aufgaben. Schuselka sah immerhin Bildung als *Gemeingut beyder Geschlechter,* die auch den Frauen zuteil werden sollte. Allerdings waren *Beglückung und Veredlung des Geistes und des Gemüthes* gemeint, um eine wahre Zierde der Gesellschaft sein zu können und nicht Gelehrsamkeit, denn *Doctormantel und Graziengürtel werden ewig unvereinbar bleiben, zuletzt könnte das Schreckbild gelehrter Frauen zum Vorschein kommen.*

150 Jahre später fällt unser Blick mißbilligend auf solche Texte als Dokumente der Aussperrung der Frauen vom bürgerlichen Leben im Geiste der Aufklärung. Was war der Grund für die beschwörenden Versuche, die Frauen ins Haus zu verweisen? Auffallend ist, daß wir sie gerade dort, bei Vertretern des gebildeten und höheren Mittelstandes vorfinden, wo körperliche Voraussetzungen für die entsprechende Erwerbstätigkeit eine immer geringere Rolle spielten und Bildung und Ausbildung zu den entscheidenden Kriterien erfolgreicher Berufsausübung avancierten. Argumente, die sich auf die „Natur der Frau“ beriefen, also sich theoretisch auf alle Frauen bezogen, galten in erster Linie den Frauen des Mittelstandes, der potentiellen

Konkurrenz, die vom Eintritt in die *prosaische Handwerksmäßigkeit des praktischen Lebens* abgehalten werden sollten. Keiner der Journalisten und Autoren kam auf die Idee, die schwere körperliche Arbeit der Frauen der unteren Stände in Hinblick auf ihre Natur als „zartes Geschlecht" zu problematisieren. Dabei begegneten sie dieser nicht nur im städtischen Alltag, sondern auch als künstlerisches Sujet auf damals verbreiteten Zeugnissen, wie Lanzedellys Skizze der Wasserträgerinnen in der Serie „Wiener Szenen und Volksbeschäftigungen" oder der publicitywirksamen Lithographie des Verlages Trentsensky, die den Kaiser 1831 beim Besuch von Bauarbeitern und Bauarbeiterinnen am Überschwemmungskanal darstellt. Die Branchenkollegen der unteren Schichten, z. B. die Gesellen in den Wiener Seidenfabriken, wandten sich gegen Frauen als lohndrückende Konkurrentinnen und entlehnten dazu die passenden Versatzstücke der bürgerlichen Geschlechterideologie, z. B. *Nicht die Weibspersonen, sondern die Männer sind für ihre Familie zu sorgen schuldig.* Die Schreiber der bürgerlichen Journale hingegen priesen die häuslichen Tugenden des weiblichen Geschlechts im allgemeinen, Einzelfällen weiblicher Aktivitäten standen sie sehr differenziert gegenüber.

Den Verdiensten von Schauspielerinnen, Sängerinnen, Tänzerinnen und hohen Damen, die willkommenen Anlaß zu populären Gesellschaftsnachrichten boten, war man im allgemeinen positiv gesinnt. Handelte es sich jedoch um Produkte weiblicher Schriftstellerei, so wechselte die verklärende zur ironisch-vernichtenden Tonlage des Branchenkonkurrenten, der nicht nur grundsätzlich mangelhafte literarische Kompetenz attestierte, sondern dies mit dem Hinweis auf die unzureichende Erfüllung des eigentlichen weiblichen Tätigkeitsbereiches verband, also den Verstoß gegen die „Natur der Frau" mit ihren unheilvollen Folgen andeutete. In der Zeitschrift „Austria" konnte man 1833 in einer Rezension von Charlotte Birch-Pfeiffers höchst erfolgreichem Schauspiel „Pfeffer-Rösel" lesen, daß in Deutschland eine schreibende Legion von *ruhmsüchtigen Dämchen existiert, die entweder aus schlechten Gattinnen oder veralteten, verblühten und entblätterten Jungfrauen zusammengesetzt ist.* Auch der „Humorist" des galanten Herrn Saphir läßt sich das Thema als Gelegenheit für boshafte Bonmots nicht nehmen: *Unter die überflüssigen Menschen zählen noch die Schriftstellerinnen. An der Table d'hôte der Literatur sollen die Frauenzimmer mit sitzen, mit genießen, die Gerichte mit zarter Hand herumreichen, aber sie sollen weder tranchiren, noch vorlegen.*

Diese Ausschnitte zeigen, wie sich die „natürliche" Häuslichkeit der Frau, tragender Bestandteil der bürgerlichen Geschlechterideologie, als Maßstab für die Darstellung außerhäuslicher weiblicher Aktivitäten in der ersten Hälfte des 19. Jahrhunderts in der publizistischen Öffentlichkeit verbreitete. Die jeweiligen Branchenkollegen erschwerten den Frauen die selbständige Teilnahme an den modernen Erwerbsmöglichkeiten, indem sie die Unvereinbarkeit mit den weiblichen Pflichten herausstellten.

Die werthen Leserinnen

Voraussetzung für die Wirksamkeit der Inhalte dieser Konzepte war ihre Verbreitung. Gegen Ende des 18. Jahrhunderts wurden den auf Unterhaltung und Konsum ausgerichteten neuen Medien die Frauen unter ihrer Leserschaft bewußt. Ursprünglich an ein nicht näher spezifiziertes bürgerliches Publikum gerichtet, widmeten die Zeitschriften im Laufe der ersten Jahrzehnte des 19. Jahrhunderts den Leserinnen fortschreitend mehr Raum und füllten ihn mit dem Muster des neuen Frauenbildes, welches seither in unzähligen kleinteiligen Versatzstücken erstand – aus schöngeistigen Schilderungen vorbildlicher Frauenleben, belehrend-polemisch

Salon der Julie Kübeck,
Ludwig Hild, 1841.
Wien, Historisches Museum
der Stadt Wien

gekennzeichneten Standards der Unweiblichkeit, Hinweisen für die Haushaltspraxis und Informationen zur Kleidermode. 1848 wurde in Österreich in diese *Interessen der Frauenwelt, die doch so ganz eigenthümlich sich herausstellen und im Stoffe wie in der Behandlung ihre spezielle Berücksichtigung verlangen,* mit der Gründung einer im Titel eindeutig deklarierten Zeitschrift investiert, deren Programm Umfang und Art des Terrains absteckt, das der Frau am Ende der Biedermeierzeit bereits zugeschrieben worden war. Die „Wiener Allgemeine Damenzeitung" wollte, *indem sie Hauswesen, Berufspflichten, Erziehungslehre, weibliche Bildung, Künste, technische Vortheile etc mitbegreift und erörtert, das Frauenleben in seiner praktischen Bedeutung erfassen, über dessen nützliche und veredelnde Zwecke belehren und die wichtigsten Interessen der Familie behandeln, und zugleich diejenigen kleineren Angelegenheiten, die von den Eigenthümlichkeiten des weiblichen Wesens unzertrennbar sind: Verschönerungslehre, Toilettenkunst und Mode.*

Unter den von Redakteur Hermann Meynert aufgezählten über 30 mitarbeitenden Schriftstellern und Journalisten befand sich Charlotte Birch-Pfeiffer als einzige Frau.

Drei Monate später, in der Nummer vom 30. März 1848, entschied sich die Redaktion angesichts der revolutionären Ereignisse, die „Damenzeitung" fortan als „Österreichischer Nationalgardist" erscheinen zu lassen und *gesteht, wir würden vor der Welt, vor uns selbst erröthen, wollten wir, dem hohen, heiligen Ernste der Gegenwart gegenüber, uns noch mit jenen freundlichen Unbedeutenheiten befassen, mit welchen eine sieche Zeit in ihrem langen Kerker sich die Zeit vertrieb, und welche sie, gesundet und frei geworden, jetzt wohl auf Jahre bei Seite legt.* Den Leserinnen wurde versichert, daß *der männliche Geist des Momentes sie ja ebenfalls in seine Arme schließt.*

Was einmal den Frauen als verklärter Lebensinhalt präsentiert wurde, erschien zwar im Grund im Vergleich mit der Politik, als *freundliche Unbedeutenheit,* blieb aber trotzdem, auch im fortschrittlichen politischen Weltbild, für das weibliche Leben gültig.

Die publizistische Thematisierung veranschaulicht, wie den individuellen Frauenleben von außen, über die Öffentlichkeit, ein wohldefiniertes, einheitliches Identifikationsmodell nahegebracht und auch der vermeintlich private, in die Organisationsstrukturen der kapitalistischen Arbeitswelt nicht unmittelbar einbezogene häusliche Bereich strukturiert wurde. In erster Linie für das städtische Bürgertum geschrieben, verbreitete sich das Frauenbild aber mit der wachsenden Reichweite der Medien über die durchlässigeren Standesgrenzen zum omnipräsenten Orientierungsmuster. Es darf jedoch nicht übersehen werden, daß die Frauen mit einem zwar begrenzenden, innerhalb dieser Rollengrenzen aber einem verlockend positiv akzentuierten Identifikationsangebot konfrontiert worden sind. Auf sprachlicher Ebene wurde dies durch die Verwendung eines spezifischen Vokabulars aktualisiert: Die Attribute „süß", „zart", „liebenswerth", „schön", „reizend", „edel" usw. dienten zur Charakterisierung, die Metaphern „schönes Geschlecht", „verklärender, sänftiger Genius", „sichtbarer Schutzengel", „poetische Hälfte" zur Bennung der Frau. In der Beschreibung ihres Lebensbereiches schienen „himmlische Rosen" auf, das „Reich der Frauen ist das Reich der Liebe", ihr Leben der „süßere, zartere Zweck des Daseyns", eine „eigene, höhere, reinere Welt" – diese barocke, religiös-verklärende Sprachwolke schuf eine überirdische Aura, in deren Mittelpunkt nicht die Gottesmutter, sondern die Hausfrau gestellt wurde. Die bunten und ständig neuen Bilder dazu lieferte die Mode in Form der durch Kauf oder Tausch allgemein verbreiteten Kupferstiche in den Zeitschriften.

Ein glanz- und bedeutungsloses Existieren in häuslicher Isolation fraglos als Lebensgefühl dieser Frauen anzunehmen, ließe mit dem Wissen um die Langlebigkeit der Rollenbilder die historischen Machtverhältnisse der Männer größer und die in ohnmächtiger Opferrolle verharrenden Frauen völlig unverständlich erscheinen.

Die glänzende Frau

Die alltägliche Praxis des Zusammenlebens des Großteils der Wiener Bevölkerung entsprach nicht dem öffentlich präsenten und verbreiteten Ideal: Mindestens ein Drittel der Frauen war erwerbstätig, Eheschließungen nahmen aufgrund der mangelnden materiellen Voraussetzungen zur Gründung eines eigenen Haushalts in der ersten Hälfte des 19. Jahrhunderts ab, die Zahl der unehelichen Geburten stieg in der Folge an. Zumindest nach außen hin die bürgerlichen familiären und materiellen Muster vorzeigen zu können, war jedoch von besonderer Bedeutung für die soziale Einordnung und das daraus resultierende Selbstverständnis. Die in allen Schichten herrschende Aufmerksamkeit für das alltägliche Inszenieren des eigenen Äußeren und das der Umgebung sowie die zahlreichen Klagen von Angehörigen der wohlhabenden Schichten über unangebrachten und leichtsinnigen Luxus und Aufwand des „dienenden Standes" beleuchten den tiefgreifenden Veränderungsprozeß im Zusammenleben der Menschen. Nun wurde das bürgerliche Repräsentationsmuster der Mode für alle Schichten potentiell zugänglich, das „öffentliche", während die durch Kleiderordnungen, Perücken, Titel, Orden bis ins 18. Jahrhundert geregelte Kennzeichnung ständischer Zugehörigkeit wegfiel. Der Jurist Ignaz Beidtel beschrieb den Wandel, der sich direkt vor den Augen seiner Generation vollzog, die sogenannte „Demokratisierung der Sitten", mißbilligend: *Seit aber zufolge dieser Mode der Gouverneur einer Provinz nicht mehr von seinem Kanzleidiener, das Dienstmädchen nicht von der wohlhabenden Gräfin zu unterscheiden war, wurden die Unterschiede des Ranges und des Vermögens den unteren Ständen immer mehr aus den Augen gerückt. Die Gleichheit der Kleidung führte bald zu dem Streben der ärmeren Klassen, sich auch in Beziehung auf Unterhaltungen, Zimmereinrichtungen, Kindererziehung u.s.w. den höheren Ständen zu nähern.*

Das traditionell konditionierte Kommunikationssystem der Biedermeiergesellschaft traf nun auf diese städtisch-modisch gekleideten Menschen, die alles daran setzten, ihren sozialen Status durch ihr Äußeres und demonstrativen Einsatz von Konsumattributen möglichst hoch erscheinen zu lassen und dessen Vorteile zu genießen. Die (Ehe-)Frau spielte dabei eine tragende und geschlechtsspezifisch nur von ihr auszufüllende Rolle: Während der Mann sie in allen rechtlichen und politischen Angelegenheiten des öffentlichen Lebens vertrat, wo sie absent zu bleiben hatte und sein Einkommen den materiellen Spielraum der gemeinsamen Existenz setzte, war sie es, die den wirtschaftlichen Erfolg und das häusliche Wohlleben dort sichtbar machte, wo der Mann zunehmend weniger präsent war, im häuslichen Bereich und in den Augen der Gesellschaft. Dort füllte sie mit ihrem Geschmack, ihrem Körper und ihrer Haushaltungsfertigkeit die materiellen Grenzen so geschickt und glänzend als möglich aus. Ihr Repräsentieren, ihr öffentliches Auftreten bei geselligen Gelegenheiten innerhalb der dafür vorgesehenen Spielräume sowie ihr häusliches Walten waren finanziell sensible Angelegenheiten, von denen auch sein Wohl abhing. Im männlich-ironisch-übertreibenden Jargon der Zeit äußert sich dies im beliebten Gemeinplatz der beklagten „Putzliebe" oder „Putzsucht" der Frauen. Sie würde zu sehr „glänzen", und das ginge zu Lasten ihrer Haushaltspflichten und seiner Kasse. Zahlreiche Abhandlungen zur (außerschulischen) Mädchenerziehung sind gleichsam Reparaturvorschläge an der Frauenwirklichkeit (nicht am Ideal), die Frauen mit besseren Ehedispositionen hervorbringen wollten. Als Subjekt pädagogischen Handelns wurde dabei der Figur der Mutter besondere Bedeutung und Verantwortung zugeschrieben: *Nur von der sorgsamen Mutter kann die Tochter Häuslichkeit und Wirthschaftlichkeit lernen. Aber anstatt ihre Lern- und Wißbegierde auf nützliche, dem künftigen Berufe angemessene Dinge, besonders auf*

das Hauswesen zu lenken, müssen die Töchter declamiren, die Göttergeschichte, Singen, Clavier- und Guitarre-Spielen, Tanzen und dgl. lernen, wodurch sie glänzen können, stellte Leopold Chimani im Conversationsblatt 1821 mißbilligend fest. Die Mütter entschieden offensichtlich, ihren Töchtern Besseres zu tun, wenn sie deren gesellschaftliches Auftreten unterstützten – wissend, *wonach die Männer greifen* – und dadurch die Chance auf eine gute Partie und Existenzsicherung verbesserten, als sie in der Küche zu belehren. Das Bild vom überirdischen, reizenden Wesen wurde ernstgenommen. Als charakteristisches Training solcher weiblichen Fähigkeiten der bürgerlichen Repräsentation galten der Musik- und der Sprachunterricht und das Interesse für Mode. Die über den engen Kreis der wohlhabenden Familien hinausreichende Anziehungskraft dieser Verhaltensmuster belegen – zumeist kritisch kommentierende – Berichte über ähnliche Aktivitäten der Mädchen und Frauen der unteren Schichten. Der zeitgenössischen Soziologie und Belletristik galt die Hausmeisterfamilie als Wiener Prototyp für das Milieu des kleinen Mannes. In der Darstellung des Hausmeisters und seiner Familie im zeitgenössichen Sittengemälde „Wien und die Wiener" schreibt Sylvester Wagner über die Hausmeisterstochter: *Kaum hat die Kleine etwas lesen und einige Buchstaben klexen gelernt, bringt man ihr schon das Tanzen bei, versieht sie mit einem Stickrahmen, mit einer französischen Sprachlehre und schafft zur Unterhaltung ein kleines Clavier an, für das man einen Platz fordert, und wäre auch das Zimmer noch so klein. [...] Da die Eltern wohl wissen, wie schwer es sei, im Schweiße des Angesichts sein Brod zu verdienen, so geht all ihr Trachten dahin, dem Lieblinge ein besseres Loos zu bereiten.*

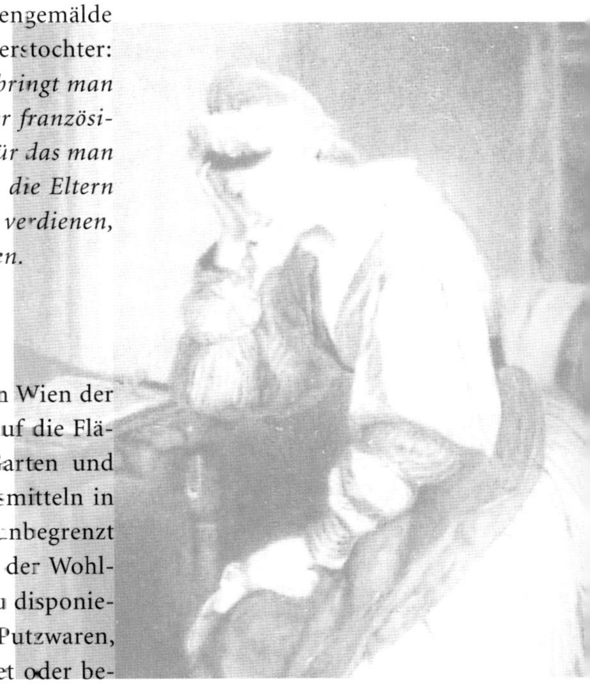

Das häusliche Walten

Hauswirtschaftliche Aktivitäten forderten im großstädtischen modernen Wien der Biedermeierzeit neue Qualitäten. Der durchschnittliche Haushalt war auf die Fläche einer Zimmer-Küche-Kabinett-Mietwohnung begrenzt. Felder, Garten und Tierhaltung als Voraussetzung für die Herstellung von Grundnahrungsmitteln in selbstproduzierender Vorratswirtschaft wurden durch das täglich und unbegrenzt erhältliche Naturalien-Angebot des Marktes ersetzt. Je nach dem Grad der Wohlhabenheit, der Ausstattung mit Raum und Dienstpersonal galt es nun zu disponieren über die Art und Menge des Nahrungsmitteleinkaufs, ob Textilien, Putzwaren, Haushalts- und Arzneimittel usw. im eigenen Haushalt weiterbearbeitet oder bereits veredelt gekauft werden sollten und wo sie am besten und wohlfeilsten erhältlich waren. Der fleißigen Hausmutter trat die wohlinformierte Konsumentin zur Seite. In der Folge wurde sowohl den Produzenten und Händlern als auch den Ehemännern deutlicher bewußt, daß häusliches Walten den täglichen Umgang mit Bargeld erforderte und daß die Frau über einen wichtigen Teil des ehe(männ)lichen Einkommens verfügte, der in Summe auf die wirtschaftliche Situation entscheidenden Einfluß hatte. Während sich die Anbieter in Modebranche, Literaturproduktion und Kleinhandel auf die Frau als Zielgruppe einstellten, begannen auch die Ökonomen, die nun den nichtproduzierenden, den „Privat-Haushalt" als volkswirtschaftliche Größe entdeckten, mit der Frau als Haushälterin zu rechnen.

Haushaltsbilanzen: die rechnende Frau

1830 veröffentlichte Paul Ritter von Prosky, Professor der „Comptabilitäts-Wissenschaft an der Universität Wien", als Teil eines größeren Werkes über Rechnungswesen eine Rechnungsanleitung über den Privathaushalt. Sie bestand neben der detaillierten wirtschaftswissenschaftlichen Definition des Haushalts (dieser wurde bereits ausschließlich als konsumierende Einheit gesehen, die keine Gewinne, nur Ersparnisse bringt) aus einer grundlegenden Anleitung zur Verrechnung aller Ein- und Ausgaben nach verschiedenen vorgegebenen Rubriken, die das Ziel verfolgen sollte, eine vollkommene Übersicht unserer Lebensweise zu geben. Als Verfasser dieser Abrechnungen stellte sich Prosky in erster Linie die Frau vor, denn da die Frau ohnehin täglich mit den Dienstleuten überhaupt hinsichtlich der angeschafften Bedürfnisse abzurechnen hat, so ist es ihr auch ein Leichtes, das Meiste der Rechnung zu führen, beim Mann hingegen *muß sehr berücksichtigt werden, daß ihn nämlich die Rechnung nicht zu sehr in Anspruch nehme.* Neben der *Vermögens-Rechnung* sollten das *Küchenbuch* mit allen auf Küche, Getränke, Feuerung, Beleuchtung und Reinigung der Wäsche bezogenen Posten sowie ein *Rechnungsbuch über die verschiedenen Ausgaben* geführt werden, wo Bekleidungs-, Gesundheits-, Bildungs- und Freizeitausgaben und Auslagen für Quartier, Entlohnung der Dienstleute etc. zu verbuchen waren.

Der Versuch der Systematisierung der zunehmenden Ausgaben der Privathaushalte durch nachweisliche Schriftlegung bedeutete für jenen Bereich, für den die Frau zuständig sein sollte und aus dem der Mann sich entfernte, auch Kontrolle ihrer Haushaltsgebarung. Prosky zeigt, wie das an der Staatsbuchhaltung erworbene Denken ausgedehnt wurde auf die Privathaushalte, das vorgegebene Zuordnungsschema die häuslichen Bilanzen normte und sie transparent machte, um *unheilbringenden Handlungen* auf die Spur zu kommen und durch *deren Beseitigung uns vor dem sonst erfolgenden, häufig selbst geschaffenen Elende zu bewahren.*

Diese Position von der existentiellen Bedeutung der kleinen – das heißt von der Frau getätigten – Ausgaben für das Wohl der Familie findet sich auch in den zeitgenössischen Koch- und Haushaltungsbüchern als Appell zur Sparsamkeit wieder. Wieweit Proskys Anleitungen in der Praxis der Haushaltsführung befolgt wurden, wissen wir nicht. Die in Kalendern und Almanachen enthaltenen Rubriken für persönliche Notizen und Bilanzen lassen aber auf die zunehmende Verbreitung schriftlicher Abrechnungen schließen.

Unter den im Wiener Stadt- und Landesarchiv erhaltenen Haushaltsabrechnungen aus der ersten Hälfte des 19. Jahrhunderts dokumentiert das „Einschreibbuch aus der Familie Gustav Fritz" (Aufzeichnungszeitraum 1833–1835) einen gutbürgerlichen Haushalt, der mit vielen bezahlten Dienstleistungen von zum Teil außer Haus lebenden Personen geführt wurde. Einnahmen sowie Haushalts- und Familienmitglieder sind nicht erwähnt, nach verschiedenen Ausgabenposten zu schließen, dürfte es sich aber um einen Mehr-, mindestens aber Zweipersonenhaushalt handeln. Die Bilanzen listen Zahlungen für einen *Clavier-* und für den *Französischmeister* auf. Die Ausgaben für die Küche trennen zwischen der Kost (Obst, Kaffee, Süßigkeiten wurden einzeln verrechnet), dem *Milchweib* und dem *Magdlohn,* worunter jene Köchin gemeint sein dürfte, deren Namenstagsgeschenk im Juli 1835 gesondert verrechnet aufscheint und die in der Küche schlief (*Bett für die Küche*). Zu den Reinigungsarbeiten kamen zusätzliche Leute ins Haus: Die Wäscherin scheint monatlich mit variierendem Betrag auf, kam also öfters im Monat. In größeren Abständen von rund zwei Monaten sind Zimmerputzer und Fensterreiniger verrechnet. Zum Bodenaufwaschen kam zuerst ein *Ausreibweib,* später die Hausmeisterin. Neben den Kosten für das Brennholz mußte auch der Lohn an Fuhrleute für die Zustellung bezahlt werden. Der Tischler kam im Abstand von zwei Jahren zum *Möbel politirn* (September 1833, Juli 1835). Vorher erfolgte das Ausmalen der Zimmer und, häufiger, der Küche (bis in die 1840er Jahre wurden die Wiener Küchen mit offenen Feuerherden ausgestattet). Dabei half meistens der Hausmeister gegen gesonderte Zahlung aus. Kerzen und Seifen wurden fertiggekauft, die Hauswäsche

(*Serviettenstücke*) bei der Weißnäherin in Auftrag gegeben (September 1833). Die Hausfrau überwachte und verrechnete diese mit dem Haushalt (Essen, Wohnung, Miete) unmittelbar verbundenen Arbeiten neben den vielen, vor allem ihre Kleidung (Schneiderin, Marchandemode für Hauben und Bänder, Friseur anläßlich der Ballbesuche, Parfum, Kleiderstoffe, Schuster für Samtschuhe, Ellbogenhandschuhe, Spitzen, Blumen usw.) und das gemeinsame Vergnügen betreffenden Ausgaben (Theaterbesuche, öffentliche Bälle mit Eintrittsbillets, Hausbälle mit Trinkgeldern an die Stubenmädchen vor allem im Jänner und Februar, Ausflüge nach Penzing und Hietzing im Sommer mit Jause und Stellwagen).

Sowohl die vorgedruckten Abrechnungsrubriken als auch die wenigen erhaltenen Beispiele persönlicher Aufzeichnungen der Zeit zeigen den wohlhabenderen Haushalt noch verflochten mit vielen im Haus verrichteten Dienstleistungen (außer-)häuslichen Personals, jedoch bereits eingebunden in die Handels- und Freizeitangebote der Großstadt. Je geringer die Finanzstärke, desto größer war die Beteiligung der Ehefrau an den im Haushalt zu verrichtenden Arbeitsleistungen – das Kochen kam dabei an erster Stelle. Obwohl es im geschilderten Wiener Haushalt eine Köchin gab, scheint im Oktober und November 1836 ein verhältnismäßig hoher Posten (25 fl.) für *Kochenlehrnen* auf, drei Jahre vorher, im August 1833, war ein *Kochbuch* gekauft worden.

Die Deutlichkeit der geringfügigen Dinge

Die traditionelle Weitergabe des Haushaltswissens von der Mutter an die Tochter erfolgte im Laufe der ersten Hälfte des 19. Jahrhunderts zunehmend über die Öffentlichkeit, über Sach- und Kochbuchautoren und Kochkurse. Sie boten dieses Wissen außerhalb der persönlichen generationsspezifischen Prägung, aber – und das darf in dieser Periode der Auflösung der Standesschranken im städtischen Alltag nicht unterschätzt werden – auch außerhalb aller sozialen häuslichen Hierarchien an.

Andrerseits bot das Interesse am Thema Frauen die Möglichkeit, innerhalb der ihnen zugeschriebenen Rollengrenzen und im eigenen Namen in der Öffentlichkeit erfolgreich literarisch tätig zu sein. Dies beweist die seit Ende des 18. Jahrhunderts ständig wachsende Anzahl der Frauen unter den Kochbuchautoren. Maria Anna Rudisch, Barbara Hikmann, Theresia Ballauf, Maria Elisabeth Meixner, Elisabeth Stöckel, Josefa Kraft verfaßten in der ersten Hälfte des 19. Jahrhunderts bekannte und seither in unzähligen Auflagen verbreitete Kochbücher. Die bekannten Mundköche wurden von der Herrschaftsköchin abgelöst, die ihre Erfahrungen – verbrämt mit der Formel „für alle Stände“ – für die Köchin und Hausfrau der bürgerlichen Haushaltungen niederschrieb. 1822 legte Magdalena Lichtenegger ihr Werk „Die aufgeklärte Wiener-Hausfrau“ zur „leichten und sichern Belehrung“ im Druck vor. Sie bezog sich darin inhaltlich auf die Konsumentin, die moderne Rollenvariante der Hausfrau und wünscht, daß *dieses Buch jeder wackern Hauswirthinn soviel nützen möge, als die Herausgeberinn daraus für ihr Hauswesen und für die Börse ihres Mannes gezogen hat.* Erstaunlicherweise stellt die Verfasserin selbst den Bezug zur *weiblichen Schriftstellerey* her, von der sie *wohl einmal gelesen, daß es um die Schriftstellerey der Frauen eine gar mißliche Sache sey.* Aber die Replik auf mögliche Vorbehalte läßt trotz des Topos, der weiblichen Bescheidenheit, aufhorchen: *Allein warum soll eine sorgsame Hauswirthinn nicht dasjenige, was sie als wahr, gut, brauchbar, zweckmäßig und wohlfeil gefunden, auch ihren Mithausfrauen empfehlen dürfen?*

Der Duktus dieser Stellungnahme sowie die nüchterne Einheit aus klarer sprachlicher Darstellung und Inhalt dieser Fachliteratur über Arbeitsleistungen und Beschäftigungen im Haushalt stehen in krassem Gegensatz zur vielbeschworenen überirdischen häuslichen Sphäre. Die ganze Bandbreite dieses aufgerollten Spektrums bedeutete den historischen weiblichen Lebensraum.

Wie passierten die individuellen Frauenleben diese Kluft zwischen den nüchternen Bedingungen ihrer Hausfrauenexistenz und dem öffentlich gehuldigten Inbegriff reizender Tugend?

Die Biedermeierinnen mußten jedenfalls lernen, auf beiden Gebieten Rechenschaft schuldig zu sein. Das heißt, sie lernten in der Konfrontation mit den Fremdbildern das Kalkül mit sich selbst. Ist dies das Stigma der Unterdrückten? Im öffentlich reproduzierten Bild von der Frau scheint seither unter den beklagten weiblichen Eigenschaften die Unberechenbarkeit auf. Wir erinnern uns: Die Frau am Fenster schickte den Schirm, um den Anblick des Mannes loszuwerden!

Weiterführende Literatur:

Austria oder Oesterreichischer Universalkalender. Bde. 1–20 (1840–1859).
Gerda Barth, Eine gute Speiss von weichem Hirsch-Geweyh. Kulturgeschichtliche Bemerkungen zu den älteren Kochbüchern in der Wiener Stadt- und Landesbibliothek. In: Neue Forschungsergebnisse aus der Wiener Stadt- und Landesbibliothek (Wiener Schriften 43) Wien, München 1979, 81–132.
Ignaz Beidtel, Geschichte der österreichischen Staatsverwaltung 1740–1848. Innsbruck 1898.
Renate Berger, Malerinnen auf dem Weg ins 20. Jahrhundert. Kunstgeschichte als Sozialgeschichte (Dumont-Taschenbücher 121) Köln 1982.
Bürgersinn und Aufbegehren. Biedermeier und Vormärz in Wien 1815–1848. Katalog zur 100. Sonderausstellung des Historischen Museums Wien. Wien 1987.
Conversationsblatt. Zeitschrift für wissenschaftliche Unterhaltung, hg. von Franz Gräffer und Ignaz Franz Castelli. Bd 26 (1826).
Fritz Fellner, Franz Schuselka. Ein Lebensbild. Phil.Diss. Wien 1948.
Marianne Frodl-Schneemann, Johann Peter Krafft: 1780–1856. Monographie und Verzeichnis der Gemälde. Wien, München 1984.
Gabriella Hauch, Frau Biedermeier auf den Barrikaden. Frauenleben in der Wiener Revolution 1848 (Österreichische Texte zur Gesellschaftskritik 49) Wien 1990.
Haushaltsbuch der Familie des Wiener Großkaufmanns Gustav Fritz, I. Stubenring 22. Wiener Stadt- und Landesarchiv, Handschriften Hss. A 221.
Constantin Hempel, A. Hensinger: Statistische Tableaus über die Bewegung der Bevölkerung, über die wichtigsten Lebensmittelpreise, über die Erwerb-, Einkommens- und Hauszinssteuer Verhältnisse in der k.k. Residenzstadt Wien vom Jahre 1810–1861. Wien 1869.
Interieurs. Wiener Künstlerwohnungen 1830–1930. Katalog zur 138. Sonderausstellung des Historischen Museums der Stadt Wien. Wien 1991.
Komische Briefe des Hans-Jörgerls von Gumpoldskirchen an seinen Schwager Maxel in Feselau, und dessen Gespräche über verschiedene Tagesbegebenheiten in Wien. Wien 1832, 1840.
Leipziger Illustrirte Zeitung 153 (1846).
Magdalena Lichtenegger, Die aufgekärte Wiener-Hausfrau in der Küche, in dem Keller, in der Speisekammer, beym Waschen ... etc. kurz bey allen häuslichen Verrichtungen, welche die Gesundheit, den Wohlstand, die Bequemlichkeit und die Ersparung im Haushalte hervorbringen, und vor Schaden und Geldverlust bewahren. Wien 1822.
Konstanze Mittendorfer, Biedermeier oder: Das Glück im Haus. Bauen und Wohnen in Wien und Berlin 1800–1850. Wien 1991.
Dies., Stichworte zur Biedermeierzeit: „Haus“ und „Häuslichkeit“. In: Bürgersinn und Aufbegehren. Biedermeier und Vormärz in Wien 1815–1848. Katalog zur 100. Sonderaustellung des Historischen Museums Wien. Wien 1987.
Franz Mixa, Die ersten Wiener Frauenzeitschriften des 18. Jahrhunderts als Zeitdokumente. Phil.Diss. Wien 1969.
Johann Nestroy, Eine Wohnung ist zu vermieten in der Stadt. Eine Wohnung ist zu verlassen in der Vorstadt, eine Wohnung mit Garten ist zu haben in Hietzing. Aus: Johann Nestroy Komödien, hg. von Franz H. Mautner. 2. Aufl. Frankfurt/Main 1918, Bd. 2.
Johann Pezzl, Skizze von Wien. Ein Kultur- und Sittenbild aus der josephinischen Zeit, hg. von Gustav Gugitz und Anton Schlossar. Graz 1923.
Caroline Pichler, Denkwüdigkeiten aus meinem Leben. Wien 1844.
Paul Ritter von Prosky, Anleitung zur Führung einer Rechnung über den Privat-Haushalt zum Gebrauche für Jedermann, insbesondere aber für Hauswirthe und Hauswirthinnen bestimmt, die eine solche Rechnung führen wollen; systematisch, sammt den erforderlichen Formularien, nach neuen Ansichten entworfen. Wien 1830.
Roman Sandgruber, Die Anfänge der Konsumgesellschaft. Konsumgüterverbrauch, Lebensstandard und Alltagskultur in Österreich im 18. und 19. Jahrhundert. Wien 1982.
Moritz Gottlieb Saphir, Der zweideutige Regenschirm. Ein Abenteuer mit nassem Anfange und trockenem Ende. In: Der Humorist 96 (1837).
Franz Schuselka, Ueber die Emancipation des schönen Geschlechtes. In drey Briefen an eine Dame. In: Wiener Zeitschrift für Kunst, Literatur, Theater und Mode 35, 36, 37 (1840), 276–277, 284–285, 292–293.
Adalbert Stifter, Wien und die Wiener in Bildern aus dem Leben. Pesth 1844.
Robert Waissenberger (Hg.), Wien 1815–1848. Die Zeit des Biedermeier und Vormärz. Wien 1986.
Wiener Allgemeine Damenzeitung für Frauenleben und Häuslichkeit, für Kunst, Mode, Geselligkeit und Unterhaltung 1 (1848).
Wiener Moden-Zeitung und Zeitschrift für Kunst, schöne Literatur und Theater 1 (1816).
Wiener Zeitschrift für Kunst, Literatur, Theater und Mode (1834).

*Dieser Text ist in umfangreicherer Version mit quellenkritischen und wissenschaftlichen Anmerkungen unter dem Titel „Die ganz andere, die häusliche Hälfte: Wi(e)der die Domestizierung der Biedermeierin“ erschienen in: Brigitte Mazohl-Wallnig (Hg.), Bürgerliche Frauenkultur im 19. Jahrhundert. Wien 1995, 27–80.

Es gibt Frauen, die Heldinnen sind, von denen man aber nie etwas erfahren würde, wenn es nicht Frauen gäbe, die ungehörige Fragen stellen. LINA LOOS

Lisa Fischer

Sand ins Getriebe – Öl ins Feuer

Dissonanzen der Moderne

Clothilde Beer,
Hans Makart, um 1880.
Wien, Österreichische Galerie

Sich mit Ungehörigkeit Gehör zu verschaffen, das war und ist der Motor der Frauen, die sich gegen das körperliche und geistige Korsett immer schon auf die Reise zur Selbstachtung gemacht haben. Frauen werden vergessen, wenn sie vergessen, an sich selbst zu denken. Frauen haben Geschichte, die zu kennen den Faden der Ariadne aufzunehmen bedeutet. Mit dem Wissen über die Vielfalt weiblicher Lebensentwürfe, mit der Kenntnis ihrer Erfolge aber auch ihres Scheiterns läßt sich der Faden zu einem Netz frauenspezifischer Szenarien spinnen. Hier kann ein kollektives Erinnern entstehen, das gegen männliche Herrschaftsansprüche weibliche Selbstbehauptung setzt.

Die Freiheit ist eine Frau. Sie wurde 1886 in New York als Geschenk Frankreichs an die Neue Welt aufgestellt. Symbolisch zeigte sich mit ihr der weibliche Aufbruch, denn für Frauen bedeutete Freiheit Emanzipation. Zunehmend wurden im 19. Jahrhundert lokale Grenzen überschritten und wie nie zuvor die Fesseln geistiger Restriktionen gesprengt. War die politische Revolution von 1848 vorerst gescheitert, so hatte sie dennoch bewirkt, daß alte Forderungen nach Gleichheit in Erninnerung behalten wurden. Was sich zu allen Zeiten in unterschiedlichem Maße als weiblicher Widerstand gegen patriarchale Strukturen artikulierte, fand in der zweiten Hälfte des 19. Jahrhunderts verstärkt neuen Ausdruck.

Die ökonomischen und politischen Umbrüche dieser historischen Epoche führten zu sozialen und psychischen Krisen, die die Frage nach dem Subjekt neu stellen ließ. Der Riß, der das Jahrhundert durchzog, erfaßte auch die Frauen. Was sich zwischen 1880 und dem Beginn des Ersten Weltkrieges als die Hochblüte der Wiener Moderne beschreiben läßt, hatte bereits in den Jahrzehnten davor zu wachsen begonnen. Was die Ahninnen der Geschichte und die Pionierinnen des Fin de siècle oft einsam erkämpften, blühte nach dem Zusammenbruch der österreichisch-ungarischen Monarchie in den 20er Jahren kräftig weiter. Herta Staub, in der Zwischenkriegszeit einzige weibliche Journalistin der Wiener Zeitung, beschrieb dies so: *Ganz ungebunden,/niemandem eigen,/das Grenzenlose zu umfassen/bin ich gefunden/Und muß nun steigen* … (Staub 1933, 15).

In der neuen Frauenbewegung der 70er Jahre erfuhr diese Revolte eine aktualisierte Fortsetzung. Der Feminismus ist, entgegen kursierender Gerüchte weder tot noch rückwärtsschreitend, sondern in seiner allgegenwärtigen Präsenz Folge einer nicht zu leugnenden historischen Entwicklung. Zur Jahrtausendwende ist er gleichzeitig Aufforderung, das Schwungrad der Geschichte weiblicher Selbstbestimmung weiter vorwärts zu treiben. Verstärkt gilt es, Sand in das Getriebe patriarchaler Herrschaftssysteme zu streuen und Öl in das Feuer weiblicher Selbstbehauptung zu gießen, dem Beispiel der zahlreichen Vorläuferinnen in der Geschichte weiblicher Subjektwerdung folgend.

Mancher, sag' ich, wird unser gedenken in Zukunft noch. (Sappho)

Was sich um die Jahrhundertwende gleichsam geballt im Kampf der Frauen um Souveränität und Partizipation entlud, war Folge vorhergegangener, oft nur verstreut sichtbarer Entwicklungen. Wenn Ida Pfeiffer, nachdem sie ihre Aufgabe als Ehefrau und Mutter absolviert hat, noch in der ersten Jahrhunderthälfte Haus und Heim verläßt, um als Weltreisende zu neuen Ufern aufzubrechen, dann haben sich die Grenzen weiblicher Schicklichkeit radikal verschoben. Wenn selbst die Kaiserin von Österreich an oberster Stelle eines Vielvölkerstaates die Ausübung ihrer mütterlichen und ehelichen Pflichten verweigerte, um auf die Suche nach dem eigenen Selbst zu gehen, waren die alten Ordnungen für alle sichtbar fragwürdig geworden.

Freiheitssuche, Identitätskrise und Wanderschaft – Topoi des 19. Jahrhunderts fokussieren sich bereits bei der in jedem Schulzimmer als Bild anwesenden, aber in der Realität abwesenden Repräsentantin des Staates. Als revoltierende, monarchiekritische Poetin, reitende Spitzensportlerin und philosophierende Intellektuelle durchkreuzte sie Raum und Zeit und wurde Wanderin zwischen den Welten. In ihrem Kampf um Selbstbestimmung, zwischen den Gegensätzen von Selbstentäußerung und Selbstbehauptung wurde ihre individuelle Unbeugsamkeit zum Spiegel eines kollektiven weiblichen Selbstwerdungsprozesses (Fischer 1998). Elisabeth war eine Übergangsfrau, die die Antagonismen zwischen Tradition und Revolution nicht aufzulösen vermochte. Was sie sich als Kaiserin von Österreich trotz ihrer Anpassung an das sie unterdrückende System leistete, sprengte jedoch bereits die Grenzen weiblicher Fügsamkeit.

Ihr Leben und ihre Beziehung zu Franz Joseph wurden gleichsam zur Kulisse, vor der sich das kreative Milieu der Wiener Moderne neu inszenierte. Am Beispiel der entrückten Schönen entzündeten sich in der Folge männliche Phantasien und Ängste. Der Mythos der weiblichen Traumgöttin wurde zum nie erreichbaren, aber ständig ersehnten Ideal. Die schlanke, androgyne Frau, die sich gegen weibliche Rollenklischees zu kreieren suchte, wurde vom männlichen Schöpfungswahn erneut vereinnahmt. Die Generation des Jugendstils, die gegen ihre Väter revoltierte, bewies der zunehmenden weiblichen Eigenständigkeit gegenüber einen phantastischen Reaktionismus. Die Autonomie, die Elisabeth als Kaiserin anstrebte und die in der Folge viele Frauen probten, versuchte ein männlicher Geniekult zu beschränken. Als ätherische Wesen wurden Frauen in den Köpfen sich selbst heroisierender Männer gleichsam Sinnbild neuer Weiblichkeit, hinter dem die reale Person zu verschwinden drohte.

Gleichzeitg drängten Frauen wie Elisabeth in öffentliche Räume und in die den Männern zugeschriebenen und von diesen beanspruchten Sphären von Geist und Ökonomie. Hier entwickelten sie sich zu gefährlichen Konkurrentinnen. Die daraus resultierende Auseinandersetzung zwischen den Geschlechtern erfaßte alle gesellschaftlichen Schichten. Im Vielvölkerreich der österreichisch-ungarischen Monarchie mit seinen zahlreichen Konfliktzonen wurde der Kampf der Geschlechter zum wesentlichen Motor des kreativen Milieus der Wiener Moderne und Voraussetzung für die kollektiven Emanzipationsbestrebungen des 20. Jahrhunderts. Klar wurde formuliert, was es für Frauen zu lernen galt. Therese Schlesinger, politische Vorkämpferin für das Frauenwahlrecht, sagte: ... *Sie müssen lernen, daß es nichts Kulturfeindlicheres gibt, als die Demut des Weibes und daß das endlich aufkeimende Selbstgefühl der Frau eine neue Ära der Kulturentwicklung bedeutete* (Tichy 1989). Und die Frauen lernten schnell! Helene von Druskowitz, erste weibliche Philosophin Österreichs, faßte den Lernprozeß pointiert zusammen: *Es fehlt sogar sehr auffallend an der Partizipierung der Frauen in den täglichen Geschäften und den öffentlichen Dingen, weshalb die Welt- und Tagesgeschichte, weil hauptsächlich von Männern ausgefüllt, den bekannten öden Eindruck macht. Die gesamte Historie ist mit geringen Ausnahmen, einfach ‚Männergeschichte' und deshalb roh bis zum äußersten und ein schlechtes Vorbild* (Druskowitz 1988).

Die weiblichen Stars der Jahrhundertwende stammten aus bürgerlichen Kreisen und hatten sich zumeist die weitgehend den Männern vorbehaltene Bildung autodidakt angeeignet. Die Modemacherin Emilie Flöge, die Journalistin und Salondame Berta Zuckerkandl, die Schriftstellerin Lina Loos (Fischer 1995), die Reformpädagogin Eugenie Schwarzwald (Streibl 1996), die Autorinnen Gina Kaus oder Bertha Eckstein-Diener (Mulot-Déri 1987), die unter ihrem Pseudonym, Sir Galahad, eine Bestsellerautorin war, waren allseits bekannt. Die Bildhauerin Teresa Ries arbeitete ihre unkonventionellen Entwürfe in edlem Marmor, porträtierte neben Mark Twain diverse Personen aus der renommierten Gesellschaft und erhielt öffentliche Aufträge (Plakholm-Forsthuber 1994). Rosa Mayreder legte als eine der ersten das Korsett, Utensil körperlicher und geistiger Unterdrückung, ab und avancierte zur feministischen Theoretikerin. Ihre Analysen und Schlußfolgerungen sind bis heute aktuell, denn sie sagte: *Man wird erst wissen, was die Frauen sind, wenn ihnen nicht mehr vorgeschrieben wird, was sie sein sollen* (Bubenicek 1986)

Die Frauenfrage etablierte sich als politische Herausforderung. Der Kampf um das Wahlrecht – erst nach dem Ersten Weltkrieg wurde es Frauen zuerkannt – setzte sie in den 20er Jahren als Politikerinnen in die Reihen ihrer männlichen Kollegen. Adelheid Popp, Marianne Hainisch oder Therese Schlesinger waren nur drei der politischen Aktivistinnen, die sich für die Rechte der Frauen engagierten (Prost 1989). Trotz der Vielseitigkeit weiblicher Kreativität, trotz des geradezu auffälligen Partizipationsdranges der Frauen der Jahrhundertwende auf der öffentlichen Bühne des Geschehens haben sie jedoch bis heute im Gedächtnis der breiten Öffentlichkeit kaum eine Selbstverständlichkeit erlangt.

Dies zeigt, daß weibliche Kreativität und weibliche Leistungen im geschichtlichen Kontext weitgehend ausgeblendet wurden. Frauen wird durch geschlechtsspezifische Restriktionen eine reproduzierende oder inspirierende Rolle zugeteilt. Als reproduzierende Frau wird sie in ihrer Kreativität behindert, als inspirierende wird sie vereinnahmt. Nimmt sie hingegen eine produzierende Rolle wahr, so gilt sie als Konkurrentin und wird von den Kollegen als Gefahr wahrgenommen. Durch den weiblichen Anspruch auf Professionalisierung wird nicht nur ein männlicher Heroenkult gefährdet, sondern eine ganze Gesellschaft, die auf der Ausbeutung weiblicher Kreativität und Arbeit beruht. Die Ausblendung, und damit die Unbewußtmachung weiblicher Leistungen in all ihren Manifestationen, hat systematischen Charakter und entspricht der Aufrechterhaltung von Macht und Herrschaft. „Das Unbewußte wird für die Herrschaft dann relevant, wenn es darum geht, zum Wandel treibende, an den Voraussetzungen der Herrschaft rüttelnde Widersprüche zu neutralisieren." (Erdheim 1984, 222).

Eben dies geschah auf der Bühne des Fin de siècle. Wie kaum je zuvor nahmen Frauen einen aktiven Platz im öffentlichen Raum ein und trieben damit einen

Adele Bloch-Bauer I.
Gustav Klimt, 1907.
Wien, Österreichische Galerie

Fritza Riedler.
Gustav Klimt, 1906.
Wien, Österreichische Galerie

gesellschaftlichen Wandel immer schneller voran. Sie reüssierten als Schauspielerinnen, versuchten sich als Schriftstellerinnen, betrieben Philosophie, studierten trotz zahlreicher Einschränkungen und radelten in die Freiheit. Wie heftig der Kampf am Arbeitsmarkt durch diese zahlreichen Neuzugänge war und wie deutlich dabei die Konkurrenzproblematik in die Argumentation miteinbezogen wurde, zeigt die Auseinandersetzung in den Medien. Die Erstzulassung einer Uhrmacherin in ein männliches Gewerbe erregte die Gemüter so sehr, daß es mehrerer Instanzen des Rechtsweges bedurfte, um ihr die Ablegung der Gesellinnenprüfung zu gestatten. Trotz des positiven Bescheides beharrte die Zunft jedoch auf der Meinung, daß Frauen physisch für dieses Gewerbe ungeeignet seien und ihr Eintritt zudem eine wirtschaftliche Gefahr für das darniederliegende Gewerbe darstelle. Die starke Präsenz von Frauen die männlichen Kollegen irritierte nicht nur, sie trieb sie in Kampfstellung. Gleichzeitig schuf das neue Selbstbewußtsein der Frauen aber auch ein erotisches Treibhausklima, das nicht nur Liebesschwüre und Inspiration auslöste, sondern vor allem Ängste. Die vielfältigen Aktivitäten der Frauen entsprachen einer gesellschaftlichen Umbruchsituation. Männer wählten als Antwort darauf unterschiedliche Strategien, die jedoch einen gemeinsamen Nenner hatten: eine systematische Frauenfeindlichkeit.

Die Frau wurde zum Zerrbild und Angstbild stilisiert. Weil man sie fürchtete, wurde sie verachtet. Als Gegenbild dazu wurde die Frau als Schönheit verherrlicht, und auf ihre Biologie reduziert. Zwischen Madonna und Hure blieb die reale Frau unsichtbar. Sie wurde erneut der Definition männlicher Phantasien unterworfen, die sie zur erlösenden Göttin stilisierten oder als Sexualautomat diffamierten. Die idealisierte Gottesmutter geisterte nur allzuoft durch die Korrespondenzen männlicher Künstlerheroen. Oskar Kokoschka schrieb 1912: *Heilige Gretl Wiesenthal der du bist im Himmel geheiligt und auf Erden sei nicht bös und nimm uns mit in den Himmel* (Fiedler, Lang 1985, 106). Grete Wiesenthal hatte den Tanz revolutioniert und war in Wien zusammen mit ihren Schwestern zu einer Kultfigur geworden. Man verehrte sie, die so *unstofflich und so bescheiden, fast ganz tanzende, schwebende Kunst und doch wieder so sehr Mensch in der Güte ihrer intelligenten Empfindung war.* Während die Tänzerin als Heilige beschworen wurde, verherrlichte Alfred Polgar in gleicher Weise die Caféhausmuse Ea von Allesch. Er kniete vor ihr als dem *Inbegriff alles Edlen und Makellosen! (...) Schönste, süßeste Frau, sei gnädig mit dem Freund, der ohne dein Mysterium verkommen müßte in der Welt seiner Schwächen und Halbheiten. Alles bist Du mir, außer Dir ist nichts als Lüge und falsche Werte. Echteste Vollkommenste ich bete zu Dir, Madonna-Gesichterl mit dem blonden Locken-Heiligenschein! Ave, Emma!* (Albertsen 1979). Ea von Allesch war eine dieser typischen weiblichen Zentralfiguren des Wiener Kaffeehausmilieus, die ihre Verehrer auf vielfältigste Weise animieren und inspirieren konnte. Sie war eine Künstlerin des Augenblicks, in dem sie lebte und liebte. Aus der Geschichtsschreibung wurde sie trotz ihrer schriftstellerischen Tätigkeit weitgehend ausgeblendet.

Peter Altenberg, Troubadour flüchtiger Verehrungen und Meister großer Worte ohne reale Taten, sagte über die Frauen: *Eine Frau muß sein für uns wie ein Bergwald, etwas, was uns direkt erhöht und freimacht von unseren inneren Sklavereien, etwas Exzeptionelles, das uns unwirklich zu unseren eigenen Höhen milde geleitet wie die Fee den armen verirrten Wanderburschen im Märchen* (Friedell 1922, 170). Mit derartigen Aussagen – und Altenberg ist nur exemplarisch für die Haltung seiner männlichen Kollegen zu sehen – wurde die Frau jedoch degradiert. Sie existierte nur im Hinblick auf den Mann, den sie erlösen und den sie vor seiner eigenen Selbstzerstörung retten sollte. Damit wurde ihr gleichzeitig eine Aufgabe zuteil, denn die Idealisierung war nicht funktionsfrei. Die Kräfte der Frau sollten an den

Mann gebunden und nicht für eigene Produktionen verwendet werden. Auf diese Weise wurde eine Konkurrenz ausgeschaltet und weibliche Kreativität vereinnahmt.

Altenberg und seinesgleichen waren virtuose Künstler im Erschaffen eines verbrämten Persönlichkeitsbildes und ihrer eigenen Legende. *Nur wer das Leben entbehrt, schafft sich durch Kunst seinen Schein,* konstatierte Hermann Bahr 1905 (Bahr 1905, 54). Die Isolation, die daraus resultierte, war eine Folge der Entfremdung des Ichs von der Welt. Die Kluft zwischen Wort und Tat, zwischen Sprache und Leben wurde damit offensichtlich. Das Theater mußte weitergehen, trotz des Zweifels an der verbindlichen Wahrheit über den Menschen und seine Stellung in einem gesellschaftlichen Umkreis.

Männer wie Arthur Schnitzler machten sich eben dieses System zunutze. Wenn er in seinem Stück „Das Wort" Treuenhof alias Altenberg sagen läßt, was er über die Dichter dachte, sprach er gleichzeitig über sich selbst: *Intellektuelle sind es, Weltentüfter, Literaten mit einem Wort. Sie werden an ihre Sargdeckel klopfen und den Totengräber um Papier und Bleistift bitten, um die Sensation während des Begräbnisses aufzuzeichnen. Begrabene sind es, Tote, und wenn sie über die Erde wandeln ist ewige Mitternacht* (Bergel 48). Schnitzler profitierte von seinem Voyeurismus, er machte ihn berühmt. Sein Bleistift war immer gezückt, er war ein Meister des Abbildens, des Kopierens. Er verdoppelte das Leben, indem er es beschrieb. Das Wort wurde zum Ersatz für Taten. *Worte sind nichts. Worte sind alles. Wir haben ja nichts anderes* (Bergel 125). Dieser Leitsatz wurde zur Kernaussage, nicht nur des Stückes, sondern auch eines ganzen intellektuellen Kreises, der die Kunst über die Wirklichkeit zu setzen bereit war, der das Leben abbildete, um ihm zu entgehen.

Das Prinzip der Imagination entsprach der Flucht vor einer Realwelt in eine Kunstwelt. Frauen waren dabei wesentliche Projektionsflächen, ihnen wurde jegliche Eigenständigkeit abgesprochen. *Das Weib steht wie unter einem Fluche. Darum lügt die Frau stets, auch wenn sie objektiv die Wahrheit spricht. Das Fürchterliche und für die Leerheit und Nullheit der Frauen Entscheidende ist viel mehr dies, daß sie nicht einmal vor dem Tode zum Problem des Lebens, ihres Lebens gelangen; weil in ihnen nicht ein höheres Leben der Persönlichkeit realisiert werden wollte. Die Frau ist also nicht. Das Weib ist nichts, es ist nur Materie* (Stopczyk 1980, 13). So formulierte Otto Weininger, der gescheiterte Philosoph, der sich nach der Fertigstellung seines misogynen Werkes „Geschlecht und Charakter" durch Selbstmord vor den Folgen seiner geistigen Elaborate zu schützen suchte. Er reduzierte die Frau auf die Materie, die unbewußt, gedächtnislos vegetiert und alleine vom Geschlechtsinstinkt abhängig ist. Damit hält sie den Mann von der reinen Geistigkeit ab.

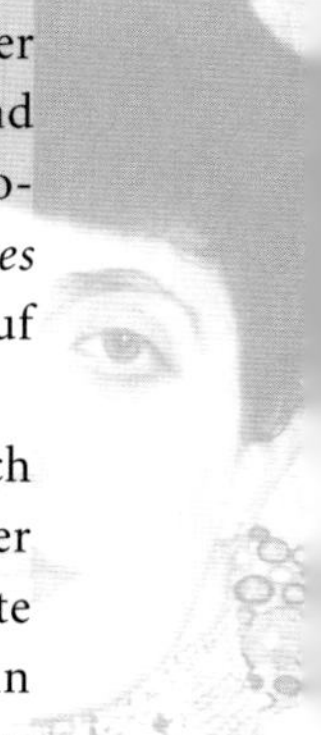

Karl Kraus liegt diesbezüglich auf einer ähnlichen Ebene, nur heroisiert er die Geschlechtlichkeit der Frau in Form der Prostituierten. Er imaginiert die Frau über einen abgespaltenen Teil von ihr, verachtet sie gleichsam als ganzes Wesen, und macht seine Frauenfeindlichkeit damit auch zur Speerspitze gegen bürgerliche Moralvorstellungen. *Des Weibes Sinnlichkeit ist der Urquell, an dem sich des Mannes Geistigkeit Erneuerung holt* (Kraus 1955, 13). Entpersonalisiert und reduziert auf ihre Geschlechtlichkeit, wird die Frau bei Karl Kraus zum Gebrauchsgegenstand.

Neben dieser Deformierung weiblicher Personen durch Männer stand jedoch auch der direkte Versuch, Frauen in ihrer Kreativität zu hindern. Gustav Mahler steht hier ebenso exemplarisch für viele andere. An seine Braut, die eine begabte Komponistin war, schrieb er ahnend, welche Konkurrenz diese Begabung für ihn sein könnte: *Wie stellst Du Dir so ein komponierendes Ehepaar vor? Hast Du eine Ahnung, wie lächerlich und später herabziehend vor uns selbst, so ein eigentümliches Rivalitätsverhältnis werden muß? Wie ist es, wenn Du gerade in ‚Stimmung' bist, und aber für mich das Haus, oder was ich gerade brauche, besorgen, wenn Du mir, wie Du schreibst, die Kleinigkeit des Lebens abnehmen sollst? (...) Aber daß Du so werden mußt, wie ich es brauche, wenn wir glücklich werden sollen, mein Eheweib und nicht mein Kollege, das ist sicher. Bedeutet dies für Dich einen Abbruch Deines Lebens, und glaubst Du auf einen Dir unentbehrlichen Höhepunkt des Seins verzichten zu müssen, wenn Du Deine Musik ganz aufgibst, um die meine zu besitzen, und auch zu sein?* (Giroud 1989, 53). Altenberg durchblickte deutlich dieses Ausbeutungsprinzip, handelte ihm jedoch nicht entgegen: *Wenn eine Frau einen sehr, sehr gern hat, so bemerkt man dennoch, das heißt, man bemerkt natürlich nicht, da sie neben einem, ganz neben einem hinwelkt, matt wird, ganz matt wird und stillschweigend verkommt!* (Altenberg 1920, 100).

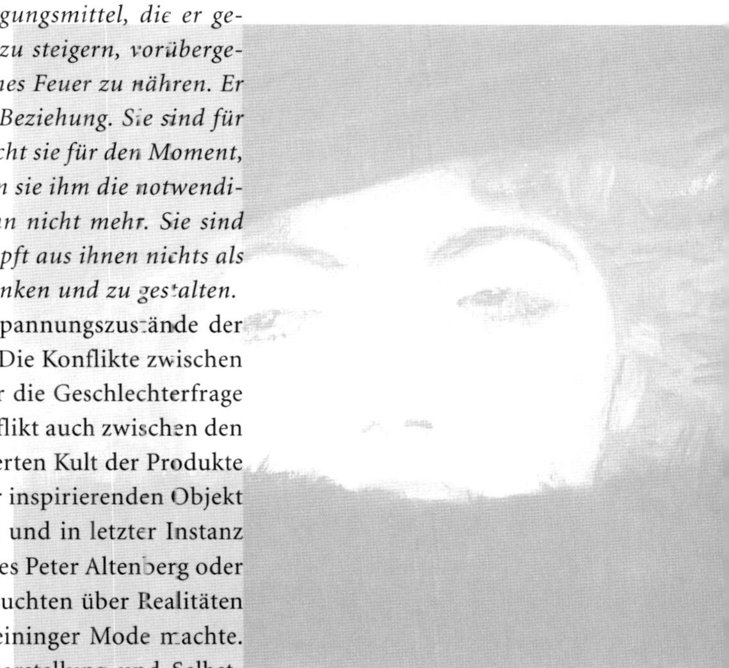

Die männliche Kunst- und Kulturproduktion verhinderte demnach nicht nur weibliche Kreativität, sondern ging auch auf Kosten von Frauen, was bis zur letzten Vernichtung, d. h. auch zu deren Tod führen konnte (Theweleit 1988). Egon Friedell, der Kulturphilosoph der Neuzeit, formulierte dies deutlich und demaskiert damit die wesentlichen Grundlagen männlichen Schaffens: *Für den Denker und Künstler sind die Frauen nichts anderes als zufällige Anregungsmittel, die er geschickt benützt, um durch sie seinen geistigen Stoffwechsel zu steigern, vorübergehender Zündstoff, den er verbrennt, um durch ihn sein eigenes Feuer zu nähren. Er hat dabei zu den Frauen eigentlich überhaupt keine innere Beziehung. Sie sind für ihn dasselbe wie Alkohol, Nikotin, schwarzer Kaffee. Er braucht sie für den Moment, aber er verbraucht sie auch vollständig und restlos, und wenn sie ihm die notwendigen Kräfteauslöser verschafft haben, so existieren sie für ihn nicht mehr. Sie sind nur dazu da, um ihn reicher und stärker zu machen. Er schöpft aus ihnen nichts als sich selbst, seine eigene Kraft zu lieben und zu hassen, zu denken und zu gestalten.*

Diese Aussagen weisen auf einen der wesentlichsten Spannungszustände der Wiener Moderne hin – auf das Verhältnis der Geschlechter. Die Konflikte zwischen Sein und Schein, zwischen Eros und Thanatos wurden über die Geschlechterfrage verschärft akzentuiert. Letztendlich bewegte sich dieser Konflikt auch zwischen den Polen von Leben und Tod (Bronfen 1994). Über den zelebrierten Kult der Produkte sollte Lebendigkeit gebannt, die Frau zum abgebildeten oder inspirierenden Objekt degradiert, der Künstler ökonomisch abgesichert, berühmt und in letzter Instanz unsterblich werden. Die frauenumschwärmenden Worte eines Peter Altenberg oder die farbenprächtige Verherrlichung eines Gustav Klimt versuchten über Realitäten hinwegzutäuschen, in denen die Verachtung eines Otto Weininger Mode machte. Ein Mythos legte sich über die Wirklichkeit weiblicher Darstellung und Selbstdarstellung, hinter dem die reale Frau zu verschwinden drohte (Bovenschen 1979). Es war ein Mord, der im Namen der Kunst an Frauen begangen wurde. *Erst als tote lassen sich die Dinge ganz beherrschen* (Bublitz 1996).

Frauen setzten diesen Ausgrenzungs- und Tötungsversuchen Strategien des Überlebens entgegegen. Der kulturelle Aufbruch war vor allem durch den Aufbruch der Frauen bestimmt, die sich gegen ein fremddefiniertes Weiblichkeitsklischee und gegen die Vereinnahmung ihrer Körper zur Wehr setzten. Der Konflikt, der sich daraus ergab, wurde zu einer wesentlichen Triebfeder der Kulturproduktion. Es war ein Konflikt zwischen der männlichen Aufrechterhaltung von Definitionsmacht und dem Versuch einer weiblichen Selbstdefinition, einer Identitätsfindung.

Die starke Präsenz der Erotik in der Kunst, die vielfältigen Frauenbilder und der Diskurs über die sexuelle Befreiung lassen die zentrale Bedeutung der Auseinandersetzung der Geschlechter deutlich werden. Es scheint sich alles nur um das Eine zu drehen. Lou Andreas-Salomé kennzeichnete die Stimmung im Wien der Jahrhundertwende: *Wenn ich die Wiener Atmosphäre im Vergleich zu der anderer Großstädte schildern sollte, so erschien sie mir am meisten gekennzeichnet durch ihr*

Zusammengehen von geistigem und erotischem Leben (Salomé-Andreas 1951, 132). Erotik und Sexualität versuchten, sich einen neuen Raum zu schaffen.

Der erotische Aufbruch der Frauen um die Jahrhundertwende war ein neuerliches Aufbäumen gegen die Gewalt an weiblichen Körpern und Seelen. Unterdrückte Sinnlichkeit und die Selbstfindungen versuchten, sich Raum zu schaffen. Gerade die Ausgrenzung und Tabuisierung führte zu einem Aufblühen der Phantasien und Sehnsüchte. In ihnen lag jedoch auch ein Sublimierungsbedürfnis begründet. Neben das Ausagieren von Lust und Sinnlichkeit in der originärsten Form trat auch die Umsetzung in Kunst. Die sexuelle Revolution war nur eine vordergründige. War die Frau als Arbeiterin für den kapitalistischen Produktionsprozeß funktionalisiert worden, so wurde die bürgerliche Frau als Muse für den künstlerischen vereinnahmt. Umso dringlicher mußte diese Strategie angewandt werden, als Frauen, durch ein neues Selbstbewußtsein gestärkt, durchaus auf der Bühne der Kunstproduktion ihre Rolle einnehmen wollten. Ihrem Emanzipationsprozeß wurde eine doppelte Hürde entgegengestellt. Sie wurden als inspirierende Partnerinnen für ein männliches Kunstschaffen funktionalisiert, weil sie als eigenständig Produzierende als bedrohlich empfunden wurden. Dort wo dies nicht gelang und die schöpferischen Frauen die Bühne der Kunst betraten, wurden sie von der Nachwelt oft verfälscht oder gar nicht perzipiert.

Der männliche Heroenkult erlebte im Fin de siècle eine neue Blüte. Egon Friedell formulierte dies in seinem Altenbergbuch deutlich. Schriftsteller haben eine Aufgabe: *Im Grunde ist es dasselbe Amt, für dessen Ausübung jemand in alten Zeiten Prophet, Priester, Gottheit genannt wurde* (Friedell, 29). Den Frauen wurde dabei jegliche Eigenständigkeit aberkannt, sie waren Kreationen von Männer Gnaden. Peter Altenberg sagte: *Frauen selbst können nur ohnmächtig träumen, ihre Phantasien nicht zu Wirklichkeiten verdichten, und darum bedürfen sie des Dichters, sonst sind sie überhaupt nicht gewesen* (Friedell 1911, 173).

Das selbsternannte Schöpfertum ging mit dem Markt eine kapitalistische Symbiose ein. Es zählten die Auflagen oder die Verkaufspreise von Bildern und man versuchte gezielt, sie höher zu lizitieren. Andere Formen der Kreativität wurden damit zunehmend dem Kult der toten Dinge geopfert. Weibliche Kreativität bewegte sich jedoch auch jenseits dieses Kultes. Sie schuf Leben und Lebendigkeit, sie gestaltete nicht nur Werke, sondern Personen und Meinungen – sie kreierte soziale Milieus. Das Spannungsfeld des Schaffens war die Bewegung *per se*, die sich erst durch Anlässe in einem Akt konkretisierte. Diese Konkretisierung konnte ein sichtbares Produkt in Form eines Buches, eines Bildes, einer Symphonie sein. Sie konnte aber auch ein Prozeß sein, eine Wortidee, die Schaffung von Rahmenbedingungen. Das kreative Milieu machte seinerseits andere Konkretisierungen möglich, so z. B. die Sicherung einer ökonomischen Basis oder die Schaffung eines emotionalen Bezugsrahmens. Das bedeutet, daß Kreativität dort entstand, wo sie vorerst nicht sichtbar war und Bezugsrahmen benötigte, die sie sichtbar werden ließen. Vom individuellen Vorfeld ging die Konkretisierung über das soziale Umfeld. Die Salons von Berta Zuckerkandl, Alma Mahler-Werfel, Grete Wiesenthal, Marie Lang, Eugenie Schwarzwald etc. waren dafür ein gutes Beispiel (Fischer 1995, 181 ff.).

Das Produkt, das hier im Leben als Folge weiblicher Kreativität entstand, war ein temporäres. Es wurde wieder und wieder inszeniert, um einen Prozeß in Bewegung zu halten. Die Sichtbarkeit lag im Augenblick, im Arrangement einer Gesellschaft, in der Schaffung einer Atmosphäre. Das Produkt widersetzte sich dementsprechend einer fixen und gleichbleibenden Definition, es variierte gemäß den jeweiligen Situationen. Damit erweiterte es auch den produktorientierten Kreativitätsbegriff, der Dauer und Unveränderbarkeit beinhaltet. Ein Gemälde oder ein

Judith.
Gustav Klimt, 1901.
Wien, Österreichische Galerie

Dame mit Hut und Federboa.
Gustav Klimt, 1909.
Wien, Österreichische Galerie

Buch sind nach der Fertigstellung als solche nicht mehr veränderbar. Gleichzeitig aber werden sie veräußerbar. Der Wert zeigt sich unter anderem in der Vermarktung. Damit wird ein gesellschaftlich legitimiertes monetäres Wertsystem zum Gradmesser für die Beurteilung.

Neben dem Salon, Zentrum weiblicher Gegenöffentlichkeit, gab es jedoch noch andere Inszenierungen, die den flüchtigen Charakter als wesentlichen Bestandteil aufwiesen. Die experimentelle Mädchenschule von Eugenie Schwarzwald wurde zu einem Ort der Gedanken- und Bewußtseinsbildung, deren Produkte weder verkäuflich noch meßbar waren. Hier agierte eine Reformpädagogin mit ihren Mitarbeiterinnen, die nicht tote Dinge kreierte, sondern lebende Personen animierte. *Sie forderte von ihren Schülern viel theoretisches Wissen, bemühte sich aber gleichzeitig, ihnen viel von ihrer Erfahrung zu geben, daß sie mit ihren Problemen im Leben fertig werden konnten. Sie war es, die das System der Gemeinschaftserziehung in Europa einführte* (Michaelis 1948, 160). So lautete das Urteil ihrer Freundin, der dänischen Schriftstellerin Karin Michaelis. Die Künstlerin der Tat, die durch ihre fortschrittlichen Lehrmethoden ganze Generationen von Mädchen beeinflußte, wirkte nicht nur bewußtseinsbildend, sondern auch ökonomisch fördernd. Der Architekt Adolf Loos erhielt durch sie zahlreiche Aufträge und der noch unbekannte Komponist Arnold Schönberg Räume in ihrer Schule zur Verfügung gestellt, um dort mit seinen Musikkursen erstmalig eine breitere Öffentlichkeit zu erreichen (Göllner 1986, 142). Dem mittellosen und verkrachten Oskar Kokoschka verschaffte Eugenie Schwarzwald nicht nur eine Anstellung, sondern betreute den psychisch labilen Künstler auch, indem sie ihn bei sich wohnen ließ.

Nach der Machtübernahme durch die Nationalsozialisten war Eugenie Schwarzwald zur Emigration gezwungen. Unermüdlich wie immer, setzte sie jedoch ihr soziales Engagement fort. Ihre Geldsammlungen und Rettungstätigkeiten hatten nicht nur zahlreichen Menschen geholfen, sondern auch deren Überleben ermöglicht. *Genia ist eine geborene Künstlerin, sagte Karin Michaelis, aber weder eine Malerin, noch eine Dichterin, noch eine Schauspielerin. Die Kunst wurde bei ihr Leben, Genialität Handlung* (Deichmann 1988, 17). Somit zeigte sich gerade bei Eugenie Schwarzwald die Vielseitigkeit ihres Engagements und damit die Kunst, Menschen und Ereignisse mitzugestalten. Eugenie Schwarzwald war eine typische Vertreterin jener Form von Kreativität, deren Ergebnis weder meßbar noch leicht faßbar, jedoch innovativ und verändernd wirkte. Sie war wesentlicher Bestandteil jenes kreativen Milieus, das erst die Voraussetzung für weitere Kreationen schuf.

Nicht zuletzt war auch ihre größte Leistung, wie die vieler jener Aufbruchsfrauen, sich immer wieder gegen alle Vereinnahmungsformen, gegen Bilder und Phantasien selbst zu kreieren. Lina Loos formulierte den Spannungszustand zwischen gesellschaftlicher Festlegung und individueller Identitätsfindung pointiert in ihrem autobiographischen Stück „Wie man wird was man ist": *Die Gesellschaft ist irgendwer, ist irgendwo; aber hier stehe ich ganz allein verantwortlich für mein Leben und wenn es der Gesellschaft nicht paßt, dann paßt eben die Gesellschaft nicht für mich* (Fischer 1995, 102).

„Selbstschöpfung und Fremdwerden" (Spreitzer 1997), diese Worte umschreiben deutlich das Paradoxon, in dem sich Frauen befanden. Jede Frau war diesbezüglich auch immer Pionierin. Dies wird deutlich, wenn Lou Andreas-Salomé konstatierte: *Ich kann weder Vorbilder nachleben, noch werde ich jemals ein Vorbild darstellen können, für wen es auch sei; hingegen mein eigenes Leben nach mir selber bilden, das werde ich ganz gewiß, mag es nun damit gehn wie es mag.* Der Aufbruch der Frauen bewegte sich zwischen Eigenständigkeit und Vereinnahmung. Er artikulierte sich weiters in der Grauzone weiblicher Kreativität, die wegen ihrer spezifischen Ausdrucksform, wie der sozialen Kompetenz, im herkömmlichen Kulturbetrieb keine Anerkennung fand. Vereinnahmung und Ignoranz bedingten zusammen mit den vielfältigen Formen der imaginierten Weiblichkeit, daß die Frauen ebenso wie ihre Leistungen unterbewertet wurden.

Die Bewegung der Aufbruchsfrauen war jedoch eine kontinuierliche, die sich fortsetzte, mitteilte, weiterführte. Im Gegensatz zu ihren männlichen Kollegen reduzierten sie sich nicht auf einen Geniekult oder Warenwahn, sondern schufen lebendige Selbstkreation. Zu werden, was man war, war Triebfeder und Motto von vielen, dem sie sich stellten und zu entsprechen suchten und dessen Endergebnis Lebensläufe waren, die eine Sammlung flüchtiger Augenblicke zu neuen Frauenbildern verdichtet hatte.

Den weiblichen Versuchen, die Realität des eigenen Selbst auszuloten, stand die männliche Flucht in eine Kunstwelt gegenüber. Frauen wurden Bilder und Kunstwerke. Als Kunstobjekt waren sie Produkt geworden, als Person Ware. Die Wiener Moderne war diesbezüglich sehr traditionell, der Männlichkeitswahn erlebte eine neue Blüte. Die Kunst bot dabei ein weites Realisierungsfeld. Der Künstler, das selbsternannte und durch den Markt bestätigte Genie, konnte seine Ohnmachtsgefühle und Versagensängste über die Schaffung einer Kunstwelt verdecken, einen sich zunehmend als verloren erwiesenen Raum in einer Scheinwelt zurückerobern. Die Lust am Gestalten wurde zur Lust an der Beherrschung. Die Produktion von Kunstwerken wurde die Legitimation für die Gewalt am weiblichen Körper und an der Person als Ganzes. Der männliche Geniekult gipfelte in einem neuen Schöpfungswahn, in dem sich der Künstler über seine Produkte eine Unsterblichkeit zu garantieren suchte. Die Bewältigung der Identitätskrise, die sich allenthalben bemerkbar gemacht hatte, lag nicht in einer Auseinandersetzung mit den Real- und den Kunstwelten, sondern in einer Mythologisierung letzterer. Damit schien auf männlicher Seite das Heilmittel gegen die Krise gefunden zu sein.

Der Krise des männlichen Subjekts stand der weibliche Versuch einer Subjektwerdung gegenüber. Neben den spezifischen Formen der sozialen Kreativität, die durch ständige Bewegung gekennzeichnet waren, wandten sich nun auch Frauen vermehrt produktorientierten statischen Selbstbehauptungen zu. Damit gelangten sie bereits zu einem Zeitpunkt des Aufbruches und der Selbstdefinition verstärkt in das Spannungsfeld kapitalistisch-patriarchaler Fremdbestimmung. Verdinglichung und Entfremdung, Ware und Markt bedrohten im selben Moment die weibliche Subjektwerdung, in dem die Frauen dazu aufgebrochen waren.

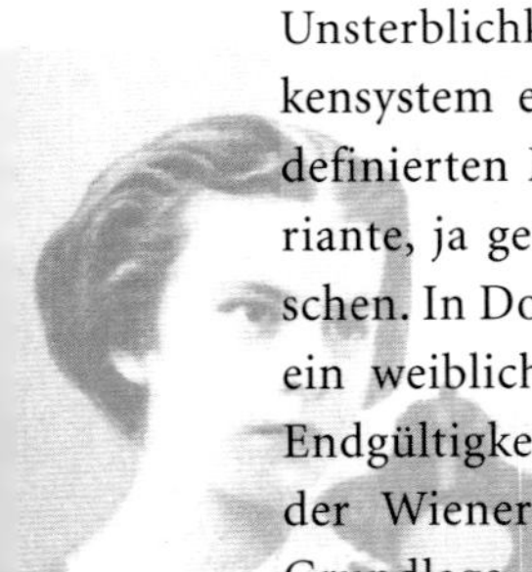

Diese beschleunigte Entwicklung zur Verdinglichung von Personen, die sich zur Jahrhundertwende am weiblichen Körper zeigte und einem männlichen Unsterblichkeitsmythos entsprach, hinterließ eine gefährliche Saat. Dieses Gedankensystem erfuhr eine nahtlose Fortsetzung in der Ermordung des als entartet definierten Menschen im Nationalsozialismus und erfährt heute eine weitere Variante, ja geradezu Steigerung in der erhofften Produktion des künstlichen Menschen. In Dolly, dem geklonten Schaf – nicht zufällig wählte man zur Verdoppelung ein weibliches – sammeln sich all jene Phantasien zu Wirklichkeiten, die der Endgültigkeit der künstlichen Machbarkeit ins Auge sehen wollen. Was sich anhand der Wiener Moderne veranschaulichen läßt, ist zentrale Geisteshaltung und Grundlage der westlichen Welt. Das Fin de siècle zeigte nichts anderes als eine beschleunigte Vorwärtsentwicklung eines Gedankensystems, in dem sich die Polaritäten zwischen einem Kult von toten Dingen und einer Kultur der Lebendigkeit noch mehr voneinander abzuheben begannen. Dieser Prozeß dauert bis heute fort und steht an der Jahrtausendwende für Männer und Frauen erneut und verschärft zur Diskussion. Wenn Kunst und Leben derart auseinanderfallen, dann ist der Weg zu einer globalen Kunstwelt bereits vorweggenommen, dann will ein Kult der toten Dinge eine Kultur der Lebendigkeit für die Endgültigkeit seines Ewigkeitsmythos tauschen. In die Utopie der ‚virtual realities', in denen synthetische Körper in einer genmanipulierten Natur nur noch Abbilder ihrer selbst darstellen, klingen Ingeborg Bachmanns Worte hinein: *Und immer winkt und verlockt beides, unser Anteil am Irrtum, der ist ja gesichert, aber unser Anteil an einer neuen Wahrheit, wo beginnt der?* (Bachmann 1985, 14).

Weiterführende Literatur:

Elisabeth Albertsen, Ea oder die Freundin bedeutender Männer. Porträt einer Wiener Kaffeehaus-Muse. In: Musil Forum 5 (1979) 21–38.
Peter Altenberg, Fechsung. Berlin 1921.
Ingeborg Bachmann, Vierzig Gedichte. Auswahl von Heinz Klunker. München 1985.
Hermann Bahr, Dialog von Marsyas. Berlin 1905.
Kurt Bergel, Arthur Schnitzler. Das Wort.
Silvia Bovenschen, Die imaginierte Weiblichkeit. Exemplarische Untersuchungen zu kulturgeschichtlichen und literarischen Repräsentationsformen des Weiblichen. Frankfurt/Main 1979.
Elisabeth Bronfen, Nur über ihre Leiche. Tod, Weiblichkeit und Ästhetik. München 1994.
Hanna Bubenicek (Hg.), Rosa Mayreder oder wider die Tyrannei der Norm. Wien 1986.
Hannelore Bublitz, Der verdrängte Tod im Diskurs der Moderne. In: Jürgen Nautz – Richard Vahrenkamp (Hg.), Die Wiener Jahrhundertwende. Wien 1996, 62–79.
Hans Deichmann, Leben mit provisorischer Genehmigung. Leben und Exil von Dr. Eugenie Schwarzwald (1872–1940), Berlin, Wien, Mühlheim/Ruhr 1988.
Helene von Druskowitz, Der Mann als logische und sittliche Unmöglichkeit und als Fluch der Welt. Pessimistische Kardinalsätze. Herausgegeben von Traute Hensch. Freiburg 1988.
Mario Erdheim, Die gesellschaftliche Produktion von Unbewußtheit. Eine Einführung in den ethnopsychoanalytischen Prozeß. Frankfurt/Main 1984.
Leonhard Fiedler, Martin Lang, Grete Wiesenthal. Die Schönheit der Sprache des Körpers im Tanz. Wien 1985.
Lisa Fischer, Lina Loos – oder Wenn die Muse sich selbst küßt. Wien 1995.
Dies., „Jenseits vom lärmenden Käfig". Die Lyrikerin, Journalistin und Aktivistin Herta Staub. Wien 1997.
Dies., Schattenwürfe in die Zukunft. Kaiserin Elisabeth und die Frauen ihrer Zeit. Wien 1998.
Dies., Emil Brix (Hg.), Die Frauen der Wiener Moderne. Wien 1997.
Egon Friedell, Peter Altenberg und die Frau. In: Das XXXVte Jahr. Berlin 1911.
Ders., Das Altenbergbuch. Wien, Leipzig 1922.
Francoise Giroud, Alma oder Die Kunst geliebt zu werden. Wien 1989.
Renate Göllner, Mädchenbildung um 1900. Eugenie Schwarzwald und ihre Schulen. Diss.Phil. Wien 1986.
Karl Kraus, Sprüche und Widersprüche. In: Beim Wort genommen. München 1955.
Ursula Kubes-Hofmann, „Etwas ist an der Männlichkeit nicht in Ordnung." Intellektuelle Frauen am Beispiel Rosa Mayreders und Helene von Druskowitz. In: Fischer Brix, Die Frauen der Wiener Moderne. Wien 1997.
Karin Michaelis, Der kleine Kobold. Die Lebenserinnerungen der Dichterin. Wien 1948.
Sybille Mulot-Déri, Sir Galahad. Porträt einer Verschollenen. Frankfurt/Main 1987.
Sabine Plakholm-Forsthuber, Künstlerinnen in Österreich 1897–1938. Wien 1994.
Dies., Stein der Sehnsucht, Stein des Anstosses. Drei Bildhauerinnen der Jahrhundertwende. In: Fischer, Brix, Die Frauen der Wiener Moderne. Wien 1997.
Lou Salomé-Andreas, Lebensrückblick. Zürich 1951.
Herta Staub, Jugend. In: Schaukelpferd – Kopf oben Kopf unten. Wien 1933.
Brigitte Spreitzer, Selbstschöpfung – Fremdwerden. Weibliche Subjektwerdung als Vision und Aporie im Schreiben österreichischer Autorinnen um 1900. In: Fischer, Brix (Hg.), Die Frauen der Wiener Moderne. Wien 1997.
Annegret Stopczyk, Was Philosophen über Frauen denken. München 1980.
Robert Streibl (Hg.), Eugenie Schwarzwald und ihr Kreis. Wien 1996
Klaus Theweleit, Buch der Könige. Orpheus und Eurydike. Frankfurt/Main 1988.
Marina Tichy, „Ich hatte immer Angst, unwissend zu sterben". Therese Schlesinger. Bürgerin und Sozialistin. In: Edith Prost (Hg.), „Die Partei hat mich nie enttäuscht..." Österreichische Sozialdemokratinnen. Wien 1989,135–186.

Wiederaufbau der Geschlechtergrenzen und Restauration des bürgerlich-modernen Frauenbildes in den Geschlechterbeziehungen der 50er Jahre

Maria Wolf

„Liebe als Erlösung"

Als der Frieden ausbrach und die Ordnungsprinzipien eines mageren tausendjährigen Reiches umorientiert wurden, fanden Männer gleich wieder Gelegenheit, sich in großen Zügen eine öffentliche Geschichte zu verfassen. Das Gebären einer Republik, das Abenteuer, einem ramponierten Land eine neue Wirtschaft zu geben, etc. Die Frauen hatten (überwiegend) in ihre traditionellen Positionen zurückzukehren; keine geschichtsträchtige Angelegenheit. (Schweiger 1990)

Oder doch?

Die 50er Jahre sind ein hervorragendes Beispiel um zu zeigen, wie und wozu die Geschlechtergrenzen gesellschaftlich wie individuell stets aufs Neue gezogen werden. Die Restauration der Geschlechtergrenzen, der Wiederaufbau der „weiblichen Anderen" und die Reinszenierung der Beziehungs- und Liebesideale der bürgerlichen Moderne, werden hier das Fundament des gesamtgesellschaftlichen Wiederaufbaus der 50er Jahre.

Denn durch Nationalsozialismus und Krieg wurden sowohl die gesellschaftlich bereits realisierten Strukturen wie auch die individuell internalisierten psychischen Strukturen der modernen Geschlechterordnung abgebaut. Die äußeren Veränderungen im Nationalsozialismus und die Lebensbedingungen während des Krieges haben vor allem Frauen in einem nie dagewesenen Maße aus den sie unter „Verschluß" haltenden Orten freigesetzt, soweit beide – NS und Krieg – die immobile, vater- und familienabhängige weibliche Position mobilisieren und ihr eine neue Bewegungsfreiheit geben (Treusch-Dieter 1990, 40).

Die Freisetzung der Frauen aus den Geschlechtergrenzen zeigt sich zum Beispiel darin, daß „der Nationalsozialismus die Mädchen der Jugend zurechnete und dieses Konzept mit juristischem Zwang bis in die letzten Winkel des Reiches auch durchsetzte." Er „forcierte […] den längst begonnenen Freisetzungsprozeß weiblicher Jugendlicher aus dem Traditionsverband der Familie auch dort, wo kulturelle, religiöse oder politische Schranken dies bislang verhindert hatten. Insofern wurde hier und mit Rekurs auf den abstrakt gefaßten Begriff der Jugend für die Masse der Frauen der Individualisierungsprozeß vollendet, der für die Männer am Beginn der bürgerlichen Gesellschaft stand" (Reese 1991, 13). Als Beispiel für diese Auflösung kann hier ein Witz aus der NS-Zeit angeführt werden: „SA-Vater, NS-Frauenschaftsmutter, HJ-Sohn und BdM-Tochter treffen sich nur einmal im Jahr, nämlich beim Nürnberger Parteitag; in der übrigen Zeit sind sie innerhalb der militärischen und paramilitärischen NS-Verbände ‚durchorganisiert', was, ausgehend von der Mutterposition, eine Destrukturierung der Familie insgesamt einschließt." (Treusch-Dieter 1990, 22).

An die Stelle der weiblichen Immobilität tritt *als Dienstverpflichtung an der Heimatfront ihre Mobilität in allen gesellschaftlichen Bereichen* (Behörden und Büros, Krankenhäuser und soziale Einrichtungen, Verkehrs- und Rüstungsbetriebe, Universitäten). So hat z. B. 1943 der Frauenanteil an arischen und erbgesunden Studierenden der Innsbrucker Universität 45,7 % betragen, ein Prozentsatz, den die Innsbrucker Universität bis in die 90er Jahre nicht mehr erreichen wird. Sank der Frauenanteil in den 30er Jahren aufgrund der NS-Maßnahmen gegen die Überfüllung der Schulen und Hochschulen, gegen das Frauenstudium und gegen die Frauenerwerbsarbeit in Deutschland um zwei Drittel (von 17.192 im Jahr 1932/33 auf 5.777 im Jahr 1939), so bewirkte der Mangel an männlichen akademischen Arbeitskräften in Industrie und Verwaltung nach 1938 einen Kurswechsel in der Sichtweise des Frauenstudiums, der den Abbau bürgerlich-moderner Geschlechtergrenzen möglich machte (Steibl 1990, 118).

Die „Modernisierung" des „ständischen Geschlechtsschicksals" der Frauen im Nationalsozialismus zeigte sich auch darin, daß Sozialisation und Erziehung im Bund Deutscher Mädel eben nicht eine Erziehung zur traditionellen Weiblichkeit war, wie sie die bürgerliche Geschlechterordnung vorsieht, sondern eine, die zur beliebigen Einsetzbarkeit auf Vereinzelung gründete und von Mädchen wie Jungen Disziplin, Rationalität und Effizienz forderte. Diese Freisetzung durch Mobilisierung und Individualisierung der weiblichen Position mündet in den 50er Jahren vorerst aber in eine erneute Auflage der Rückbindung an das Bild der „weiblichen Anderen", wie sie aus der Geschlechterordnung der bürgerlichen Moderne hervorgeht. Dieser „immaterielle Wiederaufbau" gelingt mit sozialpolitischen Maßnahmen, vor allem aber mit Hilfe der neuen Medien – Schallplatte, Radio, Kinofilm und Illustrierte. Als „Gefühlsproduzenten" der „Nachtindustrie" reinszenieren sie nicht nur die Beziehungsideale der Moderne, sondern ermöglichen eben durch die (Wieder-)Belebung von Gefühlen deren Re-Internalisierung. Die Reinszenierung von Lebensstilen und Beziehungsidealen der bürgerlichen Moderne in den „Wunschtraumwelten" der 50er Jahre kann somit rückblickend als lange, methodische Initiation gedeutet werden, mit deren Hilfe die Reinternalisierung der modernen Geschlechterordnung möglich war. Mit ihrer Hilfe kann der „wiederholte Aufstieg" der Frauen und Männer zu ihrem angeblichen „Wesen" (als erneute Auflage der Rückbindung) gegen eine Regression zu den Erfahrungen abgesichert werden. Die Produkte dieser „Nachtindustrie" sind der Motor des immateriellen Wiederaufbaus, ohne den der materielle Wiederaufbau durch die „Tagesindustrie" nicht möglich gewesen wäre.

Das Zauberwort der 50er Jahre hieß „Steigerung des Lebensstandards". Zielbewußt waren alle materiellen, geistigen und moralischen Kräfte des österreichischen Volkes in den Dienst der *Produktivitätssteigerung* zu stellen, was des Wiederaufbaus der Geschlechtergrenzen der bürgerlichen Moderne bedurfte. Zugleich ist es eben dieser Wirtschaftsaufschwung der 50er Jahre, der die Verallgemeinerung des bürgerlichen Lebensstils und Beziehungsideals zu einem gesamtgesellschaftlichen Lebensmodell möglich machte. Die historischen Bedingungen von Nachkriegsalltag und Wiederaufbau prägten das Arbeitsselbstverständnis der Frauen in den 50er Jahren, das gefangen war im Widerspruch zwischen rhetorischer Hausfrauenromantik und Lebensbedingungen der unmittelbaren Nachkriegszeit. Die aus der nationalsozialistischen Jugendarbeit und -politik hervorgehenden Frauen der 50er Jahre waren – „einer freilich nur allgemeinen Charakterisierung nach – einsatzfähige, belastbare, selbstlose Frauen, [...] ‚Kumpels', die den Familien früh entrissen worden waren, die sich behaupten mußten und gelernt hatten, widerspruchslos zuzupacken. So sah man sie auch nach 1945 und so sahen sie sich selber. In deutlicher Abgrenzung von allen weiblichen Generationen zuvor bestand das Bewußtsein, ‚daß wir allein dastehen' und ‚uns allein durch die Welt schlagen müssen'." (Reese 1991, 14).

Diese Erfahrungen konnten aber in den 50er Jahren nicht in einem neuen Selbstbewußtsein überdauern. Denn trotz stetig steigender Frauenerwerbstätigkeit (auch der verheirateten Frauen) wird in der Öffentlichkeit die Vereinbarkeit von Ehe/Familie und Erwerbsarbeit angezweifelt und immer lauter problematisiert. Die Berufstätigkeit der Frauen, vor allem die der Mütter, wurde von politischer Seite bereits Mitte des Jahrzehnts als „Raubbau an unserer besten Volkskraft" bezeichnet und „die im Erwerbsleben tätige Mutter [...] als soziale Fehlentwicklung". Die Ortszuweisung und Wertbestimmung erfolgte in der Politik nach dem „Geschlechtscharakter" eines bürgerlichen Idealtypus: „Die gottgewollte Ordnung stellt der Frau als Trägerin des Lebens, als Mittelpunkt der Familie und als Hüterin der Liebe, des Guten, Schönen und Edlen die größte und wichtigste Aufgabe'." (Saurer 1985, 42).

Das Schwindelgefühl, das Aufschwung und Aufstieg hervorriefen, evozierte vor allem auf politischer Ebene eine nahezu zwanghafte „Re-Organisation" einer Gegenwelt zur Leistungsgesellschaft, in der die Frauen als Mütter und Ehefrauen für Werte wie Liebe, Natürlichkeit, Treue und Entsagung geradezustehen hatten.

Die Mehrzahl der Frauen entscheidet aber nicht zwischen Beruf und Hausarbeit, sondern fügt sich in eine Doppelbelastung. Neben der versuchten Einlösung von Wünschen nach einem „Zufluchtsort der Geborgenheit" und dem Wiederaufbau brüchig gewordener Geschlechtsidentitäten erfüllte die Restabilisierung der Familie als Reproduktionsbereich auch einen kapitalimmanenten Zweck. Die „Hausfrauisierung" der Frauen erfüllt die Funktion der kostenlosen ständigen Erneuerung der lebendigen Arbeitskraft, vermittelt über die Befriedigung unmittelbarer menschlicher Bedürfnisse, über materielle und psychische Versorgungsleistung. Gerade die Ausgestaltung dieses „Zufluchtsortes" verlangte den unermüdlichen Einsatz von unbezahlter Frauenarbeit als strukturell widersprüchliche Tätigkeit. Denn einerseits wird diese Arbeit aus eigenen Geborgenheitsbedürfnissen und aus Liebe zu den nahestehenden Personen geleistet. Gleichzeitig erfüllt sie aber auch die Funktion, die Arbeitskraft wiederherzustellen, damit diese im Produktionszusammenhang verwertbar bleibt. Und gerade die Wiederherstellung der männlichen Arbeitskraft ist in den 50er Jahren *die* Frauenarbeit schlechthin.

Denn die Männer, vor allem die während des Ersten Weltkrieges geborenen, stellten die Hauptgruppe der Rekruten für den Zweiten Weltkrieg. Ihr Eintritt in die Erwachsenenrolle war häufig durch die Weltwirtschaftskrise und später durch den Militärdienst weit hinausgeschoben, so daß viele ein kontinuierliches Berufsleben wohl erst in den 50er Jahren, im Alter von dreißig oder mehr Jahren, begonnen haben dürften (Fischer-Kowalski 1985, 64).

Für die Frauen selbst ging es weniger um die Wiederherstellung als um die „stille" Fortführung ihrer Haus- und Erwerbsarbeit.

Die Illustrierten der 50er Jahre beginnen dieses Frauenbild zu zeichnen: Die berufstätige Frau versteht es spielend, Mann und Kinder zu versorgen und überdies noch gepflegt auszusehen. Öffentlich wie privat hat sie ihre Arbeitskraft, ihre Emotionalität, ihre Verantwortlichkeit und ihr Aussehen zur Verfügung zu stellen. Die moderne junge Frau der Illustrierten verbindet die Normen von Schönheit, perfekter

Haushaltung und Berufsarbeit. Stark sein und zart erscheinen ist die Devise. Der Diebstahl an „Männlichkeit“ – Stärke und totale Arbeitskraft – ist durch expressive „Weiblichkeit“ – Schönheit, Zartheit, Herzlichkeit und Harmonie – wieder wettzumachen (Kaindl, 1985, 222).

Was die Berichterstattung über das Beziehungsleben angeht, so war bis Anfang der 50er Jahre vor allem von der Krise von Ehe und Familie die Rede, als deren wichtigste Ursachen das Auseinanderleben durch jahrelange Trennung, die überstürzte Eheschließung während des Krieges und die äußere und innere Not der Nachkriegszeit gesehen wurden. Selten wurden Ehelosigkeit und die hohe Scheidungszahl mit einem veränderten Bewußtsein der Frauen in Zusammenhang gebracht. Denn gerade zur Überwindung dieser Krise sollten die Frauen ihre wesentliche „Wiederaufbauleistung“ erbringen: „Die Ehe ist zu retten von fraulich mütterlichen Impulsen her, die einer ethischen und verstandesmäßigen Fundierung bedürfen. Die Frau erfaßt intuitiv ihre Sendung zur Ordnung der sexualethischen und ehelichen Angelegenheiten, die in ihre Aufgabe, Leben zu gebären, einbezogen ist. Mag Bindungslosigkeit und pöbelhafte Sucht zur Entpflichtung an der Ehe rütteln, die seherische, frauliche Lebensnähe wird einen Damm aufrichten und das Strombett für neues Leben hüten.“ (Seeler 1984, 102)

Mit einer im Vergleich zu den 50er Jahren großen Offenheit waren in den unmittelbaren Nachkriegsjahren auch andere Lebensformen erörtert und diskutiert worden. Unter Hinweis auf den großen „Frauenüberschuß“ nach dem Zweiten Weltkrieg waren der zwangsweise Verzicht vieler Frauen auf Kinder und Familie thematisiert und z. B. ein Konzept der „Mutterfamilie“ entwickelt worden. Die Kritik an diesem Modell war, daß „bei dem Frauenüberschuß von sieben Millionen, den unsere Erörterung zum Ausgang hat, es nicht anders sein (kann), als daß die meisten unverheirateten Frauen, die eine Mutterfamilie gründen wollen, sich mit verheirateten Frauen deren Männer teilen – vorausgesetzt, daß nicht nur Junggesellen Väter in Mütterfamilien werden. Wo ist die Grenze gesetzt durch ein persönliches Gewissen? Ist ein Verlaß auf die ‚wertvollen‘ Frauen, daß sie bedachtsam den Partner wählen, keiner anderen den Mann, keinen Kindern die ungeteilte Hingabe des Vaters nehmen?“ (Seeler 1984, 108) Um dieser Gefahr zu begegnen, wurden auch die Vorteile des Alleinlebens diskutiert, und bereits im Oktober 1948 wurde die Frage der künstlichen Befruchtung ausführlich erörtert. „Kinder aus der Retorte“ wurden – „gerade in Deutschland mit seinem nahezu tragischen Frauenüberschuß“ – als mögliche, zukünftige Lösung des Problems zwangsweise alleinstehender Frauen gesehen.

Dem Anachronismus der traditionellen Frauenrolle in Gestalt der „Hausfrau-Mutter-Gattin“ wurde nur ansatzweise mit alternativen Perspektiven begegnet, indem andere Lebensformen und Beziehungskonzepte, wie z. B. Wirtschaftsgemeinschaften von Frauen und Frauenwohngemeinschaften, erörtert wurden. Vielmehr wurde durch die Beschwörungen der Ehe als Beziehungsnorm und die Verkündung der Liebe als dem großen Glück mit aller „Gewalt“ die „Wiedervereinigung“ der „weiblichen Dreieinheit“ versucht und gesucht.

Neben den Illustrierten ist die Auflage unzähliger Anstandsbücher in den 50er Jahren symptomatisch für die aufwendigen Verdrängungsleistungen der Nachkriegsgesellschaft. „Übersehen, Vergessen und Verdrängen waren notwendig und vernünftig. Die gewaltige Aufbauleistung jener Jahre wäre anders nicht möglich gewesen. Eine geschichtslose Generation, zurückgezogen ins Private, den Blick starr und unverwandt auf die Zukunft gerichtet, schuftet für das kleine Glück. In dieser Gesellschaft wird guter Ton zur magischen Formel, um die eigene und Nachbars Vergangenheit zu bannen, um nicht darüber reden zu müssen. Im Anstandsbuch heißt es: ‚Gesprächsthemen über Krieg, Kriegserlebnisse, Atombomben, Krankheiten,

Verbrechen und Katastrophen vermeide man immer, dann lieber gleich über das Wetter sprechen!' [...] Die Überlegung ist nicht so unsinnig: Wer der menschlichen Natur zutiefst mißtraut, weil er gerade erlebt hat, was Biedermänner anrichten, wenn man sie läßt, der setzt auf Manieren, will er der historischen Analyse entgehen, die Reflexion eigenen Verhaltens vermeiden." (Huemer 1985, 208).

Drehpunkt und Zentrum der Benimm-, Verhaltens- und Anstandsregeln waren der Kontakt und die Beziehung zwischen den Geschlechtern. Eine „Wiederaufbaueuphorie" durchzog das Geschlechterverhältnis, und die Klischees des Jahrzehnts sind eindeutig: Alle Frauen wollen einen Mann, und alle Männer sind Eroberer. In den Benimm-Büchern für Mädchen war klar, daß sie erst kurz vor dem Heiratstermin zu erwachen hatten und daß sie vom Traumprinzen in der Tanzschule als „institutionalisierter Geschlechterzusammenführung" aus einem achtzehnjährigen Dornröschenschlaf wachgeküßt werden sollten.

Was die Beziehung zwischen Männern und Frauen angeht, war klar, daß Frauen und Mädchen die Männer zu unterstützen haben, ging es doch in diesem Wiederaufbaujahrzehnt hauptsächlich darum, IHN wieder „aufzurichten": „Junge Damen sollen todschicke Modewörter und Gemeinplätze vermeiden und versuchen, jene Bildungsspanne, um die der Herr sie überragt, durch kluges Schweigen auszugleichen." Die Ehefrau „läßt ihn in Ruhe seine Zeitung lesen und hält ihm den häuslichen Kleinkram fern. Das Heim, das sie für ihn gemütlich macht, ist seine liebste Erholungsstätte." (Delille, Grohn 1985, 116) Kurzum: der eigentliche Beruf der Frau ist der Mann. Sie hat IHM ständig die Liebe zu beteuern und IHN für seinen Berufsweg zu bewundern. Sie muß IHM das Gefühl vermitteln, daß er stärker, klüger, besser, höher, geiler, schöner und unersetzbar ist, daß ohne IHN nichts geht – schon gar kein Wiederaufbau und Wirtschaftswunder.

Sowohl Ehefrauen wie jene, die Ehefrauen werden wollten, wurden von Mode- und Kosmetikindustrie unterstützt, denn die Frauen sollen wieder schön sein. Die Verlagerung des Fraueneinsatzes auf Männerberufe hatte Ende der 30er und in den 40er Jahren auch die Mode verändert, und immerhin waren es die Nationalsozialisten, welche die Frauenhose entdeckten. Was zu Beginn des NS von den Parteiorganen noch als unweiblich verpönt war, galt bald als praktisch und damit auch als kleidsam (Sultano 1994). Demgegenüber wurde die „praktische Kleidung" in den 50er Jahren als Vernachlässigung des Äußeren abgelehnt, da sie die Frau ihrer „besten Möglichkeiten" beraube. Die Frauen hatten sie sich als „weibliche Andere" modisch wiederaufzubauen. Hosen verschwanden aus der Alltagsmode fast zur Gänze. Die „Fahnen des Neubeginns" waren die Nylon- und Perlonstrümpfe, und Frauen sollten endlich wieder ihre Beine zeigen. Die Haare wurden mit Dauerwellen in Form gebracht, die mittellange Frisur der 40er Jahre, die bezeichnenderweise „Entwarnung" genannt worden war, verschwand.

Der aus Amerika kommende „New Look" inszenierte eine Re-Feminisierung der Frauen-Mode mit weichen Schultern, Wespentaille und weitem Rock und bestimmte die „Frauen-Entwürfe" Amerikas, der BRD und Österreichs bis Mitte der 50er Jahre, obwohl die Modeindustrie schon 1953 die Form des Sackkleides der 20er Jahre mit der verlängerten Taille wieder einführen wollte. Die parallel dazu inszenierte Form der „Sweetheart Line" war eine Mischung aus Nostalgie und „New Look". Frau brauchte trägerlose Büstenhalter mit vorgeformten Körbchen, Korsetts oder Hüfthalter, Pettycoats, rüschenbesetzte Höschen aus steifem Organdy und Tüll, welche die Weite der Glockenröcke auf der ganzen Linie noch unterstrichen. Die Bedeutungsebenen, die diesem Stil eingenäht waren, bezeichnet Maureen Turim als die „Prinzessin", die „wahre Frau", die „Debütantin" und die „Braut" (Turim 1985, 35). Und dieses Debüt der Frau als „wahre Frau" und „Braut" steht in den 50er Jahren für den Neubeginn, den sie als „Gründungsopfer“ der nachfaschistischen Zeit als „neuer Neuzeit“ garantieren soll.

Ungezählte Auflagen hatten in Österreich die katholischen „Liebesberater- und Aufklärungsschriften“, die vorwiegend die Verhaltensregeln *für den Geschlechterverkehr* erörtern. Eindeutig ist, daß es dabei um die Verhütung des Geschlechterverkehrs selbst geht, denn „das Mädchen bedenkt nicht, daß ein Verkehr es für andere entwertet; ein hochstehender Jungmann – oft sogar ein solcher, der es nicht ist – will nach der Trauung ein unberührtes Mädchen umarmen“ (Frank, zit. in Huemer 1985, 212), und „nichts ziert ein Mädchen mehr als Zurückhaltung ... Speziell in der Liebe erwartet man von einem Mädchen maßvolle Zurückhaltung. Wer zu rasch gewährt, wird selten verehrt.“ (Hilgendorf zit. in Huemer 1985, 180) Denn „es geht ... beim vorehelichen Geschlechtsverkehr in der Seele des Mannes etwas vor sich, das für die spätere Ehe verhängnisvoll ist: seine Ehrfurcht vor dem Mädchen und der Frau wird zerstört.“ (Wirtz zit. in Huemer 1985, 180).

Sowohl was den Geschlechterverkehr als auch die Geschlechterbeziehung anbelangt, waren also die „Frauen- und Männer-Entwürfe“ wieder sauber restauriert. Den bescheidenen sexuellen Freuden der Frauen steht der Mythos der überwältigenden Lust des Mannes gegenüber: „Der Jungmann hat ... keine Ahnung, wie ein Verkehr ihn innerlich aufwühlt; wie er sich nun als Opfer der Leidenschaft fühlt; er kommt sich vor wie ein Raubtier, das Blut gerochen hat“ (Huemer 1985, 216).

In den sozial-ökonomisch desolaten Nachkriegsjahren, die auch durch einen Verlust männlicher Kontrollinstanzen bestimmt waren, gab es neben extremen Formen sexueller Gewalt gegen Frauen (Vergewaltigungen) jedoch auch vielseitige Experimente von Frauen, sich aus der sexuellen Bevormundung durch die Männer zu lösen. Viele „feldpostbriefversorgte“ Frauen hatten das jahrelange Warten auf ihre Ehemänner satt und gingen „wilde Ehen“ oder „Besatzerbeziehungen“ ein. Die heimkehrenden Männer waren entsetzt, hätten die Frauen doch für so etwas wie die Moral der „heilen Welt“ gerade stehen sollen. Nur wenige Soldaten kritisierten diese männliche Doppelmoral: „Liebe Kriegskameraden, habt Ihr so schnell vergessen, wie Ihr in Smolensk, Odessa, Simferopol in die russischen Häuser gingt? ... Wißt Ihr noch, wie Ihr in den Bordellen von Pas und Le Havre, von Lille und Besançon, in Norwegen und in Italien, im Baltikum und in Griechenland Schlange standet ...?“ (zit. in Dellille, Grohn 1985, 116). Der „Wiederaufbau sexual-moralischer Sauberkeit“ war also einer der vielen Versuche zur Konsolidierung der „männlichen Ehre“. Damit war der Wertkomplex der bürgerlichen Geschlechterbeziehung, in die Sexualität, Liebe, Fortpflanzung und Ehe eingeschlossen waren, wiederaufgebaut: „Sex als Genuß sui generis wird verurteilt, er muß sich hinter etwas anderem verstecken. Sex plus Liebe ist, außer in Romanen und Filmen, ebensowenig erlaubt, nicht nur in homo- sondern auch in heterosexuellen Beziehungen. Sex plus Fortpflanzung führt zum außerehelichen Kind und zur unehelichen Mutter, die beide diskriminiert werden. Eine Ehe mit Sex und Liebe ohne Fortpflanzung wird sozial abgelehnt: ... (man) steht in dem Verdacht, unfruchtbar zu sein, und wer sich öffentlich dazu bekennt, keine Kinder haben zu wollen, wird als asoziales Wesen, als egoistisch angesehen.“ (ebenda, 118) Die Verheiratung im Falle einer Schwangerschaft wurde für Frauen zum Zwang – Ende der 50er Jahre war knapp ein Drittel aller eheschließenden Frauen schwanger. Ledige Mütter wurden diskriminiert, Verhütungsmittel gab es kaum, und Schwangerschaftsabbrüche waren trotz häufiger Todesfolgen und Abtreibungsverbot ein Massenphänomen.

Der „Wiederaufbau der sexual-moralischen Sauberkeit“ erfolgte also über die Disziplinierung der Frauen in Form der Kontrolle ihrer Sexualität und ihrer Männerbeziehungen. Die „Mobilmachung der Prostituierten“ und die „Demobilmachung der Ehefrauen" gewährleisteten den durch Krieg, Zerstörung und Armut depotenzierten und besitzlosen Männern wieder ein Stückchen „unberührte Heimat" und immobilen „Besitz".

Auch der österreichische Kinofilm der 50er Jahre entzieht sich in seiner Auseinandersetzung mit der Geschlechterbeziehung großteils der Auseinandersetzung mit der Gegenwart und der unmittelbaren Vergangenheit und stellt vielmehr eine Flucht in simple, klischeehafte Träume dar. Eindeutiger Trend in den Filmen ist die „Vervollständigung" der Frau durch einen Mann. Sie ist erst „ganz", wenn sie einen Ehe-Mann an ihrer Seite hat. Weibliche Existenz ohne Mann ist Entsagung. Das „private Glück" der Frauen versagt stets, wenn sie sich beruflich engagieren. Liebe und Karriere sind unvereinbar, und die formal gleichberechtigten Frauen, die einem Beruf nachgehen, zahlen einen bitteren Preis für ihre Vermessenheit: ein Leben ohne Liebe in Einsamkeit. Der Beruf ist lediglich Ersatz, keine Selbstverständlichkeit und niemals Selbstverwirklichung. Im Falle der „ledigen berufstätigen Frau" als Protagonistin des Films findet sie ihr Glück in der Begegnung mit einem reifen Mann, für den sie alles aufgibt und sich der „Liebe" überläßt.

In den Ehe-Problem-Filmen wird gezeigt, wie die Partner Konflikte und Entfremdung überwinden und in die Ehe zurückkehren. Das ist möglich durch die wiedererwachte „große Liebe", durch die Einsicht, „einander zu brauchen", oder einfach durch „Vernunft". Weibliche Sexualität wird meist ausgespart, Monogamie und Treue werden als weibliche Werte zementiert. Die Familienfilme beschäftigen sich hauptsächlich mit der „Vervollständigung der Familie". Im Gegensatz zu den Liebesfilmen wird hier nicht eine Frau durch einen Mann „komplettiert", sondern eine Familie durch eine Frau. Die Protagonistinnen sind im wesentlichen ausgezeichnet durch ihre Kinderliebe, ihren Familiensinn und ihre Haushaltsführungskenntnisse, mit denen sie spielend vormals chaotische Familienverhältnisse ordnen. Die „sexualisierte Frau" war nur im ausländischen Film zu bewundern. Sexuelle Abenteuer und aufregende Lieben fanden im Ausland, also in der Fremde, statt. Die Träume begannen damit, aus dem aufgebauten Glück miefiger, familiärer Enge „das Weite oder Ferne zu suchen" (Leinfellner 1985).

Dieses Hinausschieben der Traumgrenzen ist auch den Schlagern der 50er Jahre inhärent. Sie geben wie fast kein anderes Medium Auskunft über die mediale Gefühlswelt des Wiederaufbaujahrzehnts – das Dauerverlangen nach Liebe. Die Schlagertexte drehen sich ausschließlich um Liebe und Liebesleid, um Sehnsucht nach Ferne und Heimat. Krieg und Kriegsangst, Zerstörung und Leid waren kein Thema mehr. Thomas H. Macho bezeichnet die Schlagerschwemme der 50er Jahre als „musikalische Regression", in der die Zuhörer dauernd auf „Reisen" gehen: „... die ganze – eben erst verlorene Welt – gehört uns in der Musik". „Reise-Schlager", „Matrosenromantik" und „Kalypso-Songs" sind Symptom eines narzißtischen Exotismus und Ausdruck der narzißtischen Paradies-Sehnsucht dieser Zeit (Macho 1985, 258).

Die Schlager schaffen dreierlei: Sie unterhalten, sie zeichnen Wünsche und Sehnsüchte der Menschen dieser Zeit auf und sie produzieren Gefühle. Am Beispiel der Schlager der 50er Jahre zeigt sich deutlich, wie Gefühle als Ware vermarktbar sind.

„Capri-Fischer"
Wenn bei Capri die rote Sonne
im Meer versinkt
und vom Himmel die bleiche Sichel
des Mondes blinkt,
zieh'n die Fischer mit ihren Booten
aufs Meer hinaus,
und sie legen im weiten Bogen

die Netze aus.
Nur die Sterne, sie zeigen ihnen
am Firmament
ihren Weg mit den Bildern,
die jeder Fischer kennt.
Und von Boot zu Boot
das alte Lied erklingt,
hör von fern, wie es singt:
Refrain: Bella, bella, bella Marie,
bleib mir treu, ich komm' zurück morgen früh!
Bella, bella, bella Marie, vergiß mich nie!

Die Fernweh-Schlager spiegeln die Sehnsucht nach Liebe und Glück, die nur mit wartenden Frauen und rastlos suchenden Männern zu realisieren sind. Die Restauration der polarisierten Geschlechtscharaktere der bürgerlichen Moderne – der aktiv werbende und erobernde Mann und die auf das Glück und die Liebe wartende Frau – ist also durchgängiges Moment. „Die Leidenschaftlichkeit und Sinnlichkeit des Weiblichen ist für die Schlager inexistent. Die Männer fürchten sie. Sie lieben die durch sie bestimmte, gebundene und bejahende Frau, die zwar ihre Geliebte ist, immer aber ihre Mutter sein soll" (Ratzenböck 1988).

Liebe als Erlösung: Die „weibliche Andere" als „Gründungsopfer" der nachfaschistischen Zeit als „neuer Neuzeit"

Diese Phänomene des immateriellen Wiederaufbaus der 50er Jahre zeigen, daß die „Beschwörung der Liebe" zum Motor des Wiederaufbaus der Geschlechtergrenzen wird, die ihrerseits das Fundament des materiellen Wiederaufbaus darstellen. Ebenso aber wird die Liebe zum Motor des Vergessens von NS- und Kriegsbeteiligung. Da es sich bei der Liebe aber nicht um ein „ewig menschliches Gefühl" handelt, ist zu fragen, welche Spuren der „Geschichte der Liebe" (Rathmayr 1992) sich nun im „Wunschhaushalt" der Epoche ausfindig machen lassen.

Daß es sich bei der Beschwörung der Liebe in den 50er Jahren um ein „sehnsüchtiges Modell" handelt, dürfte auch schon in den kurzgehaltenen Schilderungen der letzten Seiten fühlbar geworden sein. In der noch vorherrschenden Vergangenheit – zerstörte Städte, Hunger, Kriegsverletzte, Armut etc. – zeichnet die „Nachtindustrie" ein Bild der Zukunft, in dem wir in eine heil gebliebene Heimat und in die Schönheit einer verlorenen Ferne (Paradies-Sehnsucht) entführt werden und in dem uns eine „Erlösung" (heil werden, ganz werden) durch die Liebe versprochen wird. Und „Erlösung von Schuld" war wohl in keinem anderen Jahrzehnt dieses Jahrhunderts so notwendig wie in den 50er Jahren.

Vergleichen wir die Minnesänger und Troubadoure des 12. Jahrhunderts mit den Schlagersängern der 50er Jahre, so zeigt sich bei beiden, daß der symbolische wie reale Machtverlust der Männer einen künstlerischen Abstraktionsprozeß hervorbringt, der die Verarbeitung dieses Verlustes ermöglicht. Ist bei beiden die „Trennung der Liebenden" Leitmotiv, so singen die Troubadoure im 12. Jahrhundert von der Unerreichbarkeit der Frau, die Schlagersänger der 50er Jahre aber von der Unerreichbarkeit der Männer. Die auf dem Podest der Männerphantasien der 50er Jahre erscheinende, idealisierte Frau ist eine, die „sehnsüchtig" auf ihn wartet.

Im Bild der sehnsüchtig auf den Mann wartenden Frau erscheint der Mann in der Position des „Erlösers", in die er durch „Produktion von Mangel" gerät: Er läßt in unterschiedlichen Formen der Abwesenheit auf sich warten. Die so erzeugte Sehnsucht der Frau nach dem Erlöser-Mann verweist auf die Sehnsucht der Männer – nicht nach der Frau, sondern nach ihrer Position in der Geschlechterbeziehung, die sie via „Hungerbringung" gegenüber der Frau reetablieren.

Doch die Troubadoure der 50er Jahre haben gegenüber ihren Kollegen im 12. Jahrhundert eine wesentliche „Weiterdrehung" am jahrhundertealten Leierkasten der romantischen Liebe geschafft. So singen die Schlagersänger als Vertreter der entmachteten Männer der Kriegsverliererstaaten vom Leiden der Frau an der Unerreichbarkeit der Männer und nicht von der Unerreichbarkeit der Frauen für die Männer. Die Frau wird zum Ort der Ent-Sorgung, an dem die Schwächen der Männer durch Verschiebung abgelagert werden. Ihrem objektiven Status als entmachtete Männer entkommen sie mittels Internalisierung der „Erlöser-Rolle". Dabei erlösen sie aber letztendlich ihr eigenes, in die Frau verschobenes Leid. Das ist eine der Treppen im „Wiederaufbau" der männlichen Machtposition. Die in der Heimat spürbare Kollektiventtäuschung der Frauen angesichts des Niedergangs des Mythos „Mann" muß etwas mit dem Wandel zu tun haben, in dem die Minnesänger der 50er Jahre das Modell der „Unerreichbarkeit" – und damit Schuldlosigkeit – für sich selbst in Anspruch nehmen. Mit dieser Unerreichbarkeit konnte die Sehnsucht der Frauen geweckt werden. „Frauen hatten die durch den Krieg bedingte Trennung zum Teil besser verkraftet und durch ihre Alleinverantwortung für Haushalt und Kinder häufig einen Selbstbewußtseinszuwachs erfahren. Männer sahen durch die lange Trennung und das veränderte Verhalten ihrer Frauen ihre eigene Autorität schwinden, haben zu Recht oder Unrecht Frauen der sexuellen Untreue verdächtigt, waren über die tatsächliche Vaterschaft von Kindern im unklaren. Als Kriegsheimkehrer und Kriegsverlierer fühlten sich viele den Besatzungssoldaten und anderen Ausländern gegenüber unterlegen, erlebten sie als potentielle, übermächtige Rivalen. Die Kompetenz der Frauen im Nachkriegsalltag, die eigene Desorientierung, hat Ohnmachts- und Unterlegenheitsgefühle bei Männern noch verstärkt" (Thurner 1990, 3).

Die Krise der Geschlechterbeziehung im Wiederaufbaujahrzehnt verweist auf diesen „sozialen Tod" der Heimkehrer. Mit der Niederlage an der Front sind die tragenden Säulen der männlichen Position in der Geschlechterordnung, nämlich Patriarchat und Virilismus, zugrunde gegangen. Die Produkte der „Wunschtraumwelten" der 50er Jahre bieten den realexistierenden Männern einen „Flucht-Raum" zur Verarbeitung dieser „Niederlage des Mannes als Geschlecht".

Eine weitere Verarbeitungsmöglichkeit bietet der Fluchtraum „Krankheit", was von Aufzeichnungen der klinischen Psychiatrie bestätigt wird, in denen die Angehörigen der höchst virilen Waffengattungen wie Luftwaffe, U-Bootflotten und Panzertruppen die tiefsten Deprivationserscheinungen aufwiesen. „Dem korrespondierte die neurotische Fixierung an die ‚gute Mutter', als die sie die Armee begriffen. […] Die Flucht in die Krankheit ermöglichte die Beibehaltung des infantilen Status des Frontkämpfers, da sie Frau und Kinder zur Übernahme der sorgenden und schützenden Rolle verpflichtet" (Mattl 1990, 10).

Eine dritte Fluchtmöglichkeit vor der Konfrontation mit der Realität bot die Arbeit. Der wirtschaftliche Einsatz und Erfolg boten Ersatz für ihre verlorene Männlichkeit. Arbeit und Wiederaufbau wurden für sie zum Libidoobjekt und waren von einer signifikanten Frauenverachtung begleitet. Die männliche Position konnte damit auch in der neurotischen Fixierung auf das ökonomische Modell wiederaufgebaut werden (Mattl 1990, 10). Im Rahmen dieser „Fluchtbewegungen“ versuchen die Männer die „Niederlage als Geschlecht“ zu verarbeiten, indem sie in den „Flucht-Räumen“ des Imaginären, in der Krankheit und im wirtschaftlichen Einsatz ihre Machtposition wiederaufbauten. Bis heute ist diese *Männer-Bewegung als Flucht-Bewegung* eine sichere Karte, um die männliche Position der Moderne in der Geschlechterbeziehung zu (er)halten.

Die Sehnsucht der Frauen nach eigener Macht

Langfristig gesehen, weisen aber auch Frauen die Wiederauflage der Projektionen auf sie nicht zurück. Die veränderte äußere Realität und die gestörte internalisierte Geschlechterordnung geben nur kurzfristig Kraft für Widerstand. Frauen antworten auf die Frage. „Kann ich mir einen Mann leisten“ im August 1948 im Hamburger Echo: „Ach ja, es wäre sehr schön und wohltuend, wenn man ein männliches Wesen als Kamerad und Gegenpol um sich haben könnte. Mit dem man teilen und austauschen könnte – Erfahrungen, Ansichten, die letzte Zigarette und die karge Freizeit. Ich fürchte, daß die Frage eigentlich heißen müßte: gibt es einen Mann, den ich mir leisten kann? Die muß ich verneinen. – Der Zufall hat mir immer nur Männer über den Weg geschickt, die wohl meine letzte Zigarette rauchten, aber nicht ihre letzte mit mir teilten. Und so was kann man sich nicht leisten, das ist klar“ (Filmcutterin, 25 Jahre, ledig). Oder: „Mein Mann kam vor sieben Monaten aus der Kriegsgefangenschaft [...]. Zuerst war er sehr erholungsbedürftig, ich habe alles getan, um ihn zu pflegen und ihm zu helfen. Aber mal muß er ja auch schließlich selbst was tun, er vergällt mir auch meine Freizeit mit ewiger Nörgelei. Ich wäre doch leichter ohne Mann dran. Ich muß vier Personen ernähren, und mein Mann ißt am meisten. Wie soll ich das nur schaffen?“ (Schaffnerin, 32 Jahre, zwei Kinder) (Mattl 1990, 24).

Diese pragmatische Haltung verschwindet im Laufe des Wiederaufbaujahrzehnts, und der „Luxusartikel“ Mann wird wieder zum Bezugspunkt weiblicher Selbsterfahrung. Der Wiederaufbau der bürgerlich-modernen Geschlechterordnung soll die nach-faschistische Zeit als neue Neuzeit begründen und einen Bruch setzen mit der NS-Vergangenheit. Und in allen Ursprungsmythen gibt es ein „Gründungsopfer“, das den Anbruch der „neuen Zeit“ garantieren soll. Auch im Diskurs der Nachkriegszeit will die Erlösung von „nationaler Schuld“ durch erneute Opfer erreicht werden. In der Wiederauflage der „weiblichen Anderen“, der bürgerlich-modernen Geschlechterbeziehung „sterben“ Frauen im Sozialen durch den Abbau ihrer mobilisierten Position den „Opfertod“, der dieser „weiblichen Anderen“ schon immer inhärent ist. Sie soll das „Gründungsopfer“ sein, das die nach-faschistische Zeit als „neue Neuzeit“ garantiert.

Wie läßt sich nun diese konservative Kapitulation auf seiten der Frauen erklären? Denn sie verrücken sich ja auch selbst wieder in das phantasierte Frauenbild männlichen Begehrens und stellen sich für die „Wiedergeburtsarbeit“ zur Verfügung, die den Abbau ihrer sozialen Mobilität erfordert. Die Verallgemeinerung der modernen Geschlechterordnung, die erst in den 50er Jahren möglich wurde, ist ohne die aktive Beteiligung der Frauen nicht denkbar.

Äußere Faktoren, wie die Diskriminierung von Frauen in Berufsposition und Entlohnung, ihre verbleibende Zuständigkeit für die Versorgung der Familie und ihre gesetzliche Benachteiligung waren Momente im „Abbau“ der mobilisierten weiblichen Position. Ein anderes Moment verweist auf innere Faktoren, die den Erhalt des veränderten Lebenskonzeptes verunmöglichten. Die Anpassungsleistungen der Frauen lassen sich auch auf dem Hintergrund der erfahrenen, sozialen

Erschütterung und der körperlichen Verletzbarkeit erklären, was auch sie an „alten Orten“ und in „alten Ordnungen“ Zuflucht suchen läßt. Auch „das Trauma lebenslanger Einsamkeit und damit verbundener Kinderlosigkeit wurde als Ursache von Entsolidarisierungsprozessen wahrgenommen und als sozialer Tod“ (Mattl 1990, 11).

Zum anderen kann das Verhalten der Nachkriegsfrauen auch in einem historisch übergreifenden Sinne erklärt werden, wenn man sie in die lange Geschichte der von Christina von Braun analysierten schöpferischen Differenz und Konkurrenz der Geschlechter stellt (Braun 1988). Die Kultur- und Zivilisationsgeschichte offenbart sich ihrer Analyse nach als Hervorbringung von Zweiten Realitäten: von Kunst-Körpern, Kunst-Naturen, Kunst-Geschlechtern etc., welche die schöpferische Differenz zwischen den Geschlechtern auf ein Monopol des Mannes reduzieren. Zweite Realitäten, die aus der Kooperation unter Männern hervorgehen. „Aus den Riten, mit denen Männer in ‚Kalten Kulturen‘ diese Enteignung garantieren, sind Maschinen und Institutionen geworden. Die existentielle Verschreibung an die dringlichen Formen des ‚Aufbaus‘, an den Fetisch Produktion, hätte die Frauen völlig unter das Gesetz der technisch-maschinellen Welt gestellt, die als Referent dieses männlichen Selbstschöpfungsprozesses fungiert hat. Das Akzeptieren der gesellschaftlichen Rolle als Hausfrau und Mutter [...] entspränge dann einer Dilemma-Situation zwischen Kapitulation und Komplizenschaft, in der der Kapitulation der Vorzug gegeben wurde.“ (Mattl 1990, 11) Was die Frauen zu dieser „Kapitulation“ bewegte, bezieht sich also auf eine drohende Auflösung der imaginierten Macht der Frauen als Mütter, die im Unterschied zu Männern eben noch etwas anderes hervorbringen als Maschinen und Waren. Erst mit der biotechnologischen Revolution seit den 70er Jahren, welche die künstliche Reproduktion der Generationenfolge in Aussicht stellt, läßt sich diese Kapitulation auch als Widerstand lesen.

Daß die Selbständigkeitserfahrung in den 50er Jahren nicht in einem neuen Selbstbewußtsein überdauern konnte, hat weiters damit zu tun, daß der Nationalsozialismus die Mädchen zu dieser „Befreiung“ aus der Geschlechterordnung der bürgerlichen Moderne sozusagen verpflichtet hat. Dies verhinderte eine reflektierte Auseinandersetzung mit dem Überschreiten der Geschlechtergrenzen. Im Rückblick haben auch sie nur ihre Pflicht getan.

Die „Selbstopferung“ der Frauen, die der Anpassung an die moderne Geschlechterordnung inhärent ist, läßt sich auch damit erklären, daß sich die Erinnerung an den eigenen Aufbruch mit dem Verbrechen des Genozids und dem nationalen Zusammenbruch verbindet, der jenes fragmentierte Selbst hinterläßt, von dem es einmal heißen wird: „‚Das Vergangene ist nicht tot; es ist nicht einmal vergangen. Wir trennen es von uns ab und stellen uns fremd.‘“ (Reese 1991, 20) Daß die Nachkriegsfrauen sich nicht nach hinten wenden, ist ein Verarbeitungseffekt ihrer „Emanzipations-Erfahrungen“ in Nationalsozialismus und Krieg, die im Kontext des nationalsozialistischen Geschlechterdiskurses zu sehen sind, in dem in einer „männlich-weiblichen Gleichschaltung“ die Frauen den Männern als Kameradinnen geschlechtslos gleichgestellt wurden. Diese „Kameradschaft als Geschlechterdifferenz“ ermöglichte es, daß an die Stelle weiblicher Immobilität ihre Mobilität tritt. Im Rahmen dieser äußeren Emanzipationsverpflichtung machen Frauen Erfahrungen, innerhalb derer sie ein Selbstbewußtsein erwerben, das in keiner NS-Normerfüllung aufgeht. Dieses andere Selbstbewußtsein wird von ihnen nach dem Krieg und dem Zusammenbruch des Nationalsozialismus als Illusion entwertet, „als ob man ‚zu irgend etwas verführt‘ worden sei, was man nicht durchschaute. Als ob ein ‚Mißbrauch‘ geschehen sei, der ebenso die Emanzipationserfahrung in Frage stellt. [...] ‚Ein gebranntes Kind fürchtet das Feuer‘. Diese Berührungsangst scheint sich in der Regression auf ein ‚persönliches Glück‘ innerhalb einer ‚normalen Diktatur‘ zu befrieden [...]“ (Treusch-Dieter 1990, 42).

Am Beispiel der 50er Jahre zeigt sich deutlich, daß weder die Liebe ein ewig gleiches menschliches Gefühl ist noch daß die Ausgestaltungen der Geschlechterbeziehungen auf eine anthropologische Konstante verweisen. Das, was sich hingegen in jeder Kultur als konstant erweist, ist die Institutionalisierung der sexuellen Beziehungen und die Regulation der Geschlechterbeziehung in Heirats-, Liebes- und Verwandschaftsordnungen (als Rechtsverhältnis zwischen Eltern und Kindern), da nur eine kontinuierliche Generationenfolge das Aussterben verhindern kann. Alle Gesellschaften sind damit auf Mütter als Trägerinnen neuen menschlichen Lebens existenziell angewiesen. Die Institutionalisierung der sexuellen Beziehungen stellt historisch somit in jeder Kultur eine elementare Grundlage der spezifischen Ausprägung der gesamtgesellschaftlichen Struktur dar, und die Art und Weise, wie wir unsere Beziehungen gestalten, sind damit ausnahmslos kulturell bestimmt.

Die auf dieser notwendigen Grundlage der kontinuierlichen Generationenfolge hervorgebrachte Geschlechterordnung unserer Kultur reguliert die Zuständigkeiten von Frauen und Männern für diese gesellschaftliche Aufgabe. Aus diesen Zuständigkeiten wird die Geschlechterdifferenz, also die Vorstellungen darüber, „wer wie ist", kulturell folgenreich abgeleitet und tradiert. Obwohl das Männliche an den Männern und das Weibliche an den Frauen historisch unterschiedlich ausgestaltet wurde, sind die Vorstellungen über die Differenz der Geschlechter durch eine konstante Grenzziehung zwischen „Männlichem" und „Weiblichem" gekennzeichnet. Diese Grenzziehung zieht sich durch alle Schichten und Brüche unserer Kultur und bleibt bis heute der Unruhepunkt, von dem aus die jeweils gültige Geschlechterdifferenz etabliert wird. Diese wiederum bestimmt, welche Beziehungen gesellschaftlich akzeptiert sind.

Bei der Frage nach dem Ausmaß von Aufmüpfigkeit und Angepaßtheit der Frauen in den Geschlechterbeziehungen der 50er Jahre hat sich gezeigt, wodurch die Geschlechtergrenze Unruhepunkt wird oder bleibt und wozu diese Grenze immer wieder aufs Neue gezogen wird. Fragen, mit denen die ökonomischen, sozialen und kulturellen Verhältnisse dieses Jahrzehnts ausschlaggebend für Gefühle und Beziehungsnormen sind. Im weiteren läßt sich in der Ausgestaltung der Geschlechterbeziehungen der 50er Jahre exemplarisch zeigen, wozu Frauen und Männer unter Bezugnahme auf diese Geschlechtergrenze ihre Beziehungsgestaltung und Identitätsarbeit diesen Normen anpassen oder verändern.

Um verständlich zu machen, worauf beide Prozesse – Aufmüpfigkeit und Anpassung – zurückgreifen, seien hier in einem kurzen abschließenden Exkurs die wesentlichen Bestimmungsmomente der bürgerlich-modernen Geschlechterordnung zusammengefaßt. Denn die Geschlechterbeziehungen der 50er Jahre sind beispielgebend für die Verallgemeinerung dieser Geschlechterordnung als gesamtgesellschaftliches Lebensmodell. In dieser Verallgemeinerung sind die 50er Jahre sowohl Höhepunkt der modernen Geschlechterordnung wie Anfang deren Endes. Denn diese Grenzen des immateriellen Wiederaufbaus der 50er Jahre waren es, welche die Kulturkritik der neuen Frauenbewegung seit den 70er Jahren aufs Schärfste zurückweist. Diese Kritik ist nach wie vor richtungsweisend für Fragen der Befreiung aus der modernen Geschlechterordnung (Wolf 1995, 98–125).

Die Geschlechterordnung der bürgerlichen Moderne ist ein Beispiel des gesellschaftlichen Umgangs mit der Geschlechterdifferenz in unserer Kultur, mit der nicht eine natürliche Geschlechterdifferenz, sondern lediglich ältere soziale Ordnungen (mittelalterliche Geschlechterordnung) als nicht mehr passend umgearbeitet wurden. Die moderne Geschlechterordnung ist Resultat der veränderten Produktionsverhältnisse und der Verwissenschaftlichung der Geschlechterdifferenzvorstellungen seit dem 18. Jahrhundert, welche die Position der Frau in der Geschlechterbeziehung als Dreieinheit von „Hausfrau-Mutter-Gattin" etablierten.

Diese Geschlechterordnung hat eine Basis in der Produktionsform, in der Frauen die lebenslange Hausarbeit und Männern die arbeitsmarktfördernde Existenzführung zugewiesen wird. Demgegenüber war in der Ökonomie des „ganzen Hauses", die der Industrialisierung vorhergeht, die Zusammenarbeit von Frau und Mann notwendig, da Herstellung und Verbrauch der Produkte nicht getrennt waren. Daraus resultierte auch die Anerkennung der Gleichwertigkeit von weiblicher und männlicher Arbeit. Erst die zunehmende Ausgrenzung der Frau aus der gesellschaftlichen Produktion, ihr Ausschluß von bezahlter und die Unsichtbarmachung der ihr zugewiesenen Arbeit evozierten eine enorme Entwertung der Frauenarbeit, der zunehmend der Charakter von Arbeit abgesprochen wird. Im Zuge dieser Umbewertung verwandeln sich alle ehemals gleichwertigen, ökonomischen Fähigkeiten der Frau in weibliche „Natur" und psychisch begründete Geschlechtseigenschaften, die nichts kosten. Mit der Entfamiliarisierung der Arbeitsverhältnisse wurde der Wert der Arbeit also nicht mehr durch die arbeitsteilige Erwirtschaftung von Gebrauchsgütern, sondern von der Höhe des Lohns und damit dem Geld bestimmt. Mit der Entfamiliarisierung der Arbeitsverhältnisse verlieren Frauen die soziale Macht, die in der alten Gesellschaft aus ihrer Zuständigkeit fürs Überleben resultierte (vgl. Bock, Duden 1977, Werlhof 1992).

Die Neubestimmung der Mutter- und Erzieherinnenrolle war ebenfalls Effekt der veränderten ökonomischen Verhältnisse, in deren Kontext das Bürgertum soziale Position und Arbeitsplatz durch Leistungen erringen mußte. Damit wurden die Erziehung in der Familie und die Schul- und Berufsausbildung zu einer Hauptinvestition. Kindheit wurde entdeckt als Ressource, von deren planmäßiger und richtiger Nutzung das eigene und das Wohl der bürgerlichen Gesellschaft entscheidend abhängig ist. Das Bürgertum setzte die „Erziehung seiner Kinder als Waffe ein" und regulierte davon ausgehend die neuen Aufgaben der Mutter als Erzieherin und Lehrerin, die als „natürliche" Hingabe verstanden wurden. Und Generationen von Pädagogen waren im 19. Jahrhundert damit beschäftigt, den Müttern das angeblich Selbstverständlichste – nämlich ihre „Natur" – beizubringen (vgl. Rutschky 1988, Badinter 1991).

Auch die Position der Gattin erfährt in der Umschrift der Geschlechterordnung ihre Neubestimmung: Die Ehefrau hat als „hingebende Gattin" das männliche „Größen-Ich" zu komplettieren. Der Mann wird dabei zum absoluten Zweck weiblicher Existenz. Diese Sichtweise rekurrierte auf eine Weiblichkeitsvorstellung, die Jean-Jacques Rousseau bereits 1762 formulierte: „Ihr Wesen, ihr Zweck, ihre Funktion beziehen sich auf den Mann. Die Frau ist nicht um ihrer selbst willen geschaffen, sondern dazu, ‚zu gefallen und sich ihm zu unterwerfen', dazu, ‚sich dem Manne angenehm (zu) machen', dazu, ‚dem Manne nachzugeben und sogar seine Ungerechtigkeit zu ertragen'" (Rousseau 1979, 467). Um in die Position dieser neuen „Frau" zu gelangen, hatte die Frau alles „hinzugeben" – sowohl sich selbst wie ihre Rechte und ihr ganzes Vermögen. Diese Wesensbestimmung der „hingebenden

Gattin" ermöglicht eine Ehe-Ordnung, in der „auf der einen Seite das ‚absolute Ich' des mit Hilfe der Vernunft beharrlich gegen die Naturtriebe anrennenden männlichen Individuums" steht „und auf der anderen Seite die Natur und Vernunft a priori verknüpfende ‚absolute Liebe' des ich-losen weiblichen Wesens, das sich ‚wie Knetgummi den männlichen Erwartungen und Forderungen' anschmiegt" (Honegger 1991, 193).

Fundament dieser Dreieinheit von „Hausfrau-Mutter-Gattin" ist die Vorstellung von der „Natur" einer „kopf-losen" und „begehrens-losen" Frau. Eine „Natur", die in den wissenschaftlichen Geschlechterdifferenztheorien aber erst erfunden wurde und an die es die Frauen erst anzupassen galt. Denn kaum ein Jahrhundert vorher wurden Frauen noch aufgrund ihrer angeblich unersättlichen Fleischeslust und ihres spezifischen Wissens auf dem Scheiterhaufen verbrannt. Um diese Anpassung an die neu entwickelten „Geschlechtscharaktere" zu garantieren, wurden sie zur Formulierung eines Bildungsprogramms, das den Frauen jegliche Intellektualität aberkannte. Die Vergabe der Denkfähigkeit an die Männer führte dazu, daß die Ausbildung der Bürgersöhne sich intensivierte und sich gemäß den Erfordernissen der Berufswelt spezialisierte. Die Konzentration auf seine außerhäusliche Berufstätigkeit und -funktion überdeckte in der Bildung die Funktion des Gatten, Hausherren und Vaters immer perfekter. Ausbildung und Bildung waren der Motor für den Aufstieg des bürgerlichen Mannes, der immer mehr als Kennzeichen des Bürgertums – Bildung und Besitz – aufgerichtet wurde. Frauenberufe entstanden im 19. Jahrhundert ausschließlich unter den Auspizien des neuen Mütterlichkeitsideals, für das Frauen unter Berufung auf deren gerade gefundene „Natur" für „mütterliche" Aufgaben ausgebildet wurden (Kindergärtnerinnen, Lehrerinnen, soziale Berufe – von den Krankenschwestern bis zu den Sekretärinnen).

Diese Bildungspolitik wird wiederum mit dem Sexualleben der Geschlechter begründet. Eine Erklärung, die sich im Laufe des 19. Jahrhunderts durchsetzen wird, findet sich schon 1786 in der Schule von Montpellier: „... daß die Betätigung des Gehirns bei den abgesonderten weiblichen Wesen zwangsläufig zu einer Abspannung der anderen Organe führen müsse. Die Anstrengung der weiblichen Gehirne ermatte vor allem die generativen Organe und zerrütte ihr harmonisches Zusammenspiel. Die damit einhergehenden Ermahnungen zu einem möglichst haushälterischen Gebrauch der Gehirnwindungen scheinen getragen von ähnlichen Überzeugungen wie im Falle moral-physiologischer Vorhaltungen gegenüber Onanie und schließlich gebenüber Unmäßigkeit jeglicher Art. In beiden Fällen verraten solche Vorhaltungen, daß die alltägliche Praxis anderen Usancen folgt. [...] Für die gelehrten Frauen (wie auch für die Ledigen und Kinderlosen) hält die physiologische Kausalität die gleichen Schicksale bereit: Unglück, Krankheit, sozialer Tod, physischer Tod" (Honegger 1991, 151).

Für den Mann verhält es sich in dieser Physio-Logik genau umgekehrt. Die Männer werden vor jeglichem Exzeß im Sexualleben gewarnt, da die unmäßige Ausschüttung von Sperma das Gedächtnis schädige, die Denkfähigkeiten zerstöre und die Ideen pervertiere. Bei den Frauen hingegen schade das Denken ihren reproduktiven Organen. In dieser Logik ist der Ausschluß der Frauen aus dem universitären Bereich auch dahingehend verständlich, daß die Anwesenheit der Frauen den Mann „reizt", und das ist dem „reinen wissenschaftlichen Denken" hinderlich. Und die Studien, die fast ein Jahrhundert später zur Frage der Legalisierung des Frauenstudiums durchgeführt wurden, lehnen es durchwegs ab, da es die Sittlichkeit gefährde: „Frauen würden ‚unnütz die Universitäten gefährden', das Frauenstudium sei ein ‚unsittliches Unternehmen' und ‚geradezu ein Verstoß gegen Anstand und Sitte', und ‚man denke sich männliche und weibliche Studierende ...

in den nämlichen Hörsälen vereinigt … und zweifelt noch, wenn man kann, an den Folgen, die hieraus für die Sittlichkeit entstehen müßten'" (zit. in Brunner, 1991).

Das diese Bildungspolitik begründende Sexualleben der Geschlechter wurde in ebensolche Neubestimmungen überführt. Analog zur Passivizierung der Frau im bürgerlichen Kulturprojekt beginnt damit das Zeitalter der Entsexualisierung der Frau. Die „passive" Form des Geschlechtstriebes der Frau wird Liebe genannt, und diese ist als „Naturtrieb" Charakterbasis der Mutter und der Gattin. „Im unverdorbenen Weibe äußert sich kein Geschlechtstrieb, sondern nur Liebe; und diese Liebe ist der Naturtrieb des Weibes, einen Mann zu befriedigen. […] aber diese seine Befriedigung ist nicht die sinnliche Befriedigung des Weibes, sondern die des Mannes; für das Weib ist es nur die Befriedigung des Herzens" (zit. in Duden 1977, 139). In diesen Worten Johann Gottlieb Fichtes lassen sich schon Ende des 18. Jahrhunderts Facetten eines Prozesses erkennen, an dessen Ende die Frau als trieb- und sexualitätsuntauglich hervorgehen wird. Sigmund Freud, der ein Jahrhundert später mit der Entwicklung der Psychoanalyse als der Befreier der Sexualität in die Geschichte eingehen wird, wird diese „Erfindung" besiegeln. Und wird er in der Frau dennoch so etwas wie einen Sexualtrieb finden, wird er ihn der männlichen Struktur ihrer Psyche zuschreiben.

Das Beziehungs- und Liebesmodell, das aus dieser Geschlechterordnung der bürgerlichen Moderne hervorgeht, kann als symbiotisch bezeichnet werden, da es im Kern den Anspruch enthält, daß sich zwei auf einen reduzieren. Die Frau wird in ihrer gesamten Existenzweise nur als Teil einer anderen Person anerkannt. Diese „weibliche Andere" wird zum Ort der Reproduktion des Mannes – seiner Arbeitskraft, seiner Identität und seiner kulturellen Existenzweise. Für seine geschlechtliche Selbstvergewisserung und Selbsterfahrung ist der Mann in dieser Ordnung davon abhängig, daß der Mangel und die kulturelle Nichtexistenz der Frau aufrechterhalten werden. Für die Frauen ist diese Ordnung stets mit der Frage verbunden, welche die Protagonistin in Clarice Lispectors Roman „Nahe dem wilden Herzen" treffend formulierte: „Wie konnte sie sich an einen Mann binden, ohne daß er sie gefangen nahm; wie konnte sie verhindern, daß er auf ihrem Körper und ihrer Seele seine vier Wände errichtete?" (Lispector 1984, 108).

Zur Durchsetzung dieser bürgerlich-modernen Geschlechterordnung als klassenübergreifendes und gesamtgesellschaftliches Beziehungsmodell bedurfte es mehr als zwei Jahrhunderte. Bis heute bleibt sie aber Bezugspunkt von Protest und/oder Anpassung in den Beziehungen von Frauen und Männern.

Weiterführende Literatur:

Elisabeth Badinter, Die Mutterliebe. Geschichte eines Gefühls vom 17. Jahrhundert bis heute. München, Zürich 1991.

Gisela Bock, Barbara Duden, Arbeit aus Liebe – Liebe als Arbeit. In: Frauen und Wissenschaft. Beiträge zur Berliner Sommeruniversität für Frauen (1977) 118–192.

Christina von Braun, Nicht Ich. Logos, Lüge, Libido. 2. Auflg. 1988.

Margit Brunner, Ursachen sexueller Belästigung von Frauen an der Universität. Eine feministisch-historische Untersuchung. Innsbruck 1991.

A. Delille, A. Grohn, „Blick zurück aufs Glück." Frauenleben und Familienpolitik in den 50er Jahren. Berlin 1985.

Barbara Duden, Das schöne Eigentum. In: Kursbuch 47 (1977).

Marina Fischer-Kowalsky u. a., „Früchterln" und was sie fruchten. Gedanken und Notizen zur Jugendkultur in den fünfziger Jahren. In: Gerhard Jagschitz u.a. (Hg.), Die „wilden" fünfziger Jahre. St. Pölten, Wien 1985, 64–79.

Claudia Honegger, Die Ordnung der Geschlechter. Die Wissenschaften vom Menschen und das Weib. Frankfurt/Main 1991.

Peter Huemer, Die Angst vor der Freiheit. Ratschläge für Tisch und Bett: Anstandsbücher und Aufklärungsbroschüren als Spiegel des Jahrzehnts. In: Gerhard Jagschitz u.a. (Hg.), Die „wilden" fünfziger Jahre. 1985, 208–221.

Gerhard Jagschitz, Klaus-Dieter Mulley (Hg.), Die „wilden" fünfziger Jahre. Gesellschaft, Formen und Gefühle eines Jahrzehnts in Österreich. St. Pölten, Wien 1985.

Kurt Kaindl, „Das Tor zur weiten Welt". Illustrierte der 50er Jahre in Österreich. In: Gerhard Jagschitz u. a. (Hg.), Die „wilden" fünfziger Jahre. St. Pölten, Wien 1985, 222–231.

Christine Leinfellner, „Silberwald, Sissi und Sexbomben". Der österreichische Film, die Frauen und die Realität. In: Gerhard Jagschitz u.a. (Hg.), Die „wilden" fünfziger Jahre. St. Pölten, Wien 1985, 54–63.

Clarice Lispector, Nahe dem wilden Herzen. Frankfurt/Main 1984.

H. Thomas Macho, „Nachkriegsmusik". Überlegungen zum österreichischen Musikgeschmack in den fünziger Jahren. In: Gerhard Jagschitz u. a. (Hg.), Die „wilden" fünfziger Jahre. St. Pölten, Wien 1985, 246–263.
Siegfried Mattl, Aufbau – Eine männliche Chiffre der Nachkriegszeit. In: IWK. Mitteilungen des Instituts für Wissenschaft und Kunst. Wien 1990.
Bernhard Rathmayr, Geschichte der Liebe. Ein Rückblick auf die Wandlungen der Geschlechterbeziehung. Hagen 1992.
Veronika Ratzenböck, „Steig ein in das Traumboot der Liebe". Deutsche Schlager der fünfziger Jahre. In: A. Delille, A. Grohn, „Blick zurück aufs Glück." Frauenleben und Familienpolitik in den 50er Jahren. Berlin 1985.
Dagmar Reese, Eine weibliche Generation in Deutschland im Übergang von der Diktatur zur Demokratie. Berlin 1991.
Jean-Jacques Rousseau, Emile. München 1979.
Katharina Rutschky (Hg.), Schwarze Pädagogik. Quellen zur Naturgeschichte der bürgerlichen Erziehung. 1988.
Edith Saurer, Schweißblätter. Gedankenfetzen zur Frauengeschichte in den fünfziger Jahren. In: Gerhard Jagschitz u.a. (Hg.), Die „wilden" fünfziger Jahre. St. Pölten, Wien 1985, 42–53.
Waltraud Schweiger (Hg.), Friedensausbruch. Frauenleben in der Nachkriegszeit. Weiz 1990.
A. Seeler, Ehe, Familie und andere Lebensformen in den Nachkriegsjahren im Spiegel der Frauenzeitschriften. In: A. E. Freier, A. Kuhn (Hg.), Frauen in der Geschichte. Bd V. Das Schicksal Deutschlands liegt in der Hand seiner Frauen. Frauen in der Nachkriegsgeschichte. Düsseldorf 1984.
Gloria Sultano, Mode im Dritten Reich. Wien 1994.
Maria Steibl, „Lernen Sie kochen, gnädige Frau". Innsbrucks Studentinnen im Faschismus. In: „Politisch zuverlässig, rein arisch. Deutscher Wissenschaft verpflichtet – Die geisteswissenschaftliche Fakultät in Innsbruck 1938–1945. (SKOLAST Zeitschrift der Südtiroler Hochschülerschaft 34) 1990, Nr.1/2.
Erika Thurner, Frauen-Nachkriegsleben in Österreich. Im Zentrum und in der Provinz. In: IWK. Mitteilungen des Instituts für Wissenschaft und Kunst. Wien 1990/4.
Gerburg Treusch-Dieter, Strukturanalyse des Erfahrungsspektrums von österreichischen Frauen im Nationalsozialisimus. In: Ina P. Horn, Die Faszination des Nationalsozialismus für österreichische Frauen. Motivationsuntersuchung zur Erklärung von Bedingungen und Formen der Beteiligung österreichischer Frauen am Nationalsozialismus (Schriftenreihe des Studienzentrums für Friedensforschung Stadt Schlaining 8) 1990.
Maureen Turim, Frauen-Entwürfe. Das Aufkommen der New-Sweetheart Line. In: Karola Gramann u. a. (Hg.), Frauen und Film 38. „Maskerade". 1985.
Claudia von Werlhof, Der Proletarier ist tot. Es lebe die Hausfrau? In: Werlhof, Mies, Bennholdt-Thomsen (Hg.), Frauen, die letzte Kolonie. 1992.
Maria Wolf, „... quasi, irrsinnig". Nachmoderne Geschlechter-Beziehung. Pfaffenweiler 1995.

26

Was

Waserwarte

rten Sie sich für die Frauen in der Zukunft?

Was erwarten Sie sich für die Fr

erwarten Sie sich f

Was erwarten Sie sich für die Frauen in der Zukunft?

Was erwarten Sie sich für die Frauen in der Zukunft?

Gertraud Knoll [Superintendentin]

Geliebte Töchter!_Wenn ich an so manchen grauen Tagen an Eurer ausgelassenen Fröhlichkeit tanke und mich bei jedem Hinschauen selbst verwandle, weil Ihr mich schon wieder hineingenommen habt, mitten in Eure Tiefen ursprünglicher Lebendigkeit, dann werde ich zum frömmsten Menschen. Voll Demut und Dankbarkeit. Einer Demut, die nicht klein, sondern groß macht. Und einer Dankbarkeit, die nicht von hilfloser Abhängigkeit erzählt, sondern von Gnade und Weisheit._Wie Maria es sang:_*Mein Geist freut sich Gottes, meines Heilandes.*_*Denn er hat große Dinge an mir getan.*_*Und seine Barmherzigkeit währet von Geschlecht zu Geschlecht.*_*Denn er zerstreut die hoffärtig sind in ihrem Herzens Sinn.*_*Er stößt die Gewaltigen vom Thron und erhebt die Niedrigen.*_*Die Hungrigen erfüllt er mit Gütern und läßt die Reichen leer ausgehen* …_Was habt Ihr mich alles gelehrt, meine Töchter!_Das Geben UND das Nehmen. Daß jedes Empfangen vor dem Hergeben kommt. Daß ich lieben nur kann, wenn ich mich selbst auch liebe und annehme, so behutsam und zart, wie ich Euch in meinem Schoß geborgen habe. Daß Frauen stark sind, wenn sie auch zu sagen lernen: Jetzt ist's genug!_Ihr habt mich heruntergeholt vom hohen Roß der schmerzhaften Einbildung, alles würde besser werden, wenn ich Frau nur alles so täte wie ein Mann an meiner statt. Krank hat's mich gemacht und hart und unbarmherzig. Wohl wußt ich alles vom Kopfe her zu raten, was guttut und was nicht. Doch be-griffen hab ich's erst, als Ihr in meinem Gesicht das Greifen lerntet und ich das Sitzen, Ruhe Geben, Horchen und Staunen. Ihr habt Eure Mutter begriffen, und langsam ich mich selbst mit Euch. Viel Verkrampftes in mir hat sich gelöst, und aus meinen Augen sprühten plötzlich wieder Kindersterne. Als Mutter und Frau im bischöflichen Amte! Ihr habt mich gelehrt, daß frau sich nicht zerreißen darf._Ihr werdet Euren Weg gehen. Nicht meine, sondern Eure Fehler machen. Und wenn ich Euch dabei zuschaue, wie stolz Ihr heute schon als Mädchen Frauen seid, dann wird mir nicht bang um Euer Lernen. Für Euch ist selbstverständlich, daß auch Väter kochen können (oder wie den Videorecorder auch die Waschmaschine bedienen). Ihr habt von klein auf erfahren, daß alle Arbeit geteilt erfüllter ist. Die draußen und die drinnen. Und daß es wunderbar geht, die Geschlechter-Rollenbilder von den Menschen selbst zu unterscheiden._Ich wünsch Euch sehr, daß die Entwicklung vorwärts geht und nicht zurück! Darin liegt ein großes Stück Hoffnung, daß die Gesellschaft des dritten Jahrtausends auf die vielfältige Kompetenz von Frauen nicht verzichten wird können. Daß die die Kinder zärtlich huckepack tragenden Väter sich wunderbar vermehren und mit ihren Frauen gemeinsam sensibel an einem Frieden bauen, in dem Gerechtigkeit wohnt. Gelebte Demokratie. Auch und gerade zwischen den Geschlechtern._Geteilte Macht. Die Fülle des Himmels. Und die Hälfte der Arbeit._Offen für die EINE Welt. Statt blind in der Illusion gefangen, die ‚bösen Armen' ließen sich aussperren von einem Kontinent der Reichen._Ich sage nicht pseudooptimistisch: ‚Ihr werdet es schon schaffen!' Das wäre hart. Noch wißt Ihr nichts vom gemachten Trend zu ‚Kinder-Küche-Kabinett', der die Gegenwart heimsucht und die Zukunft den bankgewinnträchtigen Nadelstreifenanzugträgern preisgibt._Ich sage viel lieber: ‚Seid Gottes Treue befohlen!' Ihm, seine geliebten Töchter. Der nicht Mann, sondern Mensch geworden ist, auch Ihr sein ganzes Ebenbild! Denn aus diesem Gottvertrauen kommt aller Mut zum Widerstand gegen tödlich unmenschliche Strukturen, kommt jeder Funke Kraft zum Mobilisieren all Eurer guten Geister. Damit Ihr nicht von ihnen verlassen seid. Sondern ganz bei Trost. Ganz bei Sinnen. Daß Ihr Euch nicht verleugnen müßt, sondern sinnlich sein könnt. Zu Euch selber stehend, als Frauen._Diese Freiheit wünsch ich Euch: Ein hohes Maß an Selbstbestimmung, auf daß Ihr das Leben lieben könnt und von Herzen teilen._Daß Ihr auch morgen noch die Zukunft ahnt in saftig grünen Blättern und einem sonnengetränkten blauen Meer … Und daß Euch kein Mensch wirklich Gewalt antut an Leib und Seele!_Das wünscht' ich sehr. In Liebe. Eure Mama.

Christoph Schönborn [Erzbischof von Wien]

„Gott schuf also den Menschen nach seinem Abbild; als Abbild Gottes schuf er ihn, als Mann und Frau schuf er sie." (Gen 1,27) Daß alle Menschen, gleich welchen Geschlechts, gleicher Würde sind, als Mann und Frau von Gott gewollt und geliebt sind, ist eine Wahrheit, die am Beginn des Christentums steht, gleichwohl aber auch oft in der Geschichte verschüttet war, mißachtet wurde._Zur Geschichte der Kirche gehören auch unzählige Schicksale von Frauen, Lebensgeschichten, die sich unter dem Ausstellungsmotto „aufmüpfig und angepaßt" fassen lassen. Viele haben das Leben der Kirche getragen, sich auf ihrem Platz bewährt, als Ehefrauen, Mütter oder Ordnungsfrauen, wie Elisabeth von Thüringen, Monika, die meisten bleiben dabei den Augen des Historikers verborgen. Zugleich gibt es aber auch in der Kirche die andere Seite: Frauen, die mit ihren Möglichkeiten viel, ja Unglaubliches erzielten. Frauen, die in auch öffentlich wirksamer Weise für Politik und Gesellschaft maßgebend wirkten und wirken und dabei auch oft auf Widerstände stoßen, wie Johanna von Orléans, Edith Stein oder Mutter Teresa. Andere, wie Theresa von Avila, Katharina von Siena oder Theresa von Lisieux, haben ihren Platz in der Theologiegeschichte und werden von der Kirche als Kirchenlehrerinnen geehrt._Das Leben der Frauen heute ist in hohem Maße von den Veränderungen der Lebenswelt gekennzeichnet. Im 19. Jahrhundert entstand das Bild der Kleinfamilie, die eng mit der Rolle „Hausfrau und Mutter" verbunden ist. Diese Bestimmung steht heute in Frage. Paßt sie noch angesichts der Anforderungen, die das ausgehende 20. Jahrhundert stellt? Die wirtschaftlichen und die vielfältigen Probleme (Unsicherheit der Arbeitsplätze, hohe Wohnungskosten, Altersvorsorge) stellen heute große Anforderungen an die Frauen. Viele haben besondere und für die Gesellschaft unverzichtbare berufliche Qualifikationen erworben, andere müssen einen Beruf ausüben, weil ein Gehalt nicht ausreicht, um eine Familie ernähren zu können. Auch setzt sich mehr und mehr die Einsicht durch, daß die Arbeit in der Familie die Ehepartner gemeinsam verpflichtet._Doch ist auch die andere Seite zu sehen. In einer Welt, die Mobilität und Flexibilität zu ihren obersten Maximen macht, geht die Familie als Mittelpunkt des gemeinsamen Lebens, als Beheimatung in dem Maße verloren, als die Ressourcen, die zum Aufbau und Erhalt familiären Lebens nötig sind, für die Erwerbsarbeit gebunden sind. So entsteht die Tendenz, die Haus- und Erziehungsarbeit, die letztlich als Dienst zum Wertvollsten gehört, nämlich als Dienst an den Kindern, als minderwertig, weil unbezahlt, zu betrachten. Hier erscheint das Begriffspaar in einem neuen Licht. „Aufmüpfig" kann auch heißen: Familie trotz finanzieller Schlechterstellung, Dienst an den Kindern als Dienst an der Zukunft.

Liese Prokop [Landeshauptmannstellvertreter]

Das 21. Jahrhundert gehört den Frauen_52 % der Bevölkerung Österreichs sind Frauen.
Schon seit Jahren ist mehr als die Hälfte aller Maturanten Frauen.
2. Absolvent einer Hochschule weiblich._Warum spielen dann Frauen an der Schwelle Heute ist bereits jeder
zum 21. Jahrhundert in Österreich – und auch in Niederösterreich – sowohl im öffent-
lichen und beruflichen Leben als auch im Bewußtsein der Gesellschaft nach wie vor
eine noch weniger bedeutende Rolle? Warum verdienen Frauen – trotz gesetzlich ver-
pflichteter Gleichbehandlung – noch immer um 30 % weniger als Männer? Warum
sind Frauen in führenden Positionen der Wirtschaft, der Wissenschaft, der Verwaltung
und der Politik so wenig vertreten?_Die Antwort liegt in der Geschichte: Frauen haben
nach dem 2. Weltkrieg als sogenannte „Trümmerfrauen" eine unschätzbare Aufbauarbeit
für unser Land geleistet. Bis in die 60er Jahre waren sie weitgehend mit ihrer Rolle als
Mutter und Begleiterin des Ehemannes zufrieden, Frauen wollten bis dahin kaum
leitende Funktionen bekleiden. Einzelne weibliche Chefinnen waren „Exotinnen" und
haben als Ausnahme die Regel nur bestätigt._Warum können wir also davon ausgehen,
daß sich die Situation und das Rollenbild der Frau in der Gesellschaft in den nächsten
zwei bis drei Jahrzehnten des dritten Jahrtausends ändert? Ein erstes Indiz ist die
immer stärker werdende Repräsentanz der Frauen im kulturellen Bereich und in der
Medienlandschaft, wo Frauen auch eine Vorreiterrolle spielen. Zum Zweiten stellen
alle politischen Parteien in unserem Land Frauen ganz bewußt in die erste Reihe. Das
Erreichen einer Quote von 40 oder 50 % Frauen in den parlamentarischen Vertretun-
gen und den Regierungen auf allen Ebenen ist nicht mehr primär eine formale Vorga-
be, sondern ein wohlbegründeter Wunsch, ein Verlangen, das zwischenzeitlich auch
von immer mehr Männern als Selbstverständlichkeit angesehen wird. Eine solche Ent-
wicklung bringt es mit sich, daß nunmehr auch Frauen eine führende Rolle überneh-
men, als Entscheidende auftreten und Netzwerke bilden. Zum Dritten ist der moderne
Mann eher bereit als sein Vater und Großvater, als Partner seiner Frau zu fungieren –
im Alltag, in der Kinder- und Altenbetreuung, aber auch im Beruf. Als wichtigsten Grund
für die immer stärker werdende Rolle der Frau in unserer heutigen Gesellschaft an der
Schwelle zum 3. Jahrtausend sehe ich aber das neue Selbstbewußtsein und Selbstverständ-
nis der Frauen an. Die Frauen wollen heute nicht mehr ein ganzes Leben lang aus-
schließlich Mutter oder Hausfrau sein. Sie haben vielmehr die Absicht, auch im Beruf
Erfüllung zu finden. Beruf und Familie muß also vereinbar sein. Ein Teil der Frauen
sieht die Rolle als Mutter und Ehefrau als echte Berufung. Diese Frauen widmen –
ungeachtet der finanziellen Nachteile – ihre ganze Zeit gern und mit Stolz der Betreu-
ung der eigenen Kinder und der Familie. Wenn die Kinder dann erwachsen werden, so
wollen diese Mütter auch einen Beruf ausüben. Der Anteil der erwerbstätigen Frauen
steigt in Österreich kontinuierlich. Immer mehr Frauen beziehen ihr eigenes Einkom-
men. Diese Entwicklung führt auch innerhalb der Ehe zu einer Selbständigkeitskultur
der Frau._Österreich als Wirtschaftsstandort wird sich im globalen Wettstreit im
Dienstleistungssektor behaupten. Der Dienstleistungssektor ist dadurch gekennzeichnet,
daß man auf die Wünsche der Kunden, auf die geänderte Nachfrage eingehen muß.
Das setzt Flexibilität, aber auch soziale Konkurrenz voraus. Die Fähigkeit zum konflikt-
freien Umgang mit Menschen ist eher eine weibliche als eine männliche Eigenschaft.
Mütter, die die Erziehung der Kinder, die Versorgung des Haushaltes und die Betreuung
des Partners organisieren können, sind zweifellos Managerinnen. Gekoppelt mit einer
zeitgemäßen Berufsausbildung führen diese Management-Kompetenzen der moder-
nen Frau zu ihrer Überlegenheit gegenüber dem Mann als Konkurrent am Arbeitsplatz.

Klaus Woltron [Unternehmer]

Mars und Venus_Es gibt Leute, die behaupten allen Ernstes, Männer und Frauen könnten unmöglich vom gleichen Planeten stammen. Der Unterschied wäre ganz einfach zu groß. Sie kämen von verschiedenen Planeten und hätten sich, zufälligerweise und Gott sei dank, hier auf der Erde getroffen._Manchmal kommt's mir auch so vor. Aber im Ernst: Obgleich es ganz und gar nicht modern ist und mir schon manche Rüffel, Feindseligkeiten und hitzige Diskussionen eingetragen hat: Ich glaube wirklich, daß Männer und Frauen grundverschieden, in ihren Denk- und Handlungsweisen anders motiviert und konditioniert sind. Analog zu den köstlichen physischen Unterschieden finden sich ebensolche in der psychischen und intellektuellen Sphäre. Frauen haben den Stier-Instinkt der Männer, die schnaubend hinter jedem roten Tuch herlaufen, nicht. Sie leiden nicht so stark unter dem unbändigen Machttrieb, sind friedlicher, sozial intelligenter und ganzheitlicher. Die Harmonie zwischen rechter und linker Gehirnhälfte ist ausgeprägter und wirkt sich in ihrem gesamten Verhalten und Handeln wohltuend aus. Sie sind insgesamt runder und kompletter als wir viereckigen und borstigen Männer._Solchermaßen als altmodischer Macho geoutet, kann ich nun getrost und ohne die feige Kumpanei der vorgeschobenen Gleichmacherei, welche den „modernen", angeblich so verständnissinnigen Mann auszeichnet und zugleich vollends entwürdigt, unter den Argusaugen und emporgezogenen Augenbrauen der geschätzten Leserinnen fortfahren._Die Frauen – es gibt ca. 3.000.000.000 dieser köstlichen Exemplare – werden ihren Siegeszug weiter fortsetzen, insbesondere in den entwickelten Ländern. Warum gerade heute und morgen? Die Gründe dafür liegen auf der Hand. Über Jahrtausende spielten körperliche Überlegenheit, physisches Schutzbedürfnis und die dadurch vorgegebene Hierarchie eine ausschlaggebende Rolle für die Stellung der Frau. Sie kam dadurch in eine untergeordnete, auf Haus und Heim, Familie und Kinder reduzierte Lage. Die offensichtlich geänderten Verhältnisse schaffen eine völlig andere Ausgangsposition. Physische Kraft spielt kein Rolle mehr, Frauen müssen auch nicht mehr beschützt werden, sie können ihre Vorzüge in einem geänderten Umfeld voll ausspielen. Diese Vorzüge sind gerade in einer arbeitsteiligen Gesellschaft, in der es auf Kooperationsvermögen, Geduld, Frustrationstoleranz und Aggressionsabbau immer mehr ankommen wird, besonders gefragt. Sie werden langsam, aber sicher die Hierarchien in Wirtschaft und Verwaltung, Politik und Kunst weiter erobern. Dies wird nicht deshalb geschehen, weil sie den Status einer schützenswerten Art, über Quoten und sonstige altstalinistische Anachronismen, einnehmen, sondern ganz einfach auf Grund ihrer natürlichen Vorzüge und Fähigkeiten, die sie in Zukunft ungehindert ausspielen können. Es wird noch eine Weile dauern, bis der unmögliche Zustand ungleicher Bezahlung gleichwertiger Arbeit abgeschafft ist. Nicht leicht wird es auch sein, die naturgegebene Benachteiligung der Frauen in manchen Lebensphasen – durch Kinderaufzucht und -erziehung – arbeitsrechtlich und sozial gerecht abzufedern. Das alles ist aber nicht so schwierig, als daß es nicht durchgesetzt werden könnte. Und dann werden sie uns überholen, die langhaarigen Ungeheuer (s. oben). _Wie wir Männer damit fertigwerden, weiß ich noch nicht. Auf den Mars können wir nicht mehr zurück, denn dort ist es, wie wir wissen, mittlerweile recht ungemütlich geworden. Wir werden wohl oder übel dableiben und uns an unseren geschätzten Besucherinnen von der Venus wärmen. Es wird uns allen guttun.

Beatrix Urbanek [Gynäkologin]

In der Frauenheilkunde und Geburtshilfe hat sich in der letzten Zeit schon eine deutliche Entwicklung zu einer Kooperation zwischen Frau und „Medizin“ gezeigt. Durch die Änderung der Geburtshilfe in den letzten Jahren und dadurch, daß Frauen über ihre Geburt selbst entscheiden und sie mitgestalten können, ist ein Konkurrenzkampf zwischen den Spitälern entstanden. In dessen Folge konnten auch menschliche gynäkologische Stationen und Ordinationen entstehen. Die Frauen werden wieder ernstgenommen in ihren Bedürfnissen und werden als ganze Menschen betrachtet. Sehr viele zusätzliche Angebote werden ihnen nicht nur in der Geburtshilfe zur Verfügung gestellt. Das Zusammenarbeiten mit Psychologen, Physiotherapeuten, Sozialarbeitern, Homöopathen, Ernährungsberatern, Osteopathen, Akupunkteuren und anderen medizinischen Berufen ist keine Seltenheit mehr. Man nimmt die „Frau“ wahr und nicht nur deren Uterus, und man sieht, daß der Mensch ein Ganzes ist. Viele Frauenkrankheiten werden aus dem Umfeld gezeugt oder geschürt, und es wird versucht, dieses Umfeld mitzuerfassen und mitzubehandeln. Jedenfalls gibt es die Möglichkeit, dies zu tun; ob sie genützt wird, ist Sache der Frauen. Die Tendenz ist aber steigend, daß die Frauen gerade Frauenkrankheiten nicht mehr verschweigen und sie aktiv bewältigen und sich nicht mehr nur in die Hände „Weißer Götter“ begeben, ohne ihr Tun zu hinterfragen. Das sieht man an der Tatsache, daß in den letzten Jahren weniger Gebärmütter entfernt wurden, vor einer Operation eine Frau genau aufgeklärt wird und sie zu jedem Schritt ihr Einverständnis geben muß. Auch die positive Seite, daß der Hebammenberuf wieder Aufschwung und Ansehen bekommt, halte ich für ein Zeichen, daß die Frauen sich wieder zurückbesinnen, daß wir über Jahrhunderte sehr viel Wissen und Macht angesammelt haben, was teilweise nur vergessen, aber auch teilweise leider verlorengegangen ist. Wir Frauen haben sehr viel Kraft, viel Macht, und gerade in meinem Beruf bekomme ich sehr zu spüren, daß sie wiederentdeckt wird. Leider trifft all das Gesagte nur auf den städtischen Bereich zu, im ländlichen ist dieses „Erwachen“ noch nicht zu spüren; auch nur 20–30 km von Wien entfernt merkt man noch die Macht der Gynäkologen und der Spitäler. In meinem Umkreis ist ein Umdenken der Gynäkologen und eine Zusammenarbeit zwischen den Frauen verschiedener Berufszweige zu bemerken. Dieser Kreis ist noch klein, wird aber erkennbar größer. Ich wünsche mir, daß diese Entwicklung fortschreitet, immer mehr Frauen erfaßt und wir wieder auf unsere Ursprünge zurückgreifen lernen. Ich glaube wir gehen einem mächtigen Frauenzeitalter entgegen, und gerade in den ursprünglichen Bereichen wie Liebe, Geburt und Menschlichkeit sind greifbare Ansätze in meinem Beruf ganz deutlich spürbar.

Peter Husslein [Gynäkologe]

Angelpunkt des Spiels des Lebens ist es, Gene von einer Generation auf die andere zu übertragen. Die Evolution hat daraus eine Vielfalt von Pflanzen und Tieren und letztlich den Menschen entstehen lassen. Dabei trägt gerade bei letzterem die Frau eine besonders große Last und Verantwortung bei der Reproduktion, weil kaum ein Neugeborenes so unfertig auf die Welt kommt wie der Mensch und daher so vieler Zuwendung, Pflege und Erziehung bedarf. Es kann daher nicht verwundern, daß bisher alle gesellschaftspolitischen Bemühungen eines Ausgleiches dieses Ungleichgewichts zwischen Mann und Frau nur unvollkommen geblieben sind._Auch im Bereich der Verhütung trägt die Frau heutzutage zweifelsohne noch immer die Hauptlast. Sie schluckt jahrzehntelang die Pille, läßt sich einen Fremdkörper (Spirale) in die Gebärmutter einsetzen oder muß sich mühsam fertile bzw. nicht fertile Zeiten ausrechnen, gerät dabei unter Umständen gehörig unter psychischen Druck und muß bei Versagen einer dieser Methoden sogar noch die psychische und körperliche Belastung eines Schwangerschaftsabbruches über sich ergehen lassen._Zweifelsfrei müssen in den nächsten Jahren entweder einfachere Methoden für die weibliche oder aber solche für die männliche Verhütung entwickelt werden. Wenn dies nicht gelingt, könnte man auch über eine dauerhafte Entkoppelung des Sexualaktes von der Reproduktion nachdenken – männliche oder weibliche Sterilisation –, mit nachfolgendem Einsatz hochtechnologischer Reproduktionsverfahren (z. B. In-vitro-Fertilisation) für die in der heutigen Zeit durchschnittlich gewünschten ein bis zwei Schwangerschaften._Für die Belastung des Austragens einer Schwangerschaft ist derzeit keine Alternative in Sicht, die Geburt wird aber doch aller Wahrscheinlichkeit nach noch weiter vereinfacht und in ihren Risken reduziert werden. Schließlich ist auch hier die Frau – besonders in den Ländern der Dritten Welt – mit einer beträchtlichen Mortalität und Morbidität behaftet._Die Evolution hat die erfreulich hohe Lebenserwartung von Frauen (und Männern) nicht vorgesehen. Vor 150 Jahren betrug die durchschnittliche Lebenserwartung von Frauen kaum über 40 Jahre. Damit war nicht vorgesehen, daß Frauen all die negativen Auswirkungen eines jahrzehntelangen Lebens jenseits der Menopause – und somit eines Hormonmangels – in Kauf nehmen müssen, der sich auf die Knochen (Osteoporose), die Herz- und Hirndurchblutung, vor allem aber auf den Beckenboden negativ auswirkt. Ein besseres Verständnis der zum Teil sehr komplexen endokrinen und Stoffwechselzusammenhänge wird in nächster Zeit zweifelsohne noch weitere Verbesserungen ermöglichen._Die Entschlüsselung des menschlichen Genoms inklusive der Entdeckung von krankheitsauslösenden Mutanten wird zweifelsohne einen revolutionierenden Ansatz zur Behebung von Krankheiten – ja möglicherweise des Alterungsprozesses überhaupt – mit sich bringen._Ein kurzfristiges und mit einiger Anstrengung auch realisierbares Ziel müßte es sein, daß Frauen in jedem medizinischen Bereich, vor allem aber in dem ihr eigenes Geschlecht betreffenden, also in der Frauenheilkunde, eine faire Chance haben, überall in Österreich auch von einer Frau behandelt zu werden. Das ließe sich durch eine durchaus machbare und deutliche Erhöhung des Anteils von Frauen in den verschiedenen Positionen des Gesundheitsbereiches erzielen. Dazu wird es notwendig sein, beispielsweise flexible Arbeitszeiten zuzulassen und auch vermehrt Halbtagsbeschäftigungen zu eröffnen. Hoffen wir, daß die ungeheuren Möglichkeiten, die die Medizin im allgemeinen und die Frauenheilkunde im speziellen in den nächsten Jahrzehnten anbieten wird können, auch weiterhin finanzierbar bleiben und nicht nur bei uns, sondern auch in den Ländern der Dritten Welt zugänglich sein werden; gerade die Reduktion der mütterlichen Mortalität im Verlauf der Schwangerschaft und Geburt muß dort als ein zentrales Anliegen der nächsten Jahrzehnte angesehen werden.

Friederike Hassauer [Universitätsprofessorin]

Wissenschaft und Zärtlichkeit *„… die Wissenschaft und Zärtlichkeit und den Himmel breit, lauter Hülle nachher_Erscheinend ohne zu sehr zu besinnen singen Gesangeswolken.“*_Hölderlin, Griechenland_lauter Hülle nachher_Was ist schief gelaufen in den hundert Jahren der ersten Frauenbewegung, wenn es auf dem Campus noch immer zugeht wie zu Zeiten der Weimarer Republik mit 5 % Professorinnen? Wenn in der Privatwirtschaft noch immer die ‚gläserne Wand‘ hinter den 3,5 % weiblichen Führungskräften heruntergeht? Sichtbare Väter, einsichtsvolle Lehrer, liebende Lebenspartner, uneigennützige Mentoren – würden sie etwas helfen? Mut machende Mütter, förderliche Lehrerinnen, rivalitätsfreie Freundinnen, vorbildhafte Mentorinnen – könnten sie etwas ändern? Unterhalb der Top-Etagen verändert sich viel, so scheint es zumindest, und in den Geistes-, Kultur- und Sozialwissenschaften allemal. Alles bestens._den Himmel breit?_Was läuft schief bei der anbrechenden zweiten Frauenbewegung, wenn die Pionierinnen aus der heroischen Phase und die Prinzessinnen der Girlie-Fraktion, die neuen ‚undankbaren jungen Frauen‘, unter dem Bann eines Verhältnisses von Kränkung und Verletzung stehen? Wenn die neue Garde sich lieber nicht mit der männlichen System-Mehrheit auseinandersetzt, sondern aggressiv mit der weiblichen System-Minderheit, die sie einst gefördert hat? Wo bleibt loyale Seilschaftsarbeit und Öffentlichkeitskompetenz bei den Frauen, wo bleibt Face-to-face-Kompetenz und akademische Sozialarbeit bei den Männern?_ohne zu sehr zu besinnen_Weniger Verschleiß wünsche ich den Frauen zum Zweitausender, und mehr Freude. Mehr Raum zum Atemholen für den terminus post quem, und weniger Dilemmata. Auf dem Weg von den kontinuierlichen Seltenheitsmitgliedern zu den Normalmitgliedern der Alma Mater folgen Gewinn und Verlust einander in bittersweet suite: allegro ma non troppo. Schreitet der Fortschritt, der gute, ähnlich linear-progressiv voran wie gehabt, haben wir im Jahr 2500 die Gleichberechtigung. Vielleicht. Finden wir das unerträglich und rufen nach der Quote, macht es nicht froh, Frauen zuerst nur wegen ihres Geschlechts ausgeschlossen zu sehen und nun nur wegen ihres Geschlechts eingeschlossen. Anteilsgerechte Repräsentationen von Frauen – wann endlich! Aber zu welchem Preis? Mehr Normalisierung, Legalisierung, Veralltäglichung heißt auch Banalisierung, Ghettoisierung durch Lobbying, schwindende visibility. Und das symbolische Kapital? Unter den Bedingungen von Globalisierung wandert es auch hier aus, aus den ‚weichen‘ Fächern mit den hohen Studentinnenzahlen und steigenden Professorinnenanteilen wandert es ab in die ‚harten‘, existenzsichernden Fächer mit dem akademischen Frauensterben.____den Himmel breit_wünsche ich mir_ohne zu sehr zu besinnen_wünsche ich uns_Gesangeswolken_und hoffe auf_Wissenschaft und Zärtlichkeit.* Mit Dank an Ruth-Eva Schulz-Seitz, die vor 20 Jahren in Tübingen die Zeitschrift „Wissenschaft und Zärtlichkeit“ gründete.

Herwig Wolfram [Universitätsprofessor]

Ich kann bloß für die historisch-philologischen Fächer sprechen, sehe aber vom Standpunkt dieser Fachgebiete keinen wie immer gearteten Grund, hier zwischen den Leistungen der Frauen und der Männer zu unterscheiden. Daß die Zahl der Frauen derzeit unter den Habilitierten und in der Professorenschaft noch nicht entsprechend ist, hat die verschiedensten Gründe, kann aber nicht auf Knopfdruck geändert werden. Der seit etwa 15 bis 20 Jahren im Gang befindliche Umdenkungsprozeß wird bezüglich der Frauen in der Wissenschaft sicher bald entscheidende Änderungen bewirken. Allerdings gehe ich da wieder von mir selbst aus, weil ich damit rechne, daß unter den zwei bis drei Habilitanden meiner noch währenden Activitas ein bis zwei Frauen sein werden._Für meine Schlüsse kann ich mich allerdings auf die Tatsache berufen, daß die Stellen für wissenschaftliche Beamte am Institut für Österreichische Geschichtsforschung zu 50 Prozent mit Frauen besetzt sind. Dies ist der Bereich, auf den ich als Direktor unmittelbaren Einfluß ausüben kann, während die Bestellung der dem Institut für Österreichische Geschichtsforschung zugeteilten Universitätsassistenten nur mittelbar in meiner Kompetenz liegt. Das heißt, ich kann die Zuteilung zurückweisen, jedoch nicht die Bestellung von Dienstposten, die seit Beginn der 80er Jahre, mithin noch vor meiner Direktionszeit (1983) besetzt wurden, beeinflussen oder gar bestimmen. In diesem Fall wirkt sich für eine positive Veränderung des Frauenanteils an den Universitätsakademikern das geltende Dienstrecht verheerend aus, weil es die Fluktuation und Mobilität im Bereich der geisteswissenschaftlichen Fächer de facto aufgehoben hat._Des weiteren darf ich auf eine Beobachtung verweisen, nämlich auf die Zusammensetzung der Lehrgänge am Institut für Österreichische Geschichtsforschung, dessen Absolventen zumindest in den Fächern Mittelalterliche und Österreichische Geschichte einen Großteil des in Österreich tätigen wissenschaftlichen Nachwuchses bilden. Diesen Lehrgang, der alle drei Jahre beginnt, besuchen schon seit einiger Zeit ziemlich genau, manchmal sogar punktgenau 50 Prozent Frauen und 50 Prozent Männer._Schließlich noch eine persönliche Beobachtung: Obwohl wir von 1968 und der Hochkonjunktur schon einige Zeit entfernt sind, wirkt sich beides meiner Ansicht nach heute noch aus. Unsere Studien sind seit jeher „Einstiegs- und Aufstiegsstudien" gewesen. Die tüchtigen Männer haben diese vor den Frauen durchlaufen und sind jetzt in anderen Bereichen mit mehr Herausforderung, Prestige und Bezahlung tätig. Daher haben sie bei uns Platz geschaffen, den nun ihre weiblichen Gegenstücke einnehmen. Folgt, daß die tüchtigen Frauen (es gibt auch weniger tüchtige) in den historisch-philologischen Fächern vielfach motivierter und karrierebewußter, kurz: „besser" wirken als ihre männlichen Kollegen. Daß dieser Sachverhalt, sollte er richtig beobachtet sein, in kürzester Zeit wichtige Änderungen in der Zusammensetzung der wissenschaftlich Tätigen bewirkt hat, scheint mir auf der Hand zu liegen. Allerdings läßt die allgemeine Misere auf dem Arbeitsmarkt unter den jüngeren Kollegen wieder eine Trendumkehr erkennen. Die Männer werden wieder „besser", was aber nicht mehr auf Kosten der Frauen gehen dürfte, weil sie ihre errungenen Positionen nicht mehr aufgeben werden.

Was erwarten Sie sich für die Frauen in der Zukunft?

Marina Marcovich [Ärztin]

Wach sein._Aufmerksam sein._Auch im Gefühl des dauernden Gedrängtseins hochkonzentriert sein._Die ungeduldige Grundhaltung mit Sorgfalt und kleinen Schritten besiegen._Disziplin bewahren._Sich bewußt sein, daß Macht Verantwortung bedeutet_und Verantwortung Last._Erkennen, daß Macht und Liebe sich gegenläufig verhalten._Sich fragen, was mehr zählt: die wirtschaftliche Entscheidungsfreiheit_oder die Entscheidungsfreiheit_über_die_Weltanschauung_der_eigenen_Kinder_Registrieren, daß menschliche Fortpflanzung in die Türme der Reproduktionstechnologen wandert_und bald kein Monopol des weiblichen Körpers mehr sein wird, sich damit auch der_individuellen Entscheidung entziehen wird._Sich überlegen, ob eine künstliche Nährleitung alle Bedürfnisse des Embryos deckt._ob Kleinkinder in Kindergärten wurzeln können._ob man die Prägung seines eigenen Kindes fremden Menschen überlassen will._ob_Kinder nicht geschützte Räume zur Entwicklung und Entfaltung brauchen._ob Vertrauen in ungeschützter Umgebung entstehen kann._ob Kinder alles aushalten._Im Erfolg voll Dankbarkeit bedenken, daß es auch hätte ganz anders kommen können._Schrilles und Grelles vermeiden, weil es die Sinne abstumpft._Erlebniswelten umgehen._Den Luxus der Kargheit spüren. Raum und Zeit als kostbares Gut begreifen._Sind da nicht_Intuition_Sinnlichkeit_Einfühlsamkeit_Ausdauer_Belastbarkeit_gefragt?____Weibliche Eigenschaften?

Erwin Pröll [Landeshauptmann]

Zu Recht fragt die von mir sehr geschätzte Dr. Marina Marcovich nach mehr Intuition, Sinnlichkeit, Einfühlsamkeit, Ausdauer, Belastbarkeit. Und ebenfalls zu Recht stellt sie hinter die zwei Worte „weibliche Eigenschaften“ ein Fragezeichen. Denn ich meine, wir müssen uns davor hüten, alte Klischees und Rollenbilder durch neue zu ersetzen. Natürlich steckt in solchen Verallgemeinerungen meist ein Körnchen Wahrheit, aber in der Gesamtheit sind sie falsch und verstellen den Blick auf die tatsächlichen Anliegen und Notwendigkeiten. „Die Niederösterreicherin“ gibt es nicht, sondern es gibt in unserem Land fast 760.000 Mädchen und Frauen mit höchst unterschiedlichen Lebensbedingungen, Zielvorstellungen, Wünschen und Forderungen._Dem hat die Politik Rechnung zu tragen. Wobei die größte Herausforderung sicher in jenem Bereich liegt, den Frau Dr. Marcovich angesprochen hat: Es geht um die Bedingungen, unter denen zukünftige Generationen heranwachsen und von denen sie geprägt werden. Ob sie Schutz, Geborgenheit und Zusammenhalt erfahren, ob ihnen nicht nur Wissen und Fähigkeiten, sondern auch Werte und Einstellungen mit auf dem Lebensweg gegeben werden._Nur, es gibt dafür kein politisches Patentrezept, das für 760.000 Niederösterreicherinnen paßt. Und das ist letztlich auch gut so, denn es würde schließlich „Zwangsbeglückung“ bedeuten, die „Anpassung“ an ein bestimmtes Rollenbild einzementieren und die „Aufmüpfigkeit“ ersticken. Unsere Aufgabe ist es, die Rahmenbedingungen zu schaffen, die es möglichst vielen Frauen ermöglichen, ihr Leben so zu gestalten, wie sie sich das für sich selbst und für ihre Familien wünschen. Und ich glaube, daß wir in Niederösterreich, im „Familienland Nummer 1“, auf dem richtigen Weg sind.

Uschi Fellner [Journalistin]

Zwischen Superweib und Putztrottel Die Zukunft ist fest in weiblicher Hand, jubeln Frauenmagazine, Soziologen und Trendforscher (deren Prognosen von Frauenmagazinen gerne aufgegriffen werden, um damit aufmunternde „Es-geht-doch-vorwärts-Mädels!"-Artikel zu füllen) seit gut einem Jahrzehnt._Haben Sie nicht auch schon davon gehört? Frauen erobern souverän die Chefetagen der Weltkonzerne, stehen knapp davor, als Politikerinnen und Präsidentin die Macht im Staat zu übernehmen, prägen mit weiblicher Intuition einen zeitgemäßen Führungsstil. Kinder, Familie, der selbstgebackene Geburtstagskuchen und die Besprechung mit der Volksschullehrerin um exakt elf Uhr zwanzig am Vormittag (pünktlich sein, Mutti, dein Ruf als Superfrau ist schnell ruiniert!) leiden nicht im geringsten unter Mutters schwindelerregendem Aufstieg in die Zentren der Macht._Heißa, ist das Leben schön. Und es hält so viele hübsche Überraschungen bereit, wenn man eine Frau ist. Einen prächtigen Timeplanner von Louis Vuitton etwa, mit dem die richtige Zeiteinteilung ruckizucki klappt (18–19 Uhr: 60 Minuten Qualitätszeit mit den Kindern verbringen!)._Bussi. An all die Chefredakteurinnen und sonst irgendwo im Wunderland Lebenden dieser Welt, die nicht müde werden, das Bild des mühelos auf der Siegerstraße stöckelnden Superweibes zu präsentieren. Zugegeben: Man liest so was ja gerne._Märchen haben Entspannungseffekt._Lohngefälle? Gewalt gegen Frauen? Fehlende Kindergartenplätze? Der Hund, der auf den Teppich kackt, den man ganz alleine putzen muß, weil der „Neue Mann" samt Kindern vor der Drittglotze hockt, die vom schlecht bezahlten Halbtagsjob der Zusatzverdienerin finanziert wurde? (Und außerdem: „Wann gibt's endlich Essen, Mama?")_Hmm, hat man schon davon gehört. Kommt aber als eigener Zukunftsentwurf nicht in Frage._Die wirkliche Zukunft der Frauen liegt irgendwo in der Mitte, zwischen Louis Vuitton und Hundekacke._Zwischen Superweib und Putztrottel._Und die Frau der Zukunft wird weder direkt ins Paradies aufsteigen, das die mühelose Vereinbarkeit von Job und Kind und Selbstverwirklichung und Partnerschaft (in beliebiger Reihenfolge) garantiert, noch wird sie in die Hölle der neuerlichen Unterdrückung fahren. Sicher ist nur eines: Den Schwarzen Peter im unterhaltsamen „Sind-Frauen-oder-Männer-die-besseren-Männer"-Gesellschaftsspiel fassen auch künftig die Frauen aus. Eine Mutter (berufstätig oder nicht, tut nichts zur Sache), deren Kind zum dritten Mal bei der Mathe-Arbeit versagt? Die faßt den Schwarzen Peter vor lauter schlechtem Gewissen gleich freiwillig aus. Pfui, Mutti, dicker Rußpunkt auf die Nase! Vermutlich bist du wieder faul über der Bügelwäsche eingedöst (oder hast dich im Büro vertratscht), anstatt mit deinem Kind zu üben._Eine Frau, die freiwillig auf Kinder verzichtet und trotzdem Spaß am Leben hat? Kleiner Rußpunkt auf die Nase. Du du, karrieregeiles Mädel! Streng dich an, einen Mann zu finden, bevor du so runzelig bist, daß du nur noch_Eine Mutter, die Spaß daran hat, bei ihren Kindern zu Hause zu bleiben? Mittlerer Rußpunkt, verpaßt von der Gruppe der berufstätigen Mütter. Armes Trampelchen, heute schon heiße Infos beim Sandkasten-Smalltalk aufgeschnappt?_Eine Berufstätige, die trotz Kinder weiterarbeitet? Dreifacher Rußpunkt, verpaßt von der „Ich-bin-aus-Überzeugung-Hausfrau"-Liga. Geldgierige Ziege. Kann sich nur um Jahre handeln, bis ihre Brut im Rinnstein verkommt._Womit ich zu meinem persönlichen Fazit komme: Was Frauen sich jetzt, in den nächsten Jahren und überhaupt wünschen, ist (neben Nebensächlichkeiten wie qualifizierter und finanzierbarer Kinderbetreuung, Männern, die ihre getragenen Socken eigenhändig in die dafür vorgesehenen Behälter werfen, gleichem Lohn für gleiche Arbeit und, ein ganz ganz persönlicher Wunsch, vielleicht eine Art gleitende Schulunterrichtszeit, die gestattet, daß Schüler zwischen 8 und 10 Uhr Früh beginnen können, und dafür nicht zwingend um 12 Uhr 30 auf der Matte stehen) ganz simpel: Frauen wünschen sich mehr Toleranz und vor allem Verständnis von anderen Frauen, egal wie ihr eigener Lebensentwurf aussieht. Und meine kleine Bilanz zum Geschlechterkampf: Nicht immer sind die Männer schuld, wenn Frauen die Schlacht um Karrierejobs verlieren. Sehr viele Frauen wollen gar keine Karriere machen, viele können es nicht, lernen das Falsche, wollen nicht kämpfen, bremsen sich gegenseitig aus._Und kein Gleichstellungsgesetz der Welt kann Männer in den Kurs für Schwangeren-Gymnastik zwingen._Oder?

Fritz Fellner [Universitätsprofessor]

Frauenemanzipation, die Forderung des 19. Jahrhunderts – nähert sie sich am Ende des 20. Jahrhunderts ihrer Verwirklichung? Ist das Ziel der Gleichberechtigung der Frau mit dem Mann in greifbarer Nähe? Oder ist nicht am Ende die Frau in der Verfolgung des Zieles der Gleichberechtigung der Geschlechter vom eigentlichen Ziel abgekommen? Liegt nicht in der Grundforderung „Wir wollen die gleichen Rechte wie die Männer" der Grundirrtum der Emanzipationsbewegung? Die Frau, die aus ihrer Welt herausstrebt zur Gleichberechtigung in der Männerwelt, verkündet alleine mit dieser Forderung bereits, daß sie das Männliche als das Erstrebenswerte ansieht, sie will heraus aus der Frauenwelt in die „bessere" Welt der Männer. Die Forderung nach Gleichberechtigung mit den Männern impliziert – und das hat man/frau bis heute nicht bedacht – die Anerkennung der Überlegenheit der Männlichkeit. Im Gesellschaftsspiel sind Frauen oder Männer die besseren Männer, fassen die Frauen deshalb den Schwarzen Peter aus, weil sie in der Doppelrolle Frau-Mann unweigerlich die Doppelbelastung sich aufbürden. Wie soll der Mann sich bereit finden, seinerseits zur Doppelrolle Mann-Frau umzusteigen, wenn ihm von seiten der emanzipierten Frauen unaufhörlich vortrompetet wird, daß Frau-Sein ein Zustand ist, dem man möglichst schnell und endgültig entkommen müsse, weil man nur als Mann erstrebenswerte Rechte haben kann? Wenn Frauen nach der Herr-schaft streben, weil sie sich in ihrer Weiblichkeit entrechtet sehen? Liegt nicht in dieser einseitigen Ausrichtung auf das Erringen der Gleichberechtigung mit dem Mann die eigentliche Problematik der Emanzipationsbewegung?_Ein weiterer Aspekt müßte noch in den Vordergrund der Überlegungen gezogen werden: Die Männer haben sich – wenn auch widerstrebend und sich manchmal recht hartnäckig dagegen anstemmend – daran gewöhnt, Frauen in ihrer Männerwelt zu akzeptieren, das Bild der Frau hat sich vor allem in den letzten vier Jahrzehnten radikal verändert. Ein Blick in die Frauenzeitschriften läßt erkennen, daß die Frau sich in beiden Welten, dem Männerreich und der Frauenwelt, bewegen kann, sie kann maskulin und feminin sein, sie hat sich den Zugang zur Männlichkeit erobert und die Weiblichkeit für sich reserviert; wann immer sie will, kann sie sich aus der Männerwelt in die Weiblichkeit zurückziehen, sie hat – die Modejournale dokumentieren das –, wenn sie in die Männerrolle schlüpft, das männliche Erscheinungsbild für sich feminisiert. Sie hat aber bis heute ihr Bild von den Männern nicht verändert, wie in gleicher Weise der Blick in die Modejournale, in die Frauenzeitschriften sichtbar macht. Ein Mann hat ein Mann zu sein, nicht nur das: er muß ein starker Mann sein, wenn er den Frauen imponieren soll, wenn er bei den Frauen Anerkennung finden soll. Seltsam: Seit Jahrzehnten ist die Erziehung der Kinder bis zum 14. Lebensjahr ausschließlich den Frauen – sei es als Mütter, sei es als Lehrerin – anvertraut, und immer noch werden Mädchen zu Frauen, vor allem aber Buben zu Männern erzogen. Das Mädchen darf, soll manchmal sogar, burschikos sein, doch wehe dem Burschen, der den Wunsch artikuliert, auch feminin sein zu dürfen. Wie sollen die jungen Männer zur mentalen Bereitschaft der Übernahme von bisher den Frauen zugeschriebenen Pflichten finden, wenn die Frauen nicht nur für sich diese Pflichten als lästig, entwürdigend, minderwertig empfinden, sondern vor allem gesellschaftlich den Mann belächeln, der bereit ist, weibliche Pflichten zu übernehmen? Der Nadelstreif ist nicht länger Vorrecht der männlichen Manager, die jüngsten Modeschauen reklamieren dieses Attribut der Herr-schaft für die Frauen. Die Frau im Hosenanzug ist emanzipiert, der Mann im Kleid ein Transvestit, über den man lächelt, wenn frau ihn nicht gar als Fall für den Psychiater ansieht. Die Frau hat die Möglichkeiten der Gleichberechtigung in der Männerwelt, dem Mann bleibt die Frauenwelt verschlossen. Gerade darin aber liegt der eigentliche Stolperstein der Verwirklichung der Gleichberechtigung. Gleichberechtigung kann es nur dann geben, wenn beide Seiten gleiche Rechte haben, Gleichberechtigung ist ein Wechselspiel, frau kann nicht nur Rechte im Bereich des anderen Geschlechts fordern, sondern muß auch die Pflichten in dieser anderen Welt übernehmen. Und mann soll nicht nur zur Übernahme der Pflichten in der Frauenwelt gezwungen werden, sondern auch die Rechte dieses Geschlechtes in Anspruch nehmen können. Ob Männerrolle oder Frauenrolle, sie muß beiden Geschlechtern in gleicher Weise zugänglich sein. Das 20. Jahrhundert hat der Frau den Eintritt in der Männerwelt geöffnet, es war das Jahrhundert der Frauenemanzipation. Der Übergang zum 21. Jahrhundert müßte der Männeremanzipation das Tor öffnen; dann wäre die Gleichberechtigung der Geschlechter verwirklicht.

Elfriede Hammerl [Journalistin]

Ich wünsche mir eine Welt, in der sich Eltern keinen Stammhalter wünschen. Ich wünsche mir eine Gesellschaft, die die Intelligenz begabter Mädchen nicht zu bloßem Fleiß degradiert und die aufhört, die bescheidenen Geistesgaben mäßig begabter Burschen als geniale Schlamperei zu interpretieren. Ich wünsche mir mütterliche Väter. Ich wünsche mir, daß Mütter selbstverständlich für ihren Lebensunterhalt sorgen dürfen, statt als Rabenmütter zu gelten, weil sie ihre Altersvorsorge nicht an den lieben Gott delegieren. Ich wünsche mir Vorstandsetagen, in denen bei der Besetzung von Spitzenpositionen folgendermaßen überlegt wird: Was die Qualifikation von Herrn X betrifft, so finden sich in seinem ganzen Lebenslauf keine Hege- und Pflegezeiten; der Mann hat nur an sich gedacht und ist deshalb für Führungsaufgaben nicht geeignet. _Ich wünsche uns, daß wir Frauen und Männer nicht mehr mit zweierlei Maß messen. Ich wünsche uns, daß wir aufhören, Frauen geringer zu schätzen als Männer und gleichzeitig höhere moralische Ansprüche an sie zu stellen: Was bei Frauen verwerflicher Egoismus heißt, gilt bei Männern als gesundes Durchsetzungsvermögen, weswegen Frauen, die nicht als verwerfliche Egoisten gelten wollen, wiederum kaum eine Chance haben, dem Ruf der Untüchtigkeit zu entgehen. Eine Mutter, die ihre Kinder verläßt, ist das Letzte, ein Vater, der dasselbe tut, hat angeblich das Recht, ein neues Leben zu beginnen. Die alten Muster haben wir alle, wenn schon nicht im Kopf, so doch im Bauch: Ich verurteile zwar den flüchtigen Vater nicht weniger als die flüchtige Mutter, aber auch ich ertappe mich dabei, daß mir die Kinder der flüchtigen Mutter mehr leid tun, denn ich wähne Kinder, allein mit der Mutter, gut aufgehoben – allein mit dem Vater hingegen nicht. Und indem ich die soziale Kompetenz der Väter in Frage stelle, transportiere ich konventionelle Rollenerwartungen weiter und trage bei zu einer gesellschaftlichen Ordnung, in der den Männern Güte abgesprochen wird und den Frauen das Recht auf Selbstbestimmung, und in der Güte eine Schwäche ist, weil als Stärke nur das zählt, was von Männern erwartet wird._Ich bin nun schon eine gute Weile auf der Welt, und seit ich beobachten kann, beobachte ich, wie noch so talentierte Töchter in ihren Fähigkeiten verunsichert, in ihren Ansprüchen gebremst und in ihrem Selbstwertgefühl beschnitten werden, während die Söhne – egal, ob talentiert oder nicht – Ermutigung, Unterstützung und Lob kriegen, so lange, bis aus den Söhnen selbstsichere Ellbogeneinsetzer geworden sind und aus den Töchtern junge Frauen, die glauben, nur dann liebenswert zu sein, wenn sie sich dümmer und kleiner machen, als sie sind. Würde ich bloß die erwachsenen Söhne und Töchter kennen, würde ich vielleicht glauben, sie seien von Natur aus so – tüchtig, zielstrebig und von sich überzeugt die einen, durch Unterordnung um Anerkennung bemüht die anderen. So aber weiß ich: Nicht die Natur hat sie so geformt, sondern ihre Umwelt._Ich wünsche mir Schwestern, die nicht lernen müssen, sich ihren Brüdern unterlegen zu fühlen. Ich wünsche mir Frauen, die nicht meinen, (ihren) Männern Überlegenheit zugestehen zu müssen. Ich wünsche mir Eltern und Onkel und Tanten und LehrerInnen und Leute auf der Straße, die Heranwachsenden nicht einreden, es sei typisch männlich oder typisch weiblich, wenn eine/r in der Nase bohrt, oder gar, männliches Nasenbohren entspringe dem typisch männlichen Forscherdrang, während weibliches Nasenbohren die typisch weibliche Neugier dokumentiere.

Thomas Maurer [Kabarettist]

Im Großen und Ganzen wünsche ich mir eh ungefähr das gleiche wie Elfriede Hammerl._Da obiger Satz vermutlich nicht als eigenständiger Beitrag zum Thema akzeptiert würde, hänge ich jetzt noch ein paar persönliche Wünsche, Wenns und Abers an._Zunächst: Ich habe einen Sohn. Mir ist zwar der praktische Nutzwert eines *Stammhalters* schleierhaft, wenn es nicht gerade darum geht, einen wackeligen Obstbaum zu erklettern, und gewünscht habe ich mir einfach ein Kind (anfangs, zugegeben, nicht einmal das, die Vorfreude ist erst im Zuge der – meiner? – Schwangerschaft aufgekommen), aber geworden ist's nun mal ein Sohn._Natürlich wünsche ich mir ebenfalls, daß die Intelligenz begabter Mädchen nicht als bloßer *Fleiß* verächtlich gemacht wird, bin aber wild entschlossen, meinen Sohn – *egal ob talentiert oder nicht* – Ermutigung, *Unterstützung und Lob kriegen* zu lassen, und zwar mindestens soviel davon, wie er braucht, um nicht auf die Idee zu kommen, *nur dann liebenswert zu sein, wenn er sich dümmer und kleiner* macht, als er ist. Das soll nämlich durchaus auch bei kleinen Buben vorkommen, wenn auch nicht mit der gleichen furchtbaren Selbstverständlichkeit wie bei Mädchen._Ich wünsche meinem Sohn ein so hohes Selbstbewußtsein, daß er es nicht nötig hat, sich permanent krampfhaft irgendwem überlegen fühlen zu müssen. In diesem Falle, denke ich, sollte er auch kein grundsätzliches Problem haben, auf Mädchen zu treffen, die nicht lernen mußten, *sich ihren Brüdern unterlegen zu fühlen* und später einmal auf Frauen, *die nicht meinen, (ihren) Männern Überlegenheit zugestehen zu müssen.*_Natürlich ist das aber nur ein Teil einer (hoffentlich richtigen) Antwort auf nur einen Teil des Problems._Schließlich wird der kalte Krieg der Geschlechter zum vermutlich entscheidensten Teil auf dem Felde der ökonomischen Ungleichbehandlung ausgetragen. Da aber derzeit die Wohlstandsschere wieder kräftig aufgemacht wird und der zunehmend verzweifeltere Kampf um den Restwohlstand kommentiert wird, stehen die Chancen auf breiten freiwilligen Verzicht zugunsten höherer Allgemeingerechtigkeit in unmittelbarer Zukunft wohl eher nicht so toll. Weder ich noch seine Mutter legen es darauf an, unseren Sohn zum *selbstsicheren Ellbogeneinsetzer* zu erziehen, weil uns beiden die Rasse der selbstsicheren Ellbogeneinsetzer jedweden Geschlechts ein Greuel ist. Theoretisch. Praktisch aber wissen wir, daß, solange Tüchtigkeit, Durchsetzungsvermögen und vor allem Erfolg konkurrenzlos als gesellschaftliche Kardinaltugenden gelten, man von mehr oder minder selbstsicheren Ellbogeneinsetzern förmlich umzingelt und daher gut beraten ist, den Einsatz des eigenen Ellbogens zumindest zum Zweck des Revanchefouls zu beherrschen. Ich hoffe, auch mein Sohn lernt das._Und ich hoffe, daß sich mein Sohn trotzdem in der Welt nicht widerspruchslos zurechtfindet, weder was zwischengeschlechtliche noch was sonstige Ungerechtigkeiten angeht. Ich wünsche meinem Sohn, ebenso wie allen anderen Buben und Mädchen seines Alters, daß er einmal beim Überleben in einer ungerechten und beim aktiven Herbeiwünschen einer besseren Welt die Balance halten kann._Mir selbst und dem Rest der Welt wünsche ich übrigens das gleiche._Und im übrigen wünsche ich mir natürlich eh ungefähr das, was sich Elfriede Hammerl wünscht.

Veronika Pelinka [Journalistin]

Glaubt man Hollywood, sind Familienwerte wieder gefragt. Statt der Lonesome Cowboys und wortkargen Humphrey-Bogart-Typen sind politisch korrekte Schwiegersohntypen die neuen Helden, die vor allem nach zweierlei streben: dem glücklichen Stand der Ehe und einer zahlreichen Kinderschar. Wie die Tagesplanung so einer Familie (vor allem im Land der McJobs) aussieht, ist derart idyllischen Streifen leider nicht zu entnehmen. Und auch konservative Politiker, die hierzulande gerne Familienwerte predigen, lassen derlei Details meist aus._Die Realität: Das Modell der Kleinfamilie – ohnehin nur eine kurzlebige Erfindung unseres Jahrhunderts – hat längst ausgedient. Egal ob eine Frau Karriere machen möchte oder sich lieber ihren Kindern widmet – die Nur-Hausfrau und Mutter wird zunehmend ein Privileg Besserverdienender, die Durchschnittsfamilie ist auf den (Neben-)Verdienst der Frau angewiesen. Dazu kommt, daß immer weniger Familien dem traditionellen Bild von Vater, Mutter und Kind(ern) entsprechen: Hohe Scheidungsraten (in Wien um die 50 %) und ein hoher Anteil nicht-ehelicher Geburten lassen immer mehr Mutter-Kind-Familien entstehen, die eine Berufstätigkeit der Mutter erzwingen. Diese wird ihr allerdings nicht leicht gemacht: Die allseits beklagten sinkenden Geburtenraten sind in erster Linie auf mangelnde Betreuungseinrichtungen und Angst vor Arbeitsplatzverlust zurückzuführen. Kurz: Kinderkriegen wird zum Luxus. _Von dieser Situation ausgehend, lassen sich zwei Visionen entwerfen: _Erstens: Der Staat (also wir alle) kommt zum Schluß, daß mehr Kinder geboren werden sollen (Sicherung der Pensionen, zukünftige Konsumenten etc.). Müttern mit Kindern wird daher – unabhängig vom Familienstand – eine finanzielle Absicherung geboten, die es ihnen ermöglicht, die ersten Monate mit dem Kind zu verbringen. Diese Absicherung müßte allerdings bedeutend höher sein als das derzeitige Karenzgeld, das oft nicht einmal die Kosten für die Wohnungsmiete abdeckt. Dazu müßten flächendeckende Betreuungseinrichtungen mit flexiblen Öffnungszeiten geschaffen werden._Zweitens: Frauen organisieren sich selbst. Alternative Vorbilder, wie sie zum Teil schon praktiziert werden, sind etwa selbstverwaltete Kindergruppen mit „Radeldienst": An einem Tag der Woche betreut eine Mutter die Sprößlinge der anderen Mütter – so hat jede Mutter sechs Tage, um ihrem Job nachzugehen, sie muß nicht zusätzlich Geld für die Kinderbetreuung verdienen. Weitere Vorteile: Kinder wachsen nicht als Einzelkinder auf, Mütter vereinsamen nicht zwischen Kinderbetreuung und Hausarbeit, sondern haben regelmäßig Kontakt zu Gleichgesinnten. Und: Selbstorganisation und Selbstbestimmung fördern das Selbstvertrauen und Selbstbewußtsein. Neben die hierarchischen Strukturen des Patriarchats treten die Strukturen einer vernetzten Frauenkultur, wie sie für matriarchale Gesellschaften typisch sind._Beide Visionen stärken die Position der Frauen, weil Kinderkriegen dadurch nicht mehr Verzicht auf Selbstbestimmung bedeutet. Mutterschaft ist dann eine Möglichkeit im Leben einer Frau, die sie ausleben kann – oder auch nicht. Dazu käme das Bewußtsein, daß Frauen mit Kindern der Gesellschaft etwas wert sind und nicht bloß als lästiger Kostenfaktor im Sozialbudget betrachtet werden.

Wolfgang Pauser [Kulturpublizist]

Wenn Hollywoodfilme und Politiker eine Lebensform – wie etwa die des sorgenden Gatten – herbeireden wollen, kann man sicher sein, daß diese in einer Krise oder gar im Schwinden begriffen ist. Die Emanzipation hat Männer in höherem Maß von traditionellen Pflichten entlastet als Frauen. Und die Möglichkeit, zum Geschlechtsverkehr zu erlangen, müssen Männer nun nicht mehr bezahlen. Sie müssen auch keine unauflöslichen Vertragsbindungen mehr eingehen. Wenn Männer heute Frauen Geld geben, tun sie dies entweder freiwillig oder weil das Eherecht noch nicht vollständig dem Modell der Gleichheit entspricht. Es gibt sogar eine wachsende Anzahl von Frauen, die im Sinne des Gleichheitsideals auf Alimente für Kinder verzichten, die sie gegen den Willen des Vaters geboren haben. Doch selbst wenn der Mann gewollt ein Kind zeugt, besteht in der Alimentation seine einzige, vergleichsweise geringe Verpflichtung. Die Mühsal der frühkindlichen Erziehung hingegen kann er de jure der Mutter überlassen. Während diese die Windeln wechselt, steht es ihm frei, sich bereits in den Armen einer anderen Frau zu vergnügen. Egal, wie man dieses Verhalten moralisch bewerten mag, die Emanzipation hat es möglich gemacht, und so ist es kein Wunder, wenn es oft passiert. Der treulose Vater beruft sich heute ganz emanzipatorisch auf sein Recht auf Selbstverwirklichung._Der rechtlichen und moralischen Entlastung der Männer von Versorgungspflichten steht die Doppelbelastung der Frau kontrastreich gegenüber. Sie tritt nicht nur manchmal in Ehen auf, wenn der Mann die Mithilfe im Haushalt verweigert, sondern allemal im Falle der alleinerziehenden Mutter. Egal ob Frauen als Freiwillige oder als Verlassene in diese Lebensform eintreten, ihr Los ist oft ein hartes, wenn Überarbeitung, Verarmung und Entsexualisierung sich zu einem Teufelskreis verschränken, der mit zunehmendem Alter immer weniger durchbrochen werden kann. Die neue Form der Ungleichheit besteht in einem Gefälle an Lebensqualität und Verpflichtung zwischen männlichen „Swinging Singles“ und weiblichen Alleinerziehenden. Letzteren bleibt oft nur noch der Weg in die Esoterik-Buchhandlung, um Trost zu finden. Oder der Griff zur Frauenzeitschrift, jener einzigen Realität, in der Berufserfolg, Kind und Liebesleben miteinander vereinbar sind._Diese Situation ist dadurch entstanden, daß die Emanzipationsbewegung in ihrer frühen Phase ein Frauenbild entworfen hat, das dem Modell des männlichen freien Arbeitnehmers nachgebildet war – die Frau als Produzentin und Konsumentin in einer marktwirtschaftlichen Gesellschaft. Über das Kinderkriegen wurde wenig nachgedacht. Erst in den letzten fünfzehn Jahren gab es eine Akzentverschiebung vom Karrierewunsch zum Wunsch nach Mutterschaft. Dabei trat das Problem auf, wie diese im Konzept des marktwirtschaftlichen Subjekts unterzubringen sei. Ist Kinderaufzucht ein Akt der Produktion oder ein Akt des Konsums? Wer zahlt dafür, wer hat ein Interesse daran?_Die mißliche Lage vermögensloser Alleinerzieherinnen resultiert daraus, daß niemand anderer als sie selber die Konsumentinnen ihrer eigenen Arbeitsprodukte sind. Anders als Männer, die aus verschiedensten Gründen mitunter Kinder wollen, verspüren die meisten Frauen einen heftigen emotionalen Drang nach dem Kinderkriegen. Dieser macht sie ausbeutbar. Wenn sich der Mann weder zwingen noch motivieren läßt, die Kosten zu tragen, bleiben als mögliche Zahler nur die Mutter selbst oder der Staat übrig. Marktwirtschaftlich formuliert, ist die Alleinerzieherin ein freies ökonomisches Subjekt, das sich mit einem übermäßig teuren Hobby finanziell und kräftemäßig ruiniert._Sollte also der Staat beginnen, den alleinerziehenden Müttern mehr als das bisherige Gnadenbrot zu bezahlen? Für Männer wäre das wünschenswert, brächte beziehungsmäßig und moralisch noch weitergehende Entlastung. Für Frauen hingegen wäre dies problematisch. Denn sobald Mutterschaft zu einem halbwegs gut bezahlten Beruf wird und Kinderkriegen sich von einem privaten Konsumakt in eine staatsfinanzierte Produktivität verwandelt, findet eine neue ökonomische Spaltung der Gesellschaft statt. Der Mann lebt weiter im kapitalistischen freien Markt, die Frau hingegen wird – gleichsam agrarkommunistisch – verstaatlicht und in eine Gebärbeamtin verwandelt. Das Modell einer kommunalen Bewirtschaftung des Frauenbauchs gewinnt an Attraktivität, je höher die Arbeitslosigkeit steigt. Der Arbeitsmarkt konnte Frauen nur Befreiung versprechen solange er funktionierte. Sobald er sich jedoch als Despot erweist, der alle anderen Despoten an Unbarmherzigkeit in den Schatten stellt, ist er für den Wunsch nach Emanzipation ein denkbar ungeeigneter Partner._Die Zukunft der Frauen stelle ich mir düster vor: Weil Kinderkriegen für Frauen ein starkes Sinnangebot enthält und der Arbeitsmarkt immer enger wird, entsteht eine Schere, die weibliche Autonomie auf die „Selbstverwaltung eines Radeldienstes“ unter (wenn auch „gleichgesinnten“) ökonomisch Ausgesteuerten zusammenstutzt._Weil ich als Mann von dieser Entwicklung, die längst begonnen hat, so wunderschön profitiere, zweifle ich daran, daß sie für Frauen gleichermaßen wünschenswert ist.

Rotraud A. Perner [Psychotherapeutin]

Trendforscher prophezeien den Megatrend Frauen – Frauen an den Schaltstellen der Wirtschaft, der Finanzwelt, der Politik. Sie lösen damit bei den einen Hoffnungen auf eine bessere, friedlichere Welt aus und bei anderen Horrorvisionen von Racheaktionen für jahrhundertelang zugefügtes, erlittenes Unrecht. _Die Frau als Friedensengel, die Frau als Rachefurie – sind das die einzigen Perspektiven weiblicher Weiterentwicklung? Oder sind es wieder einmal „nur" Männerphantasien zwischen Wunsch und Furcht, zwischen Befehl und Verbot?_Jahrhundertelang wurden Frauen fremddefiniert: war frau so, wie man(n) sie sich erträumte, bekam sie einen „guten", verweigerte sie die Anpassung an Vaters, Bruders, Partners oder Chefs Wunschbild, bekam sie einen „bösen" Namen. Namensgebung hat aber Suggestivcharakter – es braucht viel Selbstbewußtsein, zu wagen, sich selbst zu benennen. Heute wollen Frauen nicht mehr zu Heiligen, Wohltäterinnen, Prachtmädeln oder Powerfrauen hochgelobt oder als Huren, Eigenbrötlerinnen, Tussis oder Emanzen beschimpft werden. Sie wollen selbst herausfinden, wer sie sind und wer sie sein können – ohne daß ihnen jemand dreinredet._Den Frauen der nächsten Generation wünsche ich_ Antriebskraft, ihre Ideen zu verwirklichen,_Bewegungsfreiheit schon von klein auf: sie sollen sich breit machen, wild sein und Raum erobern dürfen,_ Chancengleichheit, _Dünnhäutigkeit, um Betroffenheit zu spüren und anzusprechen,_Ernsthaftigkeit, damit sie auch ernst genommen werden müssen, _Fairneß, damit sie Vorbild geben, wie man vermeiden kann, andere zu schädigen,_Güte, um sich nicht zum Bössein und zur Bosheit verlocken zu lassen, _Humor, weil er entwaffnet,_Ich-Stärke, um sich gut abgrenzen zu können,_ Jagdinstinkt, damit sie wittern, wo es Beute zu machen gibt,_Kreativität – aber die haben Frauen schon immer bewiesen!_Lust, Frau zu sein und als Frau zu leben und zu lieben,_Mut, die eigene Position zu vertreten,_Neugier,_Organisationstalent, um Blockaden zu überwinden,_Psychische Stärke, um sich nicht einschüchtern zu lassen,_Qualität in der Berufsleistung, im Kommunikationsverhalten und in der leibseelischen Empfindungsfähigkeit,_Redlichkeit als Senderin wie als Empfängerin von Botschaften,_Selbstbestimmtheit,_Tatkraft,_Urteilssicherheit, damit sie nicht leicht zu täuschen sind,_Vertrauen in die eigenen Stärken,_Wehrfähigkeit, um sich erfolgreich verteidigen zu können,_Xanthippenqualitäten, um sich von Kritikern nicht vom eigenen Weg abbringen zu lassen,_Yin UND Yang – weibliche UND männliche Energie – gleichmäßig zur Verfügung und_Zusammenhalt, damit Frauen sich nicht auseinanderdividieren lassen._Uns Frauen der Müttergeneration wünsche ich die Fähigkeit, uns selbst in unseren „Töchtern" wiederzuerkennen mitsamt unseren Sehnsüchten und Hoffnungen, mitsamt unserem Mut und unserer Zaghaftigkeit, unseren Idealen und unseren Enttäuschungen, unserer Wut und unserer Trauer. Vielleicht schaffen wir damit die Liebe, unsere Töchtergenerationen nicht nur im Babystatus zu fördern, und die Solidarität, ihr bei der Suche nach ihren eigenen Wegen beizustehen, anstatt mit ihr zu konkurrieren.

Manfred Pawlik [Psychotherapeut]

Geliebte Tochter_Ich sende Dir meine Wünsche. _Du willst lieber Deine eigenen Erfahrungen machen als meine Lebensweisheiten anhören_Du wirst Dein Leben leben, ein Leben, das ich mir gar nicht vorstellen kann_Ich habe Dich im Arm getragen, nun bin ich erstaunt über Deine Anmut, Deine Selbstsicherheit, Deinen unbeugsamen Willen, Deinen Weg zu gehen_Du wirst in meinem Haus wohnen, wirst Bilder malen und auf Deinen Pferden reiten,_Du wirst mit Deiner Familie leben, wie Du es willst_Deine Vorstellungen vom Leben sind jetzt schon so klar, daß ich mir keine Sorgen mache, daß Du nicht tust, was Du willst, _Du tanzt in der Kirche, auch wenn Du mit verhaltenem Zögern in der Stimme sagst, daß die Engel im Himmel es wünschen, die Menschen mögen tanzen_Der glockenhelle Ton ist rein und bestimmt und verstummt nicht_Dein Schweigen ist Überlegen und Sammeln der Kräfte_Du bist die Herrin des Monds und der Sonne_Deine Kinder sind Waren des Glücks_Die Natur ziert die Lieblichkeit Deiner Bewegungen_Auch die Niedrigkeit verzerrt nicht das Bild Deiner Güte_Die Jahresringe des Kampfes und des Erfolges_Bist Du es, die anders denkt_die anders liebt_die anders spricht_die anders arbeitet_die anders lacht_die anders genießt_die anders weint_die anders liest_die anders schreibt_die anders politisiert_ die anders regiert_die anders lebt_die anders ist? _Du gibst mir Hoffnung,_und ich glaube an Dich.

Erika Pluhar [Schauspielerin]

Mit meinen 59 Jahren habe ich schon mehrere Jahrzehnte Frausein hinter mir. Dieser Umstand erfüllt mich mit einiger Skepsis, wenn es darum gehen soll, für die nächsten zehn Jahre und damit in das nächste Jahrtausend hinein, Wünsche und Erwartungen für die Frauen zu formulieren._Natürlich habe ich im Laufe meines Lebens immer wieder feststellen können, daß sich einiges positiv verändert hat. Wie Frauen jetzt ihre Kinder zur Welt bringen dürfen, zum Beispiel: den Kindesvater zur Seite, der Säugling nie vom warmen Körper der Mutter entfernt. (Ich betone dieses, weil ich selbst die Geburt meiner Tochter so nicht erleben durfte.) Wie Frauen jetzt entscheiden dürfen, in welcher Form sie ihr Liebes-Leben (um es schlicht so zu nennen) gestalten. Wie Heirat oder unsanktioniertes Zusammenleben nicht mehr von der Gesellschaft, sondern vom persönlichen Wunsch diktiert wird. Aber. Habe ich denn – sogar bei diesen Veränderungen nur im privaten Bereich – nicht elitär beobachtet? Gilt das alles auch für die breite Masse der Frauen?_Wenn meine Beobachtungen gar andere Bereiche berühren – die des Beruflichen, Politischen, Geistigen (verzeihen Sie diesen unpopulären Begriff, für mich ist er bestimmend) – dann bleibt in jeder Hinsicht ungeheuer viel zu wünschen übrig. Es hat sich zwar die sogenannte Karriere- oder Power-Frau entwickelt, aber diese Fehl-Entwicklung entstand vor allem im Blickwinkel und Jargon der Medien und auf Kosten der tatsächlichen weiblichen Kraft. Emanzipatorische Ghettoisierungen werden gefördert, Unfug wird breitgetreten, um Selbstverständnis zu unterbinden._Und mit diesem Begriff bin ich dort angelangt, wohin seit je, und nicht nur für das nächste Jahrzehnt, meine Erwartungen und auch meine Wünsche zielen. Meine Erwartungen und Wünsche als Frau, die ich bin. Und als Mensch, dem an der Menschheit – trotz allem – immer noch liegt. Ich wünsche und erwarte dringlich SELBSTVERSTÄNDNIS. Daß Frausein endlich selbstverständlich sei und nicht Exklusivthema._Ich möchte eines Tages folgendes nicht mehr mitansehen oder miterleben müssen: das Jahr der Frau, Frauenrubriken und -magazine in Presse und Fernsehen, Frauenliteratur, Frauentheater, ein Frauenministerium, die Alibi-Frau in Talkshows und Diskussionen, die Vorzeige-Frauen in der Politik. Ich möchte erleben dürfen, daß die Geschlechtlichkeit nur noch als Bereicherung im Miteinander wahrgenommen wird. Daß sie jedoch bei Kompetenz, Leistung, Begabung, Fähigkeit irrelevant geworden ist. Eine Utopie, ich weiß. Erwartungen und Wünsche sind jedoch immer utopisch._Ganz real aufs Zukünftige geschaut, möchte ich die Frauen auffordern, ihr menschliches Selbstverständnis strikter zu behaupten. Sich weder ins Weibchen- noch ins Power-Eck drängen zu lassen. Allen modischen, trendgerechten, medial erzeugten FRAU-Aspekten zu mißtrauen. Sie dienen dem Markt, also der Macht, also dem männlichen Prinzip auf Erden. Laßt euch nicht auf die Schaufel des Konsums nehmen und von den Existenzfragen der Spezies Mensch hinwegschaufeln. Frauen sind Menschen, demgemäß mit allen Scheußlichkeiten und Besonderheiten des Menschlichen ausgestattet, und so zu allem und jedem fähig – oder unfähig. Wie Menschen es eben sind._Diese einfache Schlußfolgerung wird mit Sicherheit auch im nächsten Jahrzehnt immer wieder kompliziert in Frage gestellt werden. Die Antwort kann nur von Frauen kommen, die selbst und ohne Frustration verstehen lernten und auf lebendige Weise mitten im Leben stehen. Also ohne innere Einschränkung selbstverständlich selbständig geworden sind.

Werner Schneyder [Schriftsteller]

Ich wünsche und erwarte von den Frauen eine deutlichere Abkehr vom Irrglauben, ihre Beteiligung an Fehlentwicklungen der Männergesellschaft für Emanzipation zu halten._Ich hoffe auf Aktivitäten nicht in Richtung Frauengesellschaft oder Anti-Männergesellschaft, sondern in Richtung Menschengesellschaft. Das schließt zwar eine Abrechnung mit den Männern ein, hat aber Gemeinschaft zum Ziel._Wenn Frauen mehr gesellschaftliche Führungsrollen beanspruchen, haben sie sich vorher – laut und deutlich – Fragen zu stellen: Würde eine von Frauen gesteuerte oder wenigstens mitgesteuerte Gesellschaft – oder sagen wir lieber gleich: Menschheit – besser aussehen? Wäre das bald nach Machtübernahme ein Globus voll der Friedfertigkeit und sozialen Gerechtigkeit?_Wir wissen, daß Mütter den Tod ihrer Söhne beweinen. Ohne Anflug von Stolz auf das dadurch für das Vaterland Geleistete. Was aber, wenn Mütter in den Aufsichtsrat der Waffenfabrik gewählt werden? Beantragen sie eine Umstellung der Produktion auf Kinderwagen?_Ich hoffe, daß sich das Streben nach „weiblicher Selbstverwirklichung" von einigen Irrtümern befreit. Zum Beispiel von dem, Großbüros für attraktivere Arbeitsplätze zu halten, als eine schöne eigene Wohnung. Der Beruf „Hausfrau" erfordert Management-Qualitäten, Fähigkeiten zur Disposition, Innovation, Kreativität. Die Männer hätten endlich klarzustellen, die „Hausfrau" wird nicht erhalten, nicht ausgehalten (schon gar nicht für Prostitution), sie erbringt eine Leistung, die gar nicht hoch genug zu honorieren ist. Ihr Anteil am Bruttosozialprodukt beträgt in jedem Normalfall fünfzig Prozent._Garderobe, Auto, individueller Luxus der „Hausfrau" sind nicht Zuwendung, sondern Verdienst._Ich hoffe, daß Frauen ohne den Zwang, täglich „zur Arbeit" fahren zu müssen, in großen Häusern mit angrenzenden Wohnungen zu mitmenschlichen Lebensformen finden. Warum sie in enger Nachbarschaft isoliert und einsam sein müssen, bleibt mir unerklärlich._Schön wäre, würden Frauen dem Konsumterror, den Moden, den Trends mehr Eigenwillen entgegensetzen, sich gegen ihre „Rollen" vor allem in der Konsumwerbung wehren. Wenn sie sich zu Sabotage und Boykott solidarisieren könnten, hätten es die Werbestrategen schwerer, die Frauen ungestraft zu Idiotinnen zu machen._Ich wünsche den Frauen die ultimative, perfekte „Pille für den Mann". Und vor allem den Verstand sich zu fragen, ob nicht alle von führenden Feministinnen erkannten Zwänge, Abhängigkeiten und Unterdrückungen seitenverkehrt auf den Mann übertragbar wären. Hat man das einmal begriffen, weiß man:_Geschlechtliche Emanzipation ist nur partnerschaftlich möglich.

Ursula Heindl [Malerin]

Es war einmal …_ein Professor an der Akademie, dessen erste Tat zu Beginn seiner Lehrtätigkeit darin bestand, sich einen thronähnlichen Sessel zu besorgen, von dem er zu seinen Studenten sprach. Ein Jahr später beschloß er, etwas für Frauenkunst zu tun: Er teilte die Klassenräume in Frauen- und Männersäle, damit die Studentinnen in ihrer „lieblichen weiblichen Sensibilität" nicht von den „wilden" Malern gestört würden. An der Tür zum Frauenzimmer ließ er ein Schild mit der Aufschrift „Kein Zutritt für Männer" anbringen._Die Existenz von Künstlerinnen wurde in den Kunstgeschichtsvorlesungen verschwiegen._Die österreichischen Museen für moderne Kunst reüssieren mit Ausstellungen oft ohne das Werk auch nur einer einzigen Künstlerin._Auch in großen Sammlungen fehlten ihre Kunstwerke, und das fiel niemandem auf._Künstlerinnen, denen das Vielzuwenig zuviel wurde, organisierten eigene Frauen-Ausstellungen. Solch eine Ausstellungspolitik war natürlich zum Scheitern verurteilt._Es schien undenkbar, daß sich in diesem System je etwas ändern könnte – obwohl es merkwürdigerweise genausoviel weibliche wie männliche Studenten an der Akademie gab. Das geschah vor nicht allzu langer Zeit, es war Anfang der achtziger Jahre, und zwar in unserem Jahrhundert!_Einer Frau wird vielleicht weniger zugetraut, obwohl man als Künstlerin gar nicht anders als emanzipiert leben kann. Das mag daran liegen, daß Talent meist mit genialem Gehabe und (chauvialem) Auftreten verwechselt wird._Ich wünsche mir für die Künstlerinnen zukünftiger Generationen, daß das alles der Vergangenheit angehört._Dank der internationalen Informationen (und Kritik) hat sich im letzten Jahrzehnt auch in Österreich einiges verändert. Auch ‚Mann' entdeckt, daß es ein Verlust wäre, weiterhin im künstlerischen Bereich auf eine Hälfte der Menschheit zu verzichten._Für mich ist Kunst zu machen, zu malen, nicht ein Finden von Formen und Farben, es ist vielmehr ein Einfangen von Kräften, ein Sichtbarmachen von Kraft. Frauen haben in der Kunst eine Aussage zu machen, und dazu haben sie heute die Möglichkeit. Ausstellungsmacher der internationalen westlichen Kunstwelt würden heute ohne Beiträge von Frauen nicht mehr ernst genommen werden, obwohl sie noch immer sehr oft nur sogenannte „Alibifrauen" einschleusen._Künstlerinnen, die spezielle Aspekte ihrer Weiblichkeit oder gerne den Frauen zugeordnete Eigenschaften in ihre Arbeit einbringen (Cindy Sherman, Rosemarie Trockel, Mariko Mori …) finden oft große Beachtung, während Frauen, die Kunstwerke schaffen, die man eben nicht geschlechtsspezifisch zuordnen kann, weniger aktualisiert werden._Die Rezeption weiblicher Werke unterliegt vielfach der Tatsache, daß es sich um eine Frau handelt, und daran wird sich vermutlich nie was ändern.

ich für die Frauen in der Zukunft?

e Frauen in der Zukunft?

Was erwarten Sie sich für die Frauen in der Zukunft?

Zukunft?

kunft?

Idol und Göttin

Göttinnen bevölkerten Himmel und Erde in Ägypten, im Zweistromland, in der römischen und in der griechischen Welt. Eine Dreiheit von Schicksalsgöttinnen bestimmte über Leben und Tod, über Vergangenheit, Gegenwart und Zukunft der Menschen: Moiren in Griechenland, Parzen in Rom, Nornen in Skandinavien, Zorya in den slawischen Gebieten, Morrigane in Irland, Guinevere oder Brigit in Britannien. Eine der wichtigsten weiblichen Tätigkeiten, das Weben, wurde zum Muster ihres Handelns: In der griechischen Mythologie spann Klotho den Lebensfaden, Lachesis maß die Länge zu, und Atropos, die Unabwendbare, schnitt ihn durch. Selbst Zeus, der Göttervater, war machtlos gegen den Willen der Schicksalsgöttinnen. Das Vorhandensein mächtiger Göttinnen führte und führt zur Annahme, daß diesem spiegelbildlich die Gesellschaftsform des Matriarchats entsprochen habe. Seit der Veröffentlichung von Bachofens „Mutterrecht“ werden diese Thesen, bestärkt noch durch archäologische Funde von „Venusstatuetten“ als älteste Zeugnisse künstlerischer Betätigung, immer wieder aufgegriffen im „Geschlechterkampf“. Aber benötigen Frauen diese wissenschaftlich oft fragwürdig untermauerte Legitimation, um ihre Gleichberechtigung einzufordern?

1.1 Thronende Isis mit Horusknaben

Ägypten, Spätzeit, ca. 600 v. Chr.
Speckstein, H: 11,5 cm
Wien, Kunsthistorisches Museum, Ägyptische Abteilung, Inv. Nr. 1059

Die ägyptische Göttin Isis war die erstgeborene Tochter von Nut, dem sich über alles wölbenden Himmel, und dem Erdgott Geb. Sie wurde am Tag zwischen dem ersten und dem zweiten Jahr der Schöpfung geboren. Sie lebte mit ihrem Bruder Osiris zusammen und war den Menschen wohlgesinnt. Die Frauen lehrte sie, das Korn zu mahlen, den Flachs zu spinnen und die Kleidung anzufertigen. Ihr böser Bruder Seth tötete Osiris, und Isis machte sich auf, die Leiche des Bruders zu suchen. Sie fand schließlich die Leiche unverwest unter einem Tamariskenstrauch begraben und brachte sie nach Ägypten zurück. Und wieder beging Seth eine ruchlose Tat: Er raubte den Leichnam und zerstückelte ihn. Isis suchte die Leichenteile und setzte sie wieder zusammen. Nur seinen Penis fand sie nicht und mußte diesen durch einen goldenen ersetzen. Sie vollzog am Körper ihres geliebten Bruders erstmals das Ritual der Balsamierung. Und Gott Osiris erhob sich danach „so lebendig wie das Korn nach der Frühjahrsflut“. Isis empfing von ihm ein Kind, Horus, den Sonnengott. Isis war die universelle Göttin der Ägypter, ihr Kult war vom Nildelta bis zu den Ufern des Rheins verbreitet; sie verkörperte als Überwinderin des Todes die vollkommene Weiblichkeit. In der Darstellung der Isis, wie sie den Horusknaben auf dem Schoß hält und ihn säugt, ist sie eine Vorwegnahme der Maria lactans.

1.2 Göttin Kadesch auf Löwen stehend

Ägypten, 18. Dynastie, ca. 1400 v. Chr.
Kalkstein, H: 8,35 cm
Wien, Kunsthistorisches Museum, Ägyptische Abteilung, Inv. Nr. 1012

Kadesh oder Kadesha, die Heilige, war ursprünglich ein Titel der Göttin Ishtar, der akkadisch-babylonischen Göttin. Ishtar war die Verkörperung der Frau in ihren vielen Facetten: Als Muttergottheit war sie Symbol für Liebe und Fürsorglichkeit. Als Kriegerin verkörperte sie die Jungfräulichkeit. Sie wurde aber auch zu einer Figur voll bedrohlicher Sexualität (Gilgamesch-Epos). Sie regierte am Himmel den Mond, den Morgen- und den Abendstern. Als Göttin des Morgensterns zog sie auf ihrem von Löwen gezogenen Streitwagen in den Krieg; als Göttin des Abendsterns war sie für den Vollzug in Liebesangelegenheiten zuständig. Sie war die Göttin, „die das Männliche dem Weiblichen sich zuwenden läßt und das Weibliche dem Männlichen". Als ägyptische Kadesch ritt sie nackt auf einem Löwen und hielt in ihren Händen Schlangen und Lotusblüten. Auf der Stele trägt sie den Kopfputz der ägyptischen Göttin Hathor, die im ägyptischen Bereich wie Ishtar die Fülle der Weiblichkeit personifiziert.

1.3 Baubo

Ägypten, ptolemäisch, ca. 200 v. Chr.
Ton, H: 14,5 cm
Wien, Kunsthistorisches Museum, Ägyptische Abteilung, Inv. Nr. 1322

Baubo ist die griechische Göttin des aus dem Bauch aufsteigenden dröhnenden Gelächters, denn Baubo bedeutet „Bauch". Zumeist wird sie als kopf- und gliederloser weiblicher Körper dargestellt, dessen Brüste die Augen und die Genitalien einen bärtigen Mund bilden. Ihren Eingang in die Mythologie fand sie im Sagenkreis um Demeter. Diese kam auf der Suche nach ihrer geraubten Tochter Persephone an den Hof des Königs Keleus nach Eleusis und blieb dort als Amme des Königssohnes Demophoon. Baubo, eine andere Amme, versuchte die tief betrübte Göttin zu trösten, hob ihre Röcke und zeigte Demeter ihre Vulva, worauf diese lächeln mußte.

1.4 Göttin Kybele

FO: Virunum, Zollfeld (Kärnten)
Bronze, H: 10 cm
Klagenfurt, Landesmuseum für Kärnten

Kybele ist eine der großen Muttergottheiten des antiken Nahen Ostens. Ihr Kult verbreitete sich ab dem 3. Jh. v. Chr. über das römische Weltreich und drang in die Provinzen vor. Den Ursprung nahm die Verehrung dieser weiblichen Gottheit in Phrygien, dem nördlichen Anatolien. Sie wurde als Magna Mater dargestellt, als vollbrüstige Frau mit einer Krone auf dem Haupt, Maiskolben und Schlüssel tragend. Zeus versuchte sie, als sie in Gestalt des Felsens Agodos schlief, zu vergewaltigen. Sein Samen, der sich bei dem mißlungenen Versuch auf die Erde ergoß, schwängerte Kybele, da sie ja die Erdenmutter war. Sie gebar den Hermaphroditen Agdistis. Dieser wurde von Dionysos entmannt; aus dem Blut der Wunde entstand ein Mandelbaum. Eine Frucht dieses Baumes schwängerte die Nymphe Nana. Sie gebar einen Sohn, Attis, in den sich Kybele – eigentliche seine Großmutter – verliebte. Sie nahm ihn als Geliebten zu sich, er aber konnte nicht treu sein. Da Kybele gleichzeitig die Erde war, konnte er seinen Treuebruch nicht verheimlichen; Kybele strafte ihn mit Wahnsinn. Attis entmannte sich selbst und verblutete unter einer Pinie. Die Römer feierten das Frühjahrserwachen mit einem Fest zu Ehren Attis'.

1.5 Venus vom Galgenberg

32.000 v. Chr. (Aurignacien), FO: Galgenberg, zw. Stratzing und Krems – Rehberg (NÖ) gelegen
Replik, Original: Amphibolitschiefer, H: 7,2 cm
Wien, Naturhistorisches Museum, Prähistorische Abteilung

Die Statuette wurde anläßlich einer Notgrabung geborgen. Die am Fundort in ausreichender Menge vorhandene Holzkohle ermöglichte eine genaue Datierung der Statuette mit Hilfe der Radiokarbonmethode. Auf einem Platz von rund 1100 m^2 konnten 13 Feuerstellen von Eiszeitjägern freigelegt werden. Die größte dieser Feuerstellen dürfte – dies läßt sich anhand der Spuren rekonstruieren – über eine zeltartige Abdachung verfügt haben. Hier fand sich die in acht Teile zerborstene Statuette. „Die Zuweisung zum kultisch-religiösen Bereich dieser Statuetten scheint allgemein anerkannt. Niemand jedoch weiß, ob sie als Menschen, Geistwesen, Götter oder auch Mittler zwischen Dies- und Jenseits gefertigt wurden." (Neugebauer-Maresch 1995).

1.1

1.7

1.3

1.6 Venus von Willendorf

26.000–23.000 v.Chr. (Gravettien),
FO: Willendorf (NÖ)
Replik, Original: Kalkstein, H: 11cm
Wien, Naturhistorisches Museum,
Prähistorische Abteilung

Die sog. „Venus von Willendorf" gehört zu einer Gruppe von rund 200 Frauenfiguren, ganz oder in Fragmenten erhalten, die in einem Korridor gefunden wurden, der von Frankreich über Norditalien, Süddeutschland, Tschechien, die russische Ebene bis nach Sibirien reicht. In dieser Region gibt es 30 Fundorte. Das Aussehen der Statuetten, die einander keineswegs so ähnlich sind wie oft der Anschein erweckt wird, hat zu den unterschiedlichsten Interpretationen angeregt. Für die einen sind sie Fruchtbarkeitssymbol, für die anderen von Männern produziertes Sexsymbol. Einmal ist sie bloß eine „fette" Frau, dann wieder eine Schwangere. Von feministischen Schriftstellerinnen werden sie als weibliche Kultfigur adoptiert. Bei Matriarchatsanhängerinnen werden sie zu „Äußerungen eines kosmischen Gedankens", zum Symbol des Alls (Roeder 1996, 210). Die runden Körperformen spiegeln das Halbrund des gewölbten Himmels und den Kreis des Horizonts.

1.7 Maria Lactans

Friaulisch-veronesisch, um 1200
Marmor, H: 54 cm
Friesach, Stadtmuseum

Die stillende Muttergottes stammt aus der Filialkirche St. Peter in Friesach. Maria sitzt auf einem kleinen Thron und reicht mit der Linken dem Jesusknaben die Brust. Beide sind mit langen Gewändern bekleidet. Maria trägt über dem Rock einen langen Überwurf, das Kind einen langen, in der Taille gegürteten Rock. Der Kopf der Maria wurde dem Bildwerk im 16. Jahrhundert abgeschlagen. Die ursprüngliche farbige Fassung des aus Oberitalien importierten Kunstwerkes ist nicht mehr erhalten.

Verwendete und weiterführende Literatur:

Johann Jakob Bachofen, Das Mutterrecht. Eine Untersuchung über die Gynaikokratie der Alten Welt nach ihrer religiösen und rechtlichen Natur. Stuttgart 1861.
Erich Fromm, Liebe, Sexualität und Matriarchat. Beiträge zur Geschlechterfrage. München 1994.
Carolyne Larrington (Hg.), Die mythische Frau. Ein kritischer Leitfaden durch die Überlieferungen. Wien 1997.
Patricia Monaghan, Lexikon der Göttinnen. Bern, München, Wien 1997.
Christine Neugebauer-Maresch, Die Venus vom Galgenberg. In: Harry Kühnel, Franz Schönfellner (Hg.), Tausend Jahre Krems. Wien 1995, 83–90.
Brigitte Röder, Juliane Hummel, Brigitta Kunz, Göttinnendämmerung. Das Matriarchat aus archäologischer Sicht, München 1996.
Barbara G. Walker, Das geheime Wissen der Frauen. München 1995.

Aō 1679 den 29 December sein dem Ehrnuesten firnemben Herrn Geörgen Egger de
Jüngern Zū Bantzendorff Zwaij khuäblen gebohrn deren daß aine todte
auf die Welthkhomben derowegen sich auf hollBruggen Zū unser Lieben frauen hilff mit
a Opfer Und h: Mösz Verlobt Vnder der h: Mösz hat daß khindt drei Zaichen geben erstens i
me Bluet ausz dem Näsl geflosen anderen daß meilele auf Und Zue gethan drittens in recht

Maria – Jungfrau, Mutter, Helferin

2

Der Gottesmutter Maria kamen im Laufe einer 2000jährigen Geschichte die unterschiedlichsten Funktionen zu. Sie kann die adelig-ritterliche Himmelskönigin verkörpern oder die liebevolle Mutter; sie ist Jungfrau, Tochter, Mutter in einer Person; sie kann normatives Vorbild oder erfahrungsbezogenes Abbild weiblicher Lebensweise oder Wunschbild weiblicher Spiritualität und Glaubenserfahrung sein. Ihr Leben und die Bewältigung desselben werden zum Vorbild für Mann und Frau in gleicher Weise. In Zeiten der Not wird sie Zufluchtsstätte und Fürbitterin. Das kann bei kollektiven Gefahren geschehen, etwa bei Epidemien und in Kriegsgefahr (Türkenkriege, Schwedenkriege) oder bei gefährlichen Episoden im Schicksal des einzelnen Menschen. Im Gegensatz zu anderen weiblichen und männlichen Heiligen lassen sich bei Maria keine geschlechtsspezifischen Präferenzen feststellen und auch keine Präferenzen, was die Ereignisse betrifft, die Menschen dazu veranlassen, sich an Maria als Fürbitterin zu wenden. An sie wenden sich Männer und Frauen aus den unterschiedlichsten Gründen, wie uns die zahlreichen Votive, die in den Wallfahrtskirchen gestiftet wurden und werden, belegen.

2.1 Votivbild

Tirol, 1762
Tempera auf Holz, 30,5 x 24 cm
Ibk., Tiroler Volkskunstmuseum Inv. Nr. 9.725

Wiltener Gnadenbild „Maria unter den vier Säulen“ auf Wolken, darunter kniende Eheleute mit drei Kindern, davon zwei Wickelkinder, in Kartusche EX VOTO 1762, aufgemalter Rahmen. Die Ursprungslegende berichtet, daß bereits römische Soldaten im Jahr 137 ein Muttergottesbild unter vier Bäumen bei ihrem Feldlager Veldidena (Wilten) verehrten, das sie dann bei ihrem Abzug vergruben. Ein frommer Bauer namens Lorenz fand es dann beim Pflügen. Die Wallfahrt zur „Maria unter den vier Säulen“ – das Gnadenbild wird von einem Ziborium auf vier Säulen überdacht – läßt sich mit Urkunden bis in die Mitte des 13. Jahrhunderts zurückverfolgen. Zu diesem Zeitpunkt fanden wöchentlich Prozessionen vom benachbarten Prämonstratenserkloster Wilten zum Marienbild statt. Das heutige verehrte Gnadenbild stammt aus der ersten Hälfte des 14. Jahrhunderts.

Herlinde Menardi/Elisabeth Vavra

2.2 Wiltener Gnadenbild

Tirol, 19. Jh.
Hinterglasmalerei, 29,5 x 24 cm (mit Rahmen)
Ibk., Tiroler Volkskunstmuseum Inv. Nr. 21.472

Wiltener Gnadenbild „Maria unter den vier Säulen“, Ornamente des marmorierten Säulenaufbaues teilweise vergoldet; schwarzer Profilrahmen.

Herlinde Menardi

2.1

2.2

2.10

2.3

2.3 Wallfahrtsandenken von Maria Waldrast

Tirol, 2. Hälfte 18. Jh.
Scherenschnittbild, 93 x 120 mm
Ibk., Tiroler Volkskunstmuseum Inv. Nr. F 2.755

Maria Waldrast mit Ansicht des Klosters und Darstellung der Erscheinung Mariens; die Scherenschnitte auf vier Glaslagen verteilt, die z.T. bemalt sind. Maria Waldrast gehört zu den von Serviten betreuten Marienwallfahrten in Tirol. Etwa zwei Gehstunden entfernt von Matrei am Brenner liegt der Wallfahrtsort in 1641 m Höhe. Die Ursprungslegende berichtet von einem Marienbild, das zwei Schafhirten, Johann und Peter aus Mützens, am Ostersonntag des Jahres 1407 in einem Lärchenstock fanden. Man sägte das Marienbild aus der hohlen Lärche heraus und brachte es nach Matrei. In der Pfingstnacht desselben Jahres hörte ein armer Holzfäller namens Christian Lusch aus Mühlbach im Traum eine Stimme, die ihm den Auftrag erteilte, eine Kapelle zu errichten. Er weigerte sich zunächst, sagte, er wäre zu arm. Da erschien ihm nach einigen Nächten die Gottesmutter persönlich im Traum und sprach zu ihm: „Steig hinauf auf die Waldrast. Dort ist ein grüner Fleck, dort wird dir der Platz gezeigt. Geh zu frommen Leuten, die werden dir so viel geben, daß du den Bau vollbringen magst." Der Holzknecht berichtete dem Pfarrer von seinem Traum; dieser schickte ihn zum Bischof von Brixen, der 1414 die Erlaubnis zum Bau erteilte. 1429 war der Bau vollendet, und das Gnadenbild wurde von Matrei nach Maria Waldrast übertragen. Die Wallfahrt erfuhr eine rasche Publizität. Zu den Förderern zählten u.a. die Tiroler Landesfürsten, die auch den Bau des Servitenklosters unterstützten.

Herlinde Menardi/Elisabeth Vavra

2.4 Votivbild aus Maria Waldrast

Tirol, 19. Jh.
Öl auf Holz, 25 x 18 cm
Ibk., Tiroler Volkskunstmuseum Inv. Nr. 24.717

Gnadenbild in Wolken, die das ganze Bild ausfüllen; aufgemalter Rahmen.

Herlinde Menardi

2.5 Wallfahrtsandenken

Nürnberger hausindustrielles Erzeugnis, 19. Jh.
div. Materialien, H: 17 cm
Ibk., Tiroler Volkskunstmuseum Inv. Nr. 2.773

Andenken in Form eines sechseckigen Tabernakels; über niedrigem Sockel rundbogige, verglaste Nischen mit den Gnadenbildern von Absam, Maria Waldrast und Maria Trens; Monstranz und Kirche aus weißem Kunststoff vor blauem Hintergrund.

Herlinde Menardi

2.6 Gnadenbild Maria Trens

Tirol, 19. Jh.
Öl auf Holz, 33 x 26,5 cm
Ibk., Tiroler Volkskunstmuseum Inv. Nr. 5.394

Vor roter Vorhangdraperie Trenser Gnadenbild. Maria Trens zählt neben Weißenstein, Locherboden, Absam und Mariastein zu den großen Tiroler Wallfahrtsstätten. Der Ort liegt nur wenige Kilometer südlich von Sterzing. Für 1354 ist eine Marienkirche urkundlich belegt. Die Legende berichtet über einen Bauern, der in einer Mure ein Marienbild fand und es in der Stube daheim aufstellte. Am nächsten Tag war es verschwunden und stand in der Kapelle. Der Pfarrer brachte es wieder zurück. Dieser Vorgang wiederholte sich dreimal. Schließlich ließ man das Gnadenbild in der Kapelle stehen, zu der bald zahlreiche Hilfesuchende kamen. 1498 entschloß man sich zu einem Kirchenneubau, da die Zahl der Wallfahrer immer mehr anwuchs.

Herlinde Menardi/Elisabeth Vavra

2.7 Wallfahrtsandenken aus Maria Trens

Nürnberg, hausindustrielles Erzeugnis, 19./20. Jh.
diverse Materialien, 10 x 11,5 cm
Ibk., Tiroler Volkskunstmuseum Inv. Nr. 22.772

Breitovales Bildkästchen; Gnadenbild vor Ansicht der Wallfahrtskirche mit verschiedenen Nebengebäuden aus weißem Kunststoff.

Herlinde Menardi

2.8 Kleines Andachtsbild Mariahilf

Tirol, 18. Jh.

Übermalter Kupferstich, 17 x 12,5 cm (mit Rahmen)

Ibk., Tiroler Volkskunstmuseum Inv. Nr. 11.975

Mariahilf-Bild, Inschrift: *Maria Mueter gnadenreich, mild und barmherzig auch herzig zugleich; vor dem Feindt behiet mich gnädiglich, Deinem Sohn befilch mich ewiglich;* schwarzer Rumpelleistenrahmen. Zu den meistkopierten Wallfahrtsbildern zählt sicher das Gnadenbild in St. Jakob zu Innsbruck. Das von Lukas Cranach um 1530 gemalte Bild „Mariahilf" war ursprünglich für die Heiligkreuzkirche in Dresden bestimmt. Durch die Reformation gelangte es in die Gemäldegalerie des sächsischen Kurfürsten. Kurfürst Johann Georg I. machte es Erzherzog Leopold V., Fürstbischof von Passau, zum Geschenk, der es, als er in Tirol seine Herrschaft antrat, nach Innsbruck mitbrachte. Die Tiroler Landstände erwählten 1647 Mariahilf zu ihrer Patronin, als die Schwedentruppen bereits vor Scharnitz standen. Sie gelobten die Errichtung einer Kirche. 1650 wurde das Marienbild nach St. Jakob übertragen.

Herlinde Menardi/Elisabeth Vavra

2.9 Andachtsbildchen Mariahilf

Tirol, 18. Jh.

Klosterarbeit, 24,2 x 18 cm

Ibk., Tiroler Volkskunstmuseum Inv. Nr. 2.885

Mariahilf-Medaillon auf Pergament gemalt, sternförmig umrahmt, in den Zwickeln Blumen aus Goldfäden und Stroh, Stoffblätter; Silberborte.

Herlinde Menardi

2.10 Mariahilf

Tirol, 19. Jh.

Hinterglasmalerei, 24 x 19,5 cm (mit Rahmen)

Ibk., Tiroler Volkskunstmuseum Inv. Nr. 1.223

Mariahilf-Bild nach Lukas Cranach (seitenverkehrt); grüner, profilierter Fichtenholzrahmen.

Herlinde Menardi

2.11 Votivbild aus Hollbruck/Osttirol

Tirol, 1679

Kaseinmalerei auf Holz, 68 x 55 cm (mit Rahmen)

Ibk., Tiroler Volkskunstmuseum Inv. Nr. 11.953

Altar mit dem Gnadenbild Mariahilf, davor ein Priester, dem ein totgeborenes Kind zur Taufe gereicht wird, zu beiden Seiten eine große Anzahl Frauen und Männer, die der Szene beiwohnen; Legende über die Erweckung des Totgeborenen zum Leben, worauf es getauft werden konnte; Profilrahmen mit Rumpelleisten und aufgelegten Renaissanceranken.

Herlinde Menardi

2.12 Votivbild

Tirol, 1769

Öl auf Holz, 38,5 x 30 cm

Ibk., Tiroler Volkskunstmuseum Inv. Nr. 9.765

In den Wolken Mariahilf-Gnadenbild, links davon Hl. Josef, darunter die Eheleute Freiherr und Freiin Cristiani von Rall mit der glücklich geborenen Tochter, seitliche Vorhangdraperie; unten aufgeklebte Legende.

Herlinde Menardi

2.13 Votivbild aus Inzing

Tirol, 1801

Öl auf Holz, 25,5 x 25 cm

Ibk., Tiroler Volkskunstmuseum Inv. Nr. 9.749

In Wolkenkranz Mariahilf-Bild, darunter zwei Votantinnen in bäuerlicher Tracht. In Kartusche EX VOTO 1801; aufgelegter Reliefrahmen aus Gips (Rokoko).

Herlinde Menardi

2.14 Mariahilf

Tirol, 18. Jh.

Öl auf Holz

Ibk., Tiroler Volkskunstmuseum Inv. Nr. 5.448

Kopie des Cranachbildes Mariahilf in geschnitztem, vierpaßförmigem Blattrahmen.

Herlinde Menardi

2.16

2.13

2.12

2.15 Absamer Gnadenbild mit Rahmenbild

Tirol, 18./19. Jh.

Öl auf Holz, Rahmenbild: Öl auf Leinwand, 56 x 36 cm

Ibk., Tiroler Volkskunstmuseum Inv. Nr. 26.530

Absamer Gnadenbild in ein hochformatiges, rundbogig abschließendes Bild eingesetzt, welches die Dreifaltigkeit, Putten, den Schutzengel und die Heiligen Ignatius, Franz Xaver und Erasmus zeigt. Schwarzer Profilrahmen. Am 17. Jänner 1797 sah die Bauerntochter Rosina Bucher in einem Fenster des Bauernhauses ein „wie Schmelzwerk" eingelassenes Marienbild, das auch nach dem Abwaschen wieder hervorkam. Das Bild ließ sich vom Fenster auch nicht ablösen. Auch die anderen Anwesenden sahen das Bild. Es stellte das Haupt der weinenden Madonna dar. Da der Zustrom der Gläubigen immer größer wurde, übertrug man das Gnadenbild in die Pfarrkirche zu Absam.

Herlinde Menardi/Elisabeth Vavra

2.16 Votivbild aus Absam

Tirol, 1867

Öl auf Holz, 32,5 x 23,4 cm

Ibk., Tiroler Volkskunstmuseum Inv. Nr. 9.771

In Wolkenkranz Gnadenbild, darunter kniend Votantin in Tracht; in Barockkartusche EX VOTO 1867.

Herlinde Menardi

2.17 Devotionalien und Wallfahrtsandenken aus Absam

Andenkenbildchen, Wallfahrtspfennige, Weihwasserkrügl, Wachsstöcke, Kerzen, Silberanhänger, Rosenkranz mit Dose, Danktaferl, Gläser, Schlüsselanhänger, Bleistifthalter, Mokkatasse. div. Hersteller, 1988

Ibk., Tiroler Volkskunstmuseum

2.18 Wallfahrtsandenken aus Absam

Tirol, Ende 19. Jh.

Wachs, Chromolithographie

Ibk, Tiroler Volkskunstmuseum Inv. Nr. 27.496

Wachsstock in Buchform mit aufgeklebtem Absamer Gnadenbild; auf der anderen Seite Medaillon mit Christkind, darunter bunter Wachsblumenstrauß und Aufschrift „Andenken an Maria Absam".

Herlinde Menardi

Verwendete und weiterführende Literatur:

Inge Dollinger, Tiroler Wallfahrtsbuch. Innsbruck, Wien, München 1982.

Heiltum und Wallfahrt. Ausstellungskatalog Tiroler Landesausstellung 1988.

Hedwig Röckelein, Claudia Opitz, Dieter R. Bauer (Hg.), Maria, Abbild oder Vorbild? Zur Sozialgeschichte mittelalterlicher Marienverehrung. Tübingen 1990.

Claudia Opitz, Hedwig Röckelein, Gabriela Signori, Guy P. Marchal (Hg.), Maria in der Welt. Marienverehrung im Kontext der Sozialgeschichte 10.–18. Jahrhundert. Zürich 1993.

Klaus Schreiner, Maria. Jungfrau, Mutter, Herrscherin. München, Wien 1994.

Peter-Michael Spangenberg, Maria ist immer und überall. Frankfurt/Main 1987.

Helmut Sperber, Unsere Liebe Frau. 800 Jahre Madonnenbild und Marienverehrung zwischen Lech und Salzach. Regensburg 1980.

2.6

Gebetbuch
Morgen Abend
1824.

Die Lebensalter der Frau

3

Zu den Aspekten, die sich im Leben der Frau in den letzten Jahrzehnten so grundlegend verändert haben, zählt die Einstellung zu den einzelnen Lebensabschnitten. In der Vergangenheit unter dem Titel „Lebenstreppen" thematisiert, wurden von der Gesellschaft die Vorstellungen vom idealen Lebenslauf einer Frau festgeschrieben: Der Status der Kindheit wurde durch das Eintreten der Geschlechtsreife beendet; Jungfrau blieb man bis zum Zeitpunkt der Eheschließung; die Möglichkeit einer Mutterschaft definierte den nächsten Lebensabschnitt. Die Menopause, etwa im Alter von 50 Jahren eintretend, machte die Frau zur „Großmutter" (siehe Text von Johann Fischart). Damit hatte sie für die Gesellschaft ihren Wert verloren; im Gegensatz dazu stand der Lebenslauf des Mannes, der in seiner Lebenstreppe zu diesem Zeitpunkt am Zenit seines Lebens und damit seines sozialen Status stand. Die vielen Karrieren, die Frauen heute durchlaufen, bestimmen die gegenwärtigen „Lebenstreppen", die Frauen zu erklimmen haben: Frauen unterziehen sich einer umfangreichen Berufsausbildung und haben Erfolg im gewählten Beruf zu haben. Sie werden Mutter und versuchen oftmals einen zweiten Einstieg ins Berufsleben, nachdem sich die Kinder abgenabelt haben. Illustrierte sprechen von den neuen „Powerfrauen", die mit 40 oder 50 Jahren beruflich oder privat „Karriere" machen. Hormonersatztherapien und Einsatz kosmetischer Mittel beseitigen die „Spuren des Alters". Eine gesunde Lebensführung und eine geänderte Einstellung zum Alter tragen das Ihre dazu bei, einen neuen Frauentyp zu schaffen: Die moderne Frau scheint alterslos zu werden.

3.1 Die Stufenleiter

Johann Fischart, 16. Jh.

10 Jahr kindischer Art
20 Jahr ein Jungfrau zart
30 Jahr im Haus die Frau
40 Jahr ein Matron genau
50 Jahr eine Großmutter
60 Jahr des Alters Schuder
70 Jahr alt ungestalt
80 Jahr wüst und erkalt

3.2 Die Lebensalter der Frau

Hans Behaim, Tobias Stimmer,
Basel, 2. Hälfte 16. Jh.
Reproduktionen

In der Kunst wurde die Lebenstreppe als ikonographisches Motiv vom 16. bis zum 19. Jh. thematisiert.

3.3 Leichenrede

Kurt Marti, Leichenreden. Darmstadt Neuwied 1987

als sie mit zwanzig
ein kind erwartete
wurde ihr heirat
befohlen
als sie geheiratet hatte
wurde ihr verzicht
auf alle studienplätze
befohlen
als sie mit dreißig
noch unternehmungslust zeigte
wurde ihr dienst im hause
befohlen
als sie mit vierzig

noch einmal zu leben versuchte
wurde ihr anstand und
tugend befohlen
als sie mit fünfzig
verbraucht und enttäuscht war
zog ihr mann
zu einer jüngeren frau
liebe gemeinde
wir befehlen zu viel
wir gehorchen zu viel
wir leben zu wenig

3.4 Die neuen Powerfrauen
Warum Frauen heute länger jung bleiben.
„Bunte", Heft 28, 3. 7. 1997

3.5 Kinderhäubchen
Seide, H: 12 cm
Ibk., Tiroler Volkskunstmuseum Inv. Nr. 19.710
Häubchen aus weißer Seide mit Goldlitzen und blauer Chenille bestickt; florales Muster in Anlegetechnik; Seitennähte mit weißer Seidenrüsche besetzt; am Hinterkopf kleine rote Schleife; Ränder von rotem, zu Rüschen gelegtem Seidenband eingefaßt.
Herlinde Menardi

3.6 Kinderhäubchen
Baumwolle, H: 12 cm
Ibk., Tiroler Volkskunstmuseum Inv. Nr. 19713
Häubchen aus weißen Baumwollstreifen, die mit Hexenstich verbunden sind, zusammengesetzt; die Seiten abgenäht, mit schwarzen Samtbändchen besetzt, die mit rosa und gelben Seidenbändern unterlegt sind. Ein breiteres weißes Seidenband mit gelb-roter Musterung und lila gezacktem Rand, das von einem Ende zum anderen führt, ist am Hinterkopf zu einer Schleife gelegt.
Herlinde Menardi

3.7 Patendose
Ahorn, Dm: 10,5 cm, H: 4,5 cm
Ibk., Tiroler Volkskunstmuseum Inv. Nr. 3.769
Die Dose ist aus Ahorn gedreht, die Wandung mit Durchbruchschnitzerei verziert.
Herlinde Menardi

3.8 Fadengaukler (Hampelmann)
Gröden, 2. Hälfte 19. Jh.
Fichtenholz, geschnitzt, ungefaßt, H: 31 cm
Ibk., Tiroler Volkskunstmuseum Inv. Nr. 199
Das Wams des Hampelmannes ist mit Kerbschnittverzierungen versehen; er trägt eine kronenartige Kopfbedeckung.
Herlinde Menardi

3.9 Gliederpuppe (Dutch Doll)
Gröden, 2. Hälfte 19. Jh.
Fichte, H: 28 cm
Ibk., Tiroler Volkskunstmuseum Inv. Nr. 22.759b
Kopf und Oberkörper gedreht, Gliedmaßen mit Holzscharnieren eingesetzt.
Herlinde Menardi

3.10 Jungfrauenkrönl
Aus Ladis, 19. Jh.
Diverse Materialien, Dm: 7 cm
Ibk., Tiroler Volkskunstmuseum Inv. Nr. 16.948
Kleines Krönl mit Blumen aus Silber- und Goldfiligrandraht (Boullion) mit roten Sternchen aus Metallfolie im Mittelpunkt; zwei rote Seidenmascherln.
Herlinde Menardi

3.11 Brautkrone
Tirol, 19. Jh.
Diverse Materialien, H: 12 cm, Dm: 17 cm
Ibk., Tiroler Volkskunstmuseum Inv. Nr. 16.321
Blütenkrone aus Boullion, Metallfolie, Chenille, Stoffblumen und Glasperlen über Drahtgestell arrangiert; zwei rote Zahndlbänder aus Seide zum Binden.
Herlinde Menardi

3.12 Spanschachtel
Berchtesgaden, 1. Hälfte 19. Jh.
Fichte, längsoval, bemalt,
L: 45,5 cm, B: 30 cm, H: 17 cm
Ibk., Tiroler Volkskunstmuseum Inv. Nr. 2.577
Am Deckel Liebespaar in Biedermeiertracht mit Landschaft und der Inschrift *Dieses Herz ist dir verschrieben, ewig will es dich nur lieben;* Deckelreif und Schachtelwandung mit Blumenranken auf hellem Grund.
Herlinde Menardi

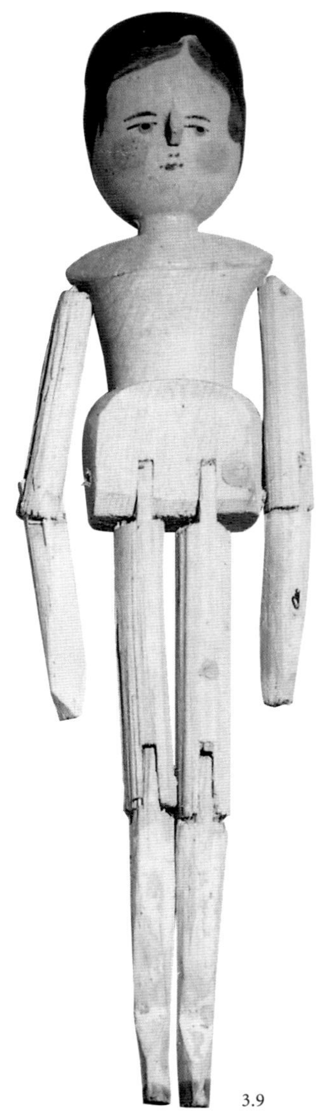
3.9

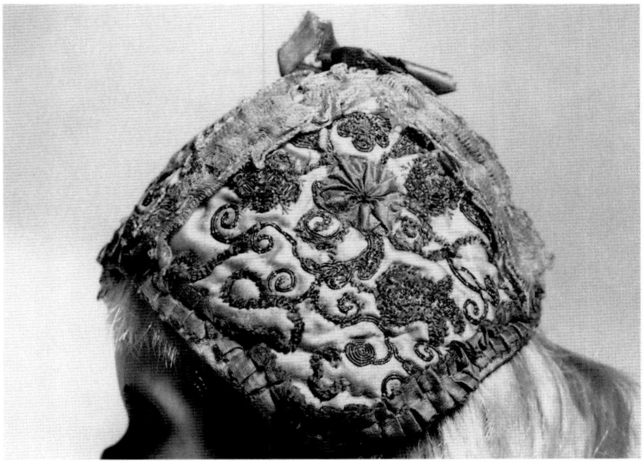

3.5

3.7

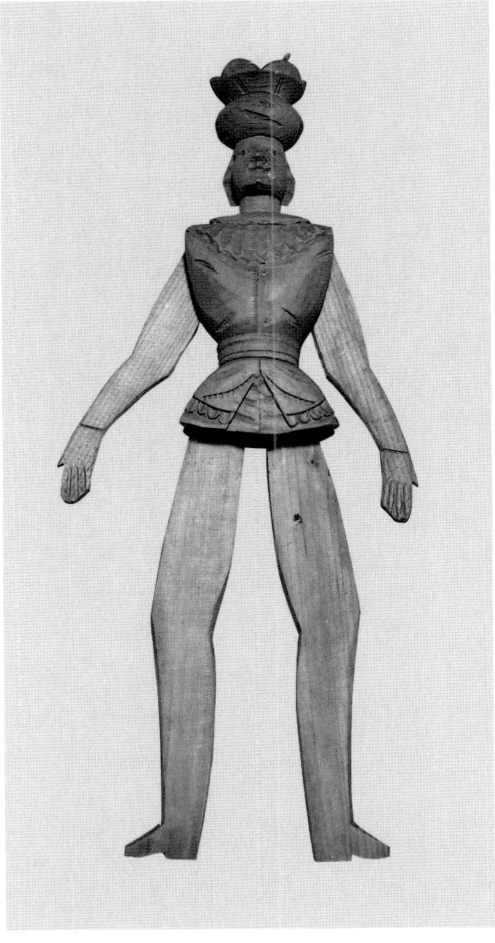

3.8

Dises Herz ist dir verschrieben
Ewig wird es dich nur lieben

3.12

3.12

3.14

3.13 Spanschachtel

Berchtesgaden, 1. Hälfte 19. Jh.
Fichte, längsoval, bemalt, L: 50 cm, B: 34 cm, H: 18,5 cm
Ibk., Tiroler Volkskunstmuseum Inv. Nr. 2.578

Am Deckel auf blauem Grund Amor mit Liebespaar in Empirekleid bzw. Uniform und Inschrift *Du Kind der Liebe führe Du das Mädchen doch dem Damon zu.* Deckelreif und Schachtelwandung mit Blumenranken auf blauem Grund.
Herlinde Menardi

3.14 Schnapsflasche

Tirol, 19. Jh.
Glas, Zinnschraubverschluß, H: 14,5 cm
Ibk., Tiroler Volkskunstmuseum Inv. Nr. 400

Achteckige Form mit kurzem Halsansatz. Emailmalerei, flammendes Herz mit aufgemalter 3 (Treueherz) und Inschrift *Ich liebe allzeit.*
Herlinde Menardi

3.15 Brautflasche

Tirol, 2. Hälfte 19. Jh.
Glas, H: 20 cm
Ibk., Tiroler Volkskunstmuseum Inv. Nr. 20.966

Zylindrische, in der Mitte eingezogene Flasche mit schlankem Hals, reich graviert: Inschrift *Hoch lebe das edle Brautpaar* und *O wie liebe ich die Stunde da mein Herz das deine fand. Ich liebe dich vom Herzensgrund, niemand kann trennen unser Band*
Herlinde Menardi

3.16 Brautschaff

Alpbach
Fichte, Dm: 37 cm, H: 24 cm
Ibk., Tiroler Volkskunstmuseum Inv. Nr. F 107

Holzgebinde aus Fichte mit Griffdauben; Bemalung auf braun lasiertem Grund: Bogenfries, am Mittelfries zwischen Ranken Jäger, Fabelwesen, Wildtiere, Vögel.
Herlinde Menardi

3.17 Unterinntaler Stotzen (Unterinntaler Frauenhut)

Matrei, Tirol
Filz, Dm: 26 cm, H: 8 cm
Ibk., Tiroler Volkskunstmuseum Inv. Nr. 27.930

Schwarzer Seidenfilz, schmalkrempige Form, um den zylinderförmigem Gupf Samtband mit aufgenähter Bordüre, Unterseite der Krempe mit Goldstickerei, schwarze lange Seidenbänder mit rautenförmigem Muster. Innen Firmenzettel: *Franz Seewald, Hutmacher in Matrei.*
Herlinde Menardi

3.18 Unterinntaler Stotzen (Unterinntaler Frauenhut)

Hopfgarten, Tirol; im Stubai erworben
Filz, H: 8,5 cm
Ibk., Tiroler Volkskunstmuseum Inv. Nr. 27.699

Stotzen aus Seidenfilz, um den zylinderförmigen Gupf schmale Borte, obenauf dicke, schwarze, zu zwei Schnecken gedrehte Seidenschnur, an den Schnurenden Goldquaste; an der Unterseite der schmalen Krempe Goldborte und Goldstickerei; schwarze lange Seidenbänder; rotes Innenfutter; am Innendeckel: *Hutgeschäft und Goldstickerei Hopfgarten Brixental.*
Herlinde Menardi

3.19 Wöchnerinnenschale – Wochentasse

Trentino
Majolika, Dm: 18 cm
Ibk., Tiroler Volkskunstmuseum Inv. Nr. 5.055

In adeligen und bürgerlichen Kreisen wurde der Frau nach der Geburt eine Suppe gereicht. Henkelschale aus italienischer Majolika, mit Vogel und Ranken in blauer Farbe bemalt.
Herlinde Menardi

3.20 Wöchnerinnenschale – Wochentasse

Trentino
Majolika, Dm: 19,5 cm
Ibk., Tiroler Volkskunstmuseum Inv. Nr. 14.177

Henkelschale aus italienischer Majolika, mit Blattdekor in Blaumalerei.
Herlinde Menardi

3.21 Goden- oder Wöchnerinnenschale

Gmunden, 2. Hälfte 18. Jh.

Keramik, Dm: 14,5 cm

Ibk., Tiroler Volkskunstmuseum Inv. Nr. 4364

Schale mit Cherub-Griffen (plastisch ausgeformte Engelsköpfe); bemalt mit den Wundmalen Christi sowie mit Blumendekor; bez. F. K. (Franz Katzböckh).

Herlinde Menardi

3.22 Wäschepracker

Pitztal, Ende 18. Jh.

Ahorn, L: 25 cm (ohne Stiel), B: 14 cm, H: 8 cm

Ibk., Tiroler Volkskunstmuseum Inv. Nr. 20.095

Kerbschnittverzierungen: Bordüren, in der Mitte Herz mit Initialen TR.

Herlinde Menardi

3.23 Messergurt

Pustertal

Leder, L: 80 cm (mit Haken)

Ibk., Tiroler Volkskunstmuseum Inv. Nr. 6.406

Leder mit Federkielstickerei: Blumenmuster und Namen „Maria Kamererin"; getriebener Messinghaken mit Herz; am Gurt mit Lederband befestigter Klappfeitl.

Herlinde Menardi

3.24 Messergurt

Pustertal, 1841

Leder, L: 78 cm (mit Haken)

Ibk., Tiroler Volkskunstmuseum Inv. Nr. 6.405

Leder mit Federkielstickerei: Schlange, Brixnerlamm, Blumenherz und Name „Katharina Obermayerin"; auf dem herzförmig durchbrochenen, versilberten Messinghaken „Jesus, Maria und Joseph, 1841"; am Gurt mit Lederbändchen befestigter Klappfeitl.

Herlinde Menardi

3.25 Samthaube

Meran, 19. Jh.

Samt

Ibk., Tiroler Volkskunstmuseum Inv. Nr. 19.338

Schwarze Samthaube, nach vorne breite plissierte Tüllspitzenflügel.

Herlinde Menardi

3.26 Andenkenbild zur Goldenen Hochzeit

Tirol, 1929

Diverse Materialien, 53,5 x 43,5 cm

Ibk., Tiroler Volkskunstmuseum Inv. Nr. 29.232

Kastenbild; innen mit hellblauem Satin ausdrapiert; von Goldprägeborten gerahmte Photographie des Jubelpaares und Schriftbänder (maschingeschriebenen Inschriften *Andenken an unsere goldene Hochzeit Johann und Ursula Fanghauser im Jahre 1929. Engel mögen euch begleiten durch die ganze Lebenszeit. Die Engel, die ich meine heißen: Liebe, Glück, Zufriedenheit*).

Herlinde Menardi

3.27 Rosenkranz, sechs Gesätze

Wohl Schwäbisch Gmünd, Ende 18. Jh.

Diverse Materialien, L: 40 cm

Ibk., Tiroler Volkskunstmuseum Inv. Nr. F 2.853

Ave- und Paternosterperlen aus geschliffenen Granaten, die Paternosterperlen in Filigranschälchen, Credokreuz in Silberfiligran.

Herlinde Menardi

3.28 Andächtiges Gebetbuch eines wahren Katholiken

Südtirol, 1824

Papier, 16,5 x 10 cm

Ibk., Tiroler Volkskunstmuseum Inv. Nr. 27.009

Am Vorsatzblatt Besitzernamen: Anna Marias Mannl, später im Besitz von Theresia Mannl, handgeschrieben (Abschrift) mit vier Miniaturmalereien, Gebetanfänge als Schmuckblätter gestaltet; geprägter Ledereinband, Goldschnitt, mit Leder überzogenes Futteral.

Herlinde Menardi

3.23

3.22

3.27

3.21

Spurensuche

4

4.1 Kirchgang

E. von Harling, Ende 19. Jh.
Öl auf Leinwand, 198,5 x 117,5 cm
Privatbesitz

Das Bild zeigt das idealtypische Bild einer mittelalterlichen Frau. Die junge Frau, nach der Mode des beginnenden 15. Jahrhunderts gekleidet, liest in ihrem Gebetbuch. Sie verkörpert die „angepaßte" Frau, die sich den Spielregeln der männlichen Gesellschaft unterworfen hat.

4.2 Eva

Franz Barwig, 1910
Gelbguß, H: 36,8 cm
Wien, Österreichische Galerie, LG 363

Eva war es, die Adam verführte und so der Menschheit den Tod und die Verdammnis brachte. Die Schlange brachte durch Eva den Tod in die Welt. Diese Statuette der Eva wurde zwar am Beginn dieses Jahrhunderts geschaffen, sie ist aber in Haltung und Aussehen eine Schwester der Eva-Skultpuren mittelalterlicher Bildhauer, etwa eines Tilman Riemenschneider. Deshalb wird sie hier gezeigt. Weibliche Haarpracht steht bereits im Mittelalter stellvertretend für potentielle Sündhaftigkeit, vor allem auf sexuellem Gebiet.

4.3 Verlobungsring

Salzburg, vor 1514
Gold, Alpha- und Omegazeichen, Dm: 2 cm
Salzburg, Carolino Augusteum – Salzburger Museum für Kunst und Kulturgeschichte, Inv. Nr. 2016/79

4.4 Trippensohle mit Metallspitze

Kempten, 15. Jh.
Leder, Metall, L: 27,8 cm
Kempten, Stadtarchäologie und Diakonisches Werk Kempten, Inv. Nr. 16.260

Trippen wurden als Überschuhe über den dünnsohligen Lederschuhen getragen, um die Trägerin vor dem Straßenschmutz zu bewahren. Daß sie von Frauen aller Stände getragen wurden, bezeugen Bildquellen, die solche Trippen vor der Bettstatt in „Frauenzimmern" zeigen.

4.5 Kränzchen

Kempten, 15. Jh.
Draht, Holzperlen, Flitter und Seidenfasern, Dm: ca. 9,3 cm
Kempten, Stadtarchäologie und Diakonisches Werk Kempten, Inv. Nr. 16.268

Der auf bildlichen Darstellungen überlieferte typische Schmuck von unverheirateten jungen Frauen war der Schapel, ein vielfältig ausgestatteter Haarreif, der im offenen Haar bei festlichen Anlässen getragen wurde.

4.6 Zopf aus wattierten Stoffschläuchen

Kempten, 15. Jh.
Stoff, L: 31,5 cm
Kempten, Stadtarchäologie und Diakonisches Werk Kempten, Inv. Nr. 16.367

Bildliche Darstellungen des 15. Jahrhunderts zeigen komplizierte, aus Zöpfen geflochtene Frisuren. Predigten erwähnen tadelnd den Brauch, Haar von Verstorbenen als Haarteile zu verwenden. Der im Kemptener Fundmaterial erhaltene Zopf belegt nun die Verwendung von Stoffzöpfen.

4.4

4.1

4.2

4.7 Gürteltäschchen mit grünen Stofftroddeln

Kempten, 15. Jh.
Stoff, 10,8 x 11,2 cm
Kempten, Stadtarchäologie und Diakonisches Werk Kempten, Inv. Nr. 16.262

Zahlreiche Darstellungen in der Malerei des ausgehenden 15. und beginnenden 16. Jahrhunderts können als Belege für die Tragweise dieser Täschchen herangezogen werden. Es ist die für Frauen typische am Gürtel getragene Tasche.

4.8 Spiegelrahmen und Spiegelglasscherben

Kempten, 15./16. Jh.
Holz, Spiegel, 8,4 x 6,3 cm
Kempten, Stadtarchäologie und Diakonisches Werk Kempten, Inv.Nr. 16.001, 16.370 u.a.

Nur wenige Exemplare mittelalterlicher Spiegel haben sich erhalten. In der Ikonographie dienen Spiegel dazu, die Putzsucht der Frauen anzuprangern. Sie sind negatives Symbol für weibliche Verworfenheit und Verführbarkeit. Der Planet Venus und Personifikationen der Luxuria werden mit Spiegeln dargestellt. Der Spiegel kann auch als Vanitas-Symbol verstanden werden.

4.9 Decretum

Ivo von Chartres, 11. Jh.

Es steht fest, daß die Frau dem Mann untertan ist und keinerlei Autorität besitzt. Sie vermag nicht zu lehren, nicht Zeugnis abzugeben, keinen Eid zu leisten, nicht Gericht zu halten; erst recht kann sie nicht herrschen … Wenn in einem Haus Mann und Frau sich streiten, soll der Mann seine Frau zähmen. Ist sie gezähmt, soll sie dem Mann unterjocht werden. Ist sie unter seinem Joch, soll Frieden sein im Haus. Die angenommene Minderwertigkeit des weiblichen Geschlechtes als anthropologische Konstante bestimmt seit Aristoteles das Denken über die Frau und damit den ihr zugebilligten Handlungsspielraum.

4.10 Der welsche Gast

Thomasin von Zerclære, 1215/16

Eine Frau soll nicht mutwillig schimpfen, das ist ganz und gar unweiblich . . Eine Jungfrau soll sanft und sicherlich nicht laut sprechen … Die Zucht verwehrt allen Frauen mit übergeschlagenen Beinen zu sitzen … Eine Frau soll zu keiner Zeit mit großen Schritten einhergehen … Eine Frau soll, wenn sie reitet, nicht ihre Hand aus dem Gewand herausstrecken. Sie soll auch ihre Augen und ihr Haupt stillhalten … Will eine Frau ihre Zucht bewahren, so soll sie nicht ohne Obergewand ausgehen. Wenn sie keinen Mantel anhat, soll sie ihr Gewand zusammenhalten … Mir dünkt, eine Frau soll nicht zu oft hinter sich blicken und soll sich nicht oft umsehen. … Eine Jungfrau soll selten sprechen, wenn man sie nicht gefragt hat. Eine Frau soll gleichfalls nicht viel sprechen … Und sie soll vor allem dann nicht sprechen, wenn sie ißt …

4.11 De Institutione foeminae Christianae

Johannes Ludovicus Vives, Antwerpen, 1523

1523 erscheint in Antwerpen die Erstauflage in lateinischer Sprache, bald folgen Neuauflagen und Übersetzungen. Die „Unterweisung einer christlichen Frau“ versteht sich als Vorbereitung auf den Stand der Ehefrau. Die drei Bücher der Institutione richten sich an die Jungfrau, an die Ehefrau und an die Witwe. Der Leserin werden Anweisungen zum „rechtsinnigen“ und „ordentlichen“ Leben gegeben. Die Erziehung der Frau soll sich nur auf die Wissensgebiete erstrecken, die der *anrichtung und besserung der sytten* dienen. Die anzustrebenden Ideale sind Keuschheit, Fleiß und Unterordnung. Die Frau darf nur ihr Unterlegene lehren, *dieweil das weib ain krafftlose natur ist und aines schwachen verstands welche leichtlich mag betrogen werden.* Gefährdet ist sie einerseits durch ihre moralische Inkonstanz, *dann das weibs gedenckung ist allweg schlipfferig und bleibt nicht lang an ainem ort unnd felt gar bald vom gutten auff das bös,* andererseits durch ihr Geschlecht: durch Menstruation, Schwangerschaft, Geburt und Kinder sei sie *schwach unnd kranck an ihm selbst.* Bildung wird als Waffe gegen die Anfechtungen eingesetzt. Keuschheit ist das Hauptziel des Bildungsweges. Mädchen sollen zu einem asketischen Leben erzogen werden, denn Unterhaltung, wohlschmeckende Speisen schöne Kleidung u. ä. werden abgelehnt, weil sie *lästerliche hitz entzünden.*

4.12 Von dem ehelichen Stand

Flugschrift, Augsburg 1515

Die Wurzeln dieser Flugschrift reichen in die Mitte des 15. Jahrhunderts zurück; in manchen Teilen gehen sie auf eine Aristoteles zugeschriebene Haushaltungslehre zurück. Weiters enthält die Flugschrift ein Kapitel aus Albrecht von Eybs „Ehebüchlein". In knapper Form werden dem Ehemann Anweisungen gegeben, wie er sich seiner Ehefrau gegenüber verhalten soll, u. a. werden ihm Anweisungen zur körperlichen Züchtigung gegeben. Für die Ehefrau sind Verhaltensmaßregeln bezüglich ihrer Pflichten und Tugenden enthalten. Ihr werden die Aufsicht über das Hausgesinde aufgetragen, die Verwaltung des Hauses und ein untadeliger Lebenswandel.

4.13 Die rechtliche Stellung der Frau

Illustrationen aus einer Digestenhandschrift, Bologna, 14. Jh., Reproduktionen
Graz, Universitätsbibliothek, Hs. 32

In Rechtsbüchern wie Sachsen- und Schwabenspiegel, in den Stadtrechten und in den Weistümern werden die Rechte der Frauen festgeschrieben. Ledigen Frauen und Witwen gestanden die Rechtsbücher eine beträchtliche Handlungs- und Entscheidungsfreiheit zu. Ab ihrem zwölften Lebensjahr (Eintritt der Mündigkeit) konnten sie frei über ihren Besitz verfügen. Nur vor Gericht durften sie nicht ohne Vormund erscheinen.

Verwendete und weiterführende Literatur:

Hans-Jürgen Bachorski (Hg.), Ordnung und Lust. Bilder von Liebe, Ehe und Sexualität in Spätmittelalter und Früher Neuzeit. Trier 1991.

Edith Ennen, Frauen im Mittelalter. 5. Aufl. München 1994.

Katharina Fietze, Spiegel der Vernunft. Theorien zum Menschsein der Frau in der Anthropologie des 15. Jahrhunderts. Paderborn 1991.

Hans-Werner Goetz, Frauen im frühen Mittelalter. Köln 1995.

Elke Kleinau, Claudia Opitz (Hg.), Geschichte der Mädchen- und Frauenbildung. Bd. 1. Frankfurt/Main 1996.

Anette Kuhn, Bea Lundt (Hg.), Lustgarten und Dämonenpein. Dortmund 1997.

Bea Lundt, Auf der Suche nach der Frau im Mittelalter. München 1991.

Maria E. Müller (Hg.), Eheglück und Liebesjoch. Bilder von Liebe, Ehe und Familie in der Literatur des 15. und 16. Jahrhunderts. Berlin 1988.

Claudia Opitz, Frauenalltag im Mittelalter. Biographien des 13. und 14. Jahrhunderts. Weinheim, Basel 1985.

Erika Uitz, Die Frau in der mittelalterlichen Stadt. Freiburg, Basel, Wien 1992.

4.8

4.5

4.7

Selbstbewußte Frauen in „finsterer Zeit“ – Frau Ava und Helene Kottannerin

5

5.1 Frauenporträt

Meister des Albrechtsaltares, um 1440
Tempera auf Holz, 20,7 x 20,8 cm
Wien, Kunst- und Auktionshaus Wolfdietrich Hassfurther

Das Frauenporträt, das von der Hand des Meisters des Albrechtsaltares, eines in Wien in der ersten Hälfte des 15. Jahrhunderts tätigen Malers, stammt, ist das älteste erhaltene Frauenporträt. Wir kennen die dargestellte Frau nicht. Auf Grund ihrer Kleidung muß sie dem Bürgertum zugerechnet werden.

5.2 Frau Ava

Im Epilog des „Jüngsten Gerichtes“, einem epischen Gedicht, das in einer Handschrift des 12. Jahrhunderts in der Stiftsbibliothek des Klosters Vorau enthalten ist, nennt sie, die erste namentlich bekannte deutschsprachige Dichterin, ihren Namen. Sie präsentiert sich damit den Leserinnen und Lesern als gebildetete, verheiratete Frau und Mutter zweier Söhne. Mehr verrät sie nicht. Die Annalen des Stiftes Melk erwähnen den Tod einer *Ava inclusa* im Jahre 1127; desgleichen geschieht dies in anderen Quellen. Vermutlich sind die Autorin der Dichtungen und die Inklusin ein und dieselbe Person. Wer war sie? Vermutlich eine adelige Dame – sonst hätte sie nicht über das Wissen verfügt, die Dichtungen zu schaffen, die auf uns gekommen sind – verheiratet, dann verwitwet. Was bewog sie, sich in eine Klause zurückzuziehen? Der Wunsch nach Selbstverwirklichung vielleicht, der Wunsch nach Selbstbestimmung, die ihr ein ganzes Leben lang versagt geblieben war. Wir wissen es nicht. Der Inhalt der Dichtungen zeigt uns eine welterfahrene Frau, die mit ihren Dichtungen versucht, dem Laienpublikum geistliche Lebensorientierung zu vermitteln. Die Vorstellungen von einem gottgefälligen Leben, die sie den Leserinnen und Lesern nahezubringen versucht, sind voll realitätsbezogener Anspielungen, wirken lebensnah und zeigen uns die Dichterin als eine Frau, die die Stärken und Schwächen ihrer Mitmenschen richtig einzuschätzen weiß.

5.2.1 Vorauer Sammelhandschrift

Zweite Hälfte 12. Jh.
Faksimile
Vorau, Stiftsbibliothek, cod. 276

Die Handschrift enthält vier von den fünf erhaltenen epischen Gedichten der Frau Ava: „Das Leben Jesu“, „Die sieben Gaben des Hl. Geistes“, „Der Antichrist“ und „Das Jüngste Gericht“. Der Bogen der Erzählung spannt sich von der Ankündigung der Erlösung bis zum Jüngsten Tag. Die Quellen, aus denen sie schöpfte, waren die Perikopen und Auslegungen des Testamentes, wie sie sie aus den Gottesdiensten und aus deutschsprachigen Texten kannte. Sie wählt nicht alle Perikopen aus; die meisten Wunderheilungen und Gleichnisse überspringt sie. Doch wendet sie besondere Aufmerksamkeit den Bibelstellen zu, die Begegnungen von Frauen mit Christus erwähnen: die Samariterin, die Kanaaniterin, die Sünderin, Maria und Martha, die Salbung Jesu durch Maria in Bethanien, die Frauen am Grab und Maria Magdalena. Auch die Segnung der Kinder durch Jesu thematisiert sie, obwohl es dafür keine Perikope gibt.

5.3 Helene Kottannerin

Helene Kottannerin wurde um 1400 als Tochter des Kleinadeligen Peter Wolfram in der Nähe von Ödenburg geboren. In erster Ehe war sie mit dem langjährigen Bürgermeister von Ödenburg Peter Székeles verheiratet, der um 1430 starb. 1432 vermählte sie sich mit dem Wiener Bürger Johann Kottaner, Kammerherr des Wiener Dompropstes. Aus erster Ehe hatte sie einen Sohn, in der zweiten Ehe gebar sie mehrere Kinder, von denen eines, die Tochter Katharina, in den „Denkwürdigkeiten" erwähnt wird. Ab 1436 gehörte sie zum Hofstaat Herzog Albrechts V. und erzog dessen Tochter Elisabeth, die 1436 zur Welt kam. 1439 reiste sie mit dem Hof nach Ungarn; ihr Gatte und ihre Tochter Katharina begleiteten sie. Nach dem Tod der Königin Elisabeth 1442 kehrte sie nach Wien zurück. 1452 erhielt das Ehepaar das zur Preßburger Burg gehörige Gut Kisfalud als Geschenk für ihre Verdienste um Königin Elisabeth und König Ladislaus. Diese Schenkung wurde durch König Mathias Corvinus 1466 und 1470 bestätigt. Sie starb in den Jahren 1470 bis 1477.

5.3.1 König Albrecht II. mit dem Adlerorden

Kopie des 16. Jh. nach einem Wiener Maler von 1435/38
Reproduktion; Original: Öl auf Holz, 45,5 x 37,3 cm
Ibk., Sammlungen Schloß Ambras, IN 5631

König Albrecht II. wurde 1397 als Sohn Herzog Albrechts IV. (gest. 1404) geboren. Wilhelm, Leopold IV., Ernst und Friedrich IV. führten nach dem frühen Tod des Vaters die vormundschaftliche Regierung. Nach Ablauf dieser Regierungszeit wurden die habsburgischen Erblande, einer älteren Abmachung folgend, aufgeteilt: Albrecht, als österreichischer Herzog der V., regierte über die niederösterreichischen, Ernst über die innerösterreichischen Gebiete, Friedrich über Tirol und die Vorlande. 1421 heiratete Albrecht Elisabeth, das einzige Kind König Sigismunds. Nach dessen Tod konnte Albrecht erstmals Österreich, Böhmen und Ungarn zu einem Reich vereinen. Am 1. Jänner 1438 wurde er in Stuhlweißenburg zum ungarischen, am 18. März in Frankfurt zum deutschen König gewählt und schließlich am 29. Juni in Prag zum böhmischen König gekrönt. Er starb 1439 auf der Rückkehr von einem Feldzug gegen die Türken in der Nähe von Esztergom.

5.3.2 König Ladislaus Postumus

Österreich, 1457
Reproduktion; Original: Pergament auf Holz, 32 x 37 cm
Ibk., Sammlungen Schloß Ambras, IN 2984

König Ladislaus Postumus wurde am 22. Februar 1440 in Komorn geboren. Von seinem Vater Albrecht V. erbte er die Herrschaftsansprüche auf das Herzogtum Österreich unter und ob der Enns sowie auf die Königreiche Ungarn und Böhmen. Am 15. April 1440 wird er mit der aus Visegrád geraubten Stephanskrone zum König von Ungarn gekrönt. Sein Onkel Friedrich III. führte die Regierungsgeschäfte in Österreich, bis zur durch die Landstände erzwungenen vorzeitigen Entlassung aus der Vormundschaft 1452. Ladislaus residierte abwechselnd in Wien, Prag und Ofen. Am 29. Oktober 1453 erfolgte seine Krönung zum böhmischen König. 1456 verlobte er sich mit der Tochter König Karls VII. von Frankreich, verstarb aber bereits 1457.

5.3.3 Verlobungsbild Ladislaus Postumus' mit Magdalena von Frankreich

Österreich, 16. Jh.
Reproduktion; Original: Holz, 38,5 x 52 cm
Ibk., Sammlungen Schloß Ambras, Inv. Nr. 4394

Magdalena, die Tochter Karls VII. von Frankreich, wurde 1443 geboren. Das Verlöbnis mit Ladislaus kam auf Betreiben seiner Berater zustande. Er starb während der Hochzeitsvorbereitungen.

5.3.4 Denkwürdigkeiten der Helene Kottannerin

Helene Kottanner, Wien, um 1450
Reproduktion; Original: Pergament, 16 Blätter.
Wien, Österreichische Nationalbibliothek, Handschriftensammlung, cod. 2920

Die „Denkwürdigkeiten" setzen mit der Schilderung der Ereignisse zwischen dem

25. April und 12. Mai 1439 ein. Helene Kottannerin traf in dieser Zeit mit der kleinen Königstochter Elisabeth in Preßburg ein und schloß sich dem Hoftroß Herzog Albrechts an. Am 14. Mai kamen sie nach Ofen und erlebten dort den Aufstand der Ofener Ungarn gegen die deutschen Patrizier und den Landtag. Am 1. Juli begab sich König Albrecht mit der schwangeren Elisabeth nach Gran, um die Kronen und die Krönungsinsignien in Sicherheit zu bringen. Helene Kottannerin fuhr in der Zwischenzeit mit der kleinen Elisabeth zur Plintenburg (Visegrád), die im Besitz der Königin war. Da König Albrecht wieder zu dem bei Szegedin versammelten Heer reisen mußte, brachte er die Insignien in die Plintenburg. Helene Kottannerin schildert, wie die Krone des Königs und die Krönungsinsignien in die Schatzkammer, die sich im Erdgeschoß des sog. Fünfeckigen Turmes befand, im Beisein des neuen Kronhüters Graf Georg von St. Georgen und Bösing gebracht wurden. Darauf verließ das königliche Paar die Burg und reiste zum Heer. Der König erkrankte im Heerlager an der Ruhr und fuhr zurück in die Plintenburg; von hier reiste er weiter nach Wien, wo er sich Heilung zu finden erhoffte. Sein Zustand verschlechterte sich während der Reise, und er starb am 27. Oktober 1439 in Langendorf, 30 km westlich von Gran, ohne Wien zu erreichen. Sofort begannen die Intrigen um den Besitz der Kronen. Die Königin setzte einen Verwandten als Kronhüter ein. In diesen Tagen wurde Helene Kottannerin die Verbündete der schwangeren Königin, die alles versuchte, um dem erhofften Sohn das Erbe zu retten. Zunächst wurden die Krone der Königin und ihre Kleinode aus der Plintenburg gebracht und nach Komorn geschmuggelt, dann die Königskrone. Der Text bringt eine anschauliche Schilderung der Ereignisse, voll von realistischen Einzelheiten. Ausführlich schildert sie dann die Geburt Ladislaus', seine Taufe, die folgenden Geschehnisse nach der Geburt – die Aussegnung der Wöchnerin etwa –, die wertvollen Aufschluß über weiblichen Alltag geben. Am 12. Mai reiste die Königin mit ihrem Gefolge in die ungarische Krönungsstadt Stuhlweißenburg. Helene Kottannerin ritt neben dem Thronerben oder trug ihn, wenn sie zu Fuß gingen. Sie trug ihn auch während der Krönungsfeierlichkeiten. Des weiteren schildern die „Denkwürdigkeiten" die aus dem Gegensatz zwischen der Habsburgerpartei und den, die Polen favorisierenden, ungarischen Adeligen entstehenden Ereignisse, die in der Gefangennahme des Grafen Ulrich von Cilli, des Erzbischofs Dionys und des Grafen Ladislaus von Gara eskalierten.

5.3.5 Stephanskrone

Funeralkrone

Wien, Bundesmobiliensammlung

Die Heilige Krone ist Sinnbild und Wahrzeichen Ungarns. Helene Kottannerin schildert in den „Denkwürdigkeiten" die Verwahrung der Stephanskrone in der Schatzkammer der Plintenburg, deren Entwendung und die Zeremonie der Krönung des Erben Ladislaus. In vielen Stellen der Memoiren klingt der Glaube an die symbolische Bedeutung der Krone durch, etwa wenn die Kottannerin darüber berichtet, wie bei einem durch eine umgeworfene Kerze zufällig ausgebrochenen Brand die Krone verschont wird.

Verwendete und weiterführende Literatur:

Kornelia Holzner, Zum Alltag von Frauen und Männern in den „Denkwürdigkeiten der Helene Kottannerin" (1439–1440). Dipl.-Arb. Wien 1994.

Friedrich Maurer (Hg.), Die Dichtungen der Frau Ava. (Altdeutsche Textbibliothek 66) Tübingen 1966.

Karl Mollnay, Die Denkwürdigkeiten der Helene Kottannerin (1439–1440). (Wiener Neudrucke. Neuausgaben und Erstdrucke deutscher literarischer Texte 2) Graz 1971.

Kurt Schacks (Hg.), Die Dichtungen der Frau Ava. (Wiener Neudrucke. Neuausgaben und Erstdrucke deutscher literarischer Texte 8) Graz 1986.

Der Tod und die Frau

6

6.1 Der Tod und das Mädchen

Niklaus Manuel Deutsch, 1517
Reproduktion; Original: Federzeichnung auf rotbraunem Grund, 38 x 29 cm
Basel, Kunstmuseum, IN 419

Niklaus Manuel Deutsch ist der Schöpfer des großen Baseler Totentanzes, der auf der Kirchhofmauer des Dominikanerklosters die Vorübergehenden an die Vergänglichkeit menschlichen Seins mahnen sollte. Neben diesem in der mittelalterlichen Tradition stehenden Freskenzyklus schuf er graphische Blätter, die sich auf andere Weise mit dem Thema Mensch und Tod auseinandersetzen. Das erotische Motiv, das in den Totentanzdarstellungen anläßlich der Konfrontation von Tod und schönen Frauen latent vorhanden war, tritt nun in den Vordergrund. Der Tod macht sich als halbverwester Leichnam in eindeutiger Weise am Mädchen zu schaffen, und dieses unterstützt ihn noch dabei.

6.2 Die Todesstunde oder Tod und Liebespaar

Hans Sebald Beham, 1522
Clairobscurschnitt von zwei Platten, schwarz und gelb, 39,5 x 28 cm
Düsseldorf, Graphiksammlung „Mensch und Tod" der Heinrich-Heine-Universität Düsseldorf

Der Tod überrascht ein Liebespaar. Der Liebhaber liegt bereits überwältigt am Boden, in der Hand hält er ein gezogenes Schwert. Die junge, nackte Frau kniet halb auf dem Bett, mit der einen Hand versucht sie das Laken heraufzuziehen, das auf den Boden gleitet, mit der anderen zieht sie den Vorhang vor dem Fenster zur Seite. Die Graphik scheint vielschichtiger zu sein, als es auf den ersten Blick scheint. Was bedeutet das Schwert in der Hand des Mannes? Hat er versucht, gegen den Tod zu kämpfen? Ist er ein Liebhaber, der sich vor Entdeckung zu schützen suchte? Will der Tod auch die Frau angreifen? Oder steht hier nicht vielmehr der Gedanke der den Tod über den Mann bringenden Frau im Hintergrund der Bildaussage?

6.3 Der Tod und die drei nackten Weiber

Hans Sebald Beham
Kupferstich, 75 x 55 mm
Düsseldorf, Graphiksammlung „Mensch und Tod" der Heinrich-Heine-Universität Düsseldorf

Die Dreiheit weiblicher nackter Figuren kennen wir aus den zahlreichen erhaltenen Lebensalterdarstellungen, aber auch aus dem Bereich der Hexenbilder. Der im Hintergrund auftauchende Tod verweist auf die Vergänglichkeit weiblicher Schönheit. Die drei Frauen verkörpern in ihrer ausgeprägten Körperlichkeit rechts die jugendliche Schöne, als Rückenakt die voll erblühte Frau und links, leicht verdeckt, die ältere Frau.

6.4 Der Tod und das schlafende Weib

Hans Sebald Beham, 1548
Reproduktion; Original: Kupferstich

Eines der provokantesten Werke zum Thema „Tod und Frau" stammt aus dem Atelier des in Nürnberg tätigen Künstlers Hans Sebald Beham: Der Tod überrascht eine schlafende nackte Frau. Das Motiv der Sanduhr, die der Tod in Händen hält, reiht das Blatt in die Gruppe der Vanitasbilder ein, berichtet dem Betrachter von der Vergänglichkeit weiblicher Schönheit und damit des menschlichen Daseins generell.

6.5 The Waltz

Thomas Rowlandson, 1815

Aquatintaradierung, koloriert, 11,9 x 19,5 cm

Düsseldorf, Graphiksammlung „Mensch und Tod" der Heinrich-Heine-Universität Düsseldorf

Der Tod zu Beginn des 19. Jahrhunderts tanzt Walzer. Der Walzer war ein verdächtiger Tanz: erstens wegen der notwendigen Körpernähe der Partner und zweitens wegen seiner Herkunft. Aus dem Ländler entwickelt, hat er als „bürgerlicher" Tanz das adelige Parkett erobert und das höfische Menuett verdrängt. Ab 1814 erschien in London Rowlandsons „English Dance of Death", eine Serie von Radierungen mit den Inhalt der Illustrationen erläuternden Zweizeilern. Im Blatt „The Waltz" ist der Tod der Tanzpartner. Die Verführung durch Musik und Tanz wird hier mit Hilfe des neuen, anrüchigen Tanzes thematisiert.

6.6 Der Tod und das Mädchen

Franz Schubert, 1817

Lied, 1 Blatt in sieben Segmenten auf Untersatzkarton, 25 x 32,5 cm

Wien, Archiv der Gesellschaft der Musikfreunde, Inv. Nr. D 531

1817 vertont Franz Schubert das Gedicht Matthias Claudius' „Der Tod und das Mädchen" von 1775:

Das Mädchen
Vorüber! Ach vorüber!
Geh, wilder Knochenmann!
Ich bin noch jung, geh, Lieber!
Und rühre mich nicht an.
Der Tod
Gib deine Hand, du schön und zart Gebild!
Bin Freund und komme nicht zu strafen.
Sei guten Muts! Ich bin nicht wild,
Sollst sanft in meinen Armen schlafen!

In den Zeilen des Gedichtes wird, ähnlich wie in den gezeigten graphischen Blättern, das erotische Motiv in der Beziehung Tod – schöne Frau angesprochen. Das Lied wird von Schubert 1824 in das d-Moll-Quartett „Der Tod und das Mädchen" aufgenommen. Kaiser (1995) hört „neben allem Entsetzen und aller Abwehr auch Töne der Lockung, der Werbung, der Irritation des Mädchens".

6.7 Der Tod und das Mädchen

Fritz Richter, 1936

Holzschnitt , 11 x 9,5 cm

Düsseldorf, Graphiksammlung „Mensch und Tod" der Heinrich-Heine-Universität Düsseldorf

In die bäuerlich-älplerische Atmosphäre überträgt der 1904 in Salzburg geborene Künstler das Motiv des mittelalterlichen Totentanzes. In einer Folge von zwölf Holzschnitten thematisiert er den Tod, wie er in den ungewöhnlichsten Momenten den Menschen überrascht, beim Tanz, beim Bergsteigen, beim Fensterln usw.

6.8 Beim Kammerfensterln

Fritz Richter, 1936

Holzschnitt, 11 x 9,5 cm

Düsseldorf, Graphiksammlung „Mensch und Tod" der Heinrich-Heine-Universität Düsseldorf

6.9 Das dicke Mädchen und der Tod

Tomi Ungerer, 1983

Illustration aus „Rigor mortis", Zürich 1983

Düsseldorf, Graphiksammlung „Mensch und Tod" der Heinrich-Heine-Universität Düsseldorf

1983 erschien das Buch „Rigor mortis". In den Illustrationen karikiert der Künstler das Motiv Tod und Frau. Bei Tomi Ungerer sind es Frauen, die stärker sind als der Tod und die sich dieser Stärke, die ihrer Körperlichkeit entspringt, bewußt sind. Das dicke Mädchen hat die Rolle der Aktiven übernommen; sie erleidet nicht den Tod, sondern der Tod leidet. In ihrer Gestik vollzieht sie genau die zweideutigen Gebärden, die seit vierhundert Jahren zum Gebärdenkanon des Todes gehören.

6.10 Frau und Tod im Ringkampf

Tomi Ungerer, 1983

Illustration aus „Rigor mortis". Zürich 1983

Düsseldorf, Graphiksammlung „Mensch und Tod" der Heinrich-Heine-Universität Düsseldorf

6.11 La mort cocue

Ernst Fuchs, 1974

Strichätzung und Aquatinta auf Messing, 9,8 x 9,8 cm

Wien, Dr. Cornelia Eibl

Die Graphik des Wiener Künstlers Ernst Fuchs erzählt mehrere Geschichten. Da ist einmal der brutal zupackende Tod, der über das Mädchen oder die junge Frau herfällt. Andererseits gibt es den sich

6.1

6.2

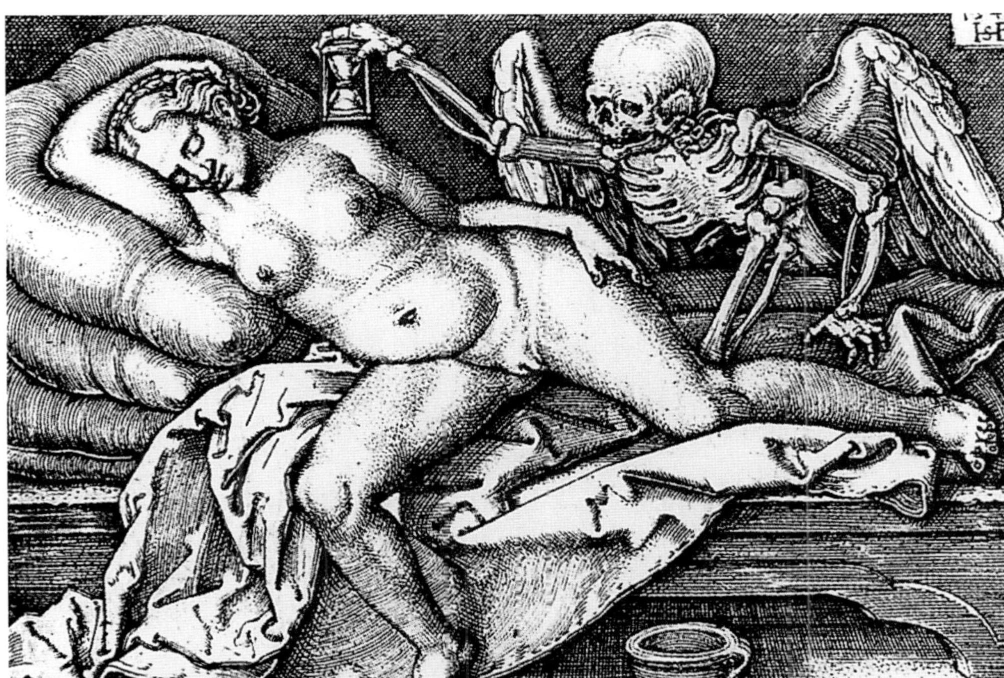

6.4

6.5

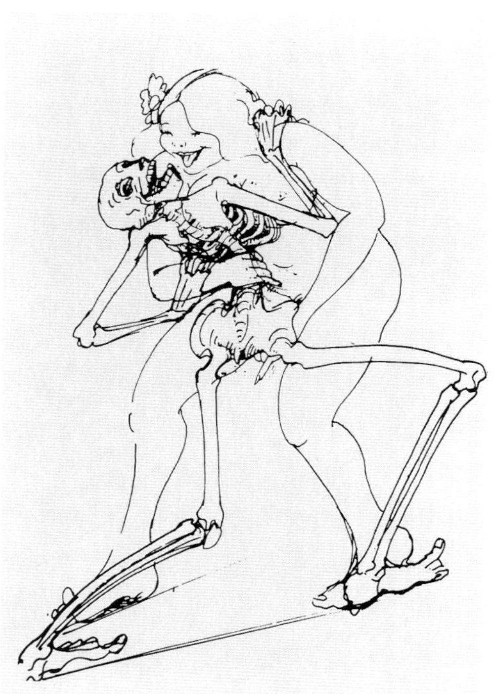

6.9

6.10

hingebenden weiblichen Körper mit dem träumerischen Gesichtsausdruck. Und dann noch die Geste: Während der Tod die Frau an sich reißt, schafft es die Frau noch, den Tod durch das Zeichen des Hahnreis zu verhöhnen. Wer ist hier wohl der Sieger?

6.12 Tod (als Reiter) und Mädchen

Christian Griepenkerl, 1897
Öl auf Leinwand, 61 x 74 cm
Wien, Sammlung Rudolf Schmutz

Ein junges Mädchen umfängt hingebungsvoll einen jungen Mann, der sein ungeduldig scharrendes Pferd am Zügel hält: eine romantische Liebesszene, wären nicht die Gesichtszüge des Jünglings ein Totenschädel. Nimmt das Mädchen Abschied von ihrem Liebsten, dessen Tod sie ahnt, oder begrüßt sie ihn, den Tod, liebevoll, und wird er sie gleich zu sich aufs Pferd ziehen? Beide Interpretationen sind möglich.

6.13 Tod und Leben

Switbert Lobisser, 1926
Öl auf Leinwand, 92,5 x 146,5 cm
Völkermarkt, Galerie Magnet

Der Kärntner Künstler kontrastiert hier den Tod mit der Vitalität der Frau, die durch ihre reproduzierende Fähigkeit den Tod überwindet.

6.14 La Mort qui danse

Félicien Rops, um 1865 (?)
Kaltnadelradierung, 25,4 x 16,5 cm
Düsseldorf, Graphiksammlung „Mensch und Tod" der Heinrich-Heine-Universität Düsseldorf

Das Motiv des weiblichen Todes, der auf einem Ball auftaucht, findet sich wiederholt im Œuvre Rops'. Zwei Gedanken stehen hinter diesem ikonographischen Thema: die Frau als die Todbringerin und die Frau als Symbol für den körperlichen Verfall, der mit der ihr seit dem Mittelalter zugeschriebenen Putzsucht kontrastiert wird. Das Thema des weiblichen Verfalls wird bei Philosophen wie etwa Schopenhauer thematisiert, der das weibliche Dasein als einen kurzen „Knalleffekt" der Natur bezeichnet, „dem ein freudloses Dahinvegetieren folgt" (Splendeur 1997, 218).

6.15 Le vice suprême

Félicien Rops, 1884
Radierung, Aquatinta, 15,7 x 10,6 cm
Düsseldorf, Graphiksammlung „Mensch und Tod" der Heinrich-Heine-Universität Düsseldorf

Die Titelillustration zu „Le vice suprême", einem Teilepos aus Joséphin Péladans „La Décadence latine", zeigt ein kopfloses Gerippe im Frack, das den Deckel eines stehenden Sarges öffnet, aus dem ein weibliches Gerippe im modischen Ballkleid heraussteigt; das weit dekolletierte Kleid legt den Busen frei. Rops war der Künstler, der in seinen künstlerischen Phantasien den weiblichen Tod im üppigen Ballkleid in die Kunst des ausgehenden 19. Jahrhunderts einführte.

6.16 Madame Mors

Alfred Kubin, um 1935
Tusche, aquarelliert auf Karton, 37,6 x 32,8 cm
Linz, Oberösterreichisches Landesmuseum, Inv. Nr. Ha II 3550

Kubin schließt an die von Rops begründete Tradition des 19. Jahrhunderts an. „Madame Mors" ist bei ihm die Dirne, die durch die Syphilis den Tod über die Männer bringt, ein Motiv, das sich in Ansätzen bereits im Spätmittelalter beim ersten Auftreten der Seuche nachweisen läßt. „Madame Mors" schreitet über ihr Schlachtfeld, den Friedhof, ihre spärliche Bekleidung – Negligé und Strumpfbänder – ist gleichsam ihr Standessymbol. In ihren Händen hält sie Kerzenständer, die daraufgesteckten Kerzen könnte man als phallische Symbole deuten.

Verwendete und weiterführende Literatur:

Der Bauerntotentanz. Ein Holzschnittbuch von Fritz Richter. Berchtesgaden 1936.

Barbara Eschenburg, Der Kampf der Geschlechter. Der neue Mythos in der Kunst 1850–1930. Köln 1995.

Karl S. Guthke, Ist der Tod eine Frau? Geschlecht und Tod in Kunst und Literatur. München 1997.

Gert Kaiser, Der Tod und die schöne Frau. Ein elementares Motiv der europäischen Kultur. Frankfurt/Main 1995.

Mensch und Tod. Totentanzsammlung der Universität Düsseldorf. Düsseldorf 1987.

Splendeurs de l'Idéal. Rops, Khnopff, Delville et leur Temps. 1997.

CAP. XLV.

Was im Junio im Hause zu verrichten.

1. JEtzt kommen die Würm und das Ungezieffer von den Bäumen ins Gras / daher werden die Schweine gern kranck / leg ihnen Scordium oder Alant/ Meisterwurtz/ Liebstöckel / Erdwurtz/ mit samt dem Kraut in ihr Getranck.

2. Gib acht auf die Bien-Schwarm um Pfingsten und nach Corporis Christi biß auf Margaretha/ allzeit früh um 8. Uhr / bis Nachmittag um 4. Uhr. Wann man am Abend/ wanns schon anfängt dunckel zu werden/ an den Bien-Stöcken loset/ wird man eine Stimme hören/ wie eine Trompeten/ das ist eine gewiß Zeichen/ daß sie bald darauf schwermen werden.

3. Zu den vierdig-eingemachten Kraut und Ruben zu sehen / ob sie des Abschwehren und Saubern bedörffen.

4. Linden-Blühe zu sammlen und ausbrennen.

5. Hühner in diesem Monat ausgebrütet/ sind nur jung zu essen / nicht zur Zucht zu behalten / sie kriegen gern den Zipf.

6. Um diese Zeit sind die Olea am besten aus den Vegetabilibus , und andern natürlichen Dingen/ zu extrahiren.

7. Brünne raumen / wenigstens über das dritte Jahr.

8. Das alte Stroh nicht verwüsten/ an einen trocknen saubern Ort bringen/ damit man das neue länger spahren / auf künfftigen Mangel aufheben/ oder da mans nicht darff/ verkauffen möge. Jedes Geströhe soll man besonders thun ; wo man keine Behaltnus hat/ muß mans auf grosse hohe Schöber schlagen und fest zusamm häuffen lassen.

9. Die Pferde auf die Weide/ früh aus- und früh-eintreiben.

10. Wann man die Füllen will entwehnen / soll es im wachsenden Monden im Steinbock/ Zwilling / Schützen und Wassermann geschehen / nicht aber im Neumonden.

11. Saltz in Erlen und Holder-Röhren brennen für die Pferde.

12. Den Acker-Pferden fleissig warten/ und wann heisses Wetter ist/ sie offt in die Schwemme reuten.

13. Die Scheuren und Städel/ auch Heu-Böden fleissig raumen und ausbutzen / auch den Uberschlag machen/ wie viel man Heu bedarff/ und austheilen/ wohin jedes Heu zu führen.

14. Mit Fliegen-Schwammen und Milch die Fliegen vertreiben/ muß aber weder Hund noch Katzen darzu kommen können/ oder in einen mit Hönig geschmierten Topff/ so am Boden durchlöchert und an einem Sack gebunden ist/ sie fangen.

15. Krötten aufdörren an der Sonnen/ Tempore Pestis zu gebrauchen / sind gut aufgelegt auf Schlangen-Biß/ oder auf Pestilentzialischen Geschwär/ man muß es aber etlichmal auflegen.

16. Stroh-Bänder (so es nicht vorgeschehen) im Vorrath machen lassen zum Schnitt.

17. Jetzt ist die beste Sammlungs-Zeit zum Schmaltz; Item Butter einsaltzen zum Gebrauch fürs gantze Jahr.

18. Das Werck zu Sailen und Stricken verarbeiten zu lassen.

Spurensuche

7

7.1 Votivbild: Das Wunder an der Rottenstötterin aus Wien

Wien, 1633
Öl auf Leinwand, 214 x 153 cm
Annaberg, Wallfahrtskirche

Das Votivbild zeigt laut Inschrift das Wunder, das sich am 12. Juli 1633 in der Wallfahrtskirche Annaberg ereignet hat. Eine bereits seit längerer Zeit stumme Frau, Maria Rottenstötterin aus Wien, befand sich auf dem Rückweg von einer Wallfahrt, die sie nach Mariazell geführt hatte. Hier, in Annaberg, ereignete sich das erhoffte Wunder: die Frau konnte plötzlich wieder sprechen. Zum Dank stiftete sie das Bild.

7.2 Kücheninneres

Martin Dichtl, drittes Viertel 17. Jh.
Öl auf Leinwand, 116 x 97 cm
Stift St. Florian, Kunstsammlungen

Das Bild zeigt zwei Frauen in dem ihnen zugewiesenen Betätigungsfeld als „Hausmutter". Nach der Art der Darstellung der Küche muß es sich um einen herrschaftlichen Haushalt handeln. Darauf verweist u. a. die reichhaltige Ausstattung mit Geschirr.

7.3 Loth und seine Töchter

Daniel Vertangen, 17. Jh.
Eichenholz, 26 x 32,5 cm
Aschaffenburg, Städtische Sammlungen, Inv. Nr. 877

Das ikonographische Motiv „Loth und seine Töchter" gehört zur großen Gruppe der „Weibermachtdarstellungen". Das Alte Testament berichtet darüber, daß die Töchter Loth trunken machten und ihn dann zum Inzest verführten. Zwei Faktoren wirken sich hier für den Mann negativ aus: Trunkenheit und die Schönheit bzw. Verführungskunst der Frau.

7.4 Kleine Eisenkassette

Nürnberg, um 1600
Eisen, graviert, 14 x 8,4 cm, H: 8,5 cm
Salzburg, Carolino Augusteum – Salzburger Museum für Kunst und Kulturgeschichte, Inv. Nr. K 2979/49

Versperrbare Miniaturtruhe auf Kugelfüßchen, auf dem Deckel ovaler Griff. Die Flächen des Kästchens sind dicht mit Dekoration gefüllt. Im Mittelfeld der Schauseite je eine männliche Halbfigur in spanischer Tracht, an den Seitenflächen weibliche Halbfiguren in modischer Tracht mit Barett und Haarnetz. Kästchen dieser Art wurden in Nürnberg hergestellt und dienten der Aufbewahrung von Schmuck, Geld und Urkunden.

7.5 Tintenzeug

Salzburg, erstes Viertel 16. Jh.
Keramik, bunt glasiert, H: 9 cm, Dm: 20 cm
Salzburg, Carolino Augusteum – Salzburger Museum für Kunst und Kulturgeschichte, Inv. Nr. 29/24

Das achteckige Tintenzeug besitzt eine blauweiß gesäumte Fußplatte, über die sich ein kleineres achteckiges Gefäß erhebt. In den acht Bildfenstern werden alternierend ein trompeteblasender Engel und Maria im Brustbild wiedergegeben. Eines der Felder ist in der unteren Hälfte ausgeschnitten, um die Federstiele aufzunehmen. Die Einsätze der Deckplatte waren für Tinte und Streusand vorgesehen. Das Tintenzeug dürfte in der Salzburger Strobl-Werkstatt hergestellt worden sein.

7.6 Ring

Süddeutsch, um 1600
Amethyst in Silberfassung, Silberschiene, Reste von Vergoldung, Dm: 2,2 cm
Salzburg, Carolino Augusteum – Salzburger Museum für Kunst und Kulturgeschichte, Inv. Nr. K 4485/49

Der Ring trägt in der Mitte einen Amethyst, dessen symbolische Bedeutung in der Stärkung von Herz und Gemüt liegt.

7.7 Gürtelbesteck für eine Dame

Süddeutsch, Anfang 17. Jh.
Salzburg, Carolino Augusteum – Salzburger Museum für Kunst und Kulturgeschichte

Bestecke dieser Art bestehen meist aus Löffeln und Gabeln in unterschiedlicher Länge.

7.8 Der Frawen-Spiegel

Flugschrift, um 1515, Nürnberg

Der anonyme Autor faßt kurz und bündig die Pflichten und Verhaltensweisen einer Ehefrau zusammen: Das Ziel der Ehe ist die Zeugung von Kindern. Die Ehefrau habe ihrem Mann ihren Körper zur Verfügung zu halten, damit er nicht Ehebruch begeht, wenn ihn die Lust überkommt. Die dritte wichtige Aufgabe für die Ehefrau ist die Trost- und Hilfeleistung.

7.9 Underweysung ayner Christlichen Frauwen

Christopher Bruno, 1544

1523 verfaßte der Spanier Juan Luiz Vives die „Institutio foemina christiana", eine Erziehungsschrift für Mädchen und Frauen. Dieses Buch erlebte bis ins 18. Jahrhundert zahlreiche Neuerscheinungen. Bruno, ein in München ansässiger „baider Rechten Licentiat", übersetzte die Schrift. Sie gibt uns wertvolle Aufschlüsse über die Einstellung zur Bildung der Frau. Eine Frau soll deshalb Unterricht nehmen und über Bildung verfügen, weil sie die nächste Generation ausbilden soll. Der Autor warnt eindringlich vor falscher Gelehrsamkeit, die Frauen dazu führe, Wissen als Mittel zur Erlangung individueller Freiheiten einzusetzen. Bildung dient als Waffe im Kampf um eine fromme und tugendhafte Lebensführung. Das Mädchen soll bereits als Kind auf seine Rolle als zukünftige Frau und Mutter vorbereitet werden. In den Unterrichtsplan werden Spinnen, Weben und Kochen aufgenommen, die Lektüre profaner Literatur und die Musik werden als zu gefährlich abgelehnt.

7.10 Frawen Spiegel

Hans Tanner, 1553
Gedruckt bei Hanns Syngriener, Wien
Wien, Österreichische Nationalbibliothek, Druckschriftensammlung, Inv.Nr. 66 K 23 (3)

Bei diesem in Wien gedruckten Frauenspiegel handelt es sich um Unterweisungen an eine Tochter, die von einer „christlichen gottfürchtigen" Frau in Siebenbürgen gegeben werden.

7.11 Oeconomia

Johann Coler, 1592

Johann Coler gilt als der Begründer der Hausväterliteratur. Es ist dies eine Kombination von Sittenlehre und agrarischer Fachschrift. Im Zentrum des Hauses steht der Mann, der sein „Reich" absolutistisch regiert. Nach einer Abhandlung über die Institution Ehe kommt er auf die Pflichten der Hausmutter zu sprechen. Die Hausmutter ist die absolute Herrin über das Gesinde. Dem Manne hat sie aber untertan zu sein. Dennoch betont Coler, daß das Mitregieren der Hausmutter für das Haus günstig sei. Der Wirkungskreis der Hausmutter umfaßt laut Coler Berufe wie Apothekerin, Bäckerin, Gärtnerin und Viehmutter. Überdies ist sie zuständig für die landwirtschaftlichen Geräte, die Kleidung und die Wäsche.

7.3

Anfeurung auslöschen / wann er eyfersichtig/ mit liederlichem Wandel/böser Gesellschafft/und andern frechen Erzeigungen / nicht anflammen / sondern mit keuschem und züchtigem Thun und Lassen/ ihm allen Verdacht benehmen / alle unnothwendige Spatzier-Fahrten und tägliche Visiten einschrencken ; Dann GOtt verhängt manchesmal/ daß ein erbares Frauen-Bild in unrechtmässigen Argwohn kommt / damit sie ihrer Eitelkeit und unachtsamen Wandels/ dardurch sie andern Aergernus gegeben / gebührliche Straffe empfinden / und bey der Welt ein zweiffelhafftes Urtheil ihrer Keuschheit erdulten muß / und wo diese ihre Keuschheit mit der Eitelkeit bekleidet ist/ scheinet sie ihren Namen ziemlicher massen zu verdunckeln / und in Zweiffel zu ziehen.

Zum Siebenden/ sonderlich soll sie sich am Leib und in Kleidung der Sauberkeit und Erbarkeit befleissen / alle übrige/ leichtfertige/ eitele Trachten meiden / keinen Überfluß / Pracht noch Stoltzirung in den Kleidern treiben/ davon GOtt erzörnet/ die Welt geärgert/und der Mann in Armuth und Schulden gestürtzet wird / solle nicht alle neue Förm und Fürwitz nachthun / nicht alle Tag mit neuem Begehren kommen / sondern ihr Verlangen mit des Manns Einkomen also gleichmässigen/ daß sie vielmehr dahin trachte / wie sie andere an Tugend/ Häuslichkeit/ Keuschheit und Gottesfurcht/ als im Schmuck/ Perlen und Kleinodien übertreffe.

Zum Achten/ ist nicht eine geringe Bewegung / des Manns Gunst zu überkommen/ wann das Weib die ihr zukommende Haus-Geschäffte wol verrichtet/ damit das/ was der Mann mit seinem Fleiß erworben/ durch Aufsicht / Verwahrung und gute Antragung / wol und gut angewendet/ dem Mann mit seinen Gewand und leinen Gezeug sauber umgegangen/ die Kinder in schöner Zucht und Disciplin zu allen Tugenden erzogen/ der Tisch mit wolgekochten Speisen versehen/ sonderlich wann Gäste vorhanden/reimlich gekocht/und guter Wille allenthalben gespühret/ gute Ordnung im gantzen Hause/ mit Arbeit/ Anstellung und Artzney gehalten / und also der Mann sein fleißiges sorgfältiges und treues Weib desto billiger und höher zu achten und zu lieben angereitzet werde.

CAP. IV.

Wie gegen den Kindern / sonderlich den Töchtern.

ES scheinet die gütige Natur der Vätter strenge Ernsthafftigkeit / mit der Mütter guten und gelinden Obsicht gleichsam zu mässigen und zu versüssen / damit die Kinder nie ohne Sorg / und nie ohne Liebe/ durch einen oder den andern Weeg/ möchten zum Guten sich angewöhnen und erziehen lassen; und zwar / weil der Mütter Gegenwart den Kindern öffter beywohnet/ als des Vatters / kan sie mehr dabey thun / der Kinder eignen Willen / von Jugend an / in allen Fürfallenheiten zu benehmen / und die ihr sonst angebohrne Zärtlichkeit / mit standhafftem Ernst zu temperiren/damit die zum Bösen geneigte Jugend ihrer Mütterlichen Anmuth nicht zu eigenen Muthwillen mißbrauche / auch niemals mercke oder spühre / ausser / wann sie gehorsam sind und recht thun / und dardurch / unvermerckter Weise/ ohne harten Gewalt und Zwang (wie ein junger aufschossender Peltzer im Frühling) in dem Tugend-Garten/ zu fruchtbaren Bäumen der Geschicklichkeit und Gottesfurcht erwachsen mögen. Und zwar die Knaben gehören nur bis ins 5/ oder längest

7.12

laß es 3. Tage stehen/rühr es offt und brenns wohl hernach im heissen Wasser; geschicht ihm recht mit der Hitz/ so geht das Wasser lauter/ists zu heiß/so gehts weiß und trüb/ behalts wohl vermacht. Diß vertreibt/ über die obenerzehlte Tugend/ alle Maasen des Angesichts/macht es lauter und klar / im Mund gehalten / vertreibt das Zahn-Wehe/etliche Tropffen bringen den zähen Wein wieder zurecht/ein wenig getruncken/ bricht alle innerliche Geschwär/heilet und erhält Leber/Miltz/Lunge und Därme in Gesundheit/ vertreibt den Grimmen : Ein Tüchlein darein genetzt/und über die Wunden geschlagen/ heilet sie/ es widerstehet dem Schlag/ trocknet das flüssige Hirn/ getruncken/ oder das Haupt mit bestrichen/benimmt den stinckenden Odem/ taugt denen Ohren und Naas-Löchern/erhält den Menschen lang jung geschaffen / alle Tage ein wenig nüchtern getruncken/ wann man Kirschen / Weichsel / Amarellen oder Blumen in diß Wasser legt / sollen sie Jahr und Tag frisch bleiben / daß man sie im Winter / als ein Wunder fürtragen mag ; in dem Wirsungischen Artzney-Buch fol. 48.cap. 5 part 1.wird es Herrn Tristrants-Wasser genennet. Belloninus in seiner Orientalischen Reise lib. 2.cap. 54. schreibt/ daß diejenigen/ die von Cairo nach dem Berg Sinai reisen/weil sie durch viel Wüsteneyen müssen / das Fleisch also bereiten ; sie schlachten so viel Schaafe / als sie vonnöthen haben / zerschneiden sie in Stücke / und sieden sie / hernach thun sie die Beine davon/ und schneiden sie zu kleinen Stücklein/ ohngefähr so groß/wie ein Glied vom Daumen/die sie hernach mit Zwiebel und Fett so lang im Wasser sieden / biß alle Feuchtigkeit versotten ist / saltzen und würtzen es / und nehmens also in Geschirren verwahrt/mit sich/also bleiben sie lang frisch / und wann man auch am 15. Tage was davon nimmt/und mit beygelegten Zwiebeln wärmet/so dunckt einem/ als wäre es erst denselben Tag geschlachtet worden/und sagt/ es habe ihnen auf der Reise sehr wol geschmeckt.

4 Alle Thier und Geflügel/die vor ihrem Tod in grossen Forchten und Passionen stehen / wann man sie gleich darauf tödtet / haben ein mürbers und zärters Fleisch/ als ein Ochs mit Hunden gehetzt/ eine Henne vorhin in einen Teich geworffen/oder ein Indianischer Hahn/vorher mit Pfeiffen/oder einem rothen Kleid erzörnet/und ihm darauf den Kopff weggeschlagen/oder vorher über einen hohen Thurn herab gestürtzt;man sagt/wann man das Geflügel bey der Nacht würget/und hernach an den Mondschein legt/sollen mürber zu essen seyn;oder/wann man das Fleisch den Tag zuvor / ehe mans kochet/ in einen Waitz-oder Gersten-Hauffen vergräbt/;oder/wann mans 40. Stunden lang in die Erden/ in einem wohlvermachten Geschirr vergräbt/sollen sie gantz mürb werden/wie P. Adalb. Tylkowsky in Philol. Curiosâ schreibet/ tenera etiam fit caro, si dum coquitur, herba acetosa equina imponatur.

CAP. XXX.

Vom eingesaltzenen und geselchten Fleisch.

DIeweil bey warmen und feuchten Wetter unmöglich ist / das Fleisch in die Länge zu erhalten / wird das Schlachten des Viehs meistentheils in den Herbst und Winter verspahrt ; was man einsaltzen will/ ist zweyerley Gattung/ theils isset man also nach und nach aus dem Saltz/welches die Sachsen

Qq iij und

7.12 Georgica curiosa aucta, das ist umständlicher Bericht und klarer Unterricht von dem vermehrten und verbesserten adelichen Land- und Feldleben

Wolf Helmhard von Hohberg, 1682
Reproduktionen; Original: Druck, Nürnberg, Endters 1716–1749
Wien, Österreichische Nationalbibliothek, Druckschriftensammlung, Inv. Nr. 49 R 1

Wolf Helmhard von Hohberg wurde 1612 auf Schloß Lengenfeld geboren. Er starb 1688 im Exil in Regensburg. Von 1641 bis 1660 lebte er als Grundherr auf seinen Gütern Süßenbach und Oberthumeritz im Waldviertel. Sein Hauptwerk zählt zu den wichtigsten Vertretern der Hausväterliteratur. Hohberg verfaßte das Werk 1682. Es erschien in mehreren Auflagen bis ins 18. Jahrhundert hinein. In manchen Passagen schlägt das Werk einen frauenfreundlichen Ton an. In anderen läßt es Formulierungen anklingen, die die Frau ins Haus bannen. Die Arbeiten, die Hohberg als Pflichten der Hausmutter ansieht, finden ausschließlich im Haus statt. Es zeichnet sich hier bereits ein Wandel an, der im 18. Jahrhundert dann voll zum Tragen kommt. In den Kapiteln, die von der Kindererziehung handeln, tritt Hohberg vehement für das Stillen ein. Die Hausmutter habe in erster Linie für die Erziehung der Töchter zu sorgen. Die Töchter sollen zu gläubigen, guten Hausfrauen erzogen werden. Die Hausmutter sollte dies mit „gelinder Obsicht“ tun, damit die Töchter in der Ehe sich umso bereitwilliger dem Mann unterwerfen.

Verwendete und weiterführende Literatur:

Adel im Wandel. Politik, Kultur, Konfession 1500–1700. Niederösterreichische Landesausstellung 1990. Wien 1990.
Ulrike Hörauf-Erfle, Wesen und Rolle der Frau in der moralisch-didaktischen Literatur des 16. und 17. Jahrhunderts im Heiligen Römischen Reich deutscher Nation. Frankfurt/Main 1991.
Lebenswelten. Alltagsbilder. Ausstellungskatalog Linz 1993.
Heide Wunder, „Er ist die Sonn‘, sie ist der Mond“. Frauen in der Frühen Neuzeit. München 1992.

Die Einziggeliebten

8

8.1 Salome Alt

Am 21. November 1568 kam in der Sigmund-Haffner-Gasse in Salzburg als siebentes Kind des Wilhelm Alt eine Tochter zur Welt, die Salome getauft wurde. Der Vater gehörte zu den alteingesessenen Patrizierfamilien und war von 1576 bis 1588 Mitglied des Stadtrates. Irgendwann um 1585, vielleicht bei einem Kirchgang oder bei einer Hochzeitsfeier in der Trinkstube, begegnete Salome dem jungen Domherrn Wolf Dietrich von Raitenau. Zunächst logierte sie im Trakt der bischöflichen Residenz, der an die Franziskanerkirche anschloß. Als Landsitz diente das jenseits der Salzach gelegene Schloß Altenau, heute Mirabell, das Erzbischof Wolf Dietrich 1606 für Salome Alt erbauen ließ. Am 2. März 1587 wurde der 28jährige Domherr Wolf Dietrich mit nur sieben der dreizehn Stimmen zum Erzbischof gewählt. 1593 kam das erste Kind, der Sohn Hannibal, zur Welt. Der Verbindung entsprossen fünfzehn Kinder. Am 24. Mai 1606 verlieh Erzbischof Wolf Dietrich Salome und ihren Nachkommen die Landsassen- und Adelsfreiheit auf dem Ansitz Altenau. Die politischen Konflikte mit dem mächtigen Nachbarn Bayern gipfelten in einer kriegerischen Auseinandersetzung, die schließlich zum Sturz des Erzbischofs führte. Um die Stadt Salzburg vor dem bayerischen Heer zu schützen, flüchtete Wolf Dietrich am 23. Oktober 1611 am Abend aus der Stadt, die Salome Alt mit ihren Kinder schon am Vormittag Richtung Flachau verlassen hatte. Die bayerischen Truppen verfolgten die Flüchtlinge. Während sie Salome Alt und deren Gefolge nach einigen Tagen wieder freiließen, arretierten sie Wolf Dietrich. Zunächst auf Hohenwerfen festgesetzt, wurde er am 23. November nach Hohensalzburg überstellt, wo er bis zu seinem Tod am 16. Jänner 1617 inhaftiert blieb. Salome Alt floh zu ihren Verwandten nach Wels. Bis zum Tod des Erzbischofs sprach sie von ihm nur als von ihrem „gnädigen Herrn“. Sie starb am 27. Juni 1633 in Wels. Wie tief, aber auch problematisch das Gefühl war, das diese Beziehung bestimmte, zeigen die Zeilen, die der Überlieferung nach Erzbischof Wolf Dietrich an die Wände seiner Zelle in Hohenwerfen schrieb: *Lieb ist Laydes Anfangkh über kurz oder lankh.*

8.1.1 Wolf Dietrich als junger Domherr

Salzburg, Ende 16. Jh.
Öl auf Kupfer, 12,5 x 9,5 cm
Salzburg, Dommuseum

Das Porträt Wolf Dietrichs war als Rückseite eines Madonnenbildes montiert, das aus dem Nachlaß des Anton Triedl stammte, dessen Familie das Haus Sigmund-Haffner-Gasse 6 besaß.

8.1.2 Salome Alt

Salzburg, um 1588
Öl auf Papier/Pappe, 8,9 x 5,7 cm
Salzburg, Erzabtei St. Peter, Sammlungen

8.1.3 Niederschrift über den Verlauf der Wahl Wolf Dietrichs zum Erzbischof von Salzburg

Salzburg, 2. März 1587
Reproduktion; Original: Handschrift auf Pergament, 31,3 x 21,4 cm
Salzburg, Landesarchiv, Domkapitelprotokoll, Beil. Bd. 57, 1587

Das Protokoll berichtet über die Ereignisse rund um die Wahl und den Wahlvorgang. Das Wahlkollegium setzte sich aus zwölf Domkapitularen zusammen. Um acht Uhr früh wurden das Chorgebet und eine Konventmesse abgehalten. Dann erfolgten die mit der Wahl in Verbindung stehenden Aktionen. Nach Bekanntgabe des Wahlergebnisses wurde das Te Deum gesungen, und der Chiemseer Bischof sprach ein feierliches Gebet über den Erwählten. Anschließend wurde das Ergebnis der Wahl dem Volk durch den Domdechant verkündigt, und der Neugewählte wurde in seine Wohnung geleitet.

8.1.4 Urkunde, die die Aufnahme Salome von Altenaus und ihrer Kinder in die Salzburger Landschaft verbrieft

Wien, 24. Mai 1610
Pergament, Wachssiegel, 29 x 61 cm
Wien, Haus-, Hof- und Staatsarchiv, Allg. Urkundenreihe

Am 28. August 1609 legitimierte Kaiser Rudolf II. die Kinder Salome Alts und erhob sie und ihre Nachkommen in den Reichsadelsstand. Mit Berufung auf dieses kaiserliche Diplom verlieh Erzbischof Wolf Dietrich Salome Alt und ihren Kindern die Landstandschaft. Durch die Übertragung der Landsassenfreiheit auf das Schloß Altenau wurden sie von den gemeinen Bürden und der niedrigen Obrigkeit befreit und damit dem Zugriff der Stadthauptmannschaft entzogen.

8.1.5 Halskette

Hans Ernst Gottbewahr, Anfang 17. Jh.
Silber, gegossen, vergoldet, L: 83,5 cm
Salzburg, Carolino Augusteum – Salzburger Museum für Kunst und Kulturgeschichte, Inv. Nr. K 4483a/49

Nach der Tradition stammt die Kette, die das Münchner Beschauzeichen und die Meistermarke des Goldschmiedes Hans Ernst Gottbewahr trägt, aus dem Besitz der Familie Alt. Sie besteht aus 48 Gliedern, die durch je zwei gerillte Ringe verbunden sind; die Glieder sind vierteilige Rosetten in Form eines Andreaskreuzes; sie sind teilweise durchbrochen. Das Mittelstück wird durch eine zweischichtige vierteilige Rosette gebildet, die drei kleine birnförmige Anhänger zieren.

8.2. Philippine Welser

1527 erblickte Philippine Welser als Tochter von Franz und Anna Welser in Augsburg das Licht der Welt. Zu welchem Zeitpunkt und bei welchem Anlaß sie Erzherzog Ferdinand kennenlernte, ist unbekannt. Vielleicht geschah es bereits bei einem der Empfänge in Augsburg anläßlich des Besuches König Ferdinands 1551, vielleicht auch später. Philippine Welser war bereits 29 Jahre alt – in den Augen ihrer Zeitgenossen schon eine alte Jungfrau –, als sie 1556 ihre Tante Katharina von Loxan in Bresnitz in Böhmen besuchte. Erzherzog Ferdinand II. war ein gerngesehener Gast auf Schloß Bresnitz. Die Tante wurde zur Mitwisserin und Komplizin für das Paar. Der Beichtvater traute die beiden im Jänner 1557. Die Ehe mußte aber geheimgehalten werden. Der erste Sohn Andreas wurde, um Philippine Welser nicht der Schmach einer ledigen Geburt auszusetzen, am Schloßeingang zwischen zwei Türen „für ehelich" gelegt und durch die eigene Mutter dann adoptiert. Dieser Vorgang wiederholte sich auch noch bei der nächsten Geburt, die bereits auf Schloß Bürglitz in Prag stattfand. Philippine Welser war nicht nur eine mildtätige Frau, wie die Quellen belegen, sie interessierte sich auch für die Heilkunst, vielleicht weil es mit ihr selbst nach der Geburt von Zwillingen gesundheitlich nicht zum Besten stand. Von ihrer Hand stammen ein Kochbuch und ein Koch- und Arzneibuch, die in Schloß Ambras aufbewahrt werden. Nach der Übersiedlung nach Innsbruck gelang es Philippine Welser bald, auch dort eine

8.1.1

8.1.2

8.2.1

8.2.7

8.2.7

8.2.7

volksnahe Fürstin zu werden. Die zahlreichen erhaltenen Bittschriften aus allen Bevölkerungsschichten, vom einfachen Handwerker bis zum Adeligen, belegen dies. Die Hofhaltung Philippine Welsers auf Schloß Ambras gestaltete sich zum gesellschaftlichen Zentrum, wo Gäste aus ganz Europa von der Hausherrin empfangen und bewirtet wurden, wie ein Begleiter Herzog Ferdinands von Bayern 1579 berichtet: *Hatt uns die Philippina zu nacht in ir zimber geladen, allsz usz Majorica in kleinen schüszelin zeessen und ze trinken geben, stattlich tractirt, nach solcher malzeit ein dantz gehalten, darnach ein jeder schlafen gangen …* In den letzten Jahren hatte ein chronisches Leberleiden Philippine Welser befallen, dem sie schließlich am 25. April 1580 zum Opfer fiel. Sie wurde in der Silbernen Kapelle, einer Seitennische der Hofburg, beigesetzt.

8.2.1 Porträt Erzherzog Ferdinands

Süddeutsch
Öl auf Holz, 61,5 x 48,5 cm
Freiherrlich von Welsersche Familienstiftung

1529 wurde Erzherzog Ferdinand II. als Sohn Ferdinands I. und Annas von Ungarn geboren. Von 1547 bis 1563 war er Statthalter in Böhmen, ab 1565 Regent in Tirol. Nach dem Tod Philippine Welsers ehelichte er Anna Katharina Gonzaga. Er war einer der bedeutendsten Sammler des 16. Jahrhunderts. Er legte mit seiner Kunstkammer den Grundstein für die kaiserlichen Sammlungen. Unter anderem erwarb er an die 1000 Bildnisse fürstlicher Persönlichkeiten, Feldherren und Künstler. Weiters ließ er in Schloß Ambras, das er für Philippine Welser gebaut hatte, eine Rüstkammer für seine umfangreiche Waffen- und Harnischsammlung einrichten.

8.2.2 Mantelhelm

Süddeutsch, um 1570
Eisen, Leder, H: 38 cm, T: 32 cm, B: 24 cm
Ibk., Sammlungen Schloß Ambras,
Inv. Nr. WA 338

Als Mantelhelm bezeichnete man den Kopfschutz einer Reiterrüstung, der als Typus im ersten Viertel des 16. Jahrhunderts entwickelt wurde. Er war Bestandteil einer Reiterrüstung, die sich aus Eisenplatten zusammensetzte und als Feldharnisch bezeichnet wurde. Derartige Harnische wurden im Krieg oder im Turniersport bis ins 17. Jahrhundert verwendet. Der Helm besteht aus der Helmglocke, dem zweiteiligen Visier, dem Kinnstück, „Kinnreff" genannt, und dem „Mantel", je zwei am Kinnstück und an der Helmglocke angebrachten Eisenstreifen. Die Helmglocke ist aus einem Stück getrieben und besonders stabil (ca. 3 mm), das Visier ist geteilt, besitzt eine Sperrvorrichtung sowie eine Stütze, Visierbolzen und Schraubmuttern, die links und rechts die großen Teile aneinanderfügen und ein Aufklappen des Visiers um eine horizontale Achse ermöglichen. Die anhängenden Teile sind an im Inneren befindlichen Lederstreifen vernietet. Helme dieser Art stellen technologisch den höchsten Entwicklungsstand des Körperschutzes dar, welcher Schutz gegen die zerschmetternde Wirkung des wuchtigen Schlages und die Stoßwirkung eines Spießes bieten sollte. Verblüffend sind die Beweglichkeit der Einzelteile und die primitiv anmutenden, aber sehr effektiven Vorrichtungen, die Sehen, Hören und Atmen ermöglichten. Gegenstände dieser Art sind heute bedauerlicherweise zu Requisiten eines diffusen Rittermythos verkommen, ihr Standort in der Geschichte der Technik wird kaum erkannt und entsprechend gewertet.

Alfred Auer

8.2.3 Jugendporträt Philippine Welsers

Süddeutsch, 17. Jh.
Öl auf Holz, 33,7 x 27,5 cm
Freiherrlich von Welsersche Familienstiftung

8.2.4 Begegnung Erzherzog Ferdinands mit Philippine Welser vor dem Welserhaus am Alten Heumarkt in Augsburg

Augsburg, 1750
Öl auf Leinwand, 45 x 52 cm
Freiherrlich von Welsersche Familienstiftung

Das Bild stellt die Episode des Kennenlernens von Erzherzog Ferdinand und Philippine Welser dar, die auf keiner historischen Quelle beruht, sondern dem Reiche der ausschmückenden Legendenbildung zuzuordnen ist. Erzherzog Ferdinand reitet am ehemaligen Welserhaus vorbei und grüßt die am Fenster stehende Philippine. Das Gemälde zeigt die aus anderen Quellen bekannten Fassadenmalereien: unten im Sockelgeschoß große gemalte Plastiken in Nischen, in den Fenstergeschossen darüber Putten als Vertikalgliederung und je drei Längsszenen als horizontale Gliederung. Eine weitere Version des Bildes befindet sich im Tiroler Landesmuseum Ferdinandeum. Der Text auf einem auf der Rückseite des Bildes aufgeklebten Zettel informiert darüber, daß das Bild als Kopie eines im Besitz von Lorenz Sigmund Welser befindlichen Gemäldes 1750 angefertigt wurde.

8.2.5 Erzherzog Ferdinand und Philippine Welser

Heinrich Martin Hoffmann, um 1575
Gouache auf Pergament, in der Mitte gefalteter Doppelbogen, wohl aus einer Familienchronik stammend, 33,8 x 49,2 cm
Freiherrlich von Welsersche Familienstiftung

8.2.6 Protokoll über die Geburt der Kinder Erzherzog Ferdinands

Wien, 15. Juni 1558 und 7. August 1562
Original, Pergament
Wien, Haus-, Hof- und Staatsarchiv, Familienakte Nr. 1435

Kaiser Ferdinand I. plante für seinen Lieblingssohn Ferdinand eine Ehe mit einer Tochter des französischen Königs. Im Jänner 1557 hatte der Erzherzog aber den Ehebund heimlich mit Philippine Welser geschlossen. Erst 1561, nachdem bereits vier Kinder geboren waren, wurde der Kaiser darüber informiert. Dieser anerkannte die morganatische Trauung, allerdings durften die Kinder weder Wappen noch Titel führen: Nur für den Fall, daß der gesamte Mannesstamm der Dynastie erlosch, waren sie erbberechtigt. Ferner verpflichtete der Kaiser das Ehepaar zur Geheimhaltung der Ehe. Erst 1576 entband Papst Gregor XIII. den Erzherzog von dem Eid.

8.2.7 Kopie des Gebetbuches der Philippine Welser

Süddeutsch, 1757
Papier, aufgeschlagen die Miniaturen mit den Porträts der beiden Söhne Andreas und Karl.
Freiherrlich von Welsersche Familienstiftung

Eine handschriftliche Anmerkung am Ende des Manuskripts berichtet, daß die Handschrift eine Kopie des auf Schloß Ambras aufbewahrten Gebetbuches der Philippine Welser ist. Zusätzlich zur Ausstattung der Vorlage wurden noch die Bilder der beiden Söhne Philippine Welsers und Erzherzog Ferdinands eingefügt. Daran schließt eine Darstellung der historischen Ereignisse, des Lebenslaufes von Philippine Welser und Erzherzog Ferdinand an.

8.2.8 Porträt Erzherzog Ferdinands

Süddeutsch, 18. Jh. (?)
Gouache, 12,3 x 9 cm
Freiherrlich von Welsersche Familienstiftung

Das kleine Bildchen ist in die Kopie des Gebetbuches eingelegt. Es zeigt das Porträt des noch jugendlichen Erzherzogs.

8.2.4

8.2.5

Wir Wolf Dietrich

8.1.4

8.1.5

8.2.9 Altersporträt der Philippine Welser
Süddeutsch, 17. Jh.
Öl auf Leinwand, 22,5 x 18 cm
Freiherrlich von Welsersche Familienstiftung

8.2.10 Schloß Ambras: Situationsplan
Johann Soukop, Innsbruck, 1845
Leinen, aquarelliert, 65,6 x 104,5 cm
Innsbruck, Archiv der Hofburg, Inv. Nr. A 65

Die ausgestellten Pläne des Schlosses Ambras zeigen den Zustand zwischen der Sanierung von 1845 und den Umbauten durch Erzherzog Karl Ludwig ab 1855. Schloß Ambras, das während des Spätmittelalters mehrfach verpfändet bzw. verliehen war, wurde von Kaiser Ferdinand I. zum Wohnsitz für seinen Sohn Erzherzog Ferdinand II. bestimmt. Im Zuge der Bauarbeiten, die Erzherzog Ferdinand II. von Prag aus dirigierte, wurde der Altbestand, bestehend aus Bergfried, Palas und Kapelle, erweitert. 1569–1571 entstanden der Festsaal, der „Spanische Saal", dann das Ballhaus. In den folgenden Jahren wurde das sog. Unterschloß errichtet, das für die Sammlungen des Erzherzogs bestimmt war. Im Hochschloß fallen v. a. die für Philippine Welser bestimmten Räumlichkeiten, z. B. das Bad auf, in denen sich der Freskenschmuck noch teilweise erhalten hat. Noch während der ab 1562 laufenden Bauarbeiten überschrieb der Erzherzog 1564 das Schloß an seine ihm heimlich angetraute Gemahlin Philippine Welser. Ambras wurde zum Zentrum fürstlicher Repräsentation und geselligen Lebens, wie das erhaltene Gästebuch und die Schätze in der Kunstkammer bezeugen.

8.2.11 Schloß Ambras: Grundriß Erdgeschoß
Johann Soukop, Innsbruck, 1845
Leinen, aquarelliert, 65,8 x 104,9 cm
Innsbruck, Archiv der Hofburg, Inv. Nr. A 130

8.2.12 Schloß Ambras: Grundriß Hochschloß erster Stock
Johann Soukop, Innsbruck, 1845
Leinen, aquarelliert, 65,7 x 104,6 cm
Innsbruck, Archiv der Hofburg, Inv. Nr. B 145

8.2.13 Schloß Ambras: Grundriß Hochschloß zweiter Stock
Johann Soukop, Innsbruck, 1845
Leinen, aquarelliert, 65,6 x 105,6 cm
Innsbruck, Archiv der Hofburg, Inv. Nr. B 182

Verwendete und weiterführende Literatur:

Fürsterzbischof Wolf Dietrich von Raitenau. Gründer des barocken Salzburg. Salzburger Landesausstellung 1987. Salzburg 1987.

Franz Martin, Wolf Dietrich von Raitenau. Erzbischof von Salzburg. Salzburg 1987.

Johanna Felmayer u. a., Die Kunstdenkmäler der Stadt Innsbruck. Die Hofbauten. (Österreichische Kunsttopographie XLVII) Wien 1986, 509–623.

Fugger und Welser. Ausstellungskatalog Augsburg 1950.

Sigrid Maria Größing, Kaufmannstochter im Kaiserhaus. Philippine Welser und ihre Heilkunst. Wien 1992.

Joseph Hirn, Erzherzog Ferdinand II. von Tirol. Geschichte seiner Regierung und seiner Länder. Innsbruck 1885.

Hohenemser und Raitenauer im Bodenseeraum. Bregenz 1987.

Welt im Umbruch. Augsburg zwischen Renaissance und Barock. Ausstellungskatalog Augsburg 1980.

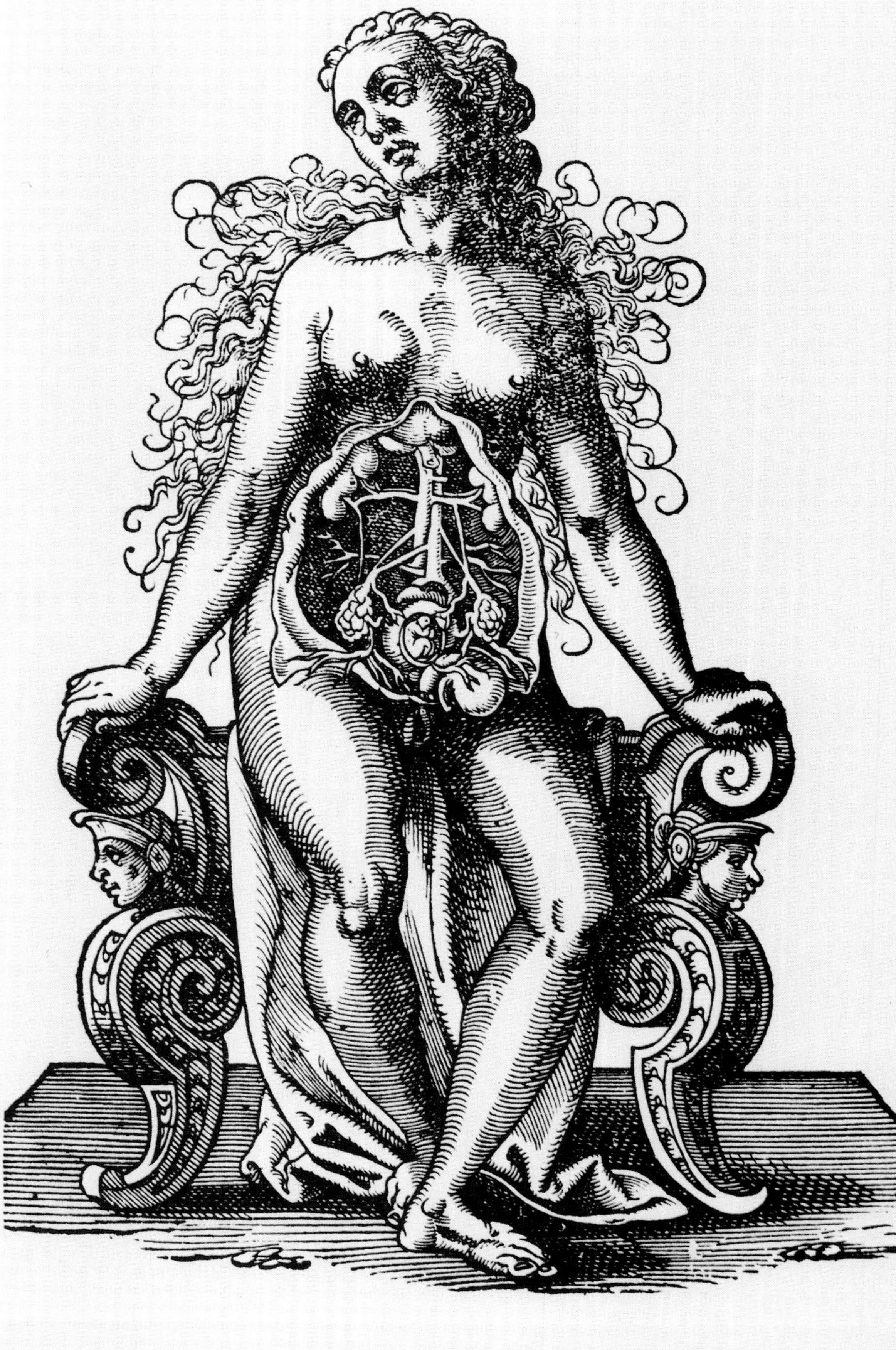

Der „geöffnete" Körper

9

Was die moderne Biologie fein säuberlich in zwei Geschlechter geteilt hat, war ursprünglich laut Meinung der Wissenschaftler nur eine biologische Variante: die Frau eine unvollkommene Kopie des Mannes. Nach dem durch Jahrhunderte vorherrschenden „Ein-Geschlechts-Modell" waren Frauen nur eine Variante der Männer, ihre weiblichen Geschlechtsorgane eine Einstülpung der männlichen. Die Geschichte der Erforschung des biologischen Geschlechts erweist sich als eine Geschichte der Irrtümer und Fehleinschätzungen. 1559 „entdeckte" Renaldus Columbus die weibliche Klitoris und beschrieb sie als weiblichen Penis. Durch Jahrhunderte nahm man an, daß der weibliche Orgasmus zur Empfängnis notwendig wäre. Als 1785 Lazzaro Spallanzani durch die künstliche Befruchtung eines Spaniels bewies, daß der weibliche Orgasmus keine Rolle bei der Empfängnis spielt, erklärten männliche Wissenschaftler in der Folge, daß Frauen gar keinen Orgasmus empfänden. Noch um 1930 definierten Mediziner als sicherste Zeit für Schwangerschaftsverhütung den Beischlaf in der Mitte des Menstruationszyklus.

9.1 Isagogae breves et exactissimae in anatomiam humani corporis

Jacopo de Berengario, Argentorati, 1530
Reproduktionen; Original-Druck, gebunden, mit Illustrationen, 14 x 22 cm
Wien, Bibliothek des Instituts für Geschichte der Medizin, Inv. Nr. JB 545

In den Illustrationen aus Jacopo Berengarios „Isagogae brevis" sind es zumeist Skulpturen, die zum Leben erwachen und dem Betrachter ihre Organe zeigen. Mit den beiden Holzschnitten wird der Beweis erbracht, daß der Uterus wie der Penis sei und auch der Hoden und eine Reihe von Blutgefäßen ihre Entsprechung im weiblichen Körper fänden. Im zweiten Holzschnitt zeigt die weibliche Figur auf die neben ihr auf einem Sockel liegende Gebärmutter, deren Hals dem Penis gleicht.

9.2 La Dissection des parties du corps humain

Charles Estiennes, 1546
Reproduktionen

Der königliche Leibarzt Charles Estiennes veröffentlichte 1546 sein Werk über die menschliche Anatomie. Seine Modelle, die ihre inneren Organe dem Betrachter präsentieren, übernahm er aus den graphischen Blättern bedeutender Künstler. Für die weibliche Figur, deren Bauchwand entfernt ist, um die Plazenta zu zeigen, verwendete er einen Stich Perino del Vagas.

9.1

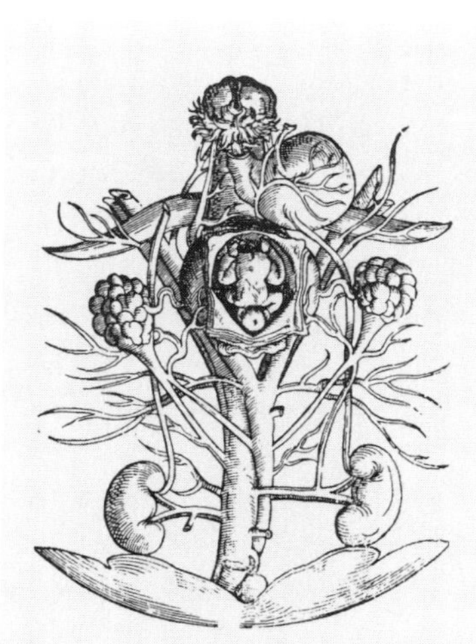

9.4

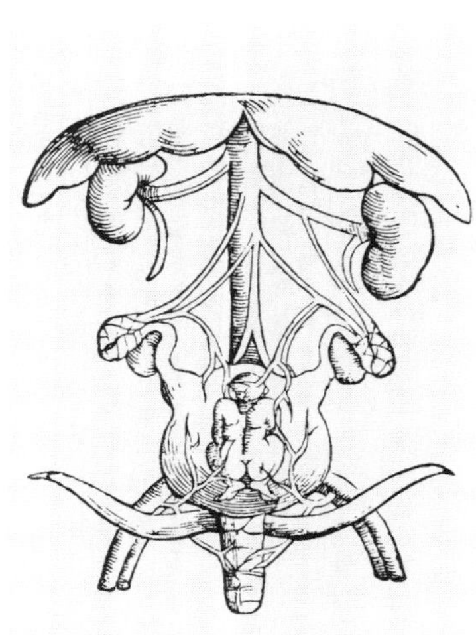

9.4

9.3 De humani corporis fabrica libri septem

André Vesal, Basileae, Oporinus 1555
Druck, gebunden, 869 S., Titelblatt und Illustrationen von Jan Steven von Calcar, 44 x 29 cm
Wien, Zentralbibliothek für Medizin

Die drei anatomischen Werke des Vesalius zählen zu den meistkopierten und plagiierten medizinischen Arbeiten. Auch in diesen werden die weiblichen Geschlechtsorgane als Versionen der männlichen dargestellt.

9.4 Anathomia

Walther Ryff, 1541
Reproduktion

Die anatomischen Darstellungen in Ryffs „Anathomia" wurden vielfach kopiert. Sie zeigen u. a. die weiblichen Fortpflanzungsorgane. Vagina und Uterus ähneln Penis und Scrotum, vor allem dann, wenn sie die richtige Proportion erhielten und die Uterushörner getilgt wären.

9.5 „Schwangere Frau" aus dem Hebammenbuch

Jacob Rueff, 1538
Reproduktion

Das Hebammenbuch des Jacob Rueff, 1538 erschienen, zählt zu den populärsten Büchern dieses Inhalts in seiner Zeit. Noch 1637 erschien eine im Inhalt unveränderte englische Übersetzung, die oft plagiiert wurde. Die auf einem reich mit Schnitzereien versehenen Hocker sitzende Schwangere präsentiert dem Betrachter den schwangeren Uterus mit penisartiger Vagina; um das Kind in der aufgeschnittenen Gebärmutter zeigen zu können, wurde die Blase in der Darstellung nach links verschoben.

9.6 Fortpflanzungsorgane aus dem Hebammenbuch

Jacob Rueff, 1538
Reproduktion

9.7 De mulierum organis generationi inservientibus

Regnier de Graaf, Leiden 1672
Druck, gebunden, mit Abbildungen, 15,5 x 10 cm
Linz, Bundesstaatliche Studienbibliothek, Inv. Nr. I 71.211

Regnier de Graaf entdeckte das Eierstockfollikel. Seine anatomischen Abbildungen sind aber noch immer altmodisch. Die gesamte Vagina wird mit der Cervix verbunden dargestellt. Der Gedanke der Isomorphie weiblicher und männlicher Geschlechtsorgane ist noch nicht zur Gänze ausgeräumt.

9.8 Beweis der von der Begattung unabhängigen periodischen Reifung und Loslösung der Eier der Säugethiere und des Menschen als der ersten Bedingung ihrer Fortpflanzung

Theodor Ludwig Wilhelm von Bischoff, Giessen, Ricker, 1844
Druck, gebunden, 21 x 18 cm
Wien, Fakultätsbibliothek für Medizin, Institut für Geschichte der Medizin, Inv. Nr. 49 358

Lange Zeit herrschte Unklarheit darüber, welche Funktion die weiblichen Geschlechtsorgane bei der Fortpflanzung besitzen. Mit der Entdeckung von Spermien und Eizellen kam es zu einem Auseinanderdividieren der Funktionen und zu einer Trennung der Geschlechter. Aus dem Ein-Geschlechter-Modell wurden zwei Geschlechter. Die herrschende Theorie, daß der Orgasmus der Auslöser einer Ovulation sei, wurde durch die künstliche Besamung eines Spaniels widerlegt. Bischoff gelang durch Sektion seiner läufigen Hündin der Beweis, daß auch ohne Begattung der Austritt eines Eies möglich sei. Die biologischen Voraussetzungen waren hiermit geschaffen, um der Frau in Zukunft das Recht auf einen Orgasmus abzusprechen.

9.9 Über den physiologischen Schwachsinn des Weibes

Paul Julius August Moebius, Halle/Saale, Marhold
Druck, 9. Auflage, XI, 170 Seiten, 1 Tafel
Wien, Österreichische Nationalbibliothek, Druckschriftensammlung, Inv Nr. 302.842-B

Die Frau wird zum pathologischen Fall: *Wäre das Weib nicht körperlich und geistig schwach, wäre es nicht in der Regeln durch die Umstände unschädlich gemacht, so wäre es höchst gefährlich. In den Zeiten politischer Unsicherheit hat man mit Schrecken die*

9.11

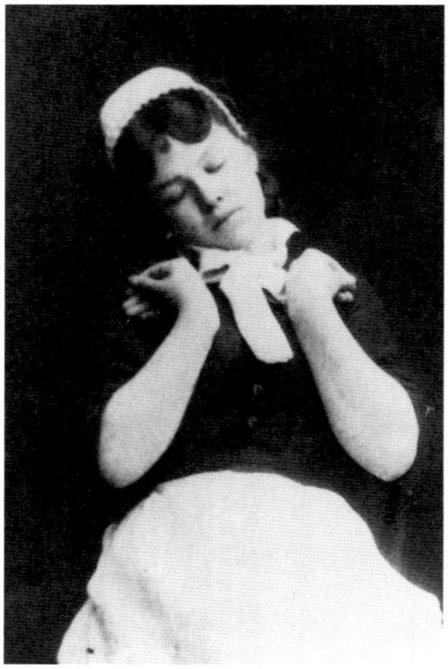

9.11

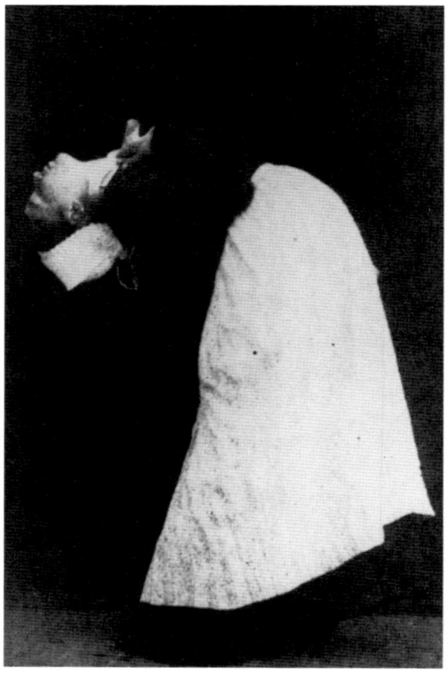

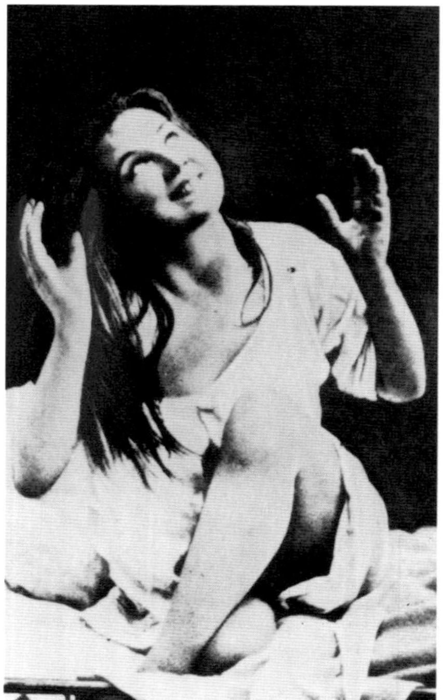

9.11

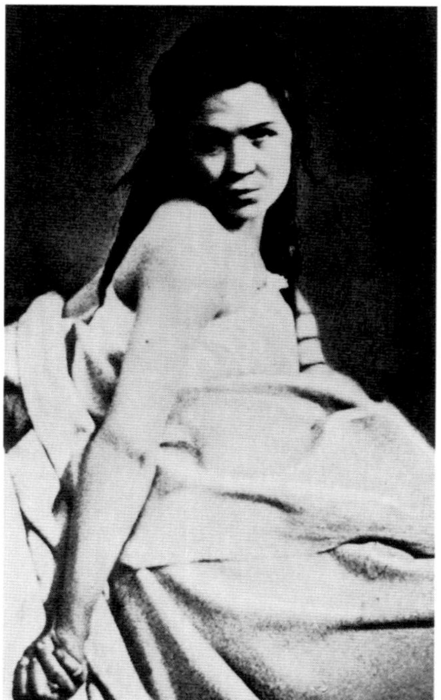

9.11

Ungerechtigkeit und Grausamkeit der Weiber kennengelernt. Der „physiologische Schwachsinn des Weibes" sei zur Erfüllung der Mutterpflichten notwendig und nützlich. Frauen mit „männlichen, geistigen" Fähigkeiten hätten verkümmerte Mutterorgane.

9.10 Psychopathia sexualis. Mit besonderer Berücksichtigung der conträren Sexualempfindung. Klinisch-forensische Studie

Richard Freiherr von Krafft-Ebing, Stuttgart, Enke, 1893
Druck, gebunden, 442 Seiten
Wien, Österreichische Nationalbibliothek, Druckschriftensammlung, Inv. Nr. 742.571-B

1873 wurde Krafft-Ebing als Professor für Psychiatrie an die Grazer Universität berufen. Er war der erste Wissenschaftler, der sich mit sexuellen Störungen auseinandersetzte. Beschreibungen und Benennungen von Phänomenen wie Masochismus und Sadismus gehen auf ihn zurück.

9.11 Hysterie

Die Bezeichnung „Hysterie" leitet sich von griech. *hystera*, die Gebärmutter, ab; es handelt sich also dabei um ein Krankheitsbild, das vornehmlich Frauen zugeschrieben wird. Der Ausdruck wird für eine nicht faßbare, auf seelische Umstände und Reaktionen zurückgeführte Krankheit verwendet, die sich auch in körperlichen Symptomen äußern kann. Um die Jahrhundertwende erreichte sie epidemische Ausmaße. Im letzten Drittel des 19. Jahrhunderts war die Salpêtrière in Paris Zentrum der Forschungen über die Hysterie. In dieser „Irrenanstalt" waren an die 4000 Frauen eingeschlossen. Der Neuropathologe Jean-Martin Charcot fand hier das Material für seine Forschungen. In „Zusammenarbeit" mit seinen Patientinnen hielt er die „attaques", die hysterischen Anfälle, im Foto fest. Auch Sigmund Freud studierte einige Zeit an der Salpêtrière.

9.12 Der Diätenwahn

Das Geschäft mit Schlankheitsmitteln boomt. An die Stelle des Schnürmieders vergangener Jahrhunderte ist die Diät getreten. Mechanische Quälerei wird durch Kasteiung abgelöst. Der Wille soll über das schwache Fleisch triumphieren. Eigenartigerweise sind es fast nur Frauen, die diesem Wahn verfallen. Mann trägt stolz das Produkt diverser Freß- und Sauforgien vor sich her. Frau hungert sich hingegen Gramm für Gramm hinunter. Tut sie es nicht, gilt sie als willensschwach. Die Liste der vorgeschlagenen Diäten ist lang. Von A wie Ahornsirup-Cayennepfeffer-Diät bis zur Zitronensaftkur; dazwischen liegen 154 Martervorschläge.

9.13 Bulimie

Was die Hysterie für das ausgehende 19. Jahrhundert bedeutete, bedeutet Bulimie oder Magersucht für das ausgehende 20. Jahrhundert. Dünne Models und unrealistische Barbiepuppen prägen das Schönheitsbild und werden zur Mitursache für die seit zwanzig Jahren wachsende Zahl von Eßstörungen, von denen in erster Linie Frauen und Mädchen betroffen sind. Zwei bis vier Prozent aller Frauen im Alter von 18 bis 35 Jahren leiden laut Schätzungen an Bulimie (Eß-Brechsucht). Die Heilungschancen sind erschreckend niedrig. Nach drei Jahren Behandlung hat sich das Eßverhalten bei nur 50 % normalisiert. Auch die Zahl der Magersüchtigen nimmt ständig zu. Von 100 Betroffenen sind 95 Mädchen und nur 5 Burschen. Dazu eine Betroffene: „Ich wollte nichts anderes als fit und dünn sein, was mir gleichbedeutend mit liebens- und achtenswert erschien. Die Vorstellung von einem häßlichen Vollmondgesicht mit einem zufällig dazugepickten, viel zu dicken Hintern! Wie wichtig konnte da schon meine ausbleibende Menstruation im Vergleich zu einer perfekten Figur sein …" (zit. nach „Die Presse", 31.10./1./2. 11.1997).

9.14 Gynäkologische Untersuchungsinstrumente

9.14.1 Uterussonde nach James Young Simpson

Hersteller: Kutill, Wien, 19. Jh.
Kupfer, verchromt, L: 32 cm
Wien, Institut für Geschichte der Medizin, Inv. Nr. 644

9.14.2 Uterussonde

Anf. 20. Jh.
Kunststoff, Metall, L: 27 cm
Wien, Institut für Geschichte der Medizin, Inv. Nr. 1915

9.14.3 Uterusfixierzange

20. Jh.

Metall, L: ca. 25 cm

Wien, Institut für Geschichte der Medizin

9.14.4 Uterusfixierzange

20. Jh.

Metall, L: ca. 25 cm

Wien, Institut für Geschichte der Medizin

9.14.5 Chirurgische Pinzette

20. Jh.

Wien, Arztplan. Ing. Michael Bör GmbH.

Dient zum Halten bei gynäkologischen Eingriffen bzw. zum Entfernen von Fremdkörpern.

9.14.6 Anatomische Pinzette

20. Jh.

Wien, Arztplan. Ing. Michael Bör GmbH.

Dient zum Halten bei gynäkologischen Eingriffen bzw. zum Entfernen von Fremdkörpern.

9.14.7 Chirurgische Schere

20. Jh.

Wien, Arztplan. Ing. Michael Bör GmbH.

Dient z. B. zum Entfernen von Nähten.

9.14.8 Nadelhalter

20. Jh.

Wien, Arztplan. Ing. Michael Bör GmbH.

Wird zum Setzen von Nähten verwendet.

9.14.9 Pinklemme

20. Jh.

Wien, Arztplan. Ing. Michael Bör GmbH.

Wird zum Blutstillen eingesetzt.

9.14.10 Biopsiezange

20. Jh.

Wien, Arztplan. Ing. Michael Bör GmbH.

Wird zur Entnahme von Gewebe für histologische Untersuchungen verwendet.

9.14.11 Cusco Spatel

20. Jh.

Wien, Arztplan. Ing. Michael Bör GmbH.

Wird zur Untersuchungserleichterung eingesetzt.

9.14.12 Vorderes und hinteres Blatt

20. Jh.

Wien, Arztplan. Ing. Michael Bör GmbH.

Dient zur Erweiterung des Vaginalbereiches.

9.14.13 Scharfer Löffel

20. Jh.

Wien, Arztplan. Ing. Michael Bör GmbH.

Wird zum Herausschneiden von Gewebe verwendet.

9.14.14 Wattestäbchen

20. Jh.

Wien, Arztplan. Ing. Michael Bör GmbH.

Werden zur Desinfektion bei Eingriffen verwendet.

9.14.15 US-Vaginalkondome

20. Jh.

Wien, Arztplan. Ing. Michael Bör GmbH.

Dienen zum hygienischen Eingriff mittels Ultraschall-Sonde.

9.14.16 Skalpellgriff mit Klinge

20. Jh.

Wien, Arztplan. Ing. Michael Bör GmbH.

Wird für chirurgische Eingriffsschnitte verwendet.

Verwendete und weiterführende Literatur:

Maya Borkowsky, Krankheit Schwangerschaft? Schwangerschaft, Geburt und Wochenbett aus ärztlicher Sicht. Zürich 1988.

Georges Didi-Huberman, Erfindung der Hysterie. München 1997.

Robert Herrlinger, Geschichte der medizinischen Abbildung. München 1967.

Thomas Laqueur, Auf den Leib geschrieben. Die Inszenierung der Geschlechter von der Antike bis Freud. Frankfurt/Main 1992.

Elisabeth Mixa u. a. (Hg.), Körper – Geschlecht – Geschichte. Historische und aktuelle Debatten in der Medizin. Innsbruck, Wien 1996.

Birgit Panke-Kochinke, Die anständige Frau. Konzeption und Umsetzung bürgerlicher Moral im 18. und 19. Jahrhundert. Pfaffenweiler 1991.

Dorion Weickmann, Rebellion der Sinne. Hysterie – ein Krankheitsbild als Spiegel der Geschlechterordnung (1880–1920). Frankfurt am Main 1997.

A L'arriere faiz separé / iusques a la mébrane allantoide.
B L'endroit & face dudict arriere faiz/ qui touche l'allantoide.

9.2

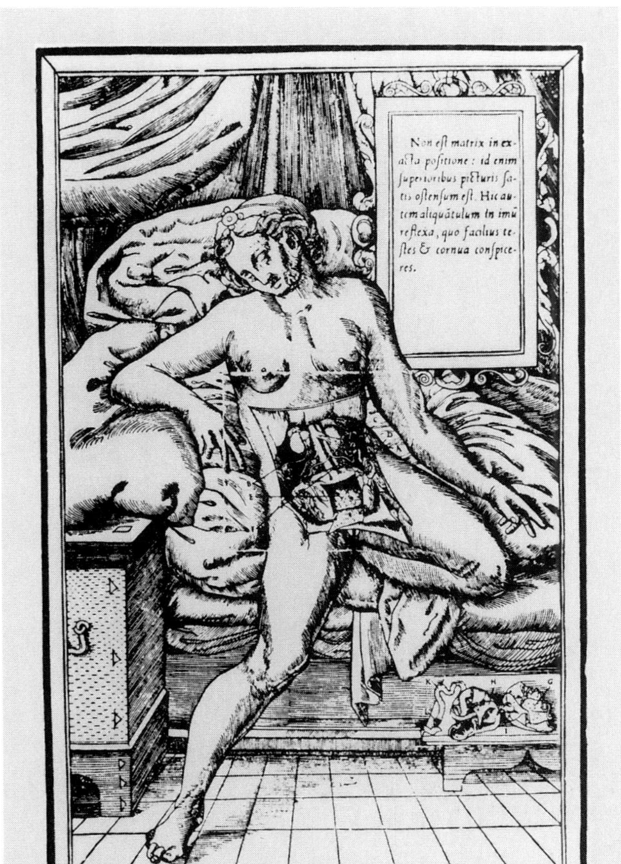
Non est matrix in exacta positione: id enim superioribus picturis satis ostensum est. Hic autem aliquãtulum in imũ reflexa, quo facilius testes & cornua conspiceres.

9.2

Hebammen und weise Frauen

Seit Urzeiten war es Aufgabe erfahrener Frauen, Schwangeren bei der Geburt beizustehen. Waren es zunächst Nachbarinnen oder weibliche Verwandte, die in der schweren Stunde Hilfe leisteten, so wurden ab dem Beginn der Neuzeit Hebammen von den Ständen bestellt, die sich allerdings meist nur adelige Damen oder reiche Bürgerinnen leisten konnten. Bis zur Mitte des 18. Jahrhunderts erfolgte die Ausbildung in Form einer Lehre bei einer Meisterhebamme. Neben der medizinischen Unterweisung erfuhren sie auch Unterweisung und Prüfung durch den zuständigen Pfarrer, hatten sie doch auch Nottaufen zu vollziehen. Die Gesundheitspolitik der Aufklärung sah es als eine ihrer Aufgaben an, das Hebammenwesen zu reformieren. Ein Hebammenunterricht wurde eingeführt, die abschließende Prüfung mußte vor Ärzten abgelegt werden. Aus dem natürlichen Vorgang von Schwangerschaft und Geburt entwickelte sich die Krankheit „Schwangerschaft". Mit Verordnung vom Mai 1776 mußten alle Hebammen ihre Prüfung an der Wiener Universität ablegen. 1775 erschien das erste gedruckte Lehrbuch für Hebammen. Darin werden genaue Verhaltensmaßregeln für die Durchführung der Geburt gegeben. Die Gebärende kann nicht mehr frei darüber entscheiden, was ihr angenehm ist. Mann hat auch hier regulierend eingegriffen.

10.1 Chirurgia

Gerhard von Cremona, Übersetzung der Chirurgia des Abu'l Qasim Halaf Ibn, Abbas Al-Zahrai, 12. Jh.
Faksimileausgabe; Original: Pergament, 41,7 x 28,7 cm
Wien, Österreichische Nationalbibliothek, Handschriftensammlung, Cod. ser. nov. 2641
Graz, Akademische Druck- und Verlagsanstalt

Die Chirurgia des Abu‘l Qasim Halaf Ibn, Abbas Al-Zahrai enthält ein Kapitel über die Geburtshilfe. Die Miniaturen in diesem Abschnitt schildern die verschiedenen Möglichkeiten des Geburtsaktes. Die Gebärende liegt auf einem meist schrägen Bett und wird von hinten durch eine Hebammenhilfe gestützt. Die Hebamme bemüht sich um die Gebärende, indem sie das Kind herauszieht, hält oder gestikulierend Anweisungen gibt.

10.2 Der Swangern Frauwen und hebammen Rosegarten

Eucharius Rösslin, Straßburg, Martin Flach, 1513

Faksimileausgabe; Original: Druck, gebunden, 57 Seiten, 21 x 14 cm

Krems, Institut für Realienkunde des Mittelalters und der frühen Neuzeit der Österreichischen Akademie der Wissenschaften

Zwischen 1493 und 1498 ist Eucharius Rösslin in Freiburg im Breisgau als Apotheker nachweisbar. 1506–1511 war er Stadtarzt in Frankfurt am Main. 1513 verfaßte er als Stadtarzt in Worms den „Rosengarten“. Etwa 100 Ausgaben dieses Buches sind bekannt. Im Vorwort wird den Hebammen Verantwortung für das zu gebärende Kind eingeschärft. Die medizinische Thematik des Buches ist in zwölf Kapitel unterteilt. Sie beschäftigen sich mit der Lage des Kindes in der Gebärmutter, mit dem Geburtsvorgang, mit den möglichen auftretenden Problemen, mit den pflanzlichen Medikamenten, die die Geburt erleichtern sollen, mit Fehl- und Mißgeburten etc.

10.3 „Daraus man alle Heimligkeiten des Weiblichen Geschlechts erkennen kann“

Albertus Magnus, Franckfurt am Mayn, Johann Schmidt, 1581

Reproduktionen; Original: Druck, gebunden, illustriert, 19,4 x 14,3 cm

Stuttgart, Württembergische Landesbibliothek

1508 kam die erste deutsche Übersetzung der Schrift „De secretis mulierum“, die Albertus Magnus als Verfasser untergeschoben worden war, als Druck auf den Markt. Sigmund Feyerabend brachte eine mit Holzschnitten Jost Ammanns versehene Ausgabe 1581 heraus, wobei die sieben Holzschnitte des ersten Buches auch in Jacob Rueffs Hebammenbuch vom Verleger verwendet wurden. Die Holzschnitte geben Einblick in den Ablauf einer Geburt im Spätmittelalter bzw. in der frühen Neuzeit.

10.4 Länge Mariens

Gebetsstreifen, einseitig bedruckt, Kopie eines älteren Gebetsstreifens aus dem 18. Jh., Papier, 198 x 7 cm

Ibk., Tiroler Volkskunstmuseum, Inv. Nr. F 2774b

Gewisse wahrhafte Länge und Dicke unserer lieben Frauen, und der übergebenedeyten Himmels-Königin Maria, welche Läng zwar aus sienen Banden denen Pilgramen, welche das heilige Haus zu Loreto besuchen, mitgetheilet worden. Auf den Gebetsstreifen finden sich aneinandergereiht Gebete und Anleitungen; schwangere Frauen wickelten den Gebetsstreifen um ihren Leib; er sollte zu einer guten Geburt verhelfen (Gebäramulett). Unter den Anleitungen: ... *absonderlich aber sollens ihnen die schwangere Frauen lassen anbefohlen seyn, wanns ein Frau, so in den Kinds-Nöthen ist, mit Andacht bethet, die wird absonderliche Hilf und Beystand von unser lieben Frauen zu gewarten haben.* Die zahlreichen Gefahren, die mit der Geburt für Frau und Kind verbunden waren, ließen Frauen zu allerlei Hilfsmittel greifen.

Herlinde Menardi/Elisabeth Vavra

10.5 Wehfläschchen

Tirol (?), 18. Jh.

Glas, H: 11cm, B: 5 cm

Ibk, Tiroler Volkskunstmuseum, Inv. Nr. 24.673

Gebäramulett in Form eines birnenförmigen, flachen Fläschchens aus Weißglas, Verschlußkappe aus vergoldetem Silber; eingeschlossene Goldborten mit Reliquienpartikel der Hl. Crescentia, mit Pergamentstreifchen beschriftet: *De Sangui Crimi. Veste. V.M. Crescentiae.*

Herlinde Menardi

10.6 Stachelkugel

Holz, H: 11 cm

Ibk., Tiroler Volkskunstmuseum, Inv. Nr. 9.287

Gebärmuttervotiv, gedrechselte Kugel mit eingesetzten Stacheln und Zapfen zum Aufhängen.

Herlinde Menardi

10.4

10.6

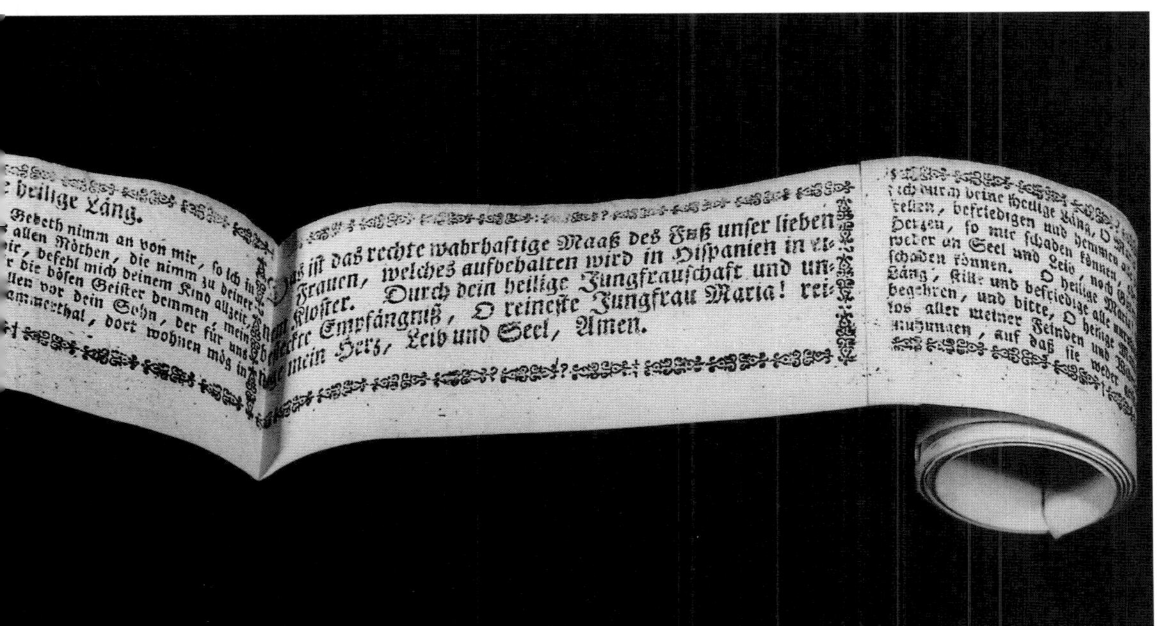
heilige Läng.
ist das rechte wahrhaftige Maaß des Fuß unser lieben
Frauen, welches aufbehalten wird in Hispanien in ei-
Kloster. Durch dein heilige Jungfrauschaft und un-
fleckte Empfängniß, O reineste Jungfrau Maria! rei-
mein Herz, Leib und Seel, Amen.

10.3

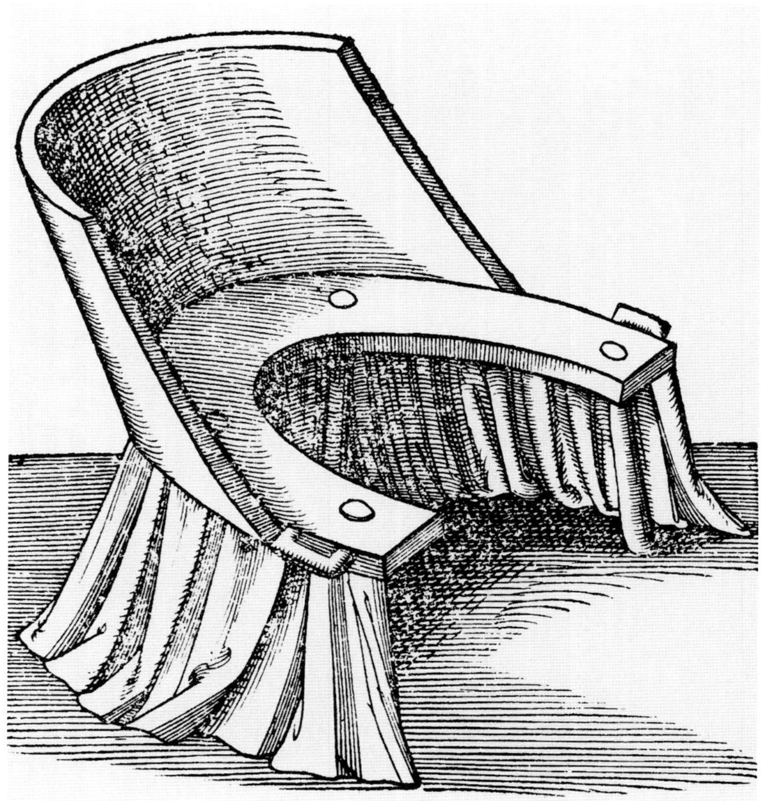

10.8

10.7

10.7 Loretomäntelchen
Salzburg, Kapuzinerkloster S. Maria Loreto, Anfang 19. Jh.
Leinen, bestickt, H: 6,8 cm
Ibk., Tiroler Volkskunstmuseum, Inv. Nr. 25.558

Aus feinem Leinen, Kanten mit rosa Seide eingefaßt, innen mit Zierstichen aufgenähtes hochovales Medaillon aus violetter Seide mit „Loretokindl-Aufdruck"; als Schutzmittel gegen Fraisen wurden sie den Kindern unter das Kopfkissen gelegt.
Herlinde Menardi

10.8 Amulettanhänger
Unter gewölbtem Glas sechs lose Körner bzw. Holzteilchen, Silberfassung, Rückseite mit Auge Gottes und Lorbeerzweigen, Dm: 2,2 cm
Ibk., Tiroler Volkskunstmuseum, Inv. Nr. 24.681

10.9 Fraishäubchen
Wien, 18. Jh.
Leinen, mit Kupferstichbildern bedruckt, H: 14,5 cm
Ibk., Tiroler Volkskunstmuseum, Inv. Nr. F 2.907

Scheitelkäppchen aus weißem Leinen mit vier Kupferstichbildern bedruckt.
1. Kupferstich: zweiteilig, oben Kopf des Hl. Anastasius in Lorbeerkranz bez. „Caput S. Anastasy Mart: Ord: ..." (unleserlich); unten Corpusreliquie mit Inschrift „Das ist die Läng des H. Valentin zu 29 Mahl gemessen." Valentin ist der Patron gegen die Fallsucht. 2. Kupferstich: „Das Gnadenbild Maria der Haus Mutter in Wien zur Himmels Porten." 3. Kupferstich: Abb. „Des wunderthätig und Sterbenden S. Francisc. Xaveri S.J." 4. Kupferstich: Anbetung der Hl. Drei Könige.
Herlinde Menardi

10.10 Lehrbuch von der Hebammenkunst
Raphael Johann Steidele, 3. Auflage, Wien, Trattner, 1784
Druck, gebunden, illustriert, 20,5 x 23,5 cm
Wien, Zentralbibliothek für Medizin in Wien, Institut für Geschichte der Medizin, Inv. Nr. D 3.630

10.11 Natürliche Geburtshilfe und Behandlung der Schwangeren, Wöchnerinnen und neugebornen Kinder. Nach Versuchen und Beobachtungen an der öffentlichen Entbindungsschule in Wien. In sieben Büchern.
Lukas Johann Boer, Wien, von Mösle, 1817
Druck, Bd. 1–3, gebunden, 20 x 13,5 cm
Wien, Zentralbibliothek für Medizin in Wien, Institut für Geschichte der Medizin, Inv. Nr. JB D 5.197

10.12 Protocoll über die im Examine rigoroso denen Canditaten vorgelegten Skizzen
Wien 1800
Papier, Handschrift, gebunden, 40 x 27 cm
Wien, Zentralbibliothek für Medizin in Wien, Institut für Geschichte der Medizin, Inv. Nr. JB 5856

10.13 Hebammendiplom der Universität Wien für Elisabeth Janda
Wien, Universität, 1816
Urkunde, Siegel in Holzkapsel, 57 x 37 cm
Krems, Stadtarchiv

10.14 Brustbild der Hebamme Weiß
Sebastian Stief, 1835
Öl auf Leinwand, 47,8 x 39 cm
Salzburg, Carolino Augusteum – Salzburger Museum für Kunst und Kulturgeschichte, Inv. Nr. 28-6

10.15 Porträt der Hebamme Ziehrer
Salzburg, Mitte 19. Jh.
Öl auf Leinwand, 64 x 50 cm
Salzburg, Carolino Augusteum – Salzburger Museum für Kunst und Kulturgeschichte, Inv. Nr. 28-4

10.16 Der geburtshilfliche Phantomkurs in 172 Federzeichnungen für Ärzte und Studierende
Wilhelm Liepmann, Berlin–Wien, Urban & Schwarzenberg 1931
Reproduktionen; Original: Druck, gebunden, 320 Seiten, 21 x 14,5 cm
Wien, Fakultätsbibliothek für Medizin, Institut für Geschichte der Medizin, Inv. Nr. 57.931

Die zahlreichen Illustrationen zeigen u. a. den Einsatz und richtigen Gebrauch der geburtshilflichen Werkzeuge.

10.17 Dekapitationshaken nach Karl von Braun (gest. 1891)
Hersteller: R. Kutill, Wien
Hartgummigriff, Stahl, 30 x 10 cm
Wien, Institut für Geschichte der Medizin, Inv. Nr. 651

10.18 Perforatorium nach Naegele mit Feder
Hersteller: R. Kutill, Wien
Stahl, L: 31,5 cm
Wien, Institut für Geschichte der Medizin, Inv. Nr. 652

10.19 Achsenzugzange nach Karl Breus (gest. 1914)
Hersteller: Reines, Wien
Neusilber, L: 39 cm
Wien, Institut für Geschichte der Medizin, Inv. Nr. 655

10.20 Geburtshilfliche Zange
Hersteller: Sabatnek, Wien, Mitte 19. Jh.
Holzgriff, Stahl, L: 37 cm
Wien, Institut für Geschichte der Medizin, Inv. Nr. 668

10.21 Cephalotripter
Hersteller: Charrière, Paris
Stahl, Leder, L: 57 cm
Wien, Institut für Geschichte der Medizin, Inv. Nr. 671

10.22 Fünf Stadien des Embryos vom 1. – 3. Monat
Wachs, Holzrahmen, 23 x 20 cm
Wien, Institut für Geschichte der Medizin, Inv. Nr. 661

10.23 Darstellung einer Kindeslage im Uterus
Wachs, Holzrahmen, 23 x 20 cm
Wien, Institut für Geschichte der Medizin, Inv. Nr. 662

10.24 Darstellung einer Kindeslage mit Eihaut und Placenta
Wachs, Holzrahmen, 23 x 20 cm
Wien, Institut für Geschichte der Medizin, Inv. Nr. 663

Verwendete und weiterführende Literatur:

Gunda Barth-Scalmani, Die Reform des Hebammenwesens in Salzburg zwischen 1760 und 1815. In: Mitteilungen der Gesellschaft für Salzburger Landeskunde 134 (1994), 365–398.

Maya Borkowsky, Krankheit Schwangerschaft? Schwangerschaft, Geburt und Wochenbett aus ärztlicher Sicht seit 1800. Zürich 1988.

Maria Horner, Aus dem Leben einer Hebamme. Wien–Köln–Graz 1985.

Heidemarie Krenn-Simon, „Beystandt in Kindsnöthen“. Grazer Hebammen in der frühen Neuzeit und die Anfänge des staatlich reglementierten Hebammenwesens. In: Historisches Jahrbuch der Stadt Graz 23/24 (1993), 11–50.

Dies., Von der „weisen“ Frau zur staatlich kontrollierten Geburtshelferin – Hebammen in Graz. In: Carmen Unterholzer, Ilse Wiener (Hg.), Über den Dächern von Graz ist Liesl wahrhaftig. Wien 1996, 14–34.

10.15

Am Rande der Gesellschaft

Marginalisierung kann die verschiedensten Ursachen haben und sicher beide Geschlechter treffen. Bei Frauen zeigt sich, daß dieser Vorgang rascher einsetzt und schwerer reversibel ist. Auslösende Momente sind zumeist dramatische Einbrüche im Lebenslauf, wie ungewollte Schwangerschaft, Tod des Ehepartners, selbstverschuldeter oder schuldloser Verlust des Arbeitsplatzes oder Zugehörigkeit zu einer Minderheit – das kann eine Religionsgemeinschaft sein oder eine bestimmte Volksgruppe. Bewältigungen solcher Situationen können zu Verstößen gegen die von Männern gemachten Gesetze führen. Frauen, die nicht der Kuratel eines Mannes unterstanden, waren stärker den kontrollierenden Blicken der Nachbarschaft ausgesetzt, was zu berechtigten oder unberechtigten Denunziationen führen konnte. Mit Frauen „am Rande der Gesellschaft" werden wir zumeist dann in den Quellen konfrontiert, wenn sie straffällig werden. Die Kunst bedient sich dieses Motives aus unterschiedlichsten Gründen: So verwendeten die Künstler im Mittelalter das Motiv vorwiegend deshalb, um zur Mildtätigkeit aufzurufen. Die Barockzeit entdeckte die „Ästhetik des Häßlichen"; im 19. Jahrhundert erfuhr das Motiv eine romantische Verklärung.

11.1 Wahrsageszene mit Zigeunerin

Pieter Nys, 1642
Öl auf Holz, 33,5 x 29,5 cm
Stift St. Florian, Kunstsammlungen

In Österreich sind beide Stämme, die Roma und die Sinti, vertreten. Unter Maria Theresia versuchte man im Burgenland, die Roma zur Seßhaftigkeit zu zwingen. Man arrangierte Zwangsehen oder nahm ihnen die Kinder weg. Sie waren als Musikanten, Marktfahrer oder Landarbeiter tätig, die Frauen traten oft als Wahrsagerinnen auf. Nach 1938 begann die Verfolgung der Sinti und Roma. Sie wurden in die Konzentrationslager gebracht. Der NS-Zeit fielen an die 4.500 Zigeunerinnen und Zigeuner in Österreich zum Opfer. In der Kunst wird die Darstellung der Zigeuner romantisierend verklärt aufgegriffen.

11.2 Zigeunerin mit Kind

Karl Hayd
Öl auf Leinwand, 72 x 65 cm
Linz, Oberösterreichisches Landesmuseum, Inv. Nr. G 1897

11.3 Eine slowakische Zwiebelverkäuferin

Johann Baptist Reiter, um 1847
Öl auf Leinwand, 29 x 33,5 cm
Linz, Oberösterreichisches Landesmuseum

11.4 Prostitution

11.4.1 Ungleiches Paar

Cyriacus Reder, vor 1598
Öl auf Holz, 46 x 34,5 cm
Linz, Oberösterreichisches Landesmuseum, Inv. Nr. G 2350

Einerseits prangert die Gesellschaft einen zu großen Altersunterschied zwischen Mann und Frau an, andererseits war es oft verständlich, daß ein Witwer, der noch keine Erben hatte, eine junge Frau

11.3

11.4.7

heiratete. Im vorliegenden Fall handelt es sich um ein seit dem Mittelalter bekanntes ikonographisches Motiv. Charakteristische Details sind die Gesten des lüsternen Alten, der unbeteiligte Blick der jungen Frau, der sich direkt auf den Betrachter richtet, und ihr Griff in die Geldtasche des Alten.

11.4.2 Die Lustmädchen im Lager

Hieronymus Löschenkohl, 1782
Kupferstich, koloriert, Platte: 32,1 x 41,6 cm
Wien, Historisches Museum der Stadt Wien, Inv. Nr. 62.069

Die Blätter Löschenkohls illustrieren in satirischer Weise eine Anordnung Josephs II. Seit Mitte 1782 mußten aufgegriffene Straßendirnen die Straße kehren. Den bei der Razzia verhafteten Frauen wurde der Prozeß gemacht; es wurden ihnen die Haare geschoren; dann wurden sie als Straßenkehrerinnen eingesetzt. Das letzte Blatt des Zyklus zeigt in satirischer Weise, wie die Dirnen sofort wieder in ihr altes Leben zurückkehren.

11.4.3 Lohn der Ausschweifung/ Zur Warnung für andere

Hieronymus Löschenkohl, 1782
Kupferstich, koloriert, Platte: 29,2 x 40,2 cm
Wien, Historisches Museum der Stadt Wien, Inv. Nr. 62.024

11.4.4 Lohn des Lasters/ Zur Warnung für andere

Hieronymus Löschenkohl, 1782
Kupferstich, koloriert, Platte: 30,7 x 41,3 cm
Wien, Historisches Museum der Stadt Wien, Inv. Nr. 62.023

11.4.5 Die Zurückkunft aus dem Zuchthaus

Hieronymus Löschenkohl, 1782
Kupferstich, koloriert, Blatt: 34,7 x 52,3
Wien, Historisches Museum der Stadt Wien, Inv. Nr. 62.022

11.4.6 Überwachung des Prostitutionswesens

Salzburg 1905

§ 12: Anstößiges oder herausforderndes Benehmen an öffentlichen Orten, Haustüren und Fenster, das Anlocken von Passanten durch Gebärden und Worte ist strengstens verboten. Es ist den Prostituierten ferner das Promenieren auf der Staatsbrücke sowie auf dem Wege zum Bahnhofe und auf den Salzach-Quais, dann der Besuch von Orten, an welchen durch das Erscheinen solcher Personen das Anstandsgefühl verletzt wird, und ebenso das Herumtreiben in den Straßen nach 9 Uhr abends untersagt.

11.4.7 Wirtshausszene

Barbara Krafft, 1804
Öl auf Leinwand,
Salzburg, Carolino Augusteum – Salzburger Museum für Kunst und Kulturgeschichte, Inv. Nr. 12/27

11.4.8 Soldat und Lagerdirne

Alfred Kubin, 1951
Feder, Tusche, aquarelliert, 24.9 x 24,6 cm
Linz, Oberösterreichisches Landesmuseum, Ha II 4247

11.4.9 Hansi („Illusion perdue")

Alfred Hrdlicka, 1965
Bronzeguß von 1992 nach Steinskulptur von 1965, H: 143 cm
Salzburg, Rupertinum, Inv. Nr. 12.434

11.5 Zwergin mit Dreispitzhut

Johann Joseph Wanscher, um 1700
Sandstein, H: 100 cm
Linz, Stadtmuseum Nordico, Inv. Nr. 768 (Schenkung Poschacher)

11.6 Die Kindesmörderin

Alfred Kubin, um 1925
Feder, Tusche, aquarelliert, 27.1 x 37 cm
Linz, Oberösterreichisches Landesmuseum, Inv. Nr. Ha II 3448

11.7 Ankunft der Emigranten in Augsburg
Johann Wolfgang Baumgartner, Augsburg, 1731
Hinterglasbild, 39 x 33 cm
Augsburg, Dekanat St. Anna

Die Vertreibung der Protestanten aus Salzburg und Tirol betraf auch viele Frauen, die gezwungen waren, in einem fremden Land eine neue Existenz zu gründen. Das Hinterglasbild wurde vermutlich von dem Salzburger Johann Wolfgang Baumgartner angefertigt, der sich als erster Hinterglasmaler in Augsburg niederließ.

11.8 Vertriebene
Alfred Kubin, um 1946/47
Feder, Tusche, laviert auf Katasterpapier, 39,6 x 31,8 cm
Linz, Oberösterreichisches Landesmuseum, Inv. Nr. Ha II 4053

Alfred Kubin hält in dieser Zeichnung das Elend der Flüchtlinge während und nach dem Zweiten Weltkrieg fest. Frauen mußten in jenen Tagen ohne männliche Hilfe sich, ihre Kinder und Familienangehörige in Sicherheit bringen.

11.9 Bettlerin
Kreis des Simon Troger, um 1765
Elfenbein, Holz, H: 24,5 cm
Linz, Oberösterreichisches Landesmuseum, Inv. Nr. 286

11.10 Bettlerin mit Leierkasten
Stefan Feger, um 1760
Elfenbein, Holz, H: 22 cm
Linz, Stadtmuseum Nordico, Sammlung Wilhelm, Inv. Nr. 25

11.11 Bettlerin
Art des Simon Troger, um 1765
Elfenbein, Holz, H: 26 cm
Linz, Stadtmuseum Nordico, Inv. Nr. P 939

11.12 Bettlerin auf Krücken
Art des Simon Troger, um 1765
Elfenbein, Holz, H: 28,2 cm
Stift St. Florian, Kunstsammlungen

11.13 Wahrsagerin (Bettlerin)
Nachfolge Simon Troger, um 1765
Elfenbein, Holz, H: 29 cm
Stift St. Florian, Kunstsammlungen

11.14 Hexen

11.14.1 Geständnis der Hexe Barbara Ösl betreffs Hexerei
1493, Papier, handschriftlich, 6 Blatt, 30 x 11,5 cm
Klagenfurt, Kärntner Landesarchiv, G.V. SA 35, Wolfsberg fol 28ff

In Wolfsberg in Kärnten fand 1493 der erste Hexenprozeß statt. Angeklagt waren drei Bürgerinnen, Christina Trünkhl, Barbara Ösl und Wolf (Vorname nicht genannt). Sie wurden beschuldigt, einen Mord am Schloßherrn Wolfgang von Pain geplant zu haben. Zu diesem Zweck hätten sie eine Wachsfigur angefertigt und mit Nadeln durchbohrt. Vorher hätten sie Gott und Maria abgeschworen und sich mit dem Teufel verbündet, so sagten zwei der Frauen aus.

11.14.2 Protokoll des peinlichen Verhörs der Margarete Mertl
1591, Papier
Klagenfurt, Kärntner Landesarchiv, Lodronsches Archiv, C 117, Criminalia 1576-1811, fol 7v+8r

Margarete Mertl wurde aufgegriffen und der Hexerei beschuldigt. In dem Verhör, das am 10. Oktober in St. Lambrecht stattfand, nannte sie als Auftraggeberin u. a. Anna von Neumann.

11.14.3 Verhörprotokoll und Urteil über Kunigunde Punz
20.–29. Mai 1591, St. Lambrecht, Steiermark Libell
Klagenfurt, Archiv der Diözese Gurk, ADG, Alte Temporalien, K 49, Fasz. 3

Die ungefähr 70jährige, aus Metnitz gebürtige Kunigunde Punz, die unverheiratet mit einem alten Mann, angeblich einem Arzt in Scheifling lebte, wurde wegen des Verdachtes der Zauberei in St. Lambrecht verhaftet. Unter der Folter gestand sie die Teilnahme an zauberischen Praktiken, v. a. dem Herstellen von Pulver zu medizinischen Zwecken aus den Gebeinen von Toten und

11.4.8

11.6

11.4.4

11.4.5

11.10

11.11

11.12

11.13

dem Wettermachen; sie gab dabei mehrere Frauen als Zauberinnen an, u. a. eine als ihre Lehrmeisterin und Anna von Liechtenstein (bzw. Neuhaus) zu Murau als Auftraggeberin. Kunigunde Punz wurde schuldig gesprochen, zum Tod durch Ertränken mit anschließender Verbrennung des Körpers verurteilt und hingerichtet.
Christine Tropper

11.14.4 Verzaichnis von Gegenständen, aufgrund derer eine Frau, die sie bei sich hatte, verhaftet und der Zauberei beschuldigt wurde
Doppelfolio
Klagenfurt, Archiv der Diözese Gurk, ADG, Alte Temporalien, K 50, Fasc. 4a
Im Mai 1615 wurde die ledige, ungefähr 72 Jahre alte Magdalena N. aus Baldersdorf (KG Spittal/Drau) im Landgericht Albeck wegen Verdachts der Zauberei verhaftet und in der Folge auf der Straßburg eingekerkert. Der Verdacht gründete sich auf den Besitz der im ausgestellten Verzeichnis angeführten Gegenstände. Beim Verhör durch den Straßburger Hauptmann wies Magdalena alle Beschuldigungen zurück. Der Hauptmann wandte sich daraufhin an den Landeshauptmann mit der Bitte, den Henker zur peinlichen Befragung zu senden. Der Verwalter der Landeshauptmannschaft schlug diese Bitte wegen zu geringer Verdachtsmomente ab, woraufhin Magdalena freigelassen und des Landgerichts verwiesen wurde.
Christine Tropper

11.14.5 Porträt der Katharina Paldauf, der sog. Blumenhexe
Steiermark, 17. Jh. (?)
Reproduktion; Original: Öl auf Leinwand, 91 x 73 cm
Riegersburg, „Sybillenzimmer"
Katharina Paldauf war bei Katharina Elisabeth von Galler im Dienst und heiratete den Pfleger Johann Simon Paldauf. 1675 wurde sie in den Feldbacher Hexenprozeß hineingezogen und des Wettermachens und der Teilnahme am Hexensabbat bezichtigt. Sie wurde verhaftet, leugnete zunächst, gab im Verlauf der Folter das Schauermachen und den Sabbatbesuch zu. Sie nannte drei Geistliche, darunter den verstorbenen Pfarrer der Riegersburg als Teilnehmer an den Teufelsorgien.

11.14.6 Hexenschule
Alfred Kubin, um 1912/15
Feder, Pinsel, Tusche auf Katasterpapier, 19,7 x 31,6 cm
Linz, Oberösterreichisches Landesmuseum, Inv. Nr. Ha II 3216

Verwendete und weiterführende Literatur:

Daniela Erlach, Markus Reisenleitner, Karl Vocelka (Hg.), Privatisierung der Triebe? Sexualität in der Frühen Neuzeit. Frankfurt/Main 1994.
Karin J. Jusek, Auf der Suche nach der Verlorenen. Die Prostitutionsdebatte im Wien der Jahrhundertwende. Wien 1994.
Lebenswelten – Alltagsbilder. Ausstellungskatalog. Linz 1993.
Alois Niederstätter, Wolfgang Scheffknecht, Hexe oder Hausfrau. Das Bild der Frau in der Geschichte Vorarlbergs. Sigmaringendorf 1991.
Reformation – Emigration. Protestanten in Salzburg. Ausstellungskatalog. Salzburg 1981.
Wolfgang Schild, Die Maleficia der Hexenleut'. (Schriftenreihe des Mittelalterlichen Kriminalmuseums) Rothenburg o.d.T. 1997.
Beate Schuster, Die freien Frauen. Dirnen und Frauenhäuser im 15. und 16. Jahrhundert. Frankfurt/Main 1995.
Otto Ulbricht (Hg.), Von Huren und Rabenmüttern. Weibliche Kriminalität in der Frühen Neuzeit. Köln 1995.
Helfried Valentinitsch, Hexen und Zauberer. Die große Verfolgung – ein europäisches Phänomen in der Steiermark. Graz, Wien 1987.
Sabine Weiss, Die Österreicherin. Die Rolle der Frau in 1000 Jahren Geschichte. Graz 1996.

Alte Frauen – mächtige Witwen

12.1 Anna von Neumann

Anna von Neumann (1535–1623), aus einer Villacher Kaufmannsfamilie stammend, heiratete 1557 Johann Jakob von Thannhausen, der nach kurzer Ehe verstarb. Sie übernahm daraufhin die Arbeit ihres Gatten und half ihrer Mutter, die ebenfalls Witwe geworden war, bei der Verwaltung des Familienvermögens. 1565 heiratete sie Christoph von Liechtenstein und zog mit ihm nach Schloß Murau in der Steiermark. Die Ehe wurde denkbar unglücklich. Nach zwölfjähriger Ehe starb der Ehemann durch einen Wespenstich, und erste Gerüchte wurden laut, Anna von Neumann stehe mit dem Teufel im Bunde oder entledige sich ihrer Männer auf geheimnisvolle Weise. Als weiteres Zeugnis für ihren Teufelspakt galt der Umstand, daß sie für ihr Alter noch äußerst attraktiv war. In dritter Ehe verband sie sich nun mit einem Jugendfreund, der nach drei Jahren auf einer Reise starb. Die inzwischen immens reiche Frau heiratete mit 51 Jahren zum vierten Mal, Carl von Teuffenbach. Aber auch dieser Ehe war kein Nachwuchs beschieden. Mit 75 wieder Witwe geworden, hatte sie nach dem Tod ihrer einzigen Tochter nur mehr den Wunsch nach einem Erben. Sie wollte diesen Erben allerdings heiraten. 1612 ehelichte sie den 42 Jahre jüngeren Ferdinand von Ortenburg-Salamanca, der fünf Jahr später starb. Nun wollte sie einen Erben adoptieren, aber der 28jährige Ludwig von Schwarzenberg war nicht dazu bereit, den Namen seiner Familie abzulegen; so heiratete sie zum sechsten und letzten Mal im Jahre 1617. Mit einer Schenkungsurkunde vermachte sie ihrem jungen Gatten die Güter und begründete damit das Vermögen der Schwarzenbergs.

12.1.1 Porträt der Anna von Neumann
Steiermark (?), um 1600
Reproduktion; Original: Öl auf Leinwand, 194 x 91,5 cm
Murau, Schwarzenbergsches Schloß

12.1.2 Stammbaum und Testamentsbestimmungen der Familie Neumann-Rumpf
Um 1600
Papierblatt, braune Tinte, teilweise koloriert, auf Leinen aufgezogen, 39 x 31 cm
Klagenfurt, Kärtner Landesarchiv, Allg. Urkundenreihe A 4714

12.1.3 Heiratsabrede mit Christoph von Liechtenstein-Murau
10. Jänner 1565
Murau, Schwarzenbergische Archive

12.1.4 Christoph von Liechtenstein
Reproduktion; Original: Öl auf Leinwand, 112 x 97,5 cm
Murau, Schwarzenbergsches Schloß

12.1.5 Heiratsabrede mit Freiherr Ludwig Ungnad zu Sonnegg
8. Oktober 1581
Český Krumlov, Státní oblastní archív, Zámek

12.1.6 Heiratsbrief mit Georg Ludwig Graf zu Schwarzenberg, 4. Juni 1617
Český Krumlov, Státní oblastní archív, Zámek

12.1.7 Schenkungsbrief der Anna Neumann an Georg Ludwig Graf zu Schwarzenberg, 20. Oktober 1617
Český Krumlov, Státní oblastní archív, Zámek

12.1.8 Georg Ludwig Reichsgraf zu Schwarzenberg
Reproduktion; Original: Öl auf Leinwand, 119,5 x 90 cm
Murau, Schwarzenbergsches Schloß

12.2 Katharina Elisabeth Galler

Katharina Elisabeth von Galler (um 1608–1672) stammte aus einer Radkersburger Kaufmannsfamilie. Todesfälle in der Familie machten sie zu einer reichen Erbin. 1630 heiratete sie Hans Wilhelm von Galler, der Präsident des Innerösterreichischen Hofkriegsrates wurde. Das Leben als Hausfrau und Mutter genügte ihr nicht. Ihre Aufgabe fand sie im Ausbau der Riegersburg, die sie 1637 erwarb. Solange ihr Mann lebte, gab es noch keine Probleme, stand sie doch unter dessen Obhut. Nach seinem Tod aber verwehrte sich der Pfarrer der Riegersburg dagegen, daß eine Frau die Patronatsrechte ausübte. Daß sie dazu aber durchaus in der Lage war, bewies sie ihm damit, daß sie die Kirche von Männern umstellen ließ und so die Leute vom Kirchgang abhielt. Daraufhin wurde der Kampf auf anderer Ebene weitergeführt. Die Gallerin, die mit ihrem Verwalter ein Verhältnis hatte, wurde vom Pfarrer wegen skandalösem Lebenswandel bei der Regierung angezeigt. Sie konterte, hatte doch die Pfarrersköchin mehrere uneheliche Kinder. Ihrer Grenzen als Frau war sie sich wohl bewußt; als der Verwalter zu frech und anmaßend wurde, jagte sie ihn zum Teufel und ging, „der Balgerei mit den jungen Purschen" überdrüssig, eine zweite Ehe mit Oberst Detlef von Kapell ein, der zwei Jahre später in der Schlacht bei St. Gotthard-Mogersdorf fiel. Sie fügte sich nicht in ihr Schicksal als Witwe, sie heiratete zum dritten Mal, nur hatten diesmal nicht Vernunftgründe, sondern Gefühle die Hand im Spiel. Ihr Gatte, Freiherr Hans Rudolf von Stadl, war erheblich jünger und fing sich bald Liebschaften mit dem Gesinde an. Aber die Frau, die es durch Jahre gewohnt war, sich durchzusetzen, gab sich selbst nicht auf, sondern widersetzte sich ihrem Gatten: Sie reichte die Scheidung ein, ein für damalige Zeiten ungeheures Unterfangen.

12.2.1 Porträt der Katharina Elisabeth Galler
17. Jh.
Reproduktion; Original: 100,5 x 78,5 cm
Riegersburg

12.3 Die andere Seite

Wenn ausreichende finanzielle Möglichkeiten vorhanden waren, gelang es Frauen, ihr Leben auch als Unverheiratete oder als Witwe zu bewältigen. Geld erleichterte eine Wiederverheiratung, ermöglichte den Eintritt in ein Damenstift oder den Einkauf in ein Spital als Pfründner. Schwieriger war die Situation für unverheiratete oder verwitwete Frauen, die über keine ausreichende finanzielle Absicherung verfügten und die auch keine Familienangehörigen als Rückhalt besaßen. Für sie blieb oft nur das Leben auf der Straße, immer Gefahr laufend, abgeschoben zu werden.

12.3.1 Alte Frau, sich an einer Glühpfanne wärmend
Giovanni Francesco Cipper, erstes Drittel 18. Jh.
Öl auf Leinwand, 97 x 73 cm
Stift St. Florian, Kunstsammlungen

12.3.2 Die Witwe
Friedrich von Amerling, um 1840
Öl auf Leinwand, 84,5 x 67 cm
Wien, Historisches Museum der Stadt Wien, Inv. Nr. 140.535

12.3.3 Straßenhändlerin mit Nikolo und Krampusfiguren
A. Greil, 1899
Gouache, 30 x 21 cm
Wien, Historisches Museum der Stadt Wien, Inv. Nr. 63.951

12.3.4 Alte Frau
Hermann Schweigl, 1968
Öl auf Leinwand
Linz, Oberösterreichisches Landesmuseum, Inv. Nr. G 1845

Verwendete und weiterführende Literatur:
Wolfgang Wieland, Anna Neumanin von Wasserleonburg. Die Herrin von Murau. Judenburg 1986.
Christian Schölnast, Die Gallerin und die Riegersburg. Graz 1985.

12.1.8

12.1.4

12.2.1

12.3.2

Dienstbare Geister

Hauspersonal war im vorindustriellen Zeitalter in das soziale Gefüge des „Ganzen Hauses“ eingebunden. Bis ins 18. Jahrhundert waren die dem Hauspersonal zugewiesenen Aufgaben nicht streng abgegrenzt. In der Wiener Dienstbotenordnung vom 1. Mai 1810 werden erstmals die genauen Tätigkeiten umschrieben. In Wien betrug die Zahl der Dienstboten in den 20er Jahren des 19. Jahrhunderts rund 40.000. In der zweiten Hälfte des 19. Jahrhunderts entwickelte sich der häusliche Dienst zu einem reinen Frauenberuf. Die Arbeitsbedingungen waren denkbar schlecht. Es gab keinen Schutz bei Krankheit und keine Versorgung im Alter. Erst 1911 wurde das Züchtigungsrecht aufgehoben. Die Zahl der weiblichen Dienstboten war im 20. Jahrhundert rückläufig. Die Hausarbeit wurde nun in zunehmendem Maße von den Hausfrauen übernommen.

13.1 Auszug aus der neuen Dienstboten = Ordnung vom 1sten May 1810. Was bey dem Eintritte und Austritte aus einem Dienste und während der Dienstlosigkeit zu beobachten ist

Wien, k.k. Hof- und Staatsdruckerei, 1810
Druck, 19,5 x 12,5 cm
Wien, Wiener Stadt- und Landesbibliothek, Inv. Nr. A 3.279

In der Dienstbotenordnung von 1810 wird erstmals der häusliche Gesindedienst von anderen Tätigkeiten, wie gewerblichen Diensten oder Taglöhnerarbeiten, abgegrenzt. Häuslicher Dienst wird definiert als Dienst um Lohn, wobei dieser neben Geld auch Verpflegung und Beherbergung umfaßt.

13.2 Dienstordnung für das Hauspersonal im Gebiete der k.k. Reichshaupt- und Residenzstadt Wien (Gesindeordnung)

Wien, Verlag des Magistratspräsidiums, 1911
Druck, 22 Seiten, 16 x 10,5 cm
Wien, Wiener Stadt- und Landesbibliothek, Inv. Nr. A 121.129

Die Gesindeordnung von 1911 bestätigt in den wichtigsten Paragraphen die Gesindeordnung von 1810. Allerdings hebt sie das Züchtigungsrecht auf.

13.3 Österreichische Dienstboten-Zeitung

Wien, 1911
Druck, 33,5 x 24,5 cm
Wien, Österreichische Nationalbibliothek, Druckschriftensammlung, Inv. Nr. 478.193-D

Die ab 1911 erscheinende Dienstboten-Zeitung gibt in Leserbriefen zum Teil erschütternde Darstellungen über die Situation des weiblichen Hauspersonals. Sie zeigt die Abhängigkeit und das Ausgeliefertsein des vorwiegend weiblichen Dienstpersonals.

13.4 Anna Katharina Strack, geb. Popp

Wien, um 1775
Öl auf Leinwand, 70,5 x 53 cm
Wien, Historisches Museum der Stadt Wien, Inv. Nr. 104.423

Anna Katharina Popp, Kammermädchen, war seit 1775 mit dem Kammerdiener von Joseph II., Kilian Strack, verheiratet.

13.4

13.5 Maria Karoline Gräfin Fuchs

Martin Meytens (?)
Öl auf Leinwand, 89 x 69,5 cm
Wien, Kunsthistorisches Museum, Inv. Nr. 3423

1681 kam sie als Tochter des Vizepräsidenten der Hofkammer, Ferdinand Ernst Graf Mollart zur Welt. 1710 vermählte sie sich mit Christoph Ernst Graf Fuchs. Nach dessen Tod übernahm sie 1728 das Amt der Aja bei den Erzherzoginnen Maria Theresia und Maria Anna. Nach der Heirat Maria Theresias wurde sie zu deren Obersthofmeisterin ernannt. Maria Theresia ließ sie als einzige „Nicht-Habsburgerin" in der Kapuzinergruft 1754 beisetzen.

13.6 Stubenmädchen

Jakob Adam, um 1777
Kupferstich, Blatt: 17,8 x 11,3 cm
Wien, Historisches Museum der Stadt Wien, Inv. Nr. 20.553/35

Jakob Adam bringt um 1777 eine Serie von 100 „Abbildungen des gemeinen Volkes zu Wien" heraus. Darunter befinden sich auch einige Blätter, welche die verschiedenen Ränge des weiblichen Hauspersonals zeigen.

13.7 Kammerjungfer

Jakob Adam, um 1777
Kupferstich, Blatt: 17,8 x 11,3 cm
Wien, Historisches Museum der Stadt Wien, Inv. Nr. 20.553/34

13.8 Kindsmagd

Jakob Adam, um 1777
Kupferstich, Blatt: 17,8 x 11,3 cm
Wien, Historisches Museum der Stadt Wien, Inv. Nr. 20.553/25

13.9 Küchenmensch

Jakob Adam, um 1777
Kupferstich, Blatt: 17,8 x 11,3 cm
Wien, Historisches Museum der Stadt Wien, Inv. Nr. 20.553/40

13.10 Wiener Stubenmädchen

Victor Tilgner
Gips, patiniert, leicht polychromiert, H: 54,8 cm, Standfläche: 21,4 x 19 cm
Wien, Historisches Museum der Stadt Wien, Inv. Nr. 61.247

13.11 Dienstbotenbuch der Maria Gruber

Papiereinband mit blau-grünem Muster bedruckt, außen vorne ein Aufkleber aus Papier mit der Aufschrift „Gruber Maria", 23 Seiten, 14,3 x 10,1 cm
Salzburg, Carolino Augusteum – Salzburger Museum für Kunst und Kulturgeschichte, Bibl. Realia D 1

Maria Gruber wurde 1831 als Tochter eines Fleischhauers in Salzburg geboren. Die Eintragungen in dem Dienstbotenbuch umfassen den Zeitraum von 1850 bis 1856.

13.12 Die neue Dienstbotenordnung für Wien. Ein praktisches Belehrungs- und Nachschlagebuch für Dienstgeber, Hausfrauen und Hauspersonal

F. Dürr, Wien, Stern & Steiner, 1912
Druck, gebunden, 22 x 15,5 cm
Wien, Wiener Stadt- und Landesbibliothek, Inv. Nr. A 35.868

Das Nachschlagebuch gibt Auskünfte über Fragen wie Aufnahme in den Dienst, Eintritt in den Dienst, Entlassung ohne Kündigung, Rechten und Pflichten des Dienstgebers und des Hauspersonals usw.

13.13 Ein Beitrag zur Lösung der Dienstbotenfrage

Wien, 1895
Druck, gebunden, 29 x 22 cm
Wien, Wiener Stadt- und Landesbibliothek, Inv. Nr. A 35.868

Die zum Teil unhaltbare Lage des Dienstpersonals rief schon früh die Frauenbewegung auf den Plan. 1895 unterzeichnete die Leitung des „Allgemeinen österreichischen Frauenvereins" eine Petition an den Wiener Gemeinderat, mit der für eine Verbesserung der gesetzlichen Verordnungen betreffend das Dienstpersonal eingetreten wurde.

13.14 Altmodisches für moderne Dienstmädchen

Alban Stolz, zusammengestellt und herausgegeben von Joseph Schofer, Diözesanpräses der kath. Dienstbotenvereine, Freiburg im Breisgau, Herdersche Verlagshandlung, 1912
Druck, gebunden, 13,5 x 9 cm
Wien, Österreichische Nationalbibliothek, Druckschriftensammlung, Inv. Nr. 491.559-A

Die in diesem Buch enthaltenen Texte versuchen die Leserinnen mit ihrer Lage auszusöhnen, indem sie Assoziationen zum Leben Christi herstellen. Eines der Trostmittel ist die Versicherung, daß im Himmel mehr Dienstboten sind als Herrenvolk.

13.15 Therese Krones, die schöne Volkssängerin von Wien oder: Die unglückliche Braut des berüchtigten Räubers Grafen Jaroschinsky. Historischer Sensationsroman nach wahren Thatsachen, Berichten von Augenzeugen und vorhandenen Kriminalakten

Viktor von Falk, Berlin, A. Weickert,
Druck, gebunden, 3 Bde., 2400 Seiten
Wien, Wiener Stadt- und Landesbibliothek, Inv. Nr. A 43.134

Ab den 60er Jahren des 19. Jahrhunderts begann der Siegeszug des aus Fortsetzungen oder Lieferungen bestehenden Kolportageromans. Es handelte sich dabei um Blut- und Schauerromane historischen Inhalts, um Räuber- und Gruselgeschichten und Liebesromane. Diese Art von Lesestoff wurde von Seiten der bürgerlichen Herrschaft abgelehnt. Man befürchtete eine Gefährdung für die Moral der vorwiegend weiblichen Leserschaft.

13.16 Die weiße Frau in der Hofburg zu Wien

Anton Langer, Wien, Erster Roman der „5 kr. Bibliothek" herausgegeben von F. J. Singer, Selbstverlag, 1869
Druck, gebunden, 13 x 10,5 cm
Wien, Wiener Stadt- und Landesbibliothek, Inv. Nr. A 14.720

13.17 Leichtes Blut

Adolf Schirmer, Wien, Zweiter Roman der „5 kr. Bibliothek" herausgegeben von F. J. Singer, Selbstverlag, 1870
Druck, gebunden, 13 x 10 cm
Wien, Wiener Stadt- und Landesbibliothek, Inv. Nr. A 14.711

13.18 Der räthselhafte Graf

Adolf Schirmer, Wien, Achter Roman der „5 kr. Bibliothek" herausgegeben von F. J. Singer, Selbstverlag, 1871
Druck, gebunden, 13 x 10 cm
Wien, Wiener Stadt- und Landesbibliothek, Inv. Nr. A 111.441

13.19 Die eiserne Jungfrau. Historischer Roman aus dem 17. Jahrhundert

Gustav Knoepfer, Wien, Zehnter Roman der „5 kr. Bibliothek" herausgegeben von F. J. Singer, Selbstverlag, 1872
Druck, gebunden, 13,5 x 11 cm
Wien, Wiener Stadt- und Landesbibliothek, Inv. Nr. A 14.710

13.20 Der Dämon der Rache. Roman aus dem Wiener Volksleben

Karl Feldern, Wien, Dreizehnter Roman der „5 kr. Bibliothek" herausgegeben von F. J. Singer, Selbstverlag, 1872
Druck, gebunden, 13 x 10 cm
Wien, Wiener Stadt- und Landesbibliothek, Inv. Nr. A 14.714

13.21 Therese Vogl (1860–1943)

Fotografie, um 1895
Maria Enzersdorf, Sonja Leiss

Therese Vogl wurde 1860 in Wien geboren. Sie stammte aus kleinen Verhältnissen und wurde Kammerzofe bei Baronin Trauttenberg. Das Eingebundensein in den Haushalt Erzherzogs Rainer ermöglichte ihr ausgedehnte Reisen und Teilnahme an diversen Festlichkeiten. Im Alter wohnte sie in Baden und verstarb dort 1943.

13.22 Zeugnis für Therese Vogl, ausgestellt von Lisa Gutherz-Dimar, Wien III, Erdbergstraße 21

Maria Enzersdorf, Sonja Leiss

13.23 Zeugnis für Therese Vogl, ausgestellt von Gräfin Camille Arco, Schloß Gotschdorf (bei Jägerndorf), Österreich-Schlesien

Maria Enzersdorf, Sonja Leiss

Stubenmädgen.
Fille de Chambre.

13.6

Küche Mensch.
Fille de Cuisine

13.9

13.21

13.24 Schreibheft mit Stammbuchsprüchen aus dem Besitz Therese Vogls
Maria Enzersdorf, Sonja Leiss

13.25 Tagebuch der Therese Vogl
Maria Enzersdorf, Sonja Leiss

13.26 Notizbüchlein der Therese Vogl
Maria Enzersdorf, Sonja Leiss

13.27 Visitenkarten der Therese Vogl
Maria Enzersdorf, Sonja Leiss

13.28 Baronin Trauttenberg und Therese Vogl
Fotografie
Maria Enzersdorf, Sonja Leiss

13.29 Korrespondenzkarten aus dem Besitz Therese Vogls
mit div. Darstellungen Kaiser Franz Josephs
Maria Enzersdorf, Sonja Leiss

13.30 Die Waschweiber
Josef Lanzedelly sen., 1818–1820
Kreidelithographie, koloriert, 65 x 48 cm
Wien, Historisches Museum der Stadt Wien, Inv. Nr. 108.422

Waschen war in Zeiten ohne Waschmaschine eine äußerst aufwendige Hausarbeit. Zumeist zog sich der Waschtag über mehrere Tage hin. In gutbürgerlichen Haushalten kam die Wäscherin ins Haus und arbeitete unter Anleitung der Hausfrau. Es bestand auch die Möglichkeit, die Wäsche außer Haus zu geben. In Wien wurde sie zumeist am Samstag abgeholt und eine Woche später wieder zugestellt.

13.31 Wäscherin
Johann Christian Brand, 1775
Kupferstich, koloriert, Blatt: 49 x 36,3 cm
Wien, Historisches Museum der Stadt Wien, Inv. Nr. 97.225/23

13.32 Wäschermädel und Kutscher vor Vorstadtwirtshaus
Anton Elfinger, um 1840
Aquarell, 21 x 28,2 cm
Wien, Historisches Museum der Stadt Wien, Inv. Nr. 61.871

13.33 Salzburger Marktfrauen
Johann Wurzer, 1820
Öl auf Leinwand, 70 x 63,5 cm
Salzburg, Carolino Augusteum – Salzburger Museum für Kunst und Kulturgeschichte, Inv. Nr. 49/641

Märkte waren der wichtigste Einkaufsplatz für Lebensmittel. Sie erfüllten die Funktionen, die heute von Supermärkten übernommen werden. Zumeist boten auch die Bäuerinnen aus dem Umland ihre Ware an.

13.34 Am Bauernmarkt
Georg Emanuel Opitz, um 1820
Aquarell, 36,7 x 26,1 cm
Wien, Historisches Museum der Stadt Wien, Inv. Nr. 37.097

Auf den verschiedenen Plätzen der Stadt fanden die unterschiedlichsten Märkte statt. Am „Bauernmarkt" waren es die Bauern und Bäuerinnen der Umgebung, die ihre Produkte anboten.

13.35 Am Lichtensteg
Georg Emanuel Opitz, um 1820
Aquarell, 36 x 25 cm
Wien, Historisches Museum der Stadt Wien, Inv. Nr. 37.098

13.36 Am Hohen Markt
Georg Emanuel Opitz, um 1820
Aquarell, 36,6 x 26 cm
Wien, Historisches Museum der Stadt Wien, Inv. Nr. 37.099

13.37 Kochbücher

Mit dem Aufkommen des Buchdrucks nahm die Zahl der erscheinenden Kochbücher stetig zu. Kochbücher sind ein wichtiges kulturgeschichtliches Dokument. Im Biedermeier z. B. dominierten Rezepte für bürgerliche Hausmannskost. Die Verbilligung der Druckkosten ermöglichte eine große Auflagezahl. Bestseller entstanden, wie etwa die „Prato". Neue Entwicklungen auf dem Gebiet der Haushaltsgeräte fanden Berücksichtigung. Die Autoren von Kochbüchern reagierten rasch auf Veränderungen in den Konsumbedingungen und -gewohnheiten. Nährwerttabellen wurden in Kochbücher aufgenommen, Ratschläge für Diätkost entwickelt. In Kriegs- und Notzeiten erschienen Kochbücher, die Tips gaben, mit welchen Ersatzstoffen nahr- und schmackhafte Speisen zubereitet werden können.

13.37.1 Kochbuch von zamen und wilden
Marx Marcus v. Rumpolt, Frankfurt a. M., 1587
Druck, gebunden
Wien, Wiener Stadt- und Landesbibliothek, Inv. Nr. B 68.707
Rumpolt war an mehreren fürstlichen Haushalten als Mundkoch und Vorsteher des Küchenpersonals tätig. Sein Kochbuch richtet sich in erster Linie an adelige Haushalte.

13.37.2 Kochbuch
Drosendorf, 1623
Pergament, handgeschrieben, 17 x 19 cm
Eggenburg, Krahuletz-Museum, Inv. Nr. 304

13.37.3 Haus-, Feld-, Artzney-, Koch-, Kunst- und Wunderbuch
Johann Christoph Thiemen, 1694
Druck, gebunden
Wien, Österreichische Nationalbibliothek, Druckschriftensammlung, Inv. Nr. 115.576-B (111 d 50)

13.37.4 Wienerisches bewährtes Kochbuch in sechs Entwürfen
Ignatz Gartler, Wien, 1785
Druck, gebunden
Wien, Wiener Stadt- und Landesbibliothek, Inv. Nr. A 19.959

13.37.5 Der Marianne, Mundköchin des Hans=Jörgel von Gumpoldskirchen Kochbuch
Wien, 2. Aufl. 1850
Druck, gebunden
Wien, Wiener Stadt- und Landesbibliothek, Inv. Nr. A 175.798

13.37.6 Die Süddeutsche Küche, mit Berücksichtigung des Thees
Katharina Prato, Graz, 1891
Druck, gebunden
Wien, Wiener Stadt- und Landesbibliothek, Inv. Nr. A 123.509

13.37.7 Gute Küche. Neuestes Kochbuch, zusammengestellt nach Original-Rezepten von Leserinnen und Lesern der „Illustrierten Kronen-Zeitung"
Wien, 1906
Druck, gebunden
Wien, Wiener Stadt- und Landesbibliothek, Inv. Nr. A 176.982

13.37.8 Die Wiener Küche im Krieg. 280 erprobte Rezepte
Karl Doch, Wien, Mayer, 1940
Druck, gebunden, 108 Seiten
Wien, Österreichische Nationalbibliothek, Druckschriftensammlung, Inv. Nr. 677-576-B

13.37.9 Die guten Sachen ohne Fett und Ei. Abfallverwertung. Ersatzbehelfe. Praktische Ratschläge für die Hausfrau
Paula Fischer, St. Pölten, Rutzky, 1946
Druck, gebunden
Wien, Österreichische Nationalbibliothek, Druckschriftensammlung, Inv. Nr. 744.254-A

13.37.10 133 Kochrezepte für 1946. Eine Sammlung von Rezepten aus schwerer Zeit
Franz Ruhm, Küchenchef, Wien-Purkersdorf, Ruhm, 1946
Druck, gebunden, 79 Seiten
Wien, Österreichische Nationalbibliothek, Druckschriftensammlung, Inv. Nr. 743. 831-B

Verwendete und weiterführende Literatur:

Die Frau im Korsett. Wiener Frauenalltag zwischen Klischee und Wirklichkeit. Ausstellungskatalog. Wien 1984.
Götterspeisen. Ausstellungskatalog. Wien 1997.
Sonja Leiss, Frauensach(e). Eine Spurensuche. (Schriftenreihe des Bezirks-Museums-Vereines Mödling) Mödling 1996.
Marina Tichy, Alltag und Traum. Leben und Lektüre der Dienstmädchen im Wien der Jahrhundertwende. Wien 1984.

13.34

13.36

Spurensuche

14

14.1 Cornelia, die Mutter der beiden Gracchen
Januarius Zick, 1794
Öl auf Leinwand, 78 x 156 cm
Nürnberg, Germanisches Nationalmuseum, Inv. Nr. Gm 1299

Cornelia erzog ihre Söhne nach dem Tod ihres Gatten im Sinne republikanischer Ideale zum Wohl des Staates. Als sie von einer putzsüchtigen Capuanerin nach ihrem Schmuck gefragt wird, deutet sie auf ihre beiden eben heimkommenden Söhne. Cornelia wird in der Aufklärung als Vorbild für alle Mütter hingestellt. Die vornehmste Aufgabe der Frau ist es von nun an, ausschließlich für ihre Kinder da zu sein. Januarius Zick schuf dieses Bild für das Palais Schweitzer in Frankfurt/Main.

14.2 Die Gelehrte
Johann Jakob Haid (1704–1767)
Schabkunstblatt, Blatt: 48,5 x 40,1 cm
Göppingen, Stadtarchiv, Inv. Nr. H/S 15

Johann Jakob Haid, in Göppingen 1704 geboren, erhielt seine Ausbildung zum Kupferstecher in Augsburg. Die Rolle der Frau in seinen Schabkunstblättern ist einseitig. Die Darstellung einer „gelehrten" Frau nimmt er zum Anlaß, auf die Gefährlichkeit der Frau hinzuweisen: Zu leicht läßt sich der Mann von der Geschicklichkeit der Frau betrügen.

14.3 Die Wollüstige
Johann Jakob Haid
Schabkunstblatt, Blatt: 44,5 x 32,7 cm
Göppingen, Stadtarchiv, Inv. Nr. H/S 73

Neben den zahlreichen Darstellungen der „angepaßten" Frau als Hausfrau, treusorgende Gattin und Mutter gibt es auch die Frau als die ewige Verführerin des Mannes. Allerdings nimmt er die Gefahr, die von der Frau ausgeht, nicht allzu ernst, wie der Spruch auf dem ausgestellten Blatt belegt: *Die Augen geben offt ganz deutlich zu verstehen/ was in des Herzens Grund bey mancher Schönheit wacht/dahero magst du dich mit Klugheit wohl vorsehen/daß dich Cupido nicht zu seinem Sclaven macht.*

14.4 Wöchnerin mit Wickelkind
Dammer Steingut nach Höchster Vorbild
Steingut
Aschaffenburg, Städtische Sammlungen, Inv. Nr. 2329

Die Produktion von Modellen nach Vorlagen des Künstlers Johann Peter Melchior (1747–1825) verlagerte sich nach der Schließung der Höchster Porzellanfabrik u. a. nach Aschaffenburg in die Steingutfabrik Damm. In erster Linie wurden Figuren und Figurengruppen mit genrehaftem Inhalt hergestellt. Dazu gehörten Liebespaare, Schäfergruppen und auch Mutter-Kind-Darstellungen.

14.5 Lesende Dame
Österreich, um 1790
Hinterglasmalerei, Silhouette, 17,5 x 15 cm
Linz, Oberösterreichisches Landesmuseum, Inv. Nr. G 1402

14.6 Ständchen

Deutsch, zweites Viertel 18. Jh.
Elfenbein, Messingfassung, Dm: 7,4 cm
Linz, Oberösterreichisches Landesmuseum, Inv. Nr. 311

14.7 Trinkglas

Österreich, 1713
Glas, H: 9 cm, Dm: 8,5 cm
Horn, Höbarthmuseum

Das Trinkglas trägt die Inschrift *Ich habe ein Auge auf dich wie du auf mich.* Auf dem inneren Boden ist eine Frau gemalt, die sich entblößt zeigt.

14.8 Kielfeder mit Frauenkopfsilhouette

Wien, um 1780
Feder, L: 16,9 cm
Wien, Historisches Museum der Stadt Wien, Inv. Nr. 98.047

Der Frauenkopf ist in Scherenschnitt ausgeführt; bezeichnet mit dem Monogramm MA (wohl das Monogramm der Dargestellten).

14.9 Verordnung in Ehesachen

Wien, 16. Jänner 1783
Druck, gebunden, 16 Seiten, 33 x 21 cm
St. Pölten, Stadtarchiv

1783 erschien die „Verordnung in Ehesachen, was den bürgerlichen Vertrag (Civilkontrakt) und dessen Folgen betrifft, für die sämtlichen christlichen Religionsgenossen". Mit dieser Reform des Eherechtes wurde die Ehe als bürgerlicher Vertrag behandelt.

14.10 Aufnahme der Tocher Daniel Grans in das Institut der Englischen Fräulein

Umkreis Daniel Gran, um 1730
Aquarell, 12 x 15 cm
St. Pölten, Institut der Englischen Fräulein

Die Englischen Fräulein ließen sich 1627 in Wien nieder. Sie betrieben eine Schule, in der Mädchen unentgeltlich in Religion, Lesen und Schreiben, etwas Latein und Handarbeiten unterrichtet wurden. In St. Pölten erfolgte 1706 die Gründung des Instituts. Ärmere Mädchen wurden kostenlos unterrichtet; wer über Vermögen verfügte, mußte ein höheres Kostgeld zahlen. Dafür wurden diese Pensionärinnen auch in Französisch und Tanzen unterwiesen.

14.11 Die Frauenzimmerschule oder sittliche Grundsätze zum Unterricht des schönen Geschlechts, wie sich selbiges den allen Vorfallenheiten in der Welt auf eine bescheidene Art zu betragen habe. Zur Bildung eines edlen Herzens und zur Führung eines klugen Wandels

Karl Friedrich Troeltsch, Wien, Johann Thomas Edler von Trattner, 1785
Druck, gebunden, 18 x 23,5 cm
Wien, Wiener Stadt- und Landesbibliothek, Inv. Nr. A 72.337

In kurzen Merksätzen wird eindringlich auf die richtigen Verhaltensweisen von Mädchen und Frauen eingegangen.

14.12 Die Kunst, ein gutes Mädchen, eine gute Mutter, Gattin und Hausfrau zu werden

J. L. Ewald, Wien, 1799
Druck, gebunden, 17 x 11 cm
Wien, Österreichische Nationalbibliothek, Druckschriftensammlung, Inv. Nr. 660.511-A

Der Titelkupferstich zeigt eine glückliche Familie, vereint am häuslichen Tisch: Mutter, Vater und Amme umgeben von Kindern und Hunden. Die Mutter verteilt Essen, der Vater trägt aus einem Buch vor.

14.13 Die Kunst der Koketterie. In Briefen einer Kunsterfahrenen an ihre Schülerin

Ignaz Alberti, Wien, 1791
Druck, gebunden, 16 x 10,5 cm
Wien, Wiener Stadt- und Landesbibliothek, Inv. Nr. A 19.592

Neben den üblichen Anstands- und Unterweisungsbüchern für junge Mädchen und Frauen erschienen auch Anleitungen wie diese, die sich an Mädchen ab dem dreizehnten Lebensjahr richtete. Die Einleitung endet mit den Sätzen: *Glück zu, streibare Mädchen! – Schwingt den Blick wie die Lanze! – Laßt wehen das Haar vom Nacken! – Brecht auf! – Der Sieg ist gewonnen.*

LA SCAVANTE.
Craignons une belle sçavante
Son triomphe n'est point douteux,
Vne flame devient constante
Quand l'esprit suit le choix des yeux.
DIE GELEHRTE.
Laß die Geschicklichkeit der frau dich nicht betrügen
gib auf die hohe List derselben fleißig acht;
sonst wird sie unvermerckt bey deiner einfalt siegen,
eh du es selber wohl villeicht nicht hätst gedacht.
I. Iac. Haid exc. A.V.

14.2

14.4

14.6

14.1

14.14 Die unterweisende Mutter

Josef Schaffer – Josef Eder, um 1785
Kupferstich, koloriert, Blatt: 23,1 x 16,7 cm
Wien, Historisches Museum der Stadt Wien, Inv. Nr. S.N. 14.544

Ende des 18. Jahrhunderts erfolgte durch Gelehrte eine Neuzuweisung der Geschlechtscharaktere: Aufgrund ihrer in der Biologie begründeten Eigenschaften ist die Frau für das häusliche Leben bestimmt. Ihre hervorstechendsten Eigenschaften sind Schwäche, Ergebung, Hingebung, Wankelmut und Bescheidenheit. Ihr ganzes Sein wird durch Selbstverleugnung, Anpassung, Liebe, Güte und Sympathie bestimmt. Ihre Tugenden sollen Schamhaftigkeit, Keuschheit, Schicklichkeit, Liebenswürdigkeit, Taktgefühl, Anmut und Schönheit sein.

14.15 Die freygebige Mutter

Josef Eder, um 1785
Kupferstich, koloriert, Blatt: 23,1 x 14,8 cm
Wien, Historisches Museum der Stadt Wien, Inv. Nr. S.N. 14.545

Verwendete und weiterführende Literatur:

Ilse Brehmer, Gertrud Simon, Geschichte der Frauenbildung und Mädchenerziehung in Österreich. Graz 1997.
Johann Peter Melchior (1747–1825). Werk und Rezeption im Kontext von drei Jahrhunderten. Ausstellungskatalog. Aschaffenburg 1997.
Sabine Weiss, Die Österreicherin. Die Rolle der Frau in 1000 Jahren Geschichte. Graz 1996.
Stephan Wünsche, Johann Jakob Haid und seine Zeit. Eislingen 1989.

Erzherzogin Maria Anna – ein „Blaustrumpf" am Kaiserhof

15

Am 6. Oktober 1738 erblickte Maria Anna als zweite Tochter Maria Theresias das Licht der Welt. Die Enttäuschung war groß, hatte man doch auf einen Sohn gehofft. Als nach einer dritten Tochter endlich der Sohn geboren wurde, konzentrierte sich alles Interesse der Eltern auf diesen. Die jüngeren Schwestern Marie Christine und Maria Elisabeth waren aufgrund ihrer Schönheit die Lieblinge am Hof. Als Maria Anna im Alter von 19 Jahren schwer erkrankte, kam es zu einer inneren Verwachsung der Wirbelsäule, die alle ihre Aussichten auf eine Heirat zerstörte. Sie wurde nun zur „gelehrten Erzherzogin", die ihre gesundheitliche Beeinträchtigung durch vermehrte Beschäftigung mit den Wissenschaften zu kompensieren suchte. Darin fand sie Unterstützung bei ihrem Vater, der ihre Interessen teilte und förderte. Nach seinem plötzlichen Tod bestimmte ihre Mutter sie zur Äbtissin des Königlichen Damenstiftes auf dem Hradschin in Prag, eine für Damen ihres Standes übliche Versorgung. Erzherzogin Maria Anna blieb aber bis zum Tod ihrer Mutter in Wien. Ihre schwierige Situation am Wiener Hof schilderte ihr Bruder Leopold: *Die Maria Anna hat keinen Einfluß, sie lebt ganz für sich zurückgezogen und sieht nur einige Personen ihres Vertrauens. Sie trägt große Frömmigkeit zur Schau … Sie hat viel Talent und Ehrgeiz, etwas zu gelten und sieht sich völlig verachtet und beschimpft bei allen Gelegenheiten, sowohl von der Kaiserin wie auch vom Kaiser, die ihr niemals ins Gesicht sehen und ihr die ärgsten Kränkungen zufügen …* Bei einer der Hofreisen war sie mit dem Elisabethinenkonvent in Klagenfurt in Kontakt gekommen. Sie beauftragte den Hofarchitekten Pacassi, neben dem Konvent ein kleines Schloß für sie zu errichten.

Bald nach dem Tod Maria Theresias übersiedelte sie nach Klagenfurt. Dort lebte sie teils in ihrem Schloß, teils im Kloster. Sie sammelten den Kärntner Adel um sich und förderte die Wissenschaften. Unter anderem unterstützte sie die Ausgrabungen am Magdalensberg. Zu ihren engsten Vertrauten zählten der Abt des Klosters St. Paul, Anselm von Edling, und Franz Josef Reichsgraf von Enzenberg. Den Kärntner Freimaurern, denen sie freundschaftlich verbunden war, gestattete sie, ihren Namen als Logennamen zu wählen: „Zur wohltätigen Marianna". 1789 starb Maria Anna und ließ sich in der Gruft des Klosters beisetzen.

15.1 **Kaiserin Maria Theresia**
Caspar von Zumbusch, um 1880
43 x 24 x 28 cm
Wien, Österreichische Galerie, Inv. Nr. 7427

15.2 **Erzherzogin Maria Anna als Kind**
Schule Meytens, 1745
Öl auf Leinwand, 94 x 71,5 cm
Klagenfurt, Kloster der Elisabethinen

15.3 **Maria Theresiens letzter Tag**
Hieronymus Löschenkohl
Kupferstich, Blatt: 37,5 x 48 cm
Wien, Historisches Museum der Stadt Wien, Inv. Nr. 19.818

15.4 **Erzherzogin Maria Anna**
Johann B. Lampi, 1781
Öl auf Leinwand, 124,5 x 94 cm
Klagenfurt, Kloster der Elisabethinen

15.5 Tableau mit 25 Miniaturen
Wien, um 1775
Miniaturen in verschiedenen Techniken, unter Glas, in Samt eingelassen, Ledereinband, 47,7 x 32,3 cm
Klagenfurt, Kloster der Elisabethinen

15.6 Tableau mit 25 Miniaturen
Wien, um 1785
Miniaturen in verschiedenen Techniken, unter Glas, in Samt eingelassen, Ledereinband, 47,5 x 32,7 cm
Klagenfurt, Kloster der Elisabethinen

15.7 Dose mit Porträt der Erzherzogin Maria Anna
Wien (?), vor 1765
Elfenbein, Miniatur
Klagenfurt, Kloster der Elisabethinen

15.8 Strickbeutel mit Elfenbeinschale
Elfenbein, Baumwolle, Seide
Klagenfurt, Kloster der Elisabethinen

Der aus blauer Baumwolle gestrickte, mit blauer Seide gefütterte Beutel wurde von Kaiserin Maria Theresia angefertigt; die Elfenbeinschale wurde von Kaiser Franz I. gedrechselt.

15.9 Dose für Hl. Öl
Holz, innen rotes Leinen, außen dunkelrotes Leder mit Goldpressung
Klagenfurt, Kloster der Elisabethinen

15.10 Vier Bücher von der Nachfolge Christi
Gebetbuch, Wien, 1732
Druck, gebunden, Ledereinband mit Schließe, handschriftliche Eintragungen der Erzherzogin Maria Anna
Klagenfurt, Kloster der Elisabethinen

15.11 Apostolischer Gnadenhimmel oder Verzeichnis seiner ewigen Gnaden
Gebetbuch, Wien, 1738
Druck, gebunden, Ledereinband, mit persönlichen Notizen Erzherzogin Maria Annas
Klagenfurt, Kloster der Elisabethinen

15.12 Schreibkalender 1784
Aus dem Besitz Erzherzogin Maria Annas
Klagenfurt, Kloster der Elisabethinen

15.13 Schreibkalender 1786
Aus dem Besitz Erzherzogin Maria Annas
Klagenfurt, Kloster der Elisabethinen

15.14 Schreibkalender 1787
Aus dem Besitz Erzherzogin Maria Annas
Klagenfurt, Kloster der Elisabethinen

15.15 Schreibkalender 1788
Aus dem Besitz Erzherzogin Maria Annas
Klagenfurt, Kloster der Elisabethinen

15.16 Porträt der Hofdame Magdalena Passant
Österreich, um 1780
Öl auf Leinwand, 64,5 x 47,5 cm
Klagenfurt, Kloster der Elisabethinen

15.17 Porträt der Oberin Xaveria Gasser
Klagenfurt, nach 1781
Öl auf Leinwand, 48 x 39 cm
Klagenfurt, Kloster der Elisabethinen

Xaveria Gasser wurde sechs Tage nach der Ankunft Maria Annas, am 19. April 1781, zur Oberin des Elisabethinenklosters gewählt. Sie verfaßte 1792 die erste Klostergeschichte der Klagenfurter Elisabethinen.

15.18 Porträt des Abtes Anselm von Edling, Abt von St. Paul
Österreich, 2. Hälfte 18. Jh.
Reproduktion; Original: Öl auf Leinwand, 65,5 x 48 cm
Klagenfurt, Kloster der Elisabethinen

Verwendete und weiterführende Literatur:

Adolf Innerkofler, Eine große Tochter Maria Theresias: Erzherzogin Marianna, in ihrem Hauptmonumente, dem Elisabethinenkloster zu Klagenfurt. Innsbruck 1910.
Friedrich Weissensteiner, Die Töchter Maria Theresias. Wien 1994.

15.6

15.16

15.17

15.2

Der disziplinierte Körper

„Im Kampf zwischen Geist und Körper sind wir Opfer und Täter in einer Person, und Feinde setzen sich nicht arglos und gesellig miteinander an einen Tisch. Es geht nicht um ein kleines Scharmützel, um zwei Kilo, es geht, wie gesagt, um Krieg. Mit fester Willenskraft und gnadenloser Härte versuchen wir, unseren Körper unserem Willen zu unterwerfen, machen wir uns an die Vernichtung störender Fettröllchen. Bei der Wahl der Waffen sind wir nicht zimperlich, im Gegenteil, es wird mit allen Mitteln gekämpft: Wir verteilen körperliche Strafen wie Marterinstrumente, Aushungern, Folter, wir bedienen uns der psychologischen Kriegsführung wie Demoralisieren, Verleumden, Beschimpfen und Demütigen" (Drolshagen 1995, 75). So wird der Kampf um ein aktuelles Erscheinungsbild von den Frauen heute geführt. Auch wir unterwerfen uns wie unsere Ahninnen dem Modediktat. An die Stelle der Schnürmieder sind die Diäten getreten. Die folgenden Objekte zeigen einige der Möglichkeiten, die Silhouette des Körpers zu verändern, sei es durch Mieder, Schuhe oder Kopfputz.

16.1 Mieder

16.1.1 Kindermieder

1. Hälfte 18. Jh.
Seide, Leder, Leinen
Salzburg, Carolino Augusteum – Salzburger Museum für Kunst und Kultur, Inv. Nr. 29/36

16.1.2 Mieder

1. Hälfte 18. Jh.
Webstoff, Seide, Leder, Metallspitze, 20 Miederhaken
Salzburg, Carolino Augusteum – Salzburger Museum für Kunst und Kultur, Inv. Nr. 35/36

16.1.3 „Blunzenmieder"

Alpenländisch, Salzburg, 2. Hälfte 18. Jh.
Samt, zwei Emailknöpfe, „Blunze" = gefüllte Leinenwurst als „Reifrock-Ersatz"
Salzburg, Carolino Augusteum – Salzburger Museum für Kunst und Kultur, Inv. Nr. 395/40

16.1.4 Korsett

Um 1900
Leinen, Fischbein, mit Originalschachtel
Salzburg, Carolino Augusteum – Salzburger Museum für Kunst und Kultur, Inv. Nr. 275/40

16.1.5 Mieder „Vorsteher"

Österreich, 1960/1970
Spitze, Gummizug, seitlicher Haftenverschluß, Strumpfbandhalter
Salzburg, Carolino Augusteum – Salzburger Museum für Kunst und Kultur, Inv. Nr. 2058/92

16.2 Schuhe

16.2.1 Stöckelschuhe

18. Jh.
Leder rot, weißer Absatz
Salzburg, Carolino Augusteum – Salzburger Museum für Kunst und Kultur, Inv. Nr. K 1715/49

16.2.2 Stöckelschuhe

Ende 18. Jh.
Braune Seide, Pailletten, weißer Lederabsatz
Salzburg, Carolino Augusteum – Salzburger Museum für Kunst und Kultur, Inv. Nr. K 1711/49

16.2.3 Damenschuhe

1810/1820
Grüne Seide, Pailletten
Salzburg, Carolino Augusteum – Salzburger Museum für Kunst und Kultur, Inv. Nr. K 1699/49

16.2.4 Damenschuhe

1830/1840
Weiße Seide, Schnürung an Knöchelinnenseite
Salzburg, Carolino Augusteum – Salzburger Museum für Kunst und Kultur, Inv. Nr. K 1703/49

16.2.5 Damenstiefeletten

Um 1900
Lila Seide, schwarze Lederkappe, schwarze Schnürung
Salzburg, Carolino Augusteum – Salzburger Museum für Kunst und Kultur, Inv. Nr. K 1722/49

16.2.6 Stöckelschuhe

1925/1930
Schwarzes Lackleder, braunes Leder
Salzburg, Carolino Augusteum – Salzburger Museum für Kunst und Kultur

16.2.7 Stöckelschuhe

Italien, 1960/62
Schwarzes Lackleder, Bleistiftabsatz
Salzburg, Carolino Augusteum – Salzburger Museum für Kunst und Kultur, Inv. Nr. 2359/90

16.2.8 Abend-Stöckelschuhe

Frankreich, Christian Dior, um 1970
Schwarze Seide, Straß, Plateausohle
Salzburg, Carolino Augusteum – Salzburger Museum für Kunst und Kultur, Inv. Nr. 2079/90

16.2.9 Plateauschuhe

1997
Leder, Schnürung
Krustetten, Marion Blaschitz

16.3 Hüte

16.3.1 Dreispitz

18. Jh.
Wien, Historisches Museum der Stadt Wien, Inv. Nr. M 501

16.3.2 Damenhut, Kapotte

Wien, um 1880
Wien, Historisches Museum der Stadt Wien, Inv. Nr. M 10.869

16.3.3 Damenhut

Wien, um 1903
Wien, Historisches Museum der Stadt Wien, Inv. Nr. M 2.728

16.3.4 Damenhut, Topfhut

Wien, um 1928
Wien, Historisches Museum der Stadt Wien, Inv. Nr. M 494

16.3.5 Damenhut, Turban

Wien, um 1940
Wien, Historisches Museum der Stadt Wien, Inv. Nr. M 5.011

16.4 Frisuren

16.4.1 Marilyn-Monroe-Frisur

Wien, Berufsschule für Friseure

„Marilyn Monroe war auf der Suche nach einer neuen Spielart der Sexualität … Das neue Ich, das die Monroe in ‚Blondinen bevorzugt' erschuf, brachte eine neue Art von Blondheit ans Licht der Welt. Neue Untertöne wie Offenheit, Zugänglichkeit, Durchsichtigkeit … wurden mit ihrer Haarfarbe verknüpft. Nach Marilyn bedeutet Blond sexuelle, emotionale und intellektuelle Offenheit. Es symbolisierte Zugänglichkeit auf der ganzen Linie. Was vorher die Farbe des kokett-neckischen Versteckens gewesen war, hatte sich zu der Farbe der völligen Enthüllung entwickelt." (McCracken 1997, 100)

16.6.1

16.6.6

16.6.13

16.6.15

16.4.2 Hochfrisur, 1950/1960

Wien, Berufsschule für Friseure

„Auftritt: Haare. Ein perfektes Symbol für die Frauen (und die Natur). Im ungebändigten Zustand war das Haar der Frauen so wie die Frauen selbst: organisch, ausdrucksstark, gefühlvoll, spontan, flexibel, zu allen Veränderungen fähig – und sinnlich. Sobald man es unter Kontrolle und gezähmt hatte, war es so, wie die Frauen (und die Natur) werden sollten: lammfromm, harmlos, fügsam und diszipliniert. In den fünfziger Jahren waren die Frisuren das geeignete Schlachtfeld, auf dem der Krieg zwischen den Geschlechtern ausgetragen werden konnte." (McCracken, 1997, 124)

16.4.3 Rote Haare als Power-Look

Wien, Berufsschule für Friseure

„Tatsächlich hat es immer Frauen gegeben, die ihr rotes Haar als Symbol der Stärke getragen und den widerborstigen Rotschopf gespielt haben. Ihre Umgebung war schnell mit Beschreibungen wie Wildfang oder Widerspenstige bei der Hand ... Die Rehabilitierung des roten Haares bringt uns einen Schritt weiter. Jetzt erobern sich die Frauen die alten Rotschopf-Eigenschaften zurück. Für sie bedeuten rote Haare Lebendigkeit (und nicht Schabernack), Originalität (und nicht Nonkonformismus), Entschlußkraft (und nicht Halsstarrigkeit), Leidenschaft (und nicht Launenhaftigkeit), Erfindungsreichtum (und nicht Unberechenbarkeit) und eine entschlossene (nicht gefährliche) Charakterstärke." (McCracken, 1997, 124)

16.4.4 Frisur à la Margaret Thatcher

Wien, Berufsschule für Friseure

Die Frisur wird als „majestätisches Haar" bezeichnet. Sie kennzeichnet Frauen mit politischem Einfluß und Macht. Der Haarschnitt verkündet: „Ich weiß ganz genau, was ich will. Und ich bin nicht bereit, davon abzuweichen."

16.5 Modelle der Modeschule Hetzendorf

16.5.1 Abendkleid

Brauner Viskosekrepp mit bemaltem Saum, Einsatz aus Paillettenstoff, übermalt, Dekolletédekoration mit Hahnenfedern
Design: Silvia Deser
Modell der Modeschule Hetzendorf

16.5.2 Oberteil und Rock

Top aus schwarzem Netzelastic, Wickelrock aus Polyesterjacquard und schwarzem Netzelastic, 3M-Signalborte, rückstrahlend
Design: Hanna Feigl
Modell der Modeschule Hetzendorf

16.5.3 Ensemble

Oberteil aus schwarzer Ajourstrickerei, Viskosegarn und Polyamidglanzgarn; schwarzer Samtrock aus Viskose/Baumwolle
Design: Karin Schnitzer/Nicole Leithner
Modell der Modeschule Hetzendorf

16.5.4 Turbane

Unterform Filzstoff auf englischem Leinen, bezogen mit Spitze und Soutache (gestreift, gewickelt)
Design: Devi Saha
Modell der Modeschule Hetzendorf

16.5.5 Federfrisur

Aus Hahnenfedern auf Leinenunterform
Design: Lena Hönigschmied
Modell der Modeschule Hetzendorf

16.6 Modeblätter

16.6.1 Modekupfer

Aus der „Wiener Modezeitung", XI, 32/1822
Wien, Kunst- und Auktionshaus Wolfdietrich Hassfurther

16.6.2 Modekupfer

Aus der „Wiener Modezeitung", XVI, 47/1822
Wien, Kunst- und Auktionshaus Wolfdietrich Hassfurther

16.6.3 Modekupfer

Aus der „Wiener Modezeitung", XX, 59/1822
Wien, Kunst- und Auktionshaus Wolfdietrich Hassfurther

16.6.4 Modekupfer

Aus der „Wiener Modezeitung", XXI, 62/1822
Wien, Kunst- und Auktionshaus Wolfdietrich Hassfurther

16.6.5 Modebild
Aus „Le Miroir", 45, 1842
Wien, Kunst- und Auktionshaus Wolfdietrich Hassfurther

16.6.6 Modebild
Aus „Le Miroir", 25, 1845
Wien, Kunst- und Auktionshaus Wolfdietrich Hassfurther

16.6.7 Modebild
Aus „Le Miroir", 2, 1846
Wien, Kunst- und Auktionshaus Wolfdietrich Hassfurther

16.6.8 Modebild
Aus „Le Miroir", 36, 1846
Wien, Kunst- und Auktionshaus Wolfdietrich Hassfurther

16.6.9 Modebild
Aus „Ebhardt's Wiener Modenblatt", Februar 1881
Wien, Kunst- und Auktionshaus Wolfdietrich Hassfurther

16.6.10 Modebild
Aus „Der Bazar. Illustrirte Damen-Zeitung", März 1889
Wien, Kunst- und Auktionshaus Wolfdietrich Hassfurther

16.6.11 Modebild
Aus „Der Bazar. Illustrirte Damen-Zeitung", Juni 1889
Wien, Kunst- und Auktionshaus Wolfdietrich Hassfurther

16.6.12 Modebild
Aus „Der Bazar. Illustrirte Damen-Zeitung", Dezember 1889
Wien, Kunst- und Auktionshaus Wolfdietrich Hassfurther

16.6.13 Dame bei starkem Rückenwind
Modebild aus „Wiener Charme", Mappe 9
Lotte Calm, 1915
Linolschnitt, koloriert
Wien, Kunst- und Auktionshaus Wolfdietrich Hassfurther

16.6.14 Dame in winterlichem Kostüm
Modebild aus "Wiener Charme", Mappe 10
Fritzi Löw, 1915
Linolschnitt, koloriert
Wien, Kunst- und Auktionshaus Wolfdietrich Hassfurther

16.6.15 Dame in Kostüm mit dreifach gestuftem Rock
Modebild aus „Wiener Charme", Mappe 10
Gabi Möschl, 1915
Linolschnitt, koloriert
Wien, Kunst- und Auktionshaus Wolfdietrich Hassfurther

16.6.16 Man trägt ... in Wien
Modebilder aus „Mode und Heim", Heft 6, 1940
Privatbesitz

16.6.17 Sommermode
Modebilder aus „Stella", Sommer 1947
Privatbesitz

Verwendete und weiterführende Literatur:

200 Jahre Mode in Wien. 42. Sonderausstellung des Historischen Museums der Stadt Wien. Wien 1976.
Ebba D. Drolshagen, Des Körpers neue Kleider. Die Herstellung weiblicher Schönheit. Frankfurt/Main 1995.
Drüber und drunter. Wiener Damenmode von 1900-1914. 105. Sonderausstellung des Historischen Museums der Stadt Wien. Wien 1988.
Gertrud Lehnert, Mode. Models. Superstars. Köln 1996.
Grant MacCracken, Big Hair. Der Kult um die Frisur. München 1997.
Elisabeth Rücker, Wiener Charme. Mode 1914/15. Graphiken und Accessoires. Nürnberg 1984.

10
M. u. H. 6

Man trägt

88552
Größe O = 11 Punkte
Größe II = 11 Punkte

88361

88508
Größe I = 11 Punkte
Größe III = 12 Punkte

88883
Größe O = 25 Punkte
Größe II = 26 Punkte

88884
Größe O = 23 Punkte
Größe II = 27 Punkte

88882
Größe I 22 Punkte
Größe III 23 Punkte

88882. Sportliche Kleidchen in liebevoller Verarbeitung sind typisch für die Wiener Mode. Erforderlich für Größe III: etwa 2,85 m Stoff 92 cm breit. Schnitt 9 für Größe III auf dem Schnittbogen. Hierzu Vobach-Schnitt (90 Pf.) für Größe I und III.

88883. Trachtenmäßig wirkt die Zusammenstellung von zweierlei Stoff an dem Modell und zeigt wienerischen Schick. Erf. f. Gr. II: 0,90 m einfarbige Seide, 2,35 m gemusterte Seide, je 92 cm breit. Schnitt 10 f. Gr. II a. d. Schnittbg. Vobach-Schnitt (90 Pf.) Gr. O u. II.

88884. Liebenswürdig und anmutig wie die Stadt Wien selbst ist auch ihre Mode, die in diesem Sommerkleid zum Ausdruck kommt. Erf. f. Gr. O: etwa 2,80 m Stoff 92 cm breit. Schnitt 11 für Gr. O a. d. Schnittbg. Vobach-Schnitt (90 Pf.) für Größe O u. II.

88552. Fesches Blüschen aus uni und getupftem Georgette mit Schleifengarnierung. Erf. f. Gr. O: etwa 0,90 m gemusterter Stoff, 0,50 m einfarbiger Stoff, je 94 cm breit. Schnitt 13 f. Gr. O auf dem Schnittbogen. Vobach-Schnitt (60 Pf.) f. Gr. O u. II.

88361. Dieser Schnitt enthält drei reizende Garnituren, die sich für Kleider mit spitzem Ausschnitt eignen. Aus dem verschiedensten Material gearbeitet, frischen sie jedes alte Kleid auf. Schnitt 12 a. d. Schnittbogen. Vobach-Schnitt (30 Pf.).

88508. Sehr hübsch und weiblich im Stil ist dieses zarte Blüschen mit weich fallendem Jabot und Samtbändchen. Erf. für Größe I: etwa 1,30 m Stoff 92 cm breit. Schnitt 14 für Größe I a. d. Schnittbogen. Vobach-Schnitt (60 Pf.) für Größe I und III.

16.6.16

Die Sprache des Fächers

Die Geschichte des Fächers ist alt, sie reicht in die Antike zurück. Ursprünglich diente er zum Anfachen des Feuers, dann der Kühlung und des Vertreibens lästiger Insekten. Gleichzeitig fand er seine Verwendung als Herrschaftssymbol. In der Damenmode taucht er in der Barockzeit als wichtiges Accessoire auf. Sein praktischer Zweck ist einleuchtend: Er dient noch immer als Sonnenschutz oder „um sich kühle Luft bei heißem Wetter zuzuwehen“. Er betont den vornehmen Charakter der Trägerin. Damen des 18. Jahrhunderts tragen auf Porträts in der rechten Hand den Rosenkranz, in der linken den Fächer. Er kann aber viel mehr; im Rokoko wird er zum wichtigen Instrument der Verständigung zwischen den Geschlechtern. Er wird zum stummen Boten, zum Vermittler wichtiger Botschaften zwischen Mann und Frau. Zunächst werden Fächer vorzugsweise aus Frankreich importiert. In Wien wird der erste „Waderlmacher“ 1778 erwähnt. Bis 1800 gibt es bereits 25 Betriebe. Johann Hieronymus Löschenkohl erzeugt in seiner Offizin bedruckte Fächer, Balthasar Wiegand stellt kostbare Einzelanfertigungen her. Fächer werden aus den unterschiedlichsten Materialien hergestellt: aus Papier, aus Seide, aus Federn; sie werden bemalt, bedruckt, bestickt; die Darstellungen, die sie tragen, sind so vielschichtig wie ihre Benutzerinnen: Blumen, galante Szenen, Almanache für bestimmte Jahre, historische Ereignisse usw.

17.1 Hanswurstfächer II

Wien, 2. Viertel 18. Jh.
Gestell: Holz. 19 dünne Stäbe, 2 Deckblätter;
Material: Papier, bemalt, L: 32 cm
Salzburg, Carolino Augusteum – Salzburger Museum für Kunst und Kulturgeschichte, Inv. Nr. K 147/28

Der Faltfächer ist aus grünem Papier gefertigt, das an der Vorderseite mit einer gemalten Szene auf Papier beklebt ist. In dem nicht bis zum oberen Rand des Fächerblattes reichenden, auch seitlich mit drei Stäben Abstand endenden Bildfeld ist ein ländliches Paar in freier Natur dargestellt; beide mit Garnhaspel und Spinnrad beschäftigt. Ein dem Vater in Tracht und Maske gleichender Knabe kommt von links herbeigelaufen. In der Ausführung der Malerei erscheint der nur einseitig bemalte Fächer derb und unbeholfen als Nachahmung eines äußerst raffiniert ausgeführten Nobelfächers; auch die Verwendung von Holz als Gestellmaterial legitimiert ihn bereits als schlichtere Ausgabe.
Christa Svoboda

17.2 Brisée-Fächer

Deutschland, Ende 18. Jh.
Gestell: Elfenbein, 19 Stäbe, 2 Deckblätter;
Material: Elfenbein, geschnitten, bemalt,
L: 13 cm
Salzburg, Carolino Augusteum – Salzburger Museum für Kunst und Kulturgeschichte,
Inv. Nr. K 150/28

Kurzer Briseéfächer aus Elfenbein, der bemalt und durchbrochen gearbeitet ist. Die Stäbe zeigen in der unteren Hälfte eine gezackt geschnittene Kontur, die den reliefierten Deckblättern folgt. Das obere Drittel des Fächerblattes ist an zwei symmetrischen Stellen jeweils über acht Stäbe laufend in Kartuschenform mit bemaltem Gitterrankenwerk reich durchbrochen. Zwischen den Feldern weist die Schauseite eine zarte Bemalung mit Rosengirlanden auf, die zum Teil auch vergoldet sind. An der Innenseite des Deckblattes, sowohl der Vorderals auch der Rückseite, ist je ein roter Köcher mit Pfeilen und einem flatternden Band gemalt. Die Rückseite ist lediglich mit zarter Goldbemalung verziert. Die obere Hälfte der Deckblätter bleibt glatt, die untere ist wie in Falten gelegt und reliefiert. Das Durchzugsband des Fächers ist dunkelblau und läuft am oberen Rand.
Christa Svoboda

17.3 Empirefächer

Österreich, um 1800
Gestell: 15 Stäbe, 2 Deckblätter;
Material: Papier, Stich handkoloriert, Flitter,
Holz mit Elfenbein, L: 17,3 cm
Salzburg, Carolino Augusteum – Salzburger Museum für Kunst und Kulturgeschichte,
Inv. Nr. 29/49

Kleiner Faltfächer aus Papier, dessen Vorderseite einen handkolorierten Stich aufweist: eine junge Frau in rotem Kleid auf einer grünen Gartenbank sitzend, neben ihr richtet sich ein Mops auf seinen Hinterbeinen auf. Das Mittelmotiv ist vor den neutralen Papierhintergrund gedruckt und von gemalten Blütenzweigen und aufgeklebten Silberflitter umgeben. Das Fächerblatt ist nach oben und den beiden Seiten mit einem gemalten schwarzen Randstreifen, oben zusätzlich mit einem Silberstreifen abgeschlossen.
Christa Svoboda

17.4 Rundfächer

Frankreich, um 1820
Gestell: Stiel und Fächerkasten aus Eisen;
Material: Leinen, bemalt und gewachst,
Eisen, tauchiert, L: 31 cm, Dm: 29,5 cm
Salzburg, Carolino Augusteum – Salzburger Museum für Kunst und Kulturgeschichte,
Inv. Nr. 140/28

Kreisförmig zu öffnender Faltfächer aus feinem, gewachstem Leinen, das beidseitig mit Blumenarrangements bemalt ist. Der Fächerkasten, der das zusammengeklappte Fächerblatt aufnimmt, und auch der schlanke, birnenförmige Griff sind aus tauchiertem Eisen: Blümchen und Ranken in Silber und Feuervergoldung. Die Ansatzstelle am Griff besteht aus einem vergoldeten Messingteil mit einer Schiebevorrichtung, die es möglich macht, die flachen Randleisten des Fächerkastens zu drehen, so daß das Fächerblatt geöffnet werden kann. Der obere Abschluß des geschlossenen Fächers und der Mittelpunkt des geöffneten besteht aus einer verzierten Eisenscheibe, die in Form einer Rosette eingelegt ist.
Christa Svoboda

17.5 Makart-Fächer

Österreich, Maria Katharina Rüssemayer (Mutter Hans Makarts), um 1870/80
Gestell: Elfenbeinstiel; Material: Elfenbein, geschnitzt, Samt, Stickerei, L: 37 cm, B: 15 cm
Salzburg, Carolino Augusteum – Salzburger Museum für Kunst und Kulturgeschichte,
Inv. Nr. 263/21

Ein Fahnenfächer, wie er als sogenannter „Wachler" in seiner Form dem venezianischen Typus aus der zweiten Hälfte des 16. Jahrhunderts folgt. Dieser Fahnenfächer aus dem Atelier Hans Makarts (1840–1884) ist eine Handarbeit von der Mutter des Künstlers. An einem geschnitzten Elfenbeinrundstab ist das Fähnlein mit Laschen aus Goldborten befestigt, zur Zierde hängt eine gedrehte Schnur mit zwei Quasten daran. Die Fahne selbst besteht aus dunkelrotem und moosgrünem Samt, der zu beiden Seiten eines steifen Kartons aufgezogen ist. Die eine Seite zeigt Gold- und Perlenstickereien und Goldlitzerl, die andere weist ein Blumenmotiv in Reliefstickerei auf. Gerahmt ist das rechteckige Zierfeld von einem dichten Fransenkranz. Dieser und auch ähnliche Fahnenfächer scheinen bei Porträts Hans Makarts aus den 70er Jahren des 19. Jahrhunderts auf.
Christa Svoboda

17.5

17.7

16.6.12

17.6 Seidenfächer

Österreich, zweite Hälfte 19. Jh.
Gestell: 14 Stäbe, 2 Deckblätter; Material: Seide, Perlmutt, Seidenquaste, L: 17 cm
Salzburg, Carolino Augusteum – Salzburger Museum für Kunst und Kulturgeschichte, Inv. Nr. K 392/43

Faltfächer aus hellblauer Seide, die an der Vorderseite bemalt ist. Dargestellt ist eine auf einen geraden Horizont ausgerichtete Szene mit Kindern, die Kirschen (?) pflücken, die nur über eine hohe Gartenmauer zu erreichen sind. Die umgebende Gartenlandschaft deuten Büsche und eine Art Seeufer an, am Ende der Gartenmauer steht ein Haus. Die Fächerrückseite besteht aus cremefarbener Seide. Die flachen und eng schließenden Perlmuttstäbe sind – wie auch die beiden Deckblätter – glatt und unverziert. An einem Metallring hängt eine beinfarbene Seidenquaste.
Christa Svoboda

17.7 Zweites-Rokoko-Fächer

Deutschland oder Österreich, um 1870
Gestell: 14 Stäbe, 2 Deckblätter;
Material: Leinwand, gewachst und bedruckt, Holz, L: 34,5 cm
Salzburg, Carolino Augusteum – Salzburger Museum für Kunst und Kulturgeschichte, Inv. Nr. K 26/49

Großer Faltfächer aus gewachster Leinwand, die an der Schauseite mehrfarbig bedruckt ist. Die Szene zeigt Burschen und Mädchen im Kostüm des Rokoko in einer Laube und an einem Teich. Das Motiv füllt das Fächerblatt bis an die Ränder, deren oberer mit einer Zackenschere beschnitten ist. Die Rückseite ist unbearbeitet. Die Stäbe und die Deckblätter des Gestells bestehen aus einfachem hellbraunem Holz, die beiden Deckblätter sind dabei ebenso schmal wie die Stäbe. Die Dornenden sind mit Elfenbeinknöpfen verziert.
Christa Svoboda

17.8 Federfächer

Österreich, um 1895
Gestell: 18 Stäbe, 2 Deckblätter; Material: Straußenfedern, weiß, Bein, L: 30 cm
Salzburg, Carolino Augusteum – Salzburger Museum für Kunst und Kulturgeschichte, Inv. Nr. K 11/76

Weiße kurze Straußenfedern sind einzeln an Beinstäben montiert und ergeben hiermit auch wieder die Anordnung zu einem Brisée-Fächer. Die Stäbe und auch die beiden Deckblätter sind durchbrochen gearbeitet und mit einem eingeschnitzten Blumenmuster versehen (eine Blume pro Stab). An dem Gelbmetallring hängt eine weiße Moiréschleife.
Christa Svoboda

17.9 Seidenfächer

Österreich, um 1880
Gestell: 14 Stäbe, 2 Deckblätter; Material: Seide, bemalt, Holz, L: 32,6 cm
Salzburg, Carolino Augusteum – Salzburger Museum für Kunst und Kulturgeschichte, Inv. Nr. K 6/76

Großer Faltfächer aus hellblauer Glanzseide, hinterfüttert mit heller Seide und an der Schauseite bemalt. In der linken Hälfte des Fächerblattes ist mit durchgehendem Horizont ein winterliches Motiv – drei Eisläuferinnen auf einem See – in den Farben Dunkelblau und Weiß gemalt. Die rechte Seite schmückt ein Rankenmotiv in denselben Farben, der obere und der linke Rand des Fächerblattes sind mit feinen weißen Blättchen bemalt. Die flachen Stäbe aus schwarzem Holz schließen eng, die beiden Deckblätter laufen schaufelförmig aus und blieben unverziert. Am Dorn hängt ein schwarz lackierter Metallring. Die Seiden- oder Spitzenfächer des ausgehenden 19. Jahrhunderts hatten am Dorn einen Ring angebracht, an welchem eine Kordel mit Quaste hing. Ungefähr in halber Länge der Kordel war ein Posamentenring befestigt, der es der ballbesuchenden Dame der Gesellschaft vor allem beim Tanzen ermöglichte, von ihrem Fächer weder behindert noch ganz getrennt zu werden, da sie ihn mit Hilfe des Ringes an einem Finger mit sich führen konnte.
Christa Svoboda

Verwendete und weiterführende Literatur:

Christa Svoboda, Die Fächersammlung des Salzburger Museums Carolino Augusteum. In: Salzburger Museum Carolino Augusteum, Jahresschrift 24/24 (1977/78, erschienen 1979)

Spurensuche

18

18.1 Bildnis einer Frau mit weißer Bluse

Michael Neder, 1830
Öl auf Leinwand, 18 x 14,5 cm
Wien, Kunst- und Auktionshaus Hassfurther

Typisch für viele Frauenporträts in der Biedermeierzeit ist der Umstand, daß die dargestellten Frauen bei irgendeiner häuslichen Beschäftigung gezeigt werden. Sehr oft sind es weibliche Handarbeiten, die zur Typisierung der Frau herangezogen werden.

18.2 Die Kaffeeköchin

Johann Baptist Reiter, um 1861
Öl auf Leinwand, 36,3 x 26 cm
Wien, Österreichische Galerie, Inv. Nr. 4383

Im Biedermeier wird zunehmend auch das Milieu der Unterschichten in der Kunst darstellungswürdig. Allerdings erfolgt die Umsetzung ins Bild in romantisierender Weise.

18.3 Die Stickerin

Johann Baptist Reiter, um 1843
Öl auf Leinwand, 52 x 38,5 cm
Salzburg, Privatbesitz

So idyllisch die Szene auch wirken mag, dürfte sie doch einen ernsten Hintergrund besitzen. Die Stickerin ist erschöpft über ihrer Arbeit – vielleicht eine Heimarbeit – eingeschlafen.

18.4 Die Limonadenhütte auf dem Graben

Alexander von Bensa, um 1835
Kupferstich, koloriert, 25 x 40 cm
Wien, Historisches Museum der Stadt Wien, Inv. Nr. 51.004/11

Der Graben war Zentrum der Kaffeehäuser in der Biedermeierzeit. Der Stich zeigt, daß Frau Biedermann nicht nur zuhause im Salon anzutreffen war, sondern auch beim Vergnügen.

18.5 Ranftbecher

Anton Kothgasser, um 1820
Farbloses Glas, Transparentmalerei, H: 11 cm
Wien, Historisches Museum der Stadt Wien, Inv. Nr. 116.444

Der Becher trägt als Inschrift die vielzitierte erste Zeile von Friedrich Schillers Gedicht „Ehret die Frauen! Sie flechten und weben, himmlische Rosen ins irdische Leben".

18.6 Kleines Schreibzeug (mit Tinten- und Streusandgefäß)

Perlmutter, Messing, Samt, 23,5 x 20,2 x 10,2 cm
Baden, Rollett-Museum

Das Schreibzeug ist mit Ansichten der Weilburg, des Kurparks und des Äskulaptempels bemalt.

18.7 Neues Komplimentbuch aus Wien
Wien, Schönfeld, 1802
Druck, gebunden, 16,5 x 10,5 cm
Wien, Wiener Stadt- und Landesbibliothek, Inv. Nr. A 8.147

In diesem Buch werden Anweisungen zum richtigen Benehmen gegeben: wie man mit vornehmen Personen redet, wie ein Kavalier mit einem ledigen „Frauenzimmer" sprechen soll usw.

18.8 Lehr- und Lesebuch für Mädchen
Franz Vierthaler, Wien, Verlag der k.k. Schulbücher=Verschleiß=Administration bey St. Anna in der Johannis=Gasse, 1830
Druck, gebunden, 18 x 11,5 cm
Wien, Wiener Stadt- und Landesbibliothek, Inv. Nr. A 6.987

Dieses Lehr- und Lesebuch für Mädchen richtet sich in erster Linie an solche, die in den Dienst treten wollen. In der Einleitung wird das Bild vollkommenen häuslichen Glücks gemalt: Das junge Mädchen arbeitet an der Seite der Mutter in der Küche, im Garten und am Arbeitstisch.

18.9 Anstandslehre für das weibliche Geschlecht. Oder mütterlicher Rath für meine Julie über den sittlichen und körperlichen Anstand
Amalie Gräfin von Wallenberg, Wien, Chr. Fr. Schade, 1825
Druck, gebunden, 14,5 x 11 cm
Wien, Wiener Stadt- und Landesbibliothek, Inv. Nr. A 33.427

In fünf Kapiteln werden dem jungen Mädchen Anweisungen darüber gegeben, was der Anstand erfordert. Dies sind u. a. Klugheit, Bildung des Verstandes, ein veredeltes Herz, ein geläuterter Geschmack, Kenntnis des Üblichen und strenge Achtsamkeit auf sich selbst.

18.10 Minona. Ein unterhaltendes Lesebuch für Junge Mädchen von 7 bis 12 Jahren
Jakob Glatz, Frankfurt/Main, Fr. Wilmans, 1813
Druck, gebunden, 14,5 x 9,5 cm
Wien, Österreichische Nationalbibliothek, Druckschriftensammlung, Inv. Nr. 296.764-A

18.11 Ida oder Worte der Belehrung und Ermunterung einer redlichen Mutter an ihre Tochter Amanda. Ein Vorläufer von Rosaliens Vermächtnis an ihre Tochter Amanda
Jakob Glatz, Wien, Anton Doll, 1816
Druck, gebunden, 15 x 9,5 cm
Wien, Österreichische Nationalbibliothek, Druckschriftensammlung, Inv. Nr. 29 Zz 25

18.12 Iduna. Ein moralisches Unterhaltungsbuch für die weibliche Jugend
Jakob Glatz, Frankfurt am Main, Fr. Wilmans, 1821
Druck, gebunden, 15,5 x 9,5 cm
Wien, Österreichische Nationalbibliothek, Druckschriftensammlung, Inv. Nr. 296.762-A

18.13 Salon der Julie Kübeck
Ludwig Hild, 1841
Reproduktion; Original: Aquarell, 30 x 43,2 cm
Wien, Historisches Museum der Stadt Wien, Inv. Nr. 55.988

Julie Kübeck war selbst Malerin. Auf diesen Umstand sollen wohl auch die zahlreichen Bilder im Salon verweisen. Malerei hier als angemessener Zeitvertreib für eine Dame.

18.14 Frau von Scharnhorst, Hofdame der Prinzessin von Wasa, im Palais Auersperg
Franz Barbarini
Reproduktion; Original: Aquarell
Wien, Historisches Museum der Stadt Wien, Inv. Nr. 56.426

18.13

18.2

18.3

18.15

18.15 Damenzimmer

Johann Stephan Decker,
Reproduktion; Original: Aquarell, 25,8 x 31,2 cm
Wien, Historisches Museum der Stadt Wien,
Inv. Nr. 9.897

18.16 Die Kunst, die Frauenzimmer aus ihren Gesichtszügen zu erkennen. Ein physiognomisches Taschenbuch nach Lavater's Grundsätzen. Aus dem Französischen übersetzt. Mit dreißig illuminierten Kupfern

2. Auflage, Pest, 1815
Reproduktionen; Druck, gebunden, 13,5 x 10 cm
Wien, Österreichische Nationalbibliothek,
Druckschriftensammlung, Inv. Nr. 244.112-A

Anhand von detaillierten Zeichnungen werden aus physiognomischen Besonderheiten Rückschlüsse auf den Charakter der „Frauenzimmer" gezogen. Maßgeblich sind u. a. Höhe und Form der Stirn, Ausbildung der Nase, Form des Mundes usw.

Verwendete und weiterführende Literatur:

Bürgersinn und Aufbegehren. Biedermeier und Vormärz in Wien 1815–1848. Ausstellungskatalog des Historischen Museums der Stadt Wien. Wien 1987.

Im Schatten der Weilburg. Baden im Biedermeier. Ausstellungskatalog. Baden 1988.

Konstanze Mittendorfer, Die ganz andere, die häusliche Hälfte: Wi(e)der die Domestizierung der Biedermeierin. In: Brigitte Mazohl-Wallnig (Hg.), Bürgerliche Frauenkultur im 19. Jahrhundert. Wien 1995, 27–80.

Fanny von Arnstein und ihre Schwestern

19

„Frauengeschichte“ in Österreich wäre unvollständig und eines wertvollen Teiles beraubt, würde in den Reigen der „Frauengeschichten“ nicht auch die jüdische Frau miteinbezogen und ihrer Leistungen gedacht werden.

19.1 Fanny von Arnstein

Am 29. November 1758 wurde Fanny als Tochter des jüdischen Bankiers Daniel Itzig in Berlin geboren. Im Haus ihres Vaters genoß sie zunächst eine umfassende Erziehung. Die Hochzeit mit dem Wiener Bankierssohn Nathan Adam Arnstein 1776 brachte sie nach Wien. Das selbstsichere Auftreten Fanny von Arnsteins, ihre Intelligenz und ihr scharfer Verstand machten sie bald zu einem Mittelpunkt des Wiener Lebens. Man lud sie nicht nur ein, sie lud ein, Wissenschaftler, Künstler und Adelige, und alle kamen, kamen in das Haus eines jüdischen Bankiers. Im Salon wurde über neue Bücher, Theaterstücke und Kunstwerke gesprochen, hier fanden musikalische Soireen statt. Zu ihren Gästen zählten Gentz und Metternich, Felix Mendelssohn und Radetzky, Rahel von Varnhagen, Dorothea Schlegel und Henriette Hertz. Ab mittags stand das Haus allen offen, auch ohne Einladung hatte man Zugang, wie ein zeitgenössischer Besucher schrieb. Zu Weihnachten 1814 stand im Hause Arnstein der erste Weihnachtsbaum, wie in den Polizeiberichten festgehalten wird. Einen letzten Höhepunkt erlebte der Salon in der Zeit des Wiener Kongresses. Die Tradition des Hauses wurde nach dem Tod Fanny von Arnsteins 1818 durch ihre Tochter Henriette Pereira-Arnstein fortgeführt.

19.1.1 Fanny von Arnstein
Georg Vinzent Kininger nach einem Gemälde von Guérin, 1804
Schabkunstblatt, Blatt: 46,5 x 31 cm
Wien, Historisches Museum der Stadt Wien, Inv. Nr. 12.507

19.1.2 Porträt des Daniel Itzig
Unbekannter Künstler, 1780
Öl auf Leinwand, 20,5 x 27,8 cm
Privatbesitz

19.1.3 Porträt der Marianne Itzig
Unbekannter Künstler, 1780
Öl auf Leinwand, 20,5 x 18 cm
Privatbesitz

19.1.4 Salon der Fanny von Arnstein
Wien, um 1805
Aquarell, 27,7 x 21,8 cm
Privatbesitz

19.1.5 Album mit 24 Bleistiftzeichnungen
Johann Fischer, 1793
Bleistift, Papier, 11,7 x 8,4 cm
Privatbesitz

Das Album wurde Fanny von Arnstein von ihrem Freundeskreis als Geschenk überreicht.

19.1.6 Porträt der Fanny von Arnstein
Johann Fischer, 1793
Bleistift, Papier, 10,2 x 7,7 cm
Privatbesitz

19.1.3

19.2 Bertha Zuckerkandl-Szeps (1864–1945)

1864 wurde sie als Tochter des Journalisten und Vertrauten Kronprinz Rudolfs Moritz Szeps geboren. Szeps war Herausgeber des „Neuen Wiener Tagblattes". Nach ihrer Heirat mit dem Anatomen Emil Zuckerkandl führte sie zunächst in Wien-Döbling, dann in Wien-Innere Stadt einen Salon, in der sich die wichtigsten Persönlichkeiten des geistigen Wiens trafen. Zu ihrem Kreis zählten Johann Strauß, Sigmund Freud, Arthur Schnitzler und Hermann Bahr. Berta Zuckerkandl trat offen und mutig gegen geistiges Banausentum auf. Ihre Schwester war mit dem französischen Ministerpräsidenten Georges Clemenceau verheiratet. Diese Beziehung nutzte Berta Zuckerkandl zu Vermittlungsversuchen im Ersten Weltkrieg. 1918 organisierte sie Lebensmittellieferungen aus der Schweiz. In der 20er Jahren erlebte der Salon Zuckerkandl eine zweite Blüte. Für das „Neue Wiener Journal" arbeitete sie als außenpolitische Kommentatorin. Dreizehn Tage nach Einmarsch der deutschen Truppen floh sie nach Paris, von dort weiter nach Algier. Todkrank kehrte sie 1945 nach Paris zurück um dort zu sterben.

19.3 Hilde Spiel (1911–1990)

Nachdem die 1911 geborene Hilde Spiel die Schwarzwaldschule absolviert hatte, studierte sie Psychologie und Philosophie. 1933 veröffentlichte sie ihren ersten Roman, „Kati auf der Brücke". 1936 emigrierte sie nach Großbritannien; nach dem Zweiten Weltkrieg war sie als Kulturkorrespondentin bei führenden deutschen Zeitungen tätig. 1963 kehrte sie nach Wien zurück und arbeitete als Kulturkorrespondentin für die Frankfurter Allgemeine Zeitung. Ihre literarischen Vorbilder waren Karl Kraus und Virginia Woolfe. 1989/1990 verfaßte sie ihre Memoiren: „Die hellen und die finsteren Zeiten. Erinnerungen 1911–1946" und „Welche Welt ist meine Welt. Erinnerungen 1946–1989".

19.4 Lise Meitner (1878–1968)

Am 17.11.1878 wurde Lise Meitner als Tochter des jüdischen Rechtsanwaltes Philipp Meitner in Wien geboren. Bereits in der Volksschule fällt ihre mathematische Begabung auf. Ab 1898 bereitete sie sich in Privatkursen auf die externe Matura vor. 1901 maturierte sie am Akademischen Gymnasium. Noch im selben Jahr inskribierte sie Physik und Mathematik, zwei Studienrichtungen, die seit 1899 auch für Frauen belegbar waren. Sie studierte bei Ludwig Boltzmann; 1905 begann sie mit ihrer Dissertation und promovierte 1906 zum Dr. phil. – als zweite Frau im Fach Physik und als vierte weibliche Doktorin an der Wiener Universität. 1907 verließ sie Wien, um in Berlin bei Max Planck weiterzuarbeiten. Sie machte dort die Bekanntschaft mit Otto Hahn. 1922 wurde ihr die Venia legendi zugesprochen, 1926 erhielt sie den Professorentitel. 1933 wurde ihr die Lehrerlaubnis aufgrund der Ariergesetze wieder entzogen. 1934 gelang ihr der Nachweis „schwerster transuranischer Elemente". 1938 mußte sie fliehen und ging nach Stockholm, wo sie am Nobel-Institut einen Arbeitsplatz erhielt. Der Briefwechsel mit Otto Hahn belegt die wichtige Rolle, die die Forschungsergebnisse Meitners bei der Entdeckung der Kernspaltung durch Hahn spielten, für die er 1945 den Nobelpreis erhielt. Lise Meitner starb 1968 in Cambridge, wo sie sich die letzten Jahre ihres Lebens aufgehalten hatte.

19.5 Elise Richter (1865–1943)

Am 2. März 1865 kam in Wien Elise Richter zur Welt. Nach Unterricht durch Privatlehrer legte sie am Akademischen Gymnasium die Reifeprüfung ab und studierte an der Universität Romanistik. Nach acht Semestern legte sie die Rigorosen ab, schrieb an ihrer Habilitationsschrift, die 1904 im Druck erschien. Erst nach zweieinhalb Jahren erhielt sie gegen allen Widerstand die Lehrbefugnis. 1921 erhielt sie den Titel ao. Prof. 1922–1930 war sie Vorsitzende des von ihr gegründeten „Verbands der akademischen Frauen Österreichs". Nach der Machtübernahme durch die Nationalsozialisten wurde ihr die Lehrbefugnis entzogen. Trotz bestehender Möglichkeit konnte sie sich zu einer Emigration nicht entschließen: *Aber die Liebe zur Heimat, die Helene und mich in gleicher Weise erfüllte, machte mir den Gedanken unerträglich. Ich hing mit allen Fasern an Wien, an der Landschaft, der Architektur, dem Burgtheater und den philharmonischen Konzerten … Ich war zu fest eingewurzelt. Und so wartete ich weiter.* Am 10. Oktober 1942 werden Elise Richter und ihre Schwester in das KZ Theresienstadt verfrachtet, wo Elise am 21. Juni 1943 stirbt.

19.5.1 Maturitätszeugnis für Elise Richter
Ausgestellt am 15. Juli 1897 vom k.k. Landesschulinspektor
Papier, 34 x 21 cm
Wien, Wiener Stadt- und Landesbibliothek, Nachlaß Elise Richter

19.5.2 Meldungsbuch Elise Richter
Inskribiert an der philosophischen Fakultät der k.k. Universität Wien
Ausgestellt am 7. Oktober 1897
Papier, gebunden, mit Lichtbild, 19 x 21 cm
Wien, Wiener Stadt- und Landesbibliothek, Nachlaß Elise Richter

19.5.3 Einladung zur Promotion von Elise Richter
2. Juli 1901 im Festsaal der Wiener Universität
Papier, 18,5 x 14,5 cm
Wien, Wiener Stadt- und Landesbibliothek, Nachlaß Elise Richter

19.5.4 Ernennung zum Privatdozent
Amtliches Schreiben der philosophischen Fakultät der Universität Wien, datiert vom 28. September 1907
Papier, 34 x 21 cm
Wien, Wiener Stadt- und Landesbibliothek, Nachlaß Elise Richter

19.5.5 Ernennung zum außerordentlichen Professor
Amtliches Schreiben des Bundesministeriums für Inneres und Unterricht, datiert vom 29. August 1921
Papier, 34 x 21 cm
Wien, Wiener Stadt- und Landesbibliothek, Nachlaß Elise Richter

19.5.6 Aberkennung der Lehrbefugnis
Amtliches Schreiben des Dekanats der philosophischen Fakultät, datiert vom 23. April 1938
Papier, 29,5 x 21 cm
Wien, Wiener Stadt- und Landesbibliothek, Nachlaß Elise Richter

19.6 Käthe Leichter (1895–1942)

Am 20. August 1895 wurde Käthe Leichter als Tochter einer assimilierten jüdischen Advokatenfamilie in Wien geboren. Sie besuchte das Beamtentöchter-Lyzeum in Wien. 1914–1918 studierte sie an den Universitäten in Wien und Heidelberg Staatswissenschaften und schloß sich einer radikalen freisinnig-liberalen bürgerlichen Jugendbewegung an. In Deutschland schloß sie sich den Sozialdemokraten an. 1918 wurde sie Sekretärin Otto Bauers im Finanzministerium und Redakteurin der Frauenbeilage der Zeitung „Der Metallarbeiter". 1925–1934 baute sie das Frauenreferat der Wiener Arbeiterkammer auf und leitete es. Durch ihre Arbeiten wurde sie Mitbegründerin der modernen Soziologie. 1933 war sie Obmann-Stellvertreterin im Zentralfrauenkomitee, 1934 Gründungsmitglied der illegalen Revolutionären Sozialisten. 1934–1938 war sie im Widerstand gegen den Ständestaat tätig. Ihrem Mann und ihren Söhnen verhalf sie zur Flucht, sie selbst konnte sich nicht mehr retten. 1939–1942 war sie im KZ Ravensbrück inhaftiert und starb auf einem Transport in ein anderes KZ im März 1942.

19.6.1 Wie leben die Wiener Heimarbeiter? Käthe Leichter, Wien, Verlag Arbeit und Wirtschaft, 1928
Druck, gebunden, 146 Seiten
Wien, Österreichische Nationalbibliothek, Druckschriftensammlung, Inv. Nr. 571.241-B

19.7 Eugenie Schwarzwald (1872–1940)

In Polupanowka bei Tarnopol in Galizien kam Eugenie Nußbaum 1872 zur Welt. Sie maturierte in Czernowitz und studierte an der Universität in Zürich von 1895 bis 1900 Philosophie und Literatur. 1901 übernahm sie von Eleonore Jeiteles das Mädchenlyzeum am Franziskanerplatz und führte dort ein achtklassiges Mädchenrealgymnasium, das erste, an dem Mädchen maturieren konnten. 1906 erhielt die Schule das Öffentlichkeitsrecht. Es unterrichteten u. a. Oskar Kokoschka, Arnold Schönberg, Egon Wellesz, Hans Kelsen. Adolf Loos richtete die Schule ein. Die Grundsätze ihrer Pädagogik waren Gewaltfreiheit und Kreativitätsförderung. Anläßlich der 25-Jahr-Feier sagte einer der Redner: „Wir haben von Dr. Schwarzwald gelernt, die Kinder als uns gleichwertige Menschen zu betrachten. Wir sind eben nur um fünfzehn oder mehr Jahre älter als sie und wissen deshalb mehr. Angst und Furcht sind an unserer Anstalt unbekannte Begriffe. Aus Freiheit kommt Freude und aus Freude Kraft.
Wir wollen unsere Jugend zu kräftigen Menschen machen, deshalb muß sie frei sein." Bei der Machtübernahme durch die Nationalsozialisten

19.9.1

19.9.2

19.9.3

19.8

19.8

weilte Eugenie Schwarzwald gerade auf einer Vortragsreise durch Dänemark. Sie emigrierte in die Schweiz, wo sie 1940 verstarb.

19.8 Stella Kadmon (1902–1989)

Stelle Kadmon wurde 1902 in Wien geboren. Von 1920 bis 1923 studierte sie an der Akademie für Musik und darstellende Kunst, dann am Reinhardtseminar. Engagements führten sie nach Linz (1923/24) und Mährisch-Ostrau (1924/25). Fritz Grünbaum riet ihr, sich dem Kabarett zuzuwenden. Ab 1926 trat sie in Wiener Kabaretts (Hölle, Pavillon, Simpl) auf und gründete 1931 im Café Prückl gemeinsam mit dem Autor Peter Hammerschlag das Kabarett „Lieber Augustin". Franz Eugen Klein engagierte sie als Hauskomponisten. Sie führte das Kabarett, das in seinen politisch orientierten Programmen Stellung gegen den aufkommenden Nationalsozialismus bezog. 1938 mußte Stella Kadmon fliehen. Über Belgrad und Athen kam sie 1939 nach Palästina. 1940–1942 war sie Direktorin des hebräischsprachigen Kabaretts „Papillon" in Tel Aviv und organisierte auch diverse deutschsprachige Chansonabende. 1947 kehrte sie nach Wien zurück und übernahm die Direktion des „Lieben Augustin". Sie machte aus dem Kabarett eine anspruchsvolle Kellerbühne mit avantgardistischen Programm. Der Durchbruch gelang ihr 1948 mit Bert Brechts „Furcht und Elend des Dritten Reichs". Sie gründete darauf das zeitkritische Theater der Courage, das sie bis zu der Schließung 1982 leitete. Sie verstarb 1989.

19.9 Bronica Koller-Pinell (1863–1934)

1863 kam Bronizlawa Pineles in Sanok, Galizien zur Welt. Die Familie übersiedelte 1870 nach Wien, und der Vater gründete eine Textilfabrik. Mit achtzehn Jahren nahm Broncia Pineles bei Josef Raab Zeichenunterricht. 1885 stellte sie zum ersten Mal öffentlich aus. Dann studierte sie zwei Jahre in München und beteiligte sich ab 1892 an Ausstellungen im Künstlerhaus, in München und Leipzig. 1896 heiratete sie den katholischen Arzt Hugo Koller. Nach einem Aufenthalt in Nürnberg kehrte die Familie 1902 nach Wien zurück. Bronica Koller schloß sich dem Kreis der Secessionisten an. Gustav Klimt wurde ihr Vorbild und Bezugsperson im malerischen Schaffen. Kolo Moser, Josef Hoffmann und Anton Hanak nahmen sie in den „Bund österreichischer Künstler" auf. Josef Hoffmann richtete ihren Landsitz in Oberwaltersdorf ein. Nach dem Ersten Weltkrieg gehörten Anton Faistauer, Albert P. Gütersloh und Franz von Zülow zu den Künstlern, die dort verkehrten. In ihren Werken schloß sie sich nun stilistisch der „Neuen Sachlichkeit" an. Sie starb 1934.

19.9.1 Silvia Koller mit Vogelkäfig

Broncia Koller-Pinell, um 1907/08
Öl auf Leinwand, 100 x 100 cm
Wien, Firma Vera Eisenberger KG

Das Gemälde zeigt die am 26. August 1898 geborene Tochter Silvia.

19.9.2 Porträt Silvia Koller

Broncia Koller-Pinell, 1914
Öl auf Leinwand, 95 x 80 cm
Wien, Firma Vera Eisenberger KG

19.9.3 Porträt Anna Mahler

Broncia Koller-Pinell, um 1921
Öl auf Leinwand, 100 x 74 cm
Wien, Firma Vera Eisenberger KG

Weiterführende Literatur (in Auswahl):

Hilde Spiel, Fanny von Arnstein oder Die Emanzipation. Ein Frauenleben an der Zeitenwende 1758–1818. 1962.
Charlotte Kerner, Lise, Atomphysikerin. Die Lebensgeschichte der Lise Meitner. Weinheim–Basel 1990.
Patricia Rife, Lise Meitner. Ein Leben für die Wissenschaft. Düsseldorf 1990.
Bertha Zuckerkandl, Österreich intim. Erinnerungen 1892–1942. Wien 1970.
Lucian O. Meysels, In meinem Salon ist Österreich. Berta Zuckerkandl und ihre Zeit. München 1984.
Gabriella Hauch, Käthe Leichter, geb. Pick. Spuren eines Frauenlebens. In: Archiv des Vereins für Geschichte der österreichischen Arbeiterbewegung. Wien 1992.
Herbert Steiner (Hg.), Käthe Leichter. Leben, Werk und Sterben einer österreichischen Sozialdemokratin. Wien 1997.
Robert Streibel (Hg.), Eugenie Schwarzwald und ihr Kreis. Wien 1996.
Herbert Lederer, Bevor alles verweht … Wiener Kellertheater 1945–1960. Wien 1986.
Hans Veigl, Lachen im Keller. Wien 1986.
Broncia Koller-Pinell. Ausstellungskatalog Jüdisches Museum Stadt Wien. Wien 1993.

Dämon Frau

Seit dem Sündenfall gilt die Frau als Verführerin des Mannes. Durch Jahrhunderte wird die gefährliche Frau in der Kunst als Motiv thematisiert. In der Kunst der Jahrhundertwende symbolisiert die Femme fatale die Frau als Sonderspezies. Ihre Charakteristika sind gefährliche Sinnlichkeit und mangelnde Vernunft, die durch List kompensiert werden. Die Femme fatale macht sich zur Herrin über den Mann, der der Mann nicht widerstehen kann, wie Ernst Stöhr in seinem Gedicht in der Zeitschrift „Ver sacrum" (1899) formuliert:

Was lockst Du mich zur süssen Lust
Mit rothem, dunklem Mund?
Ich sink' an Deine heisse Brust –
Ach! Küsse mich gesund!

Wie brennt Dein Mund so fieberheiss
Und loht in wilder Glut!
Mein armes Leben ist der Preis,
Du trinkst mein Herzensblut!

20.1 Salome tanzt vor Herodes

Albert Ritzberger, um 1900
Öl auf Leinwand, 302 x 201 cm
Linz, Museum Nordico, Inv. Nr. G 436

Salome zählt wohl zu den Frauen, die Künstler aller Sparten in der zweiten Hälfte des 19. Jahrhunderts am stärksten beschäftigt hat. Ihr nahmen sich Dichter und Komponisten, Maler und Plastiker an. Über den Märtyrertod berichten die Evangelisten Markus und Matthäus. Heinrich Heine war einer der ersten, der zwischen Salome und Johannes eine leidenschaftliche Beziehung, zumindest von einer Seite, vermutete („Atta Troll", 1841). Zu weiteren Bearbeitern dieser Legende zählten u.a. Mallarmé, Flaubert, Huysmans, Wilde, Apollinaire sowie die Maler Moreau und Stuck. Daß dieses Motiv aber auch Künstler der zweiten Garnitur zu monumentalen Gemälden anregte, zeigt das Gemälde von Ritzberger. Ritzberger gehörte zur Gruppe der Salon- und Historienmaler des ausklingenden Späthistorismus.

20.2 Salome, Klavier-Auszug

Musik: Richard Strauss, Text: Otto Singer, Berlin, Adolph Fürstner, 1905
Halbleinenband mit aufgezogenem Originalumschlag auf dem Titel (Eintragungen von Ferdinand Foll), 34,5 x 55,5
Wien, Archiv der Gesellschaft der Musikfreunde, Inv. Nr. IV 41.837 (H 29.322)

Die Uraufführung der Oper fand am 9. Dezember 1905 in Dresden statt. Richard Strauss vertonte Oscar Wildes Dramolett „Salome". Bei Wilde steht das Konkurrenzverhältnis zwischen Mutter und Tochter im Vordergrund. Die Mutter Herodias ist auf ihre Tochter eifersüchtig, da sich ihr Gatte Herodes für Salome zu interessieren beginnt. Vor diesem Hintergrund verliebt sich Salome in den so ganz anders gearteten Jochanaan. Sie scheitert an dieser Liebe, die keine Erfüllung finden kann. Die Tragödie gipfelt in dem Satz: „Laß mich Deinen Mund küssen, Jochanaan".

20.3 Salome

Franz von Bayros, um 1900
Aquarell, 10,5 x 16 cm
Privatbesitz

Das Aquarell stammt aus einem Gästebuch, in das sich Bayros mit dieser Darstellung verewigte.

20.4 Salome aus „Fleurettens Purpurschnecke"

Franz von Bayros, 1905
Reproduktion
Privatbesitz

In der Illustration zu diesem pornographischen Druck spinnt Bayros das Motiv des Kusses weiter. Salome beugt sich hinunter zum abgeschlagenen Haupt des Johannes, dessen Lippen die Brust Salomes berühren, eine Berührung, die sie zu genießen scheint.

20.5 Salome III

Alfred Kubin
Feder, Tusche auf Papier, 35,9 x 26,1 cm
Linz, Oberösterreichisches Landesmuseum, Inv. Nr. Ha II 7575

20.6 Die Umarmung

Wilhelm List
Öl auf Leinwand, 104 x 90 cm
Wien, Österreichische Galerie, Inv. Nr. 6310

20.7 Der Teufel zeigt das Weib dem Volk

Otto Greiner, 1898/1900
Aus der Mappe „Vom Weib", Blatt III
Druck, 54,5 x 46,3
Regensburg, Ostdeutsche Galerie (Leihgabe der Bundesrepublik Deutschland)

Der Inhalt, der der Mappe „Vom Weib" zugrunde liegt, ist die Geschichte von Pandora, die von den Göttern auf die Erde geschickt wird, um die Männer zu vernichten. In ihrer Büchse bringt sie die Syphilis als vernichtende Waffe auf die Erde. Die Blätter dieser Mappe werden von einem frauenverachtenden Ton bestimmt, der die Charakterlosigkeit der Frau unterstreicht, ihr von Unverantwortlichkeit und sexueller Hemmungslosigkeit geprägtes Wesen. Stilistisch schließen die Blätter an die Technik Max Klingers an und entwickeln diese weiter.

20.8 Die Zeugung des Weibes

Alfred Kubin, um 1901/1902
Tuschfeder, Tuschpinsel, laviert, gespritzt, auf Katasterpapier, 31,2 x 23,8 cm
Wien, Sammlung Dichand

Vorläufer bzw. Vorbild für diese Teufelsfigur ist eine Darstellung Félicien Rops' aus den „Sataniques", die den Unkraut ausstreuenden Sämann zum Inhalt hat. Kubin verstärkt den Eindruck noch, vermutlich durch Greiner beeinflußt, und macht aus dem Aussähen eine Zeugung des Weibes durch den Teufel. Der „Samen" besteht aus winzigen, nackten Frauenkörpern, die sich über die Landschaft ergießen. Die Geburt des Bösen, des Weibes, erfolgt hier auf drastische Weise durch Onanie.

20.9 Die Spinne

Alfred Kubin, um 1901/1902
Reproduktion; Original: Tusche, 18,9 x 24,6 cm
Wien, Graphische Sammlung Albertina

Eine Frau sitzt als Spinne mit weit gespreizten Beinen in der Mitte des Spinnennetzes, in dem sich zahlreiche Liebespaare gefangen haben.

20.10 Pandora

Eduard Kasparides, um 1900
Öl auf Leinwand, 60 x 45 cm
Wien, Sammlung Rudolf Schmutz

Pandora ist die von Zeus geschaffene Frau, die den von Prometheus geschaffenen Menschen das Unheil bringen sollte. Mit allen weiblichen Reizen ausgestattet, verführte sie den Bruder des Prometheus, Epimetheus. Dieser heiratete sie. Als Pandora die Büchse öffnete, die ihr die Götter als Geschenk mitgegeben hatten, entströmten dem Gefäß alle Leiden der Menschheit. Nur die Hoffnung blieb am Boden des Gefäßes zurück.

20.11 Vorzeichnung zu Ver Sacrum, Heft 12, 1899

Ernst Stöhr, 1899
Braune Tusche über Bleistift, 25 x 25 cm
St. Pölten, Stadtmuseum

Das zwölfte Heft der Zeitschrift „Ver sacrum" wurde von Ernst Stöhr gestaltet. Von seiner Hand stammen die Illustrationen und auch die Gedichte. Hauptthema dieses Heftes ist der Geschlechterkampf. Die Frau besiegt den Mann, der ihrer Sinnlichkeit nicht widerstehen kann.

20.3

20.7

20.4

20.5

20.12 Geschlecht und Charakter. Eine principielle Untersuchung

Otto Weininger, Wien, Braumüller, 1903
Wien, Österreichische Nationalbibliothek, Druckschriftensammlung, Inv. Nr. 426.591-B

Weininger wollte mit diesem Buch, wie er in dem Vorwort schrieb, „das Verhältnis der Geschlechter in ein neues Licht rücken". Der Inhalt des Buches ist zutiefst antifeministisch und antisemitisch. Über die Frauenbewegung äußert er sich u.a. im Kapitel VI: „... daß W[eib] gar kein Bedürfnis und dementsprechend auch keine Fähigkeit zu dieser Emanzipation hat. Alle wirklich nach Emanzipation strebenden, alle mit einem gewissen Recht berühmten und geistig irgendwie hervorragenden Frauen weisen stets zahlreiche männliche Züge auf, und es sind an ihnen dem schärferen Blicke auch immer anatomisch-männliche Charaktere, ein körperlich dem Manne angenähertes Aussehen, erkennbar." Im Kapitel über das Wesen des Weibes faßt er die typisch männlichen und typisch weiblichen Eigenschaften zusammen, wobei die typisch weiblichen Eigenschaften auch die tierischen sind. Für den Mann typisch ist: Individualität, Gedächtnis, Wert, Liebe, Aufmerksamkeit und Wille, für die Frau Individuation, Wiedererkennen, Lust, Geschlechtstrieb, Enge des Bewußtseins und Trieb.

20.13 Kostüm der Turandot

Alfred Roller
Wien, Österreichisches Theatermuseum

Die Oper Turandot von Giacomo Puccini erzählt die Geschichte der blutrünstigen Prinzessin Turandot. Turandot stellt die Bewerber um ihre Hand vor die Auflösung dreier Rätselfragen. Wer die Antwort nicht kennt, wird enthauptet. Sie will damit den Tod einer ihrer Ahninnen rächen, die sich durch Selbstmord dem verhaßten Zwang entzog. Prinz Timur verliebt sich in die grausame Prinzessin, bewirbt sich als Fremdling um die Hand der Prinzessin und kann auch die Rätselfragen lösen. Er gibt der Prinzessin eine Chance, der Ehe zu entgehen. Sie müsse seinen Namen herausfinden. Ihr gelingt dies nicht. Aus Liebe nennt Timur seinen Namen, er will sie nicht mit Gewalt zur Ehe zwingen. In der Schlußszene verkündet Turandot, daß sie seinen Namen kenne; für sie heiße er: Gemahl.

Verwendete und weiterführende Literatur:

Barbara Eschenburg, Der Kampf der Geschlechter. Der neue Mythos in der Kunst 1850–1930. Köln 1995.
Werner Hofmann, Experiment Weltuntergang. München 1981.
Salomé. Un mito contemporaneo 1875–1925. Madrid 1995.
Rita E. Täuber, Der häßliche Eros. Berlin 1997.
Silvia Volckmann, Die Frau mit den zwei Köpfen. Der Mythos Salome. In: Helmut Kreuzer (Hg.), Don Juan und Femme fatale. München 1994, 127–142.

Die Vielgeliebte – Alma Mahler-Werfel

21

Intelligent, weiblich, exzentrisch – mit diesen Worten wurde Alma Mahler-Werfel, geborene Schindler, apostrophiert. 1879 kam Alma als Tochter des Landschaftsmalers Emil Jakob Schindler zur Welt. Im Haus verkehrten die prominentesten Künstler Wiens, und aus diesen rekrutierten sich auch ihre Verehrer bzw. Weggefährten.

21.1 Büste Emil Jakobs Schindler

Eduard Hellmer, 1892
Bronze, H: 77 cm
Wien, Historisches Museum der Stadt Wien, Inv. Nr. 96.331

Der Landschaftsmaler Emil Jakob Schindler war der von Alma Mahler heiß geliebte Vater. Seinen plötzlichen Tod 1892 konnte sie nur schwer verwinden. Ihre Mutter heiratete 1897 den Maler Carl Moll, der bereits zu Lebzeiten Schindlers ein gern gesehener Gast gewesen war.

21.2 Immaculata

18. Jh.
Lindenholz, gefaßt
H: 115 cm

Die Madonna wurde von Emil Jakob Schindler auf Korfu erworben. Sie stand im Stiegenhaus des Hauses in Plankenberg. Alma Mahler erzählt in ihren Erinnerungen, daß im Stiegenhaus ein kleiner Altar war und die Statue immer mit Blumen und brennenden Kerzen geschmückt wurde.

21.3 Max Burckhard (1854–1912)

Max Burckhard war zunächst als Jurist am Landesgericht für Strafsachen in Wien tätig; 1890 erfolgte seine Ernennung zum Direktor des k.k. Hofburgtheaters. Etwa ab 1895 wurde er Almas geistiger Mentor und führte sie in die Welt der Dichter und Philosophen ein. Sie über ihn: *Meine erste Begegnung mit einem wirklichen Verwandten meiner Lebensanschauung, meiner Lebensbejahung und allem, was in dieses ungeheure Kapitel des Lebens hineingehört … das war Max Burckhard … Meine nächste Umgebung war geistlos, und so mußte ich mir alles selbst entdecken. Max Burckhard war der erste, der sich meines irrlichternden Geistes annahm. Wir waren beide wilde Nietzscheaner – er ein revolutionärer Modernist. Aber er gefiel mir als Mann nicht und seine große Verliebtheit löste Widerwillen in mir aus. Wir waren immer einer Meinung, und das langweilte mich auf die Dauer.*

21.4 Gustav Klimt (1862–1918)

Sie über ihn: *Er war der begabteste von allen, fünfunddreißigjährig, in der Fülle seiner Kraft, schön in jedem Sinne und schon damals hochberühmt. Seine Schönheit und meine frische Jugend, seine Genialität, meine Talente, unser beider tiefe Lebensmusikalität stimmten uns auf gleichen Ton. Ich war von einer sträflichen Ahnungslosigkeit in Dingen der Liebe – und er erfühlte und fand mich überall.*

21.5 Alexander von Zemlinsky (1871–1942)

Zemlinsky unterrichtete Alma ab 1900 in Komposition. Er war zu dieser Zeit Kapellmeister am Carltheater. 1908 holte ihn Gustav Mahler an die Hofoper. Sie über ihn: *Er war ein scheußlicher Gnom. Klein, kinnlos, zahnlos, immer nach Kaffeehaus riechend, ungewaschen … und doch durch seine geistige Schärfe und Stärke ungeheuer faszinierend. Die Stunden vergingen. Ich und er waren mit gleicher Leidenschaft in unsere Aufgabe vertieft. Vorerst. Dann aber spielte er mir einmal ‚Tristan' vor, ich lehnte am Klavier, meine Knie zitterten … und wir sanken uns in die Arme.*

21.6 Gustav Mahler (1869–1911)

Gustav Mahler lernte Alma im November 1901 im Salon der Berta Zuckerkandl kennen. Sechs Wochen später folgte bereits die Verlobung und am 9. März 1902 die Hochzeit. Eine der Bedingungen, die Gustav Mahler an seine zukünftige Gattin stellte, war die, daß sie ab sofort auf ihre künstlerische Betätigung verzichten müsse. Alma fügte sich, denn: *Und ich habe nur ein Ziel: mein Glück für das eines anderen zu opfern und vielleicht dadurch selber glücklich zu werden.*

21.7 Paul Kammerer (1880–1926)

Paul Kammerer arbeitete als Biologe und versuchte anhand von Experimenten mit der Geburtshelferkröte die Vererbbarkeit einmal erworbener Fähigkeiten und Eigenschaften nachzuweisen. 1911 begann die Affäre mit Alma Mahler; um diese zu tarnen, half sie ihn im Biologie-Laborotorium. Sie über ihn: *Es war ihm ein einziges Mal im Laufe von Jahren gelungen, sich einen Kuß zu erzwingen, und er faßte diesen Unkuß direkt als Eheversprechen auf … Seine Leidenschaft zu mir, von der er sich einen guten Teil einfach eingeredet hatte, machte ihn zum Clown meines ganzen Kreises …*

21.8 Walter Gropius (1883–1969)

Alma Mahler lernte den deutschen Architekten Gropius zu einem Zeitpunkt kennen, da es um ihre Ehe nicht mehr bestens bestellt war. Mahler war nun als Komponist und Dirigent freischaffend tätig. Alma Mahler mußte Termine und Reisen koordinieren. Während eines Kuraufenthaltes in Tobelbad lernte sie Gropius kennen und lieben. Aus Rücksicht auf die angeschlagene Gesundheit ihres Gatten und wohl auch, um einen Skandal zu vermeiden, trennte sie sich wieder von ihm. Sie traf ihn wieder während ihrer Liaison mit Kokoschka und entschloß sich 1915, ihn zu heiraten. 1920 ließ sie sich scheiden.

21.9 Oskar Kokoschka (1886–1980)

Am 12. April 1912 begegnete der junge Maler Oskar Kokoschka Alma Mahler. Aus dieser Begegnung entstand eine große Leidenschaft. In den Werken, die in dieser Zeit entstanden, verarbeitete der Künstler das teils beglückende, teils zerstörerische Verhältnis. In den Lithographiezyklen, die 1913 und 1914 entstehen, thematisiert der Künstler auf die verschiedenartigste Weise die Beziehung zwischen den Geschlechtern.

21.9.1 Die chinesische Mauer

Blätter: Aristoteles und Phyllis; Frau mit Kind und Tod; Am Spinnrad; Die Christliche Liebe.
Oskar Kokoschka, 1913
Reproduktion; Original: Lithographie

21.9.2 Der gefesselte Kolumbus

Blätter: Das Paar im Kerzenlicht; Der Apfel der Eva; Begegnung; Das reine Gesicht.
Oskar Kokoschka, 1913
Reproduktion; Original: Lithographie

21.9.3 O Ewigkeit, du Donnerwort

Blätter: Das Weib führt den Mann; Das letzte Lager; Die Flehende; Der Mann erhebt seinen Kopf aus dem Grabe, auf dem das Weib sitzt.
Oskar Kokoschka, 1914
Reproduktion; Original: Lithographie

21.9.3

21.9.3

21.9.4

21.14

21.9.4 Allos Makar

Blätter: Männlicher und weiblicher Akt; Der Mann im Schoße des Weibes liegend; Sonne über einem vogelähnlichen Paar; Mann und Weib mit Schlange.
Oskar Kokoschka, 1914
Reproduktion; Original: Lithographie

21.10 Tintenzeug aus dem Besitz Franz Werfels

Metallsockel, schwarzes geschliffenes Glas, H: 9 cm, B: 29,5 cm, T: 20 cm,

Alma Mahler lernte den Schriftsteller Franz Werfel im Herbst 1917 kennen. Nach der Scheidung konnte sie sich lange Zeit nicht zu einer neuen Ehe entschließen. Der um elf Jahre jüngere Werfel bedrängte sie so lange, bis sie 1929 in die Eheschließung einwilligte. 1938 floh das Ehepaar Werfel nach Frankreich, 1940 weiter in die USA. Werfel verstarb 1945 in Beverly Hills.

21.11 Aus dem Brief Gustav Mahlers an Alma Schindler, 19. Dezember 1901

... Wie stellst Du dir so ein componierendes Ehepaar vor? Hast Du eine Ahnung wie lächerlich und später herabziehend vor uns selbst so ein eigenthümliches Rivalitätsverhältnis werden muß? Wie ist es, wenn Du gerade in Stimmung bist, und aber für mich das Haus, oder was ich gerade brauche, besorgen, wenn Du mir, wie Du schreibst, die Kleinigkeiten des Lebens abnehmen sollst ... Aber daß Du so werden mußt, ‚wie ich es brauche', wenn wir glücklich werden sollen, mein Eheweib und nicht mein College – das ist sicher! Bedeutet dies für dich einen Abbruch Deines Lebens und glaubst Du auf einen Dir unentbehrlichen Höhepunkt des Seins verzichten zu müssen, wenn Du Deine Musik ganz aufgibst, um die Meine zu besitzen, und auch zu sein?

21.12 Fünf Lieder. Gesang und Klavier

Alma Maria Schindler-Mahler, Universal-Edition (U.E.2983), Wien-Leipzig 1910
Druck, Papier, 31,5 x 24 cm
Wien, Archiv der Gesellschaft der Musikfreunde Inv. Nr. VI 34.102

Im Krisenjahr 1910 – Alma Mahler hatte Gropius kennengelernt und ein Verhältnis mit ihm angefangen – ermöglichte Gustav Mahler die Veröffentlichung der Lieder Alma Mahlers. Er hoffte, damit seine Ehe zu retten und Alma wieder für sich zu gewinnen.

21.13 Alma Mahler mit ihren Kindern Maria und Anna, 1906

Fotografie
Wien, Österreichische Nationalbibliothek, Bildarchiv

21.14 Alma Mahler

Fotografie, Atelier d'Ora, 1909
Wien, Österreichische Nationalbibliothek, Bildarchiv

Verwendete und weiterführende Literatur:

Françoise Giroud, Alma Mahler oder Die Kunst, geliebt zu werden. Wien, Darmstadt 1989.

Alma Mahler-Werfel, Mein Leben. Frankfurt/Main 1963.

Dies., Tagebuch-Suiten 1898–1902. Frankfurt/Main 1997.

Karen Monson, Alma Mahler-Werfel. Die unbezähmbare Muse. München 1995.

Alfred Weidinger, Kokoschka und Alma Mahler. München 1996.

Das Bild der Frau im 19. Jahrhundert

22

22.1 Henriette Baronin Pereira-Arnstein mit Tochter Flora
Friedrich von Amerling, 1833
Öl auf Leinwand, 158 x 124,5 cm
Wien, Österreichische Galerie, Inv. Nr. 2593

Henriette war die Tochter von Fanny von Arnstein. Nach ihrer Eheschließung mit Heinrich Freiherrn von Pereira unterhielt sie einen eigenen Salon. 1814 kam die Tochter Flora zur Welt, die 1836 Graf Moritz Fries ehelichte.

22.2 Bildnis Anna Cech
Johann Nepomuk Ender, 1845
Öl auf Leinwand, 122,5 x 92 cm
Graz, Neue Galerie am Joanneum, Inv. Nr. I/1420

Ender studierte zunächst an der Akademie in Wien. Nach einem Studienaufenthalt in Rom kehrte er nach Wien zurück und wurde 1829 zum Professor für Historienmalerei ernannt.

22.3 Bildnis Frau Spitzer
Johann Baptist Reiter, um 1865
Öl auf Leinwand, 116 x 87 cm
Linz, Museum Nordico, Inv. Nr. 11.155

Reiter lernte zunächst die Tischlerei bei seinem Vater. Dann besuchte er die Graveurschule der Akademie in Wien. Zum ersten Mal trat er bei einer akademischen Ausstellung 1834 in Erscheinung. Seine Stärke war das Porträt und das engagierte Genrebild.

22.4 Isabella Gräfin Potocka
Hans Makart, um 1878
Öl auf Leinwand, 151 x 90 cm
Privatbesitz

Die Familie Potocki war ein polnisches Adelsgeschlecht. Ein Zweig dieser Familie lebte in Wien und bekleidete höhere Ämter in der Monarchie. Die Porträtkunst Makarts genoß bei der Wiener Gesellschaft höchstes Ansehen. Zwischen 1870 und 1884 entstanden die meisten Porträts. Seine Gemälde bedeuteten für die Porträtierten einen Prestigegewinn in der Gesellschaft und auch eine wertbeständige Geldanlage.

22.5 Mädchenreigen
Wien (Geyling?), um 1900
Glasparavent
Eggenburg, Ingrid Steininger

Ganz in Weiß

23

Brautgesang
Clemens Brentano

Komm heraus, komm heraus, o du schöne, schöne Braut,
Deine guten Tage sind nun alle, alle hin,
Dein Schleierlein weht so feucht und tränenschwer,
O wie weint die schöne Braut so sehr!
Mußt die Mägdlein lassen steh
Mußt nun zu den Frauen gehn.

Lege an, lege an heut auf kurze, kurze Zeit
Deine Seidenröslein, dein reiches Brustgeschmeid,
Dein Schleierlein weht so feucht und tränenschwer,
O wie weinet die schöne Braut so sehr!
Mußt die Zöpflein schließen ein
Unterm goldenen Häubelein.

Lache nicht, lache nicht, deine Gold- und Perlenschuh
Werden dich schon drücken, sind eng genug dazu,
Dein Schleierlein weht so feucht und tränenschwer,
O wie weinet die schöne Braut so sehr!
Wenn die andern tanzen gehn,
Mußt du bei der Wiege stehn.

Winke nur, winke nur, sind leichte, leichte Wink,
Bis den Finger drücket der goldne Treuering.
Dein Schleierlein weht so feucht und tränenschwer,
O wie weinet die schöne Braut so sehr!
Ringlein sieht heut lieblich aus,
Morgen werden Fesseln draus.

Springe heut, springe heut deinen letzten, letzten Tanz,
Welken erst die Rosen, stehen Dornen in dem Kranz,
Dein Schleierlein weht so feucht und tränenschwer,
O wie weinet die schöne Braut so sehr!
Mußt die Blümlein lassen stehn,
Mußt nun auf den Acker gehen.

23.1 Installation „Bräute und Mütter"
Maria Enzersdorf, Sonja Leiss

23.2 Die unentschuldigte Stunde (Ausschnitt)
A 1957, 101 min
Regie: Willi Forst
Darsteller: Adrian Hoven, Erika Remberg, Alma Seidler, Josef Meinrad, Erik Frey, Hans Moser
Produktion: Sascha Film/Jupiter Film, Wien

Eine Oberschülerin heiratet einen jungen Arzt und holt die Matura heimlich nach, weil sie sich nur dann als erwachsene Frau fühlen kann. „... eine Eifersuchts- und Ehe-Comedy der altbacken-salbungsvollen Worte und der entgrenzten Rock'n'Roll-Intermezzi in der konservativen Mädchenschule". (DIAGONALE. Festival des österreichischen Films 1994 in Salzburg. Katalog. Hg: Austrian Film Commission. Wien 1994, 158.) Während der Traungszeremonien gehen ihr für eine Braut der 50er Jahre „ungewöhnliche" Gedanken durch den Kopf.
Gert Tschögl

Was wäre Freud ohne Frauen?

24

Am 6. Mai 1856 wurde Sigmund Freud in Freiberg (Mähren) als Sohn eines jüdischen Kaufmanns geboren. 1859 übersiedelten seine Eltern nach Wien. 1881 promovierte Freud an der Universität Wien zum Doktor der Medizin. Von 1882 bis 1885 war er in verschiedenen Abteilungen des Allgemeinen Krankenhauses in Wien als Assistenzarzt tätig. 1885 wurde er Dozent für Neuropathologie. In die Zeit seiner Assistenzarzttätigkeit fiel seine Verlobung mit Martha Bernays. 1885/1886 verbrachte er ein Jahr in Paris bei Charcot. Nach der Rückkehr ließ er sich als praktischer Arzt nieder und konnte endlich, am 14. September, Martha Bernays ehelichen, mit der er seit 1882 verlobt gewesen war. Neben seiner Praxis arbeitete er weiter an neuropathologischen Studien. 1893 veröffentlichte er mit dem Internisten Josef Breuer eine Arbeit über hysterische Phänomene. Er wendete sich immer mehr der Erforschung seelischer Phänomene zu und wurde damit zum Begründer der Psychoanalyse und Tiefenpsychologie. Zu seinen wichtigsten Veröffentlichungen zählen: 1900/1901 „Die Traumdeutung", 1913 „Totem und Tabu", 1923 „Das Ich und das Es", 1930 „Das Unbehagen in der Kultur". 1938 mußte er mit seiner Familie nach Großbritannien emigrieren, wo er 1939 starb. Er ist der Prototyp des produktiven Mannes, der seine Leistungen – zumindest teilweise – aufgrund und auf Kosten von Frauen vollbrachte, Frauen, die neben und hinter ihm standen.

24.1 Sigmund Freud an seinem Schreibtisch
Max Pollack, 1914
Aquatinta-Radierung
Budapest, Museum der Schönen Künste

24.2 Martha Freud

Martha Bernays wurde 1861 in Wandsbek geboren. Sie stammte aus einer vornehmen jüdischen Familie: ihr Großvater war Oberrabbiner in Hamburg. Der Vater Marthas war 1869 nach Wien gekommen und arbeitete hier als Sekretär. Im April 1882 lernte Sigmund Freud Martha Bernays anläßlich eines gemeinsamen Abendessens der beiden Familien kennen. Am 31. Mai fand das erste vertrauliche Gespräch statt; am 15. Juni schickte ihr Freud den ersten Liebesbrief; zwei Tage später machte er ihr einen Antrag. Die Geschichte ihrer Liebe ist die Geschichte eines Balanceaktes zwischen Eifersucht auf seiner Seite und ihrem Bemühen, ihre Unabhängigkeit nicht zur Gänze aufgeben zu müssen. Die Verlobungszeit dauerte aufgrund der unsicheren finanziellen Verhältnisse, in denen Freud lebte, vier Jahre: *Eine solche Ausdauer wie die unsrige muß ja selbst Herzen von Marmelstein rühren und Du wirst sehen, wir heiraten noch einmal unter den Glückwünschen der ganzen Familie und werden dann künftigen Generationen von Liebesleuten als Muster vorgeführt, und nur weil wir den Mut gehabt haben, einander lieb zu gewinnen, ohne nach Erlaubnis zu Fragen.* (Brief an Martha Bernays, 6. Jänner 1885.) In dieser Zeit des Wartens veränderten sich allmählich die Idealvorstellungen Freuds von der ehelichen Zukunft: Nun träumte er von einer kleinen Welt des Glücks, ... *zwei oder drei*

Zimmerchen, Tische und Stühle, Betten, Spiegel und eine Uhr, ein Lehnstuhl für eine Stunde behaglicher Träumerei. Die stürmisch begonnene Ehe dauerte dreiundfünfzig Jahre. Über die späteren Jahre ist nur wenig Persönliches bekannt; zwei Äußerungen Freuds können als Beleg für die Einstellung Freuds zu seiner Ehefrau herangezogen werden. In einem Brief an seinen Schwiegersohn Max Halberstadt 1912 schrieb er: *Mit meiner Frau bin ich wirklich gut ausgekommen, vor allem bin ich ihr dankbar für viele vornehme Eigenschaften, für die geratenen Kinder und dafür, daß sie weder sehr abnorm noch viel krank war.* Und an Marie Bonaparte schrieb er 1936: *Es war wirklich keine üble Lösung des Eheproblems, und sie ist noch heute zärtlich, gesund und leistungsfähig.*

24.3 Minna Bernays

Minna Bernays war vier Jahre jünger als ihre Schwester Martha. Sie war mit Ignaz Schönberg, einem Freund Sigmund Freuds verlobt. Freud gewann in ihr während der langen Verlobungszeit eine Verbündete im Kampf gegen den Einfluß der Familie, die alles daransetzte, Martha von der Ehe mit Sigmund Freud abzuhalten. Das Verhältnis der Freunde Freud und Schönberg zu den beiden Schwestern war eng. Freud bezeichnete sich und Minna als wilde und leidenschaftliche Naturen, wohingegen Martha und Schönberg herzensgut wären: *Darum vertragen wir uns über Kreuz am besten, darum vertragen wir zwei gleiche, Minna und ich, uns nicht besonders, darum haben die zwei gutmütigen keinen Reiz füreinander.* Auch Freud huldigte also der Theorie, daß sich Gegensätze anziehen. Schönberg erkrankte an Tuberkulose und verstarb 1886. Minna Bernays arbeitete nach dem Tod ihres Verlobten zunächst einige Zeit als Gesellschafterin und Gouvernante, bis sie Ende 1895 endgültig in die Wohnung der Freuds zog, um ihre ständig schwangere Schwester bei der Betreuung und Erziehung der Kinder zu unterstützen. Minna war nicht nur eine wertvolle Hilfe für ihre Schwester, sie war auch nach der Aussage Freuds eine der wenigen, die in den Anfangsjahren an seine Theorien glaubte. Im Gegensatz zur Ehefrau Martha, der die Studien ihres Mannes immer suspekt blieben – *Ich muß gestehen, daß ich nicht begriffen habe, wie ernst mein Mann seine Behandlungen nimmt, ich hielt die Psychoanalyse für eine Art Pornographie* –, war Minna die „nächste Vertraute". Paula Fichtl berichtete, daß Minna Bernays sich am Telefon auch als Professor Freud meldete. Ob das Verhältnis Freuds zu seiner Schwägerin über eine reine Geistesverwandtschaft hinausging, muß Spekulation bleiben.

24.4 Anna Freud

Anna Freud wurde 1895 als jüngstes der sechs Kinder zwiespältig aufgenommen. Die Mutter war durch die zahlreichen Geburten geschwächt und konnte das Kind nicht stillen. Anna Freud besuchte wie ihre Schwestern nur das Lyzeum. So fortschrittlich Freud in vielem dachte, seine Töchter schickte er nicht auf ein Gymnasium, um ihnen ein Universitätsstudium zu ermöglichen. Nach Abschluß der Schule wurde sie zur Volksschullehrerin ausgebildet. Bestimmt wurden die Jahre danach durch ihr zwiespältiges Verhältnis zu ihrer Familie. So ungünstig diese Voraussetzungen auch waren, ihr scharfer Verstand und die wache Auffassungsgabe ermöglichten ihr, die fehlende Schulbildung zu kompensieren. Ab 1918 nahm sie an den Sitzungen der Wiener Psychoanalytischen Vereinigung teil. Als Freud 1923 an Krebs erkrankte, wurde sie seine unentbehrliche Stütze. Sie begann, selbst als Analytikerin zu arbeiten. Dabei konzentrierte sie sich auf das Gebiet der Kinderanalyse. Sigmund Freud verhielt sich seiner Tochter gegenüber wie alle patriarchalischen Väter: Einerseits wünschte er in seiner konservativen Einstellung, daß sie eine Ehe einging, andererseits war er froh darüber, daß sie ihn und seine Arbeiten betreute: *Meine Annatochter fehlt mir auch sehr ... Ich bedauere sie längst, daß sie noch im Hause bei den Alten sitzt ..., aber andererseits, wenn sie wirklich fortginge, würde ich mich so verarmt fühlen wie z. B. jetzt, wenn ich das Rauchen aufgeben müßte.*

24.5 Paula Fichtl

Paula Fichtl wird 1902 in Gnigl bei Salzburg geboren. Sie erlebte eine für arme Leute typische Kindheit und Jugend. Mit zwölf Jahren wurde sie zum ersten Mal „in den Dienst" geschickt. Dann arbeitete sie in Salzburg als Stubenmädchen. Von dort kam sie mit der „Herrschaft" nach Wien. Sie betreute die Kinder. Als diese ihrer nicht mehr bedurften, wurde sie in die nächste Familie weitergereicht und kam zur Familie Freud in die Berggasse 19. Von 1929 bis zum Tod Anna Freuds 1982 war sie die Haushälterin der Familie, zunächst in Wien,

24.2

24.5

dann in der Emigration in London. Nach Salzburg kehre sie 1982 zurück, um in einem Altersheim die letzten Jahre ihres Lebens zu verbringen. *Jetzt werde ich wohl in diesem Altersheim den Rest meines Lebens verbringen und denke viel an Familie Freud und hoffe, sie wissen wie unglücklich und allein ich mich fühle. Der Herr Professor war immer gut und warm zu mir, so auch Frl. Freud. Ich bin unglücklich und hoffe, ich kann bald den lieben Menschen nachkommen. Ich hatte bei Freud viel Gutes, auch Trauriges in den vierundfünfzig Jahren, die ich dort war erlebt, von 1929 bis 1983, viele Persönlichkeiten gesehen, auf was ich stolz bin.*

24.6 Bertha Pappenheim (Anna O.)

Sigmund Freud schrieb die Erfindung der Psychoanalyse seinem Kollegen Josef Breuer und dessen Behandlung der Bertha Pappenheim/Anna O. zu. Sie stammte aus einer wohlhabenden jüdischen Familie. Eingeengt durch das konservative jüdische Elternhaus, begann sie sich systematisch in Wachträume zu flüchten. Als ihr Vater schwer erkrankte, begann sie eine klassische Hysterie zu entwickeln. Die Symptome reichten vom Husten bis zu Lähmungen und Anästhesien. Sie wurde bettlägerig und begann zu halluzinieren. Langsam verlernte sie das Sprechen. Die Krankheit verlief in Schüben und war durch sich immer wiederholende Rückfälle gekennzeichnet. Die Analyse ihrer Krankheit und ihre Heilung wurden zum Zentrum der „Studien über die Hysterie". Ihre Heilung hatte sie nicht nur den Ärzten zu verdanken, sondern vor allem ihrer eigenen Willenskraft und Intelligenz. Breuer beschrieb sie folgendermaßen: *Sie war von bedeutender Intelligenz, erstaunlich scharfsinniger Kombination und scharfsichtiger Intuition; ein kräftiger Intellekt, der auch solide geistige Nahrung verdaut hätte ... Ihr Wille war energisch, zäh und ausdauernd ...* Ab 1888 lebte sie mit ihrer Mutter in Frankfurt. Sie engagierte sich in der Frauenfrage und gründete das „Heim für gefährdete Mädchen und uneheliche Kinder" in Neu-Isenburg. Ihre Aktivitäten beschrieb sie in einem selbst verfaßten Nachruf: Sie war eine Frau, die jahrzehntelang eigensinnig für ihre Ideen eingetreten ist, die in der Zeit lagen. Aber sie tat es oft in Formen und auf Wegen, die einer Entwicklung vorgreifen wollten, sowie sie auch nicht nach jedermanns Sinn und Geschmack waren.

24.7 Aurelia Kronich

Die Wirtstochter Aurelia Kronich war ebenfalls einer der Fälle, die Freud und Breuer in ihre „Studien über die Hysterie" aufnahmen. Freud lernte sie anläßlich einer Besteigung der Rax kennen. Das Mädchen, das ihm im neu eröffneten Schutzhaus das Essen servierte, erzählte ihm, daß es nervenkrank sei. Aufgrund der Symptome, die sie ihm schilderte, diagnostizierte Freud einen rezidivierenden Angstanfall bzw. einen hysterischen Anfall, der von Angst begleitet war. Auslösender Moment für diese Zustände waren die sexuellen Belästigungen des Mädchens durch deren Vater.

24.8 Emma Eckstein

Im Falle Emma Ecksteins arbeitete Sigmund Freud mit Wilhelm Fließ zusammen. Mit ihrer Behandlung begann Freud Anfang der 90er Jahre. Die Probleme, die sich bei der Behandlung Ecksteins durch Fließ ergaben – es kam bei einer Nasenoperation zu unvorhergesehenen Blutungen, die fast zum Tod der Patientin führten –, verarbeitete Freud mit Hilfe eines Traumes, der zu einem der Schlüsselträume bei der Einführung der Traumanalyse in die Psychoanalyse wurde. Es ist dies der Traum von Irmas Injektion, den Freud in der „Traumdeutung" verwendet.

24.9 Loe Kann

Loe Kann wurde von Sigmund Freud ab 1912 analysiert. In der Behandlung ging es um den Versuch, die Morphiumsucht Kanns zu therapieren. Ihr Krankheitsbild und die Voraussetzungen, die dazu führten, verwendete Freud in seiner Vorlesung über Weiblichkeit: Ist das Mädchen in der Vaterbindung, also im Ödipuskomplex verblieben, so wählt es nach dem Vatertypus. Da bei der Wendung von der Mutter zum Vater die Feindseligkeit der ambivalenten Gefühlsbeziehung bei der Mutter verblieben ist, sollte eine solche Wahl eine glückliche Ehe versichern. Aber sehr oft tritt der Ausgang ein, der eine solche Erledigung des Ambivalenzkonfliktes im allgemeinen bedroht. Die zurückgelassene Feindseligkeit kommt der positiven Bindung nach und greift auf das neue Objekt über. Der Ehemann, der zunächst vom Vater geerbt hat, tritt mit der Zeit auch das Muttererbe an. So kann es leicht geschehen, daß die zweite Hälfte des Lebens einer Frau von dem Kampf gegen ihren

Mann erfüllt wird, wie die kürzere erste von der Auflehnung gegen ihre Mutter. Nachdem die Reaktion ausgelebt worden ist, kann sich eine zweite Ehe leicht sehr viel befriedigender gestalten.

24.10 Lou Andreas-Salomé

Lou Andreas-Salomé wurde 1861 in St. Petersburg geboren. Am 25. Oktober 1912 kam sie zum Studium der Psychoanalyse nach Wien. Sie war kein unbeschriebenes Blatt und hatte sich als Autorin zahlreicher Romane bereits einen Namen gemacht. Zu ihren Freunden zählten Friedrich Nietzsche, Rainer Maria Rilke, Gerhard Hauptmann und Max Reinhardt, um nur einige zu nennen. Zunächst verhielt sich Freud ablehnend, bald wurde Andreas-Salomé aber zur unentbehrlichen Helferin in der Arbeit. Sie beschäftigte sich vorwiegend mit weiblicher Sexualität, Liebe, Narzißmus und den Unterschieden zwischen weiblicher und männlicher Sexualität. Freud beschrieb sie in seinem Gedenkwort als Frau, der *alle weiblichen, vielleicht die meisten menschlichen Schwächen fremd waren.* Nietzsche bezeichnete sie als *scharfsinnig wie ein Adler und muthig wie ein Löwe und zuletzt doch ein sehr mädchenhaftes Kind.* Rilke findet für sie nur lobende Worte: *Was für Herrlichkeiten hat diese Frau einzusehen, wie wendet sie sich alles, was ihr Bücher und Menschen im rechten Moment zutragen, zum seeligsten Verständnis, begreift, liebt, geht furchtlos in den glühendsten Geheimnissen umher, die ihr nichts thun, die sie nur anstrahlen mit reinem Feuerschein …*

24.11 Marie Bonaparte

Am 2. Juli 1882 wurde Marie Bonaparte als Urgroßnichte Kaiser Napoleons I. geboren. Ihre Kindheit und Jugend verliefen abgeschirmt und isoliert. Wie viele Zeitgenossinnen flüchtete sie sich in Tagträume. Die unglückliche Beziehung zu dem Sekretär ihres Vaters, die in einer Erpressungsaffäre endete, prägte ihre Entwicklung und bestärkte sie in ihrer pessimistischen Grundhaltung dem Los der Frauen gegenüber: *In einer Zivilisation, die von Männern geschaffen worden ist, haben Frauen nicht den Platz, die Freiheit und das Glück, das ihnen zusteht; ich fühle mich unterdrückt.* Durch die Lektüre von Freuds „Vorlesungen zur Einführung in die Psychoanalyse“ und die Bekanntschaft mit in Paris tätigen Analytikern entdeckte sie ihr Interesse an diesem neuen Forschungszweig. 1925 wandte sie sich wegen ihrer psychischen Probleme an Freud. Dieser war zunächst über die neue Patientin nicht sonderlich erfreut. Aus dem ersten Treffen entwickelte sich aber eine bindende Freundschaft, und die Psychoanalyse hatte eine wichtige Vorkämpferin auch in Frankreich erhalten, die auch nicht davor zurückscheute, bedeutende Geldmittel als Unterstützung der Publikationsorgane zur Verfügung zu stellen.

24.12 Studien über die Hysterie

Sigmund Freud, Leipzig und Wien,
Franz Deuticke, 1895
Druck, gebunden
Wien, Österreichische Nationalbibliothek,
Druckschriftensammlung, Inv. Nr. 85.042-B

24.13 Die Traumdeutung

Sigmund Freud, Leipzig und Wien,
Franz Deuticke, 1900
Druck, gebunden, 371 Seiten
Wien, Österreichische Nationalbibliothek,
Druckschriftensammlung, Inv. Nr. 403.189-B

24.14 Drei Abhandlungen zur Sexualtheorie

Sigmund Freud, Leipzig und Wien, Franz Deuticke, 1905
Druck, gebunden,
Wien, Österreichische Nationalbibliothek,
Druckschriftensammlung, Inv. Nr. 439.591-B

24.15 Sammlung Kleiner Schriften zur Neurosenlehre aus den Jahren 1893–1906

Sigmund Freud, Leipzig und Wien,
Franz Deuticke, 1906
Druck, gebunden
Wien, Österreichische Nationalbibliothek,
Druckschriftensammlung, Inv. Nr. 447.004-B

24.16 Antiken aus dem Besitz Sigmund Freuds

Wien, Sigmund-Freud-Museum

Weiterführende Literatur

Lisa Appignanesi, John Forrester, Die Frauen Sigmund Freuds. München 1994.
Detlef Berthelsen, Alltag bei Familie Freud. Die Erinnerungen der Paula Fichtl. Hamburg 1987.
Peter Gay, Freud. Eine Biographie für unsere Zeit. Frankfurt/Main 1995.

24.4

Die „öffentliche“ Frau – die Frau in der Öffentlichkeit

25

Zwar immer am Rande der Gesellschaft sich bewegend, waren die Möglichkeiten einer Künstlerin, sich selbst zu verwirklichen, doch immer weiter gesteckt als bei ihren Zeitgenossinnen. Sängerinnen waren ein nicht wegzudenkender Bestandteil des kulturellen Lebens. Eine besondere Rolle spielten die sog. Volkssängerinnen, die ab der Mitte des vorigen Jahrhunderts in den Lokalen der Haupt- und Residenzstadt Wien auftraten. Tanzsängerinnen, Salonjodlerinnen, Coupletsängerinnen usw. gehörten zu dieser Gruppe. Der Ausdruck „Volkssängerin“ bezog sich auf den rechtlichen Status: Der öffentliche Auftritt war nur dann erlaubt, wenn die Künstlerin über eine Lizenz verfügte. Um diese zu erlangen, mußte sie über einen guten Leumund verfügen. Volkssängerin zu sein war eine Möglichkeit, Geld zu verdienen. Den Typus der Volkssängerin gibt es bis ins 20. Jahrhundert. Was ihre Publikumswirksamkeit und Beliebtheit betrifft, werden sie heute von den Schlagersängerinnen der Gegenwart abgelöst.

25.1 Therese Krones

Therese Krones kam 1801 als Tochter eines ehemaligen Kürschnermeisters zur Welt, der sein Gewerbe aufgegeben hatte und sich mit seiner Familie einer Wanderschauspieltruppe angeschlossen hatte. 1811 trat sie bereits ihr erstes Engagement in Brünn an und gastierte 1812 gemeinsam mit ihrem Vater am Leopoldstädter Theater in Wien. Nach der Trennung von ihren Eltern spielte sie zunächst in Agram, dann in Graz und Laibach. 1821 kehrte sie nach Wien zurück. Ihren großen Durchbruch feierte sie mit einer Partie in Bäuerles Zauberoper „Aline“ 1824. Ihre vielseitige Begabung veranlaßte Raimund, für sie typische Rollen in seinen Dramen zu schreiben. 1830 trat sie zum letzten Mal im Josefstädter Theater auf. Sie verstarb am 28. Dezember 1830 an einem Darmleiden.

25.1.1 Schminkkassette aus dem Besitz der Therese Krones

1828
Holz mit Zierpapier ausgelegt, Metallbeschläge
Verschiedene Materialien, Bänder, Puderquasten etc., H: 16,5 cm, B: 24 cm, T: 34 cm
Wien, Österreichisches Theatermuseum, Inv. Nr. OG–3.360

25.2 Marie Geistinger

Am 26. Juli 1833 kam Marie Geistinger als Tochter des russischen Hofschauspielerehepaares Nikolaus und Charlotte Geistinger in Graz zur Welt. Sie studierte in Wien Gesang und Schauspiel. 1850 debütierte sie in München. Über Berlin, Hamburg und Riga kam sie 1865 ans Theater an der Wien und trat als Helena in der Operette von Jacques Offenbach auf. Ihre vielseitige Begabung ließ sie nicht nur als Sängerin, sondern auch als Volksschauspielerin und Tragödin Triumphe feiern. Sie verkörperte Rollen in Theaterstücken von Grillparzer, Schiller, Anzengruber usw. 1869 übernahm sie die Direktion des Theaters an der Wien. Finanzielle Verluste zwangen sie dazu, diese 1875 zurückzulegen. Darauf folgten Engagements in Deutschland und 1881–1884 sieben Tourneen durch Amerika. Ihr letztes Auftreten feierte sie 1838 in Ödenburg. Sie starb am 29. September 1903 in Klagenfurt, wo sie ihren Lebensabend verbracht hatte.

25.2.1 Theaterschmuck aus dem Besitz der Marie Geistinger

Sogenannte Toledoarbeit, bestehend aus Halsschmuck, Armbändern, Ohrgehängen, Hutnadeln und Brosche
Wien, Historisches Museum der Stadt Wien, Inv. Nr. 103.931/1-5

Der Schmuck wurde von Marie Geistinger in der Operette Jacques Offenbachs „Die Großherzogin von Gerolstein" getragen.

25.3 Josefine Gallmeyer

Sie wurde am 27. Februar 1838 in Leipzig als uneheliches Kind der Sängerin Katharina Tomaselli geboren. 1854 feierte sie ihr Debüt in einer Kinderrolle in Brünn. Danach trat sie bei diversen Wanderbühnen in Ungarn auf und kam 1856 erstmals nach Wien an das Josefstädter Theater. Nach einem Zwischenspiel in Pest wurde sie von Nestroy ans Carltheater engagiert. Dieser entließ sie wieder, weil sie „zu häßlich" war. 1865 kehrte sie an das Haus zurück und feierte dort als Sängerin und Schauspielerin ihre großen Triumphe. 1874 übernahm sie die Leitung des von Strampfer gegründeten Theaters unter den Tuchlauben. Durch diese Direktion büßte sie ihr nicht unbeträchtliches Vermögen ein. Gastspielreisen führten sie nach Deutschland und Amerika. 1884 trat sie zum letzten Mal – in Graz – auf. Sie starb 1884 in Wien in ärmlichen Verhältnissen.

25.3.1 Frisierkassette aus dem Besitz der Josefine Gallmeyer

Metall, vernickelt, B: 17,3 cm, T: 10,5 cm, H: 6,8 cm
Haarbrennmaschine mit zwei Onduliereisen, Spiritusbehälter und kleinem Trichter; am Deckel die Initialien „J.G.", innen am Deckel bezeichnet „E.P. Paris"
Wien, Historisches Museum der Stadt Wien, Inv. 77.949

25.3.2 Halbhohe Schuhe in Holzkassette

Leder
Kassette mit Metallbeschlag „Josefine Gallmeyer"
H: 11 cm, B: 32 cm, T: 22,5 cm
Wien, Österreichisches Theatermuseum, Inv. Nr. O-3.720

25.4 Emilie Tureczek, genannt „Fiaker-Milli"

1848 kam sie in einem kleinen Dorf in Böhmen zur Welt. Als Volkssängerin trat sie in den Thaliasälen, in den Drei-Engel-Sälen auf der Wieden und beim Sperl auf. Bekannt wurde sie durch ihr charakteristisches Kostüm, über das sich die WienerInnen den Mund zerrissen: Jockeydreß, die Reitgerte in der Hand, gestiefelt und gespornt. Mit diesem Markenzeichen machte sie sich zur unverwechselbaren Sängerin. Verheiratet mit dem Fiaker Ludwig Demel, übernahm sie des öfteren die Patronanz über die Fiakerbälle und war gern gesehener Gast auf den Wäschermädelbällen. Viktor Leon setzte ihr ein Denkmal in dem Volksstück „Wiener Volkssänger" und Hofmannsthal verewigte sie in dem Libretto „Arabella", das Richard Strauß vertonte.

25.4.1 Fiaker-Milli

Fotografien
Wien, Bildarchiv der Österreichischen Nationalbibliothek

25.4.2 Fiaker-Milli

A. St. Kronstein
Farblithographie, 86 x 56 cm
Wien, Historisches Museum der Stadt Wien, Inv. Nr. 49.088

25.5 Antonie Mansfeld

1835 kam Antonie Mansfeld am Thurygrund als Tochter von Wäscherleuten zur Welt. Ihre Musikbegeisterung führte sie zunächst in den Chor des Josefstädter Theaters. Ihr Debüt als Volkssängerin feierte sie in Schwenders Etablissement. Als Künstlernamen hatte sie den Namen ihres Leibdichters Ferdinand Mansfeld gewählt. Ihre stets dezente Kleidung stand im krassen Gegensatz zu ihren zotigen Liedern, über die sich Friedrich Schlögl folgendermaßen äußerte: *Was Fräulein Mansfeld singt? Sie singt, um es kurz herauszusagen, den Cancan. Sie singt die Zote in der unzweideutigsten Textierung, sie singt den impertinentesten Gassenhauer, wie ihn das angeheiterte, echte „Wiener Lumperl" nach der vierzehnten Halben „fühlt und empfindet", sie singt die Hausordnung gewisser Häuser, sie singt die Usancen der Straßendirne. Und daß p. t. Publikum jubelt, es klatscht, daß die rotbraunen Glacés zerplatzen und die aufrichtigsten Freudentränen in den edlen „Markersdorfer" perlen.* Nichtsdestotrotz war die Mansfeld gern

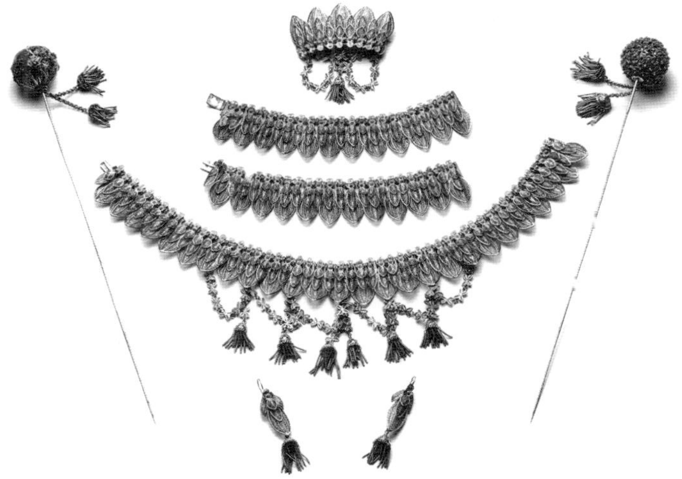

25.2.1

25.3.2

25.4

25.4

gesehener Gast auf den Privatsoireen des Adels. Gesundheitliche Probleme brachten sie schließlich im Mai 1873 in die Irrenanstalt, wo sie am 23. Oktober 1875 verstarb.

25.5.1 Antonie Mansfeld
Fotografien
Wien, Bildarchiv der Österreichischen Nationalbibliothek

25.6 Fanny Hornischer

Ihren ersten Auftritt feierte die 1845 in Wien geborene Fanny Hornischer im Saal „Beim großen Zeisig" in der Wiener Burggasse. Sie betrat die Bühne mit dem Anspruch, die Nachfolgerin der Mansfeld zu sein. Die stimmlichen Schwächen überspielte sie mit ihrer attraktiven Erscheinung und der neuen Art ihres Vortrags. Ihr Vortrag war pointiert und voller Anzüglichkeiten. Ein „Aufmischer" von der Hornischer galt bald als die Unterhaltung schlechthin. Zu ihren bekanntesten Liedern zählten „Ach wenn es immer so bliebe", „Die Stelle, wo ich sterblich bin", „Net schön, aber guat". In einem der Nachrufe, die anläßlich ihres Todes 1911 in den Wiener Zeitungen erschienen, hieß es: „Wie die Hornischer das Lied vortrug, gewann es erotischen Reiz. In ihrem Munde wurde das Harmloseste zweideutig, das Zweideutige Zote. Ihr Blick, ihre Gebärde, die Art, wie sie das hochgeschlossene Kleid hob, ließ keine andere Erklärung zu." Nachdem sie sich von der Bühne zurückgezogen hatte, betrieb sie eine Zuckerlwarenhandlung in Wien. Ihr Geld, das sie während ihrer Laufbahn verdient hatte, hatte sie, wie Zeitungen berichten, großteils den Armen geschenkt.

25.6.1 Fanny Hornischer
Fotografien
Wien, Bildarchiv der Österreichischen Nationalbibliothek

25.7 Hansi Führer

Hansi Führer kam 1879 in Wien zur Welt. Sie leitet mit ihrem Schaffen zur Generation der Volkssängerinnen des 20. Jh. über. Zunächst trat sie in der „Hühnersteige" auf, dann in Danzers Orpheum. Sie spielte in „Venedig in Wien" und im Ronacher. Von 1908 bis 1911 betrieb sie ein eigenes Etablissement in der Ballgasse („Bradyscher Wintergarten"). Von 1914 bis 1921 hielt sie sich mit ihrem Gatten, dem Kunstpfeifer Fred Kornau, in Amerika auf. In New York eröffnete sie das Kabarett „Weißes Rössl".

25.7.1 Hansi Führer
Fotografien
Wien, Bildarchiv der Österreichischen Nationalbibliothek

25.8 Liedflugblattexte aus dem Verlag Moßbeck
Wien, Waaggasse 7
Wien, Zentralarchiv des Österreichischen Volksliedwerkes, Sammlung Moßbeck

25.8.1 Ach, wenn es nur immer so bliebe
Couplet von M. Klinka, gesungen von F. Hornischer, Melodie des Walzers: Les Gardes de la Reine v. Godfrey

25.8.2 Ich bitt's ist schon auftrag'n
Lied von M. Klinka, gesungen von F. Hornischer

25.8.3 Wer will wer mag
Couplet von M. Klinka, gesungen von F. Hornischer

25.8.4 A frischer Aufmischer
Musik von R. Leukauf, gesungen von F. Hornischer,

25.8.5 Wenn's nur meiner Tugend nit schadt
Gesungen von F. Hornischer

25.8.6 Eh, reiß ich's aus
Couplet, gesungen von F. Hornischer

25.8.7 Und denoch
Lied, gesungen von F. Hornischer

25.8.8 D' Alte muß's wissen!
Lied mit Prosa, vorgetragen v. F. Hornischer

25.8.9 Die platonische Liebe
Lied, gesungen von F. Hornischer

25.8.10 Nöt schön aber gut
Lied von M. Klinka , gesungen von F. Hornischer

25.8.11 Halt di z'ruck, Schakerl
Gesungen von F. Hornischer

25.8.12 's Anwandeln
Couplett v. M. Klinka, gesungen von F. Hornischer, Melodie: Der Tag und Nachtschwärmer

25.8.13 I und mei Bua!
Lied in niederösterreichischer Mundart aus dem Lebensbilde: „Drei Paar Schuhe" Text von Alois Berla, gesungen von Frau Marie Geistinger

25.8.14 Das Küssen
Chansonette von E. Herzog, gesungen von Frl. Leopoldine Schubert, Gesellschaft Kriebaum und Nowak

25.8.15 Da Schwa'grin ihr Hütten!
Ländliches Lied mit Jodler und Musik von J. E. Fuchs, gesungen von Frl. Louise Montag

25.8.16 Exquisite Mädchenbedienung
Original=Couplet von Franz Böhm, gesungen von Frl. Anna Grün

25.8.17 Frau'nbild'l=Thaler vom Jahre 1848
Steirisches Lied mit Jodler, Text und Musik von J. E. Fuchs. Aus dem Repertoire der beliebten Localsängerin Fräulein Louise Montag

25.8.18 Das fidele Wienerkind
Chansonette, Text von C. Lorens, gesungen von Frl. Mirzl, in Horniks Universum

25.8.19 Geberden Couplet
Couplet von Carl Lorens, gesungen von der Salonjodlerin Frl. Amelie Graf

25.8.20 Kruzitürken, 's geht stark!
Original=Duett von C. Lorens, Musik von A. Herberger, gesungen von Frl. Käthe Eckhart und Frl. Marie Neumann genannt: „Die beiden Goscherln" in der Gesellschaft: Franz Eckhart

25.8.21 Ach mir ist so wohlig, „Ich lache und find, Alles drollig"
Gesungen in E. Danzers Orpheum von Fräuln. Anna Geissler

25.8.22 Die glückliche Liebe
Nach der hier aufgelegten oder der Melodie des ähnlichen Liedes, gesungen von Fräul. Mansfeld

25.8.23 Da muß ma schon Sö sag'n
Lied gesungen von Anna Ulke

25.8.24 Für ihna hab i s nit aufg'hob'n
Lied gesungen von Frl. Fuchs

25.8.25 Die Stille der Natur
Gesungen von Anna Ulke

25.8.26 Das himmlische Behagen
Gesungen von Anna Ulke

25.8.27 Die Damen-Feuerwehr
Couplet, Text und Musik von A. Randl, Verfasser der „Burgmusik", gesungen von Jos. Steidler in Danzer's Orpheum

25.8.28 Einst und Jetzt
von F. Schifferl nach bekannter Mansfeldscher Melodie. Gesungen von Fräulein Zeidler

25.9. Maly Nagl – die frühen Aufnahmen (1922–1927)
Maly Nagl (Gesang)
Document Records, 1993. DOCD-3002

Ane von der Wäsch. Im Himmel spielt der Ziehrer. Stückerl Alt-Wien. Erinnerungen an die goldene Backhendlzeit. Mutterl, i bin verliabt. Leibjodler. D'Fischerhütt'n. Erzherzog-Johann-Jodler. Auf der Lahmgrub'n da steht an altes Haus. Tiroler Klänge. 's Herz in der Brust. Im lauschigen Schönauereckerl u. a.
Gert Tschögl

25.10 Madame D'Ora

Dora Kallmus wurde am 20. März 1881 als Tochter eines jüdischen Hofgerichtsadvokaten in Wien geboren. Im Alter von 20 Jahren erwarb sie anläßlich eines Urlaubes in Nizza ihre erste Kamera und entdeckte, daß Fotografie für sie mehr bedeuten konnte. Allerdings war ihr als Frau der Zugang an die Graphische Lehr- und Versuchsanstalt in Wien verwehrt. Sie durfte nur die Theoriekurse belegen. Die notwendigen praktischen Grundlagen erwarb sie bei Nikolaus Perscheid in Berlin. Nach Wien zurückgekehrt, gründete sie ein Atelier. Als technischen Fachmann holte sie sich Anton Benda, den sie in Berlin kennengelernt hatte. 1907 eröffneten beide in der Wipplingerstraße den Fotosalon „d'Ora". Der Auftraggeberkreis ergab sich aus den Bekannten und Freunden ihrer Familie. Bald ge-

25.7

291
Geberden Couplet
von Carl Lorens, gesungen von der Salonjodlerin
Frl. Amelie Graf.
Druck u. Verlag v. M. Moßbeck. Wien Wieden Waaggasse 7.
's macht der Franz und d'Marie h'naus im
Wald a Partie in ein Hohlweg, o mein, schlei chen
alle zwei h'nein, plötzlich sagt er ihr was: setz ma
uns da ins Gras, doch d'Marie ist nit dumm schaut ihn
an draht sich um. Jodler.
lange Nase
Drinn am Grab'n geht a Maid
Tragt ein seidenes Kleid
Und a Stutzer ganz fein
Schleicht sich hinten drein
Sie bleibt steh'n er geht vor
Wispelt ihr was ins Ohr
's winkt ganz heimlich der Herr
Doch sie sagt: Da schau her
Jodler. fünf Gulden
's hat das Fräulein Lisett
d'längste Zeit schon ihr G'frett
Ist nit krank ist nit g'sund
Desto mehr kugelrund
Anlängsthab'ns in der G'ham
Bei der Nacht g'holt d'Madamm
Seit der Zeit hört ma a G'schra
Denn jetzt sein ihrer zwa
Jodler. etwas Kleines
An ein Sonntag auf d'Nacht
Schimpft die Schusterin daß 's kracht:
Wart du Lump Rauberabua
Hast denn jetzt no nit gnua?
Bumsti fliegt schon a Rein
Man hört schreien: o mein!
Alles fragt: was ist los
Doch der Schuster wankt bloß.
Jodler. betrunken

25.8.19

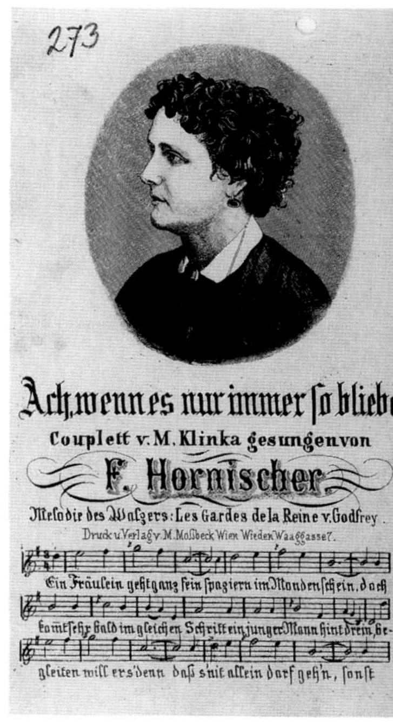
273
Ach, wenn es nur immer so bliebe
Couplett v. M. Klinka gesungen von
F. Hornischer
Melodie des Walzers: Les Gardes de la Reine v. Godfrey
Druck u. Verlag v. M. Moßbeck Wien Wieden Waaggasse 7.
Ein Fräulein geht ganz fein spazieren im Mondenschein, doch
kommt sehr bald im gleichen Schritt ein junger Mann hint drein be-
gleiten will er's denn daß s'nit allein darf geh'n, sonst

25.8.10

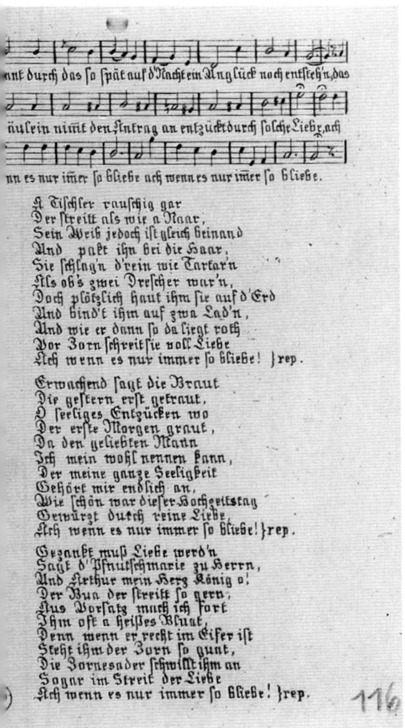

hörte es zum guten Ton, Fotos bei ihr anfertigen zu lassen. In der finanziell schwierigen Zeit nach dem Ersten Weltkrieg errichtete Dora Kallmus einen Zweigbetrieb in Karlsbad. 1925 ging sie nach Paris. Coco Chanel, Maurice Chevalier, Josephine Baker gehörten zu ihren Kunden. Während des Krieges mußte sie sich als Jüdin auf dem Land verstecken. Im Alter kehrte sie nach Österreich zurück und verstarb 1963 in Frohnleiten.

25.10.1 Bertha Zuckerkandl-Szeps, 1908
Wien, Bildarchiv der Österreichischen Nationalbibliothek

25.10.2 Frau des Maler Viktor Scharf, 1915
Wien, Bildarchiv der Österreichischen Nationalbibliothek

25.10.3 Gertrude Barrison, 1919
Wien, Bildarchiv der Österreichischen Nationalbibliothek

25.10.4 Maria Jeritza als „Aphrodite", 1912
Wien, Bildarchiv der Österreichischen Nationalbibliothek

25.10.5 Gräfin Palffy, 1916
Wien, Bildarchiv der Österreichischen Nationalbibliothek

25.10.6 Gräfin Kitty Schönborn, 1912
Wien, Bildarchiv der Österreichischen Nationalbibliothek

25.10.7 Wiener-Werkstätten-Mode (Karolina Jacobsen), 1917
Wien, Bildarchiv der Österreichischen Nationalbibliothek

25.10.8 Wiener-Werkstätten-Mode, 1919
Wien, Bildarchiv der Österreichischen Nationalbibliothek

25.10.9 Wiener-Werkstätten-Mode, 1921
Wien, Bildarchiv der Österreichischen Nationalbibliothek

25.10.10 Wiener-Werkstätten-Mode, 1921
Wien, Bildarchiv der Österreichischen Nationalbibliothek

25.10.11 Unbekannte Dame, 1924
Wien, Bildarchiv der Österreichischen Nationalbibliothek

25.10.12 Fräulein Jäger, 1924
Wien, Bildarchiv der Österreichischen Nationalbibliothek

25.10.13 Fotoserie Anita Berber, 1922
Anita Berber zählte zu den schillerndsten Figuren der Szene im Berlin der zwanziger Jahre. 1899 kam sie als Tochter des Geigers Felix Berber und der aus Ostpreußen stammenden Lucie Berber zur Welt. Ab 1912 lebte die Familie in München. Die Eltern ließen sich bald scheiden; Anita Berber lebte ab 1915 bei ihrer Mutter in Berlin. Ihre ersten Tanzstunden nahm sie in der Ballettschule Sacchetto. Zunächst noch dem klassischen Tanz verpflichtet, entwickelte sie bald einen eigenständigen expressionistischen Stil, der auffiel. Am 30. November trat sie gemeinsam mit Sebastian Droste in Wien auf. Zu Musik von Beethoven, Rachmaninoff, Tschaikowsky und Saint-Saens führten sie Tänze unter Titeln wie „Kokain", „Märtyrer" oder „Selbstmörder" auf. Aus Anlaß dieses Wienaufenthaltes entstanden die Aufnahmen im Atelier d'Ora.

Verwendete und weiterführende Literatur:

Monika Faber, Madame d'Ora. Wien – Paris. Portraits aus Kunst und Gesellschaft 1907–1957. Wien 1983.

Ingrid Ganster, Helmut Kretschmer, Allweil lustig, fesch und munter. Altwiener Volks- und Natursänger. Kleinausstellung des Wiener Stadt- und Landesarchivs, Wien 1996.

Josef Koller, Das Wiener Volkssängertum in alter und neuer Zeit. Wien 1931.

Kultobjekte der Erinnerung. 158. Sonderausstellung des Historischen Museums der Stadt Wien. Wien 1994.

Maria Walcher, „... auch wenn sie auf dem Podium steht..." Die Wiener Volkssängerin seit der Mitte des 19. Jahrhunderts. In: Aufbruch in das Jahrhundert der Frau? Rosa Mayreder und der Feminismus in Wien um 1900. 125. Sonderausstellung des Historischen Museums der Stadt Wien. Wien 1989, 107–112.

Kunstgewerbe – ein für Frauen angemessenes Betätigungsfeld

26

Die 1867 in Wien gegründete Kunstgewerbeschule war laut Statuten für Männer und Frauen zugänglich. Somit war sie die einzige öffentliche Ausbildungsstätte, die Frauen offenstand. Mal- und Zeichenunterricht konnten sie sonst nur im Rahmen einer privaten Ausbildung erfahren. Allerdings bekamen die Frauen eigene Arbeitsplätze zugewiesen und waren vom Aktzeichnen ausgeschlossen. Auf Betreiben von Dumreicher wurden Mitte der 80er Jahre Frauen wieder von der Schule verwiesen – mit der Begründung, daß kein Bedarf mehr bestünde. Erst 1900 wurde ihnen wieder die Aufnahme gestattet. Einer der Gründe für die restriktiven Maßnahmen war sicher der, daß den Frauen die Fähigkeit zu einer künstlerischen Betätigung abgesprochen wurde. Dadurch wurden sie in das Kunstgewerbe abgedrängt, in dem sie ein großes Betätigungsfeld vorfanden.

26.1 Junges Mädchen mit Hut
Johanna Meier-Michel, 1908/09
Fayence, bemalt, H: 24 cm
Wien, Historisches Museum der Stadt Wien, Inv. Nr. 38.165

26.2 Junges Mädchen mit Blumenstrauß
Johanna Meier-Michel (?), um 1910
Keramik, bemalt, H: 30,5 cm
Wien, Historisches Museum der Stadt Wien, Inv. Nr. 140.103

26.3 Leuchter
Vally Wieselthier, um 1920
Keramik, glasiert, bunt bemalt, H: 22,5 cm, Dm: 14,1 cm
Wien, Historisches Museum der Stadt Wien, Inv. Nr. 53.697

26.4 Blumenständer
Vally Wieselthier, um 1925
Keramik, bunt glasiert, bemalt, H: 17 cm
Wien, Historisches Museum der Stadt Wien, Inv. Nr. 53.793

26.5 Keramikfigur
Susi Singer, 1922
Keramik, bunt glasiert, H: 35 cm
Wien, Historisches Museum der Stadt Wien, Inv. Nr. 93.393

26.6 Gewürzschale in Form einer männlichen Figur
Kitty Rix, um 1920/25
Keramik, bunt glasiert, H: 8,7 cm
Wien, Historisches Museum der Stadt Wien, Inv. Nr. 53.797

26.7 Gewürzschale in Form einer weiblichen Figur
Kitty Rix, um 1920/25
Keramik, bunt glasiert, H: 8,7 cm
Wien, Historisches Museum der Stadt Wien, Inv. Nr. 53.798

26.8 Kakteenständer
Erna Kopriva, um 1922/23
Keramik, bunt glasiert, H: 15,9 cm
Wien, Historisches Museum der Stadt Wien, Inv. Nr. 53.792

26.9 Pomona
Luise Spannring, 1920
Keramik, bunt glasiert, H: 44 cm
Salzburg, Carolino Augusteum – Salzburger Museum für Kunst und Kulturgeschichte, Inv. Nr. 2000/97

26.10 Winter
Luise Spannring, um 1920
Keramik, bunt glasiert, H: 44 cm
Salzburg, Carolino Augusteum – Salzburger Museum für Kunst und Kulturgeschichte, Inv. Nr. 2001/97

26.11 Stengelglas
Vally Wieselthier, um 1920
Glas, bemalt, H: 12 cm
Wien, Historisches Museum der Stadt Wien, Inv. Nr. 53.702

26.12 Glaspokal
Hilda Jesser, um 1916
Glas, H: 40,7 cm
Wien, Historisches Museum der Stadt Wien, Inv. Nr. 53.678

26.13 Turmförmiges Deckelgefäß
Hilda Jesser, um 1917
Blaues Glas, H: 28,1 cm
Wien, Historisches Museum der Stadt Wien, Inv. Nr. 53.681/1,2

26.14 Schatulle mit Frauenkopf-Emailbildnis
Marie Strauß-Likarz, 1920/22
Email, Ebenholz, Silber, H: 4 cm, B: 10 cm, T: 14,5 cm
Wien, Historisches Museum der Stadt Wien, Inv. Nr. 53.761

26.15 Lampenfuß (Elefant mit Chinesenpaar)
Karin Jarl, um 1926/28
Fayence, H: 39 cm
Wien, Historisches Museum der Stadt Wien, Inv. Nr. 182.092

26.16 Weißer Terrier
Ida Meisinger, um 1928/29
Fayence, H: 21,5 cm
Wien, Historisches Museum der Stadt Wien, Inv. Nr. 182.093

26.17 Unansprech-Paar
Anna Kovacic, 1998
Wien, Anna Kovacic

Anna Maria Kovacic, geboren in Graz, aufgewachsen in Kapfenberg (Stmk.), studierte an der Akademie für angewandte Kunst in Wien. Ausstellungstätigkeit und Auftragsarbeiten seit 1973. Seit 1982 lebt und arbeitet die Künstlerin in Bisamberg, Kleinengersdorf/Weinviertel. In den Arbeiten der letzten fünf Jahre beschäftigt sie sich vor allem mit dem Aufspüren und Gestalten von Befindlichkeiten im zwischenmenschlichen Bereich, die mit formaler Klarheit, Ironie und humorvoller Distanz in ihren „Verstell-Paaren" sicht- und spürbar werden.

26.18 „fossa temporalis" – Blumenvase
Rosa Gasteiger, 1992/93
Porzellan, H: 51 cm, Dm: 10,5 cm
Wien, Rosa Gasteiger

Die Tischobjekte entstanden im Rahmen eines Forschungsprojektes in Zusammenarbeit mit der Rosenthal AG unter der Leitung von Prof. Matteo Thun. Das Thema des Studienprojektes war die Rückgewinnung des skulpturalen Freiraums und die Überwindung der geometrischen Kompositionen. Die Künstlerin verwendete für die Entwicklung einer neuen Formensprache von Gebrauchsgegenständen die Ästhetik der menschlichen Anatomie: „Die Objekte werden aus dem funktionalen Zusammenhang in eine überwiegend symbolische Natur transportiert. Eine Tischlandschaft erzählt die Geschichte von den Regionen des menschlichen Körpers und löst beim Betrachter/Benutzer assoziative Interpretationen aus. Die Ästhetik und Emotion stehen im Mittelpunkt, die Funktion spielt eine untergeordnete Rolle. ‚Berührt – Werden – Wollen' ist die Botschaft als konstruktiver Beitrag zur zeitgenössischen Tischkultur."

26.9

26.5

26.20 – 26.21

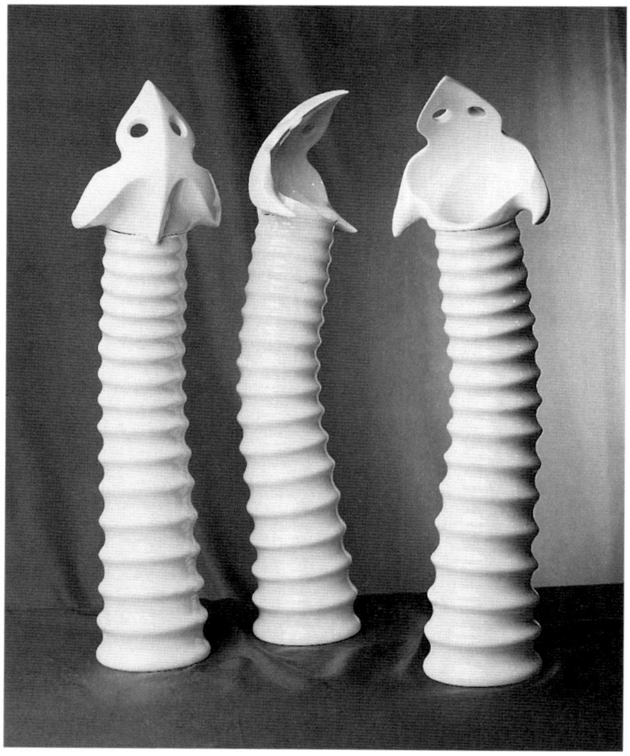

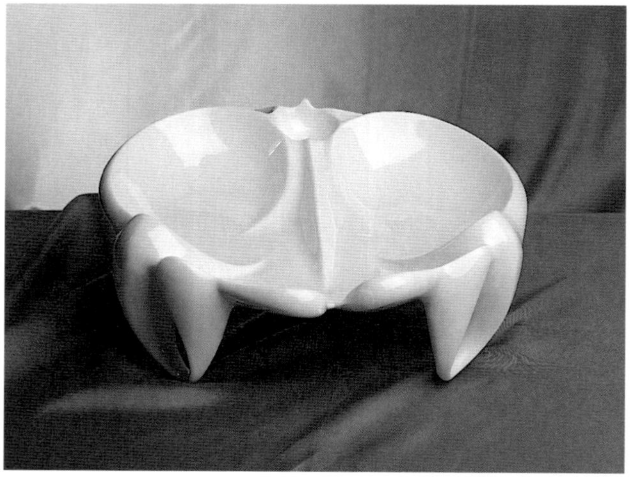

26.19

26.18

26.19 „fossa temporalis" – Obstschale
Rosa Gasteiger, 1992/93
Porzellan, H: 15 cm, Dm: 35 cm
Wien, Rosa Gasteiger

26.20 „fossa temporalis" – Teekanne
Rosa Gasteiger, 1992/93
Porzellan, H: 25 cm
Wien, Rosa Gasteiger

26.21 „fossa temporalis" – Milchgießer
Rosa Gasteiger, 1992/93
Porzellan, H: 14 cm
Wien, Rosa Gasteiger

26.22 „fossa temporalis" – Zuckerdose
Rosa Gasteiger, 1992/93
Porzellan, H: 15,5 cm
Wien, Rosa Gasteiger

26.23 Besteckgarnitur
Magdalena Steinhauser, 1997
Wien, Magdalena Steinhauser

26.24 Salz- und Pfefferstreuer
Magdalena Steinhauser, 1997
Wien, Magdalena Steinhauser

26.25 Doppelwandiges Trinkgefäß
Magdalena Steinhauser, 1997
Wien, Magdalena Steinhauser

26.26 Tischgefäße zum Einlegen und Einkochen
Magdalena Steinhauser, 1997
Wien, Magdalena Steinhauser

26.27 Episode (Ausschnitt)
A 1935, 101 min
Regie: Walter Reisch
Darsteller: Paula Wessely, Karl Ludwig Diehl, Otto Treßler, Erika v. Wagner, Fritz Imhoff, Rosa Albach-Retty
Produktion: Viktoria-Film/Reisch-Film
Jupiter Film, Wien

Um der Familie den Verlust ihres Vermögens verheimlichen zu können, läßt sich eine Kunstgewerbeschülerin von einem älteren Herren aushalten. Sie gibt ihn aber auf, als sie den Hauslehrer seiner Söhne kennenlernt und heiratet diesen schließlich. (Österreichische Filmtage Wels 1985. Katalog. Hg: Österreichisches Film Büro. Wien 1986, 224)
Gert Tschögl

Verwendete und weiterführende Literatur:

Goldscheider Keramik. Historismus, Jugendstil – Art déco. 97. Sonderausstellung des Historischen Museums der Stadt Wien. Wien 1985.

Ursula Storch, „... hübsche Blumenstücke und Stilleben ..." Rosa Mayreder und andere bildende Künstlerinnen in Wien um 1900. In: Aufbruch in das Jahrhundert der Frau? Rosa Mayreder und der Feminismus in Wien um 1900. 125. Sonderausstellung des Historischen Museums der Stadt Wien. Wien 1989, 90–100.

Selbstverwirklichung im Tanz

27

27.1 Fanny Elßler

Am 23. Juni 1810 kam Fanny Elßler als Tochter des Musikers und Notenkopisten Josef Elßler, der ein Bedienter Joseph Haydns war, zur Welt. Gemeinsam mit ihren Schwestern Therese und Anna wirkte sie ab 1819 bei Horschelts Kinderballett am Theater an der Wien mit. Diese etwas anrüchige Einrichtung übte eine besondere Anziehungskraft aus, da eigens für Kinder einstudierte oder komponierte Ballette aufgeführt wurden. Im Oktober 1821 wurden die Kinderballette auf Betreiben von Franz I., der um die moralische und sittliche Gefährdung besorgt war, aufgelöst. Die Schwestern Elßler wurden in das Ballettensemble des k.k. Kärntnertortheaters aufgenommen und in der „französischen Schule" unterrichtet. Nach einer Ausbildungszeit in Neapel kehrte Fanny Elßler nach Wien zurück. Ihre größten Triumphe feierte sie zunächst auf Tourneen in Berlin, Hamburg, London und Brüssel. Von 1840 bis 1842 hatte sie erfolgreiche Ballettauftritte in Nordamerika. Neben Marie Taglioni und der Grisi zählte sie zu den berühmtesten Tänzerinnen der Romantik. Ihr Verdienst war es auch, Motive des Volkstanzes bühnenfähig gemacht zu haben. So war einer ihrer beliebtesten Tänze die „Cachucha", ein spanischer Tanz aus dem Ballett „Der hinkende Teufel". Elßler brillierte aber auch in den klassischen Balletten wie in „Les Sylphides" oder „La fille mal gardée". An ihrem 41. Geburtstag trat Fanny Elßler zum letzten Mal auf. Sie beendete ihre Laufbahn in einem Faust-Ballett von Jules Perrot, das sie 1848 in der Mailänder Scala uraufgeführt hatte.

27.1.1 Ballettschuhe der Fanny Elßler

Wien, Österreichisches Theatermuseum

27.1.2 Fanny Elßler in dem Ballett „Des Malers Traumbild"

Frederick Storch, 1845
Öl auf Leinwand, 113 x 91 cm
Regensburg, Fürst Thurn und Taxis-Kunstsammlung, E.St. 10 664 (BG.-Nr. 102)

Über das erste Auftreten Fanny Elßlers in diesem Ballett berichtete die Wiener Theaterzeitung am 23. April 1844: „Unbestritten ist Dem. Elßler die Einzige, die ... bei all der edlen Grazie ihrer malerischen Stellungen so viel sprechende Mimik und so viel seelenvollen Ausdruck in ihren Tanz zu legen weis ... Die Elßler tanzt nicht blos, sie declamirt ihre Pas, und jede ihrer Bewegungen, jedes Mienenspiel, jede Nuance ist Sprache und Poesie. Das Ballett beschreibt die hoffnungslose Liebe des Malers Leonello zur Gräfin Sant'Olivar. Der Maler schafft aus seiner Liebe heraus ein zum Sprechen ähnliches Bild der Gräfin. Die Gräfin hört von diesem Bild und kommt ins Atelier, um sich von der Ähnlichkeit zu überzeugen: Die Dame, deren Erscheinen den jungen Künstler anfangs, einem Traumbilde gleich, überrascht und in sehnsuchtsvolle Täuschungen versetzt, beschließt diese Täuschung endlich zur süßen Wirklichkeit und beglückt den Liebenden mit Hand und Herz." („Allg. Theaterzeitung", Wien, 23. April 1844)

27.2 Grete Wiesenthal

In ihren Tänzen wurde Grete Wiesenthal zur Personifikation des Wiener Walzers. Sie wurde 1885 in Wien als Tochter eines Malers und einer Pianistin geboren und trat mit zehn Jahren in die Ballettschule des k.u.k. Hofoperntheaters ein. Die beiden jüngeren Schwestern Elsa und Berta folgten dem Vorbild Gretes. Zunächst im klassischen Ballett äußerst erfolgreich, trennten sich die Schwestern Wiesenthal von der Hofoper und gründeten ein eigenes Ensemble. 1908 debütierten sie im Kabarett „Fledermaus" mit unkonventionellen Tänzen vor einem prominenten Publikum, dem Altenberg, Hofmannsthal, Klimt und Kolo Moser angehörten. Max Reinhardt entdeckte sie für Berlin. Nach Gastspielreisen durch Rußland, Ungarn und Tschechien trat sie als Solistin in Balletten von Hofmannsthal auf („Amor und Psyche", „Das fremde Mädchen"). 1913 begann sie ihre Karriere beim Stummfilm. 1917 gründete sie eine Ballettschule. Ihre Tänze beschrieb eindrucksvoll Peter Altenberg: „Die Körper folgen der Musik wie die Leute einst dem Rattenfänger von Hameln! Die Musik leitet, zwingt, dreht, wendet, drückt zu Boden und erhebt; die alleredelsten Leiber folgen und folgen der Macht der Töne ohne Unterlaß, von selbst. Und die herrlichen romantischen Kleider, die Hüllen, die enthüllen, die Blumenkränze, die grausilbernen Reifrockkleider, das krebsrote Seidenhemd mit grünen Bändern, alles, alles höchst apart und wunderbar! Kinder tanzen auf Wiesen, traurige Verlassene schleichen über den Boden hin, Stolze schreiten, Liebliche wiegen sich auf und nieder! Schicksale, in Bewegung umgewandelt!" (Zitiert nach Fiedler/Lang 69.)

27.2.1 Tanzsandalen der Grete Wiesenthal

Privatbesitz

Grete Wiesenthal bevorzugte für ihre Tänze einen Schuh mit flachem Absatz. Für sich und ihre Schülerinnen entwickelte sie die sog. „Wiesenthal-Sandale".

27.2.2 Schmetterling

Martin Lang, 1910
Holzschnitt aus der Folge „Grete Wiesenthal und ihre Tänze", 20,2 x 27,5 cm
Graz, Neue Galerie, Inv. Nr. II/10.452

27.2.3 Der Wind

Martin Lang, 1910
Holzschnitt aus der Folge „Grete Wiesenthal und ihre Tänze", 20,2 x 27,5 cm
Graz, Neue Galerie, Inv. Nr. II/10.453

27.2.4 Walzer

Martin Lang, 1910
Holzschnitt aus der Folge „Grete Wiesenthal und ihre Tänze", 20,2 x 27,5 cm
Graz, Neue Galerie, Inv. Nr. II/10.454

27.2.5 Tarantella

Martin Lang, 1910
Holzschnitt aus der Folge „Grete Wiesenthal und ihre Tänze", 20,2 x 27,5 cm
Graz, Neue Galerie, Inv. Nr. II/10.455

27.2.6 Donauwalzer

Martin Lang, 1910
Holzschnitt aus der Folge „Grete Wiesenthal und ihre Tänze", 20,2 x 27,5 cm
Graz, Neue Galerie, Inv. Nr. II/10.456

27.2.7 Allegretto

Martin Lang, 1910
Holzschnitt aus der Folge „Grete Wiesenthal und ihre Tänze", 20,2 x 27,5 cm
Graz, Neue Galerie, Inv. Nr. II/10.457

27.2.8 Andante

Martin Lang, 1910
Holzschnitt aus der Folge „Grete Wiesenthal und ihre Tänze", 20,2 x 27,5 cm
Graz, Neue Galerie, Inv. Nr. II/10.458

27.2.9 Pantanz

Martin Lang, 1910
Holzschnitt aus der Folge „Grete Wiesenthal und ihre Tänze", 20,2 x 27,5 cm
Graz, Neue Galerie, Inv. Nr. II/10.459

27.2.10 Grete Wiesenthal

Martin Lang, 1910
Holzschnitt aus der Folge „Grete Wiesenthal und ihre Tänze", 20,2 x 27,5 cm
Graz, Neue Galerie, Inv. Nr. II/10.460

27.2.11 Grete Wiesenthal: Tanzszenen

ORF

27.3

27.2.2 – 27.2.10

27.3 Gertrud Bodenwieser

Nach einem klassischen Ballettstudium debütierte die 1890 in Wien geborene Gertrud Bodenwieser 1919 in Wien. Ab 1921 lehrte sie Tanz und Gymnastik am Konservatorium in Wien und von 1926 bis 1938 an der Akademie für Musik und darstellende Kunst. Mit ihren Schülerinnen gründete sie eine Tanzgruppe, die die Vertreterin des „Modern Dance" in Österreich wurde. In ihren Choreographien versuchte sie u.a. maschinelle Bewegungen in künstlerische Form zu übertragen. Damit folgte sie im Tanz einer Richtung, die in der Malerei durch den Expressionismus vertreten wurde. Sie veranstaltete Tanzakademien im In- und Ausland, bei denen sie ausschließlich Tänze nach ihren eigenen Choreographien zeigte. Im Atelier d'Ora wurde eine Serie der eindrucksvollsten Tanzposen aufgenommen. 1938 emigrierte sie über Kolumbien nach Australien, wo sie eine Schule gründete.

Verwendete und weiterführende Literatur:

Gunhild Schüller, Der Tanz in Wien im 20. Jahrhundert. In: Tanz. 20. Jahrhundert in Wien. Ausstellungskatalog Historisches Museum der Stadt Wien. Wien 1979.

Riki Raab, Fanny Elßler – eine Weltfaszination. Wien 1962.

Jarmila Weißenböck, Fanny Elßler. Wien 1984.

Leonhard M. Fiedler, Martin Lang, Grete Wiesenthal. Die Schönheit der Sprache des Körpers im Tanz. Salzburg 1985.

Reingard Witzmann, Die neue Körpersprache – Grete Wiesenthal und ihr Tanz. 94. Sonderausstellung Historisches Museum der Stadt Wien. Wien 1985.

Von der Stadt aufs Land – Vom Land in die Stadt

28

28.1 Die Damen des Hauses Moro

Die Ansiedlung der Tuchfabrik Moro in die Gebäude des aufgelassenen Zisterzienserstiftes Viktring bei Klagenfurt brachte für die Gegend nicht nur einen wirtschaftlichen Aufschwung. Der Familie, beginnend mit Eduard Ritter von Moro, gelang es bald, einen kontinuierlich wachsenden Künstlerkreis in Viktring zu versammeln. Gestützt wurde dieses Unterfangen vor allem durch die selbst künstlerisch tätigen Damen der Familie Moro. Caroline Edle von Rainer zu Harbach heiratete 1844 in die Familie ein. Sie war Schülerin bei Eduard Ritter von Moro. Sie erzog ihre beiden Töchter ganz in der künstlerisch interessierten Tradition des Hauses und gab ihnen frühzeitig Malunterricht. Sie wurde zur zentralen Persönlichkeit des älteren Viktringer Künstlerkreises. Die 1844 geborene ältere Tochter Sophie von Moro wurde durch ihr 1905–1914 in München erschienene Ansichtenwerk „Architektonische Bilder aus Kärnten" bekannt, in dem sie an die Tradition der Zeichnungen Max Pernharts anschloß. Die zweite Tochter, Johanna, verehelichte Gräfin von Morozzo, folgte der Maltradition ihrer Mutter und hinterließ ein reiches Œuvre. 1914 wurde ihr die „Künstlermedaille der Stadt Klagenfurt" verliehen. Die Damen des Hauses Moro sind ein Beispiel für Frauen, die aus ihrer Lage heraus versuchten, das Beste für ihre persönliche Verwirklichung herauszuholen, wobei natürlich die finanziellen Möglichkeiten diese Ambitionen unterstützten.

28.1.1 Schloß Freyenthurn

Caroline von Moro, 1847
Öl auf Leinwand, 30 x 38 cm
Klagenfurt, Landesmuseum für Kärnten, Inv. Nr. 247

28.1.2 Jugendbildnis der Tochter Johanna

Caroline von Moro, um 1865/70
Mischtechnik, 46 x 33 cm
Privatbesitz

28.1.3 Stifskirche in Viktring mit Figurenstaffage

Sophie von Moro, um 1902/03
Mischtechnik auf Papier, 70 x 49 cm
Privatbesitz

28.1.4 Schloß Straßburg in Kärnten

Sophie von Moro, um 1905
Mischtechnik auf Papier, 100 x 80 cm
Privatbesitz

28.1.5 Die Schlummernde

Johanna von Moro, 1894
Kohle, gehöht, auf Papier, 61 x 45 cm
Privatbesitz

28.1.6 Selbstporträt

Johanna von Moro, 1912
Öl auf Leinwand, 47 x 38 cm
Privatbesitz

28.2 Anna Stainer-Knittel – die „Geierwally"

Bekannt wurde eine kurze Episode aus ihrem Leben: Als Tochter des Lechtales war sie auch eine gute Bergsteigerin und nahm bei einer Bergtour einmal einen Adlerhorst aus. Der bayerische Schriftsteller Ludwig Steub machte daraus eine Erzählung, die in der „Leipziger Illustrirten" erschien. Die Autorin der „Gartenlaube", Wilhelmine von Hillern, machte daraus einen Roman; 1881 kam dieser als Theaterstück auf die Exl-Bühne; Catalani machte daraus die Oper „La Wally"; Henny Porten war die erste Geierwally im Film, ihr folgten Heidemarie Hatheyer und Barbara Rütting. Das Leben der 1841 geborenen Anna Stainer-Knittel verlief aber ganz anders. Sie kam aus einer künstlerischen Familie. Ihr Großonkel war der Maler Joseph Anton Koch, ihr Vater ein gefragter Büchsenmacher. In Elbigenalp war der Kupferstecher Johann Anton Falger ansässig, der talentierte Kinder im Zeichnen unterrichtete. Durch ihn erhielt auch Anna Knittel die erste Einführung ins Zeichnen. Er ermöglichte ihr ein Studium in München. Da Frauen 1859 noch der Zutritt zur Akademie in München – an der zu dieser Zeit u.a. Makart, Defregger, Lenbach und Leibl studierten – verwehrt war, lernte sie an einer Privatschule, der sog. „Vorschule der Akademie". In ihrer Anfangszeit war sie eine gefragte Porträtistin. Zeit ihres Lebens mußte sie der Malerei als Broterwerb nachgehen. Um die Familie, die sie 1867 mit dem Formschneider Engelbert Stainer gegründet hatte, zu ernähren, führte sie Arbeiten aus, die der Andenkenindustrie zuzurechnen sind. Als durch das Aufkommen der Fotografie die Nachfrage nach Porträts zurückging, begann sie, für Touristen Alpenblumen zu malen. Anläßlich des Besuches Kaiser Franz Josephs in Innsbruck 1871 malte sie im Auftrag der Stadt ein Porträt des Kaisers. 1873 wurde eines ihrer Bilder bei der Weltausstellung in Wien ausgestellt. 1911 widmete ihr das Tiroler Landesmuseum Ferdinandeum eine Retrospektive. Anna Stainer-Knittel arbeitete bis zu ihrem Tod im Jahre 1915.

28.2.1 Selbstporträt
Anna Stainer-Knittel, 1861
Öl auf Leinwand, 44,5 x 36,5 cm
Privatbesitz

28.2.2 Kreszenz Knittel, Annas Mutter
Anna Stainer-Knittel, 1861
Öl auf Leinwand, 59 x 46 cm
Privatbesitz

28.2.3 Anton Knittel, vulgo Loises, Annas Vater
Anna Stainer-Knittel, 1861
Öl auf Leinwand, 59 x 46 cm
Privatbesitz

28.2.4 Die „Geierwally" nimmt den Horst aus
Anna Stainer-Knittel, 1864
Öl auf Leinwand, 45 x 33 cm
Privatbesitz

28.2.5 „Hermann"
Anna Stainer-Knittel
Öl auf Leinwand, 47,5 x 37 cm
Privatbesitz

28.2.6 „Hildegard"
Anna Stainer-Knittel
Öl auf Leinwand, 58 x 47 cm
Privatbesitz

28.2.7 Suppenschüssel Hermann
Privatbesitz

28.2.8 Suppenschüssel Hilde
Privatbesitz

28.2.9 Kaffeehäferl
Privatbesitz

28.2.10 Teile eines Porzellanservices
Anna Stainer-Knittel
Bestehend aus Suppenterrine mit Deckel, Sauciere, Suppenteller, Fleischteller, Schüssel für Gebäck und Schüsserl für Schlagrahm
Privatbesitz

28.2.11 Die Geierwally (Ausschnitt)
D 1940, 102 min
Regie: Hans Steinhoff
Darsteller: Heidemarie Hatheyer, Eduard Köck, Winnie Markus, Sepp Rist, Leopold Esterle
Produktion: Tobis-Film
Transit-Film, München
Eine Hoferbin aus den Ötztaler Alpen widersetzt sich der vom tyrannischen Vater befohlenen Vernunftehe. Ihre Flucht in die Bergwildnis und ihre leidenschaftliche Liebe zu einem stolzen Jäger enden beinahe tödlich. (Lexikon des internationalen Films. Hg. Kath. Institut f. Medieninformation e.V./ Kath. Filmkommission Deutschland. Reinbek b. Hamburg 1988. Bd. 3)
Gert Tschögl

28.2.4

28.2.3

28.2.2

Lina Loos oder der Pygmalion-Effekt

29

29.1 Lina Loos

Der antike Bildhauer Pygmalion schuf ein Standbild der Aphrodite, das so sehr seinen Vorstellungen einer idealen Frau entsprach, daß er sich unsterblich in es verliebte. Aphrodite erbarmte sich seiner und belebte die Statue. Ganz so geht es vielen Männern. Sie versuchen, die erwählte Frau nach ihren Vorstellungen zu formen; manche Frauen gehen auf die Forderungen ein, andere verweigern sich und lösen sich aus solchen Beziehungen. Lina Loos hatte die Kraft, sich aus einer sie einengenden Beziehung zu befreien. Sie kam am 8. Oktober 1882 als Tochter des Besitzers des Cafés Casapiccola zur Welt. Das Café war um 1900 Treffpunkt der geistigen Elite Wiens. Sie besuchte das Konservatorium und nahm Schauspielunterricht, denn *in den meisten weiblichen Berufen versäumt man nur acht Stunden des Tages Leben! Im Theater fühlt man die Zeit noch intensiver, ja man erlebt noch unerlebtes Leben dazu.* Ihre Schwester führte sie im Löwenbräu ein, wo Peter Altenberg seinen Stammtisch hatte. Damit machte sie Bekanntschaft mit Egon Friedell, Karl Kraus und Adolf Loos, die zum Freundeskreis Altenbergs gehörten. Die Hochzeit mit dem um zwölf Jahre älteren Adolf Loos fand 1902 statt. Zunächst fand die übliche Phase der Glorifizierung der Frau durch den Mann statt; dann verursachte ihr Wunsch nach Eigenständigkeit beim Manne Unbehagen. Die erhaltenen Briefe zeigen deutlich diese Entwicklung innerhalb der Beziehung. Eine Affäre Linas mit Heinz Lang, dem Sohn der Frauenrechtskämpferin Marie Lang, leitet das Ende der Ehe ein. Adolf Loos über diese Ehe: *Durch Dich habe ich jetzt eine Wohnung – ein ewiger Traum meines Lebens, der wohl durch meine moralische Schwäche in Gelddingen nie in Erfüllung gegangen wäre. Durch Dich stehe ich jetzt in finanzieller Beziehung ganz anders da als vor zwei Jahren, vieles wurde durch Deine Kraft, die mir half, gut.* – Der erfolgreiche Mann, hinter dem eine Frau steht. Nach ihrer Scheidung ging Lina Loos in die USA, kehrte aber noch vor Ausbruch des Ersten Weltkrieges zurück. Sie versuchte sich wieder als Schauspielerin und trat bei der Eröffnung des Kabaretts „Fledermaus" auf. Von 1920 bis 1922 war sie am Raimundtheater tätig, von 1924 bis 1938 am Volkstheater. Bezeichnend für ihr Schicksal ist der Umstand, daß sie wohl als Muse vieler Männer der Nachwelt bekannt ist, nicht aber als Autorin von Theaterstücken, Romanen und einer philosophischen Abhandlung mit dem Titel „Primitive Vorstellungen einer Frau vom Uranfang bis zum Ende alles irdischen Geschehens". Vieles davon ist bis heute unveröffentlicht.

29.1.1 Das Buch ohne Titel

Lina Loos
Druck, gebunden, Wiener Verlag, Wien 1947
Privatbesitz

29.1.2 Mutter

Lina Loos, 1920, mit Widmung
Druck, gebunden, Gloriette-Verlag, Wien 1921
Privatbesitz

29.1.3 Brief Adolf Loos, an Lina Loos vor ihrer Eheschließung

5. Februar 1902

Wien, Wiener Stadt- und Landesbibliothek, Inv. Nr. 126.826

... Du bist die Welt, der Kosmos, das Universum, eingezwängt in einen kleinen Frauenleib! Beschämt habe ich mich von dem Throne geschlichen, auf dem ich zu sitzen die Vermessenheit hatte und knie, knie, knie vor dir im Staube: Gebenedeiteste! (Zit. nach Fischer 1994)

29.1.4 Brief Adolf Loos an Lina Loos, vor ihrer Eheschließung

7. Februar 1902

Wien, Wiener Stadt- und Landesbibliothek, Handschriftensammlung, Inv. Nr. 126.831

... Ja ich bin glücklich, daß du nicht ohne Fehl bist! Mein Selbstbewußtsein ist so krank, so klein geworden, daß ich nur gesunden könnte, wenn ich recht viele, viele Fehler an dir entdecken könnte ... (Zit. nach Fischer 1994)

29.1.5 Brief Adolf Loos an Lina Loos

7. Juli 1903

Wien, Wiener Stadt- und Landesbibliothek, Inv. Nr. 126.839

... Ja ist denn Mädi nicht mehr meine Frau. Mädi lieber Architektensgattin als Schauspielerin, wenn sie schon durchaus etwas sein mußte ... (Zit. nach Fischer 1994)

29.1.6 Brief Egon Friedells an Lina Loos

Wien, Wiener Stadt- und Landesbibliothek, Inv. Nr. 127.000

... Für den Denker und Künstler sind die Frauen nichts anderes als zufälliges Anregungsmittel, die er geschickt benützt, um durch sie seinen geistigen Stoffwechsel zu steigern, vorübergehender Zündstoff, den er verbrennt, um durch ihn sein eigenes Feuer zu nähren. Er hat dabei zu den Frauen eigentlich überhaupt gar keine innere Beziehung. Sie sind dasselbe für ihn wie Alkohol, Nikotin, schwarzer Kaffee. Er braucht sie für den Moment, aber er verbraucht sie auch völlig und restlos, und wenn sie ihm die notwendigen Kräfteauslöser verschafft haben, so existieren sie für ihn nicht mehr. Sie sind nur dazu da, um ihn reicher und stärker zu machen. Er schöpft aus ihnen nichts als sich selbst, seine eigene Kraft zu lieben und zu hassen, zu denken und zu gestalten ... (Zit. nach Fischer 1994)

29.1.7 Lina Loos

Fotografien, um 1902

Wien, Bildarchiv der Österreichischen Nationalbibliothek

29.2 Jahresportrait 1982/83 bzw. 1992/93

Friedl Kubelka-Bondy, 1982/83 bzw. 1992/93

Fotografien

Wien, Friedl Kubelka-Bondy

Der erste Zyklus von Jahresporträts entstand 1972/73. „Die Idee entstand während einer Taxifahrt mit Hans Neuffer. Ein halbes Jahr später erfuhr ich, daß sie nicht neu sei. Für mich aber war die Ausführung einer konsequenten Arbeit aber sehr neu. Ich lernte, daß eine geduldige und regelmäßige Tätigkeit, selbst wenn man ihr an vielen Tagen keine Beachtung schenkt, tieferen Einfluß auf Leib und Seele nimmt als Sensationen und euphorische Zustände. Vom 22. 3. 1972 bis zum 21. 3. 1973 habe ich versucht, mich jeden Tag zu photographieren. Die freien Felder bezeichnen Aggression gegen den Vorsatz, Gleichgültigkeit oder Vergessen. Die Arbeit an den entstandenen Photos schwankte zwischen selbstgefälliger Vervielfachung, Routine und Zucht ..." Fünf Jahre danach fertigte Kubelka-Bondy den nächsten Zyklus an: „Ich will das Altern eines Menschen dokumentieren, will seine wechselnde Einstellung zu sich selbst, sein sich veränderndes Leben, und da es sich um mich und photographische Selbstportraits handelt, meine Entwicklung als Photographin zeigen. Bei der Arbeit am ersten Jahresportrait wollte ich fades Lebensgefühl nicht wahrhaben. Diesmal habe ich versucht mich nicht zu verstellen. Die Herstellung des einzelnen Bildes war mir an vielen Tagen gleichgültig oder unangenehm. Ich habe vor, diese Serie in fünfjährigen Intervallen bis zu meinem Tod fortzuführen." (Friedl Kubelka-Bondy, Edition Neue Texte, Linz 1984)

Verwendete und weiterführende Literatur:

Lisa Fischer, Lina Loos oder Wenn die Muse sich selbst küßt. Wien, Köln, Weimar 1994.

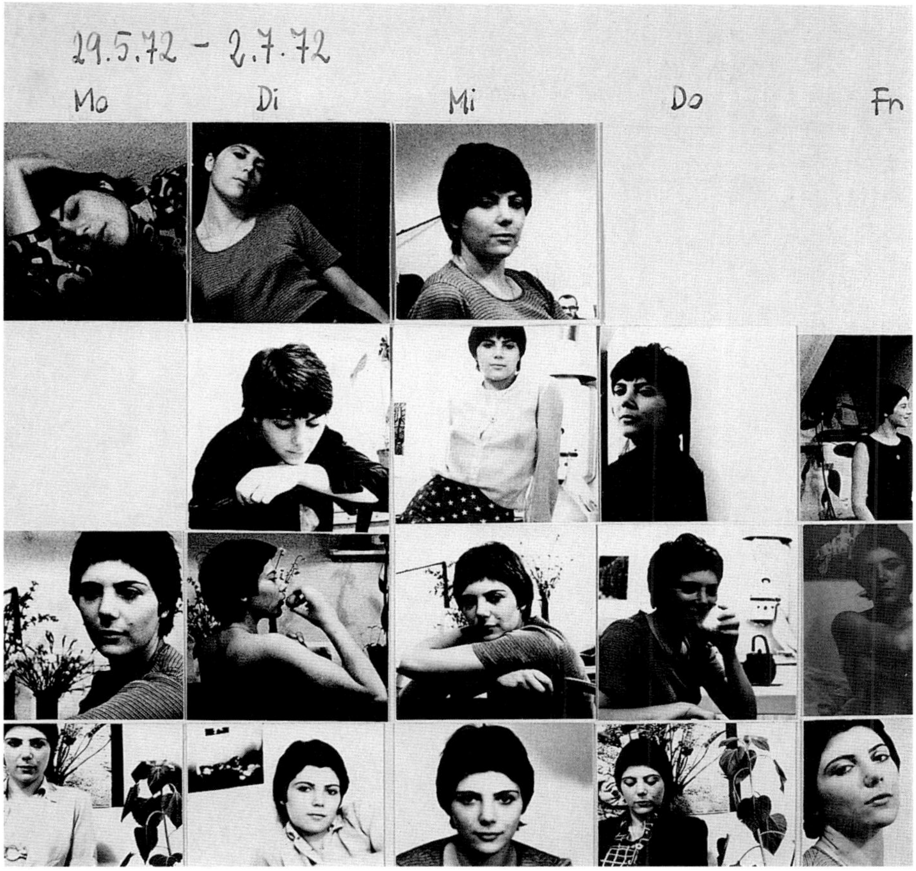

29.2

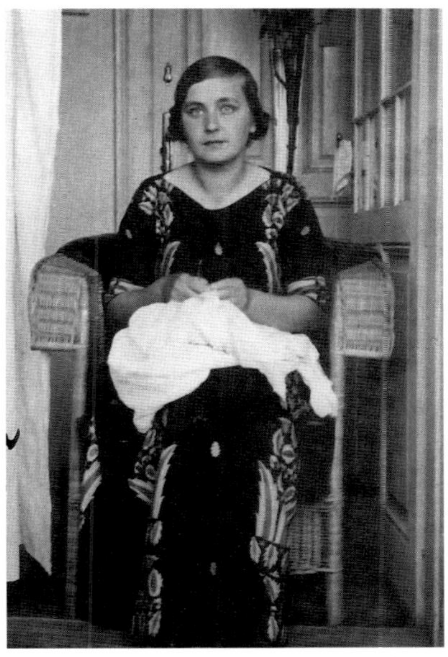

29.1.2

Kämpferinnen der Feder

30

30.1 Bertha von Suttner

Bertha von Suttner wurde 1843 in Prag geboren; väterlicherseits stammte sie aus dem Geschlecht der Kinsky, mütterlicherseits aus der Familie des Freiheitsdichters Theodor Körner. Da ihre Familie früh verarmt war, nahm sie nach einer gescheiterten Ausbildung zur Sängerin eine Stellung als Erzieherin und Gesellschafterin im Haus des Baron Suttner an. Dort lernte sie ihren zukünftigen Ehemann kennen. Sie heirateten gegen den Willen der Eltern heimlich und flohen nach Tiflis. 1885 kehrten sie, nach der erfolgten Aussöhnung mit den Eltern, wieder zurück und ließen sich in Gut Harmannsdorf in Niederösterreich nieder. Während eines Aufenthaltes in Paris 1886/1887 lernte sie Alfred Nobel kennen und nahm Kontakt mit der einzigen damals existierenden Friedensorganisation in London auf. 1889 erschien ihr Roman „Die Waffen nieder", der wesentlich zur Verbreitung des Friedensgedankens beitrug. 1890 gründete sie die „Österreichische Friedensgesellschaft". 1892–1899 gab sie die Monatsschrift „Die Waffen nieder" heraus. Sie übernahm den Vorsitz des „Bundes österreichischer Frauenvereine". Auf zahlreichen Konferenzen hatte sie Gelegenheit, mit Vorträgen Propaganda für ihre Friedensidee zu machen. 1905 erhielt sie den Friedensnobelpreis. In Broschüren und Flugschriften warnte sie beständig vor Rüstung und Überrüstung. 1914 starb sie – noch vor Ausbruch des Ersten Weltkrieges – mitten in den Vorbereitungen für eine Weltfriedenskonferenz, die sie nach Wien einberufen wollte.

30.1.1 Bertha-von-Suttner-Bild

Anton Watzl in Zusammenarbeit mit Schülern, 1988
Verschiedene Techniken, 120 x 180 cm
Linz, Bertha-von-Suttner-Schule

1988 wurde in der Linzer Schule die Idee geboren, gemeinsam mit einem Linzer Künstler für die Schule ein „Schulbild" zu schaffen. Anton Watzl erstellte zunächst ein Konzept: Schülerarbeiten mit Bezug auf das Leben und Wirken der Nobelpreisträgerin sollten mit seinem Beitrag zu diesem Thema auf einem gemeinsamen Bild zusammenfließen. Die ausgewählten Schüler wurden zunächst mit dem Leben Bertha von Suttners in Wort und Bild bekannt gemacht. Dann erhielten sie den Auftrag, ein Bild im Format 30 x 30 cm frei zu gestalten. Im Beisein der beteiligten Schüler und Lehrer wählte der Künstler dann die Arbeiten aus, die am besten in sein Gesamtkonzept paßten.

30.1.2 Die Waffen nieder! Lebensgeschichte

Bertha von Suttner, 1889
Druck, gebunden, Dresden, Pierson 1892
Wien, Österreichische Nationalbibliothek, Druckschriftensammlung, Inv. Nr. 119.195-B

30.1.3 Das Maschinenzeitalter. Zukunftsvorlesungen über unsere Zeit von „Jemand"

Bertha von Suttner, 1888
Druck, gebunden, Schabelitz, 1889
Wien, Österreichische Nationalbibliothek, Druckschriftensammlung, Inv. Nr. 119.195-B

30.1.4 Memoiren

Bertha von Suttner, 1909
Druck, gebunden, Stuttgart, St. Verl.-Anst. 1909
Wien, Österreichische Nationalbibliothek, Druckschriftensammlung, Inv. Nr. 461.144-B

Weiterführende Literatur:

Brigitte Hamann, Bertha von Suttner. Ein Leben für den Frieden. München 1986.

30.2 Marie Freifrau Ebner von Eschenbach

1830 auf Schloß Zdislawitz bei Kremsier geboren, entstammte sie väterlicherseits einem alten böhmischen, katholischen Adelsgeschlecht, mütterlicherseits einer sächsischen, protestantischen Familie. Das Sommerhalbjahr verbrachte die Familie in Böhmen, das Winterhalbjahr in Wien. Durch ihre standesgemäße Erziehung wurde bereits früh ihr Interesse an klassischer Lektüre geweckt. 1848 vermählte sie sich mit Moritz Freiherrn von Ebner von Eschenbach. Die Ehe blieb kinderlos. Zunächst versuchte sie sich als Dramatikerin mehr oder weniger erfolglos. Bekannt wurde sie 1879 durch den Abdruck der Erzählung „Lotti, die Uhrmacherin" in der Monatsschrift „Deutsche Rundschau". Von da an wuchs ihr dichterischer Ruhm rasch. 1900 wurde ihr das Ehrendoktorat der Universität Wien verliehen. Neben Droste-Hülshoff ist sie die bedeutendste deutschsprachige Dichterin ihrer Zeit. Sie ist die hervorragendste Vertreterin der realistischen Heimaterzählung, eine meisterhafte Verfasserin von Aphorismen und wichtiger autobiographischer Schriften, die interessante Einblicke in die Lebenswirklichkeiten gewähren.

30.3 Ada Christen

Pseudonym für Christiane Frederick, verehelichte von Breden. Sie wurde 1844 in Wien geboren. Ihre Jugend war durch ein entbehrungsreiches Leben geprägt, das sie zunächst als Schauspielerin auf Wanderbühnen verlebte. Unter dem Einfluß von Ferdinand von Saar begann sie, Romane, Erzählungen und Gedichte zu schreiben, in denen sie Sozialkritik übte und die frühen Naturalisten beeinflußte. Ihr realistischer Stil schockierte das konservative Leserpublikum. Sie bildete den Mittelpunkt eines Schriftstellerkreises, in dem sich Anzengruber, Hebbel und Saar bewegten. Von 1855 bis 1858 gehörte sie dem Ensemble des Meidlinger Theaters an. Ab 1891 lebte sie vereinsamt in ihrer Gärtnerei und verstarb dort 1901. Zu ihren wichtigsten Werken zählen die Gedichtsammlungen „Aus der Asche" (1870) und „Aus der Tiefe" (1878).

30.4 Friederike Mayröcker

1924 in Wien geboren; von Beruf Hauptschullehrerin, kam sie in den 50er Jahren mit der „Wiener Gruppe" in Verbindung. 1969 entschloß sie sich, als freie Schriftstellerin zu leben. Sie ist eng mit dem Dichter Ernst Jandl befreundet. Ihre Lyrik, die sie ab 1945 veröffentlicht, spannt sich vom elegischen Erlebnisgedicht über das surrealistische Sprachexperiment und die Collage bis hin zu poetischer Prosa. Mayröcker widersetzt sich in ihren Arbeiten gängigen Erwartungen: Es gibt keinen traditionellen Handlungsablauf oder Erzählzusammenhang, keine herkömmliche Gliederung und Interpunktion, doch faszinieren die Texte durch ihre Sprachmagie, die Kunst ihrer Wortschöpfungen und den intellektuellen Anspruch. (Nach Isabella Ackerl/Friedrich Weissensteiner, Österreichs Personenlexikon der Ersten und Zweiten Republik. Wien 1992, 304.)

30.5 Ingeborg Bachmann

1926 in Klagenfurt geboren; sie besuchte das Gymnasium der Ursulinen in Klagenfurt und studierte dann an den Universitäten Innsbruck, Graz und Wien. 1951–1953 war sie Mitarbeiterin beim Sender Rot-Weiß-Rot, danach lebte sie als freie Schriftstellerin in Süditalien und Rom, wo sie 1973 verstarb. Bachmanns literarisches Gesamtwerk ist ebenso umfangreich wie vieldeutig und vielseitig deutbar. Schon in ihren ersten Werken schlägt die Literatin Themen an, die sie in den folgenden Jahren in verschiedenen literarischen Genres immer wieder aufgreifen sollte: die Kritik an den restaurativen Kräften der Nachkriegszeit, die Existenzbedrohungen des Menschen und die Erfahrungen der jüngsten Vergangenheit, das Ringen um die eigene Selbstfindung und um den Zugang zum Menschen, den Kampf gegen den korrumpierten Zugang zur Sprache. Ihr Aufbäumen gegen die Machtmechanismen der Männergesellschaft manifestiert sich v.a. im Spätwerk. (Nach Isabella Ackerl/ Friedrich Weissensteiner, Österreichs Personenlexikon der Ersten und Zweiten Republik. Wien 1992, 27.)

30.1

30.1

30.6 Elfriede Jellinek

1946 in Mürzzuschlag geboren; sie besuchte in Wien eine Klosterschule und studierte Theaterwissenschaft, Kunstgeschichte und Musik. Sie fand schon früh zur Literatur und wurde 1970 mit ihrem Roman „wir sind lockvögel baby“ bekannt. In „Die Liebhaberinnen“ (1975, 1989) greift sie jenes Thema auf, das sie immer wieder beschäftigt: die sexuelle Unterdrückung und Ausbeutung der Frau in einer von Männern dominierten Gesellschaft. Dabei geht es der politisch engagierten Autorin primär darum, mit ihrem satirischen Sprachwitz die herrschaftsstabilisierenden Manipulations- und Marktmechanismen der kapitalistischen Gesellschaft zu demaskieren und bewußtseinsverändernd zu wirken. (Nach Isabella Ackerl/Friedrich Weissensteiner, Österreichs Personenlexikon der Ersten und Zweiten Republik. Wien 1992, 204.)

30.7 Marlene Streeruwitz

1996 erhielt die in Baden bei Wien geborene Autorin den Österreichischen Würdigungspreis für Literatur. 1997 erschien ihr „Fotoroman“ „Lisa's Liebe“. Zu den Frauenfiguren in ihren Romanen sagt sie in einem Interview: „Ich beschreibe nicht die Situation der Frauen. Diese passiven oder hilflosen Personen, die sich damit aber auch retten und sehr subversiv funktionieren, sind für mich am interessantesten. Für Frauen sind die Formen ihres Unglücks noch immer nicht vollständig archiviert. Männer haben über Philosophie, Literatur und die anderen Künste ein großes Archiv aller ihrer Möglichkeiten – und für Frauen gibt es nur ein ganz schmales Fach. Diese ein bißchen langweiligen, sehr normalen und unauffälligen Geschichten interessieren mich einfach mehr als eine strahlende Heldin, die es auch nicht gibt“. (Zit. nach: Weiber Diwan, Winter 97, 18.)

Mit kämpferischen Frauen ins 20. Jahrhundert

31.1 Mädchenkopf im Linksprofil
Gustav Klimt, um 1884
Öl auf Leinwand, 42 x 31 cm
Privatbesitz

31.2 Schmiedtochter aus Jeutendorf
Ferdinand Andri, um 1900
Öl auf Leinwand
St. Pölten, Stadtmuseum

31.3 Porträt einer Dame mit schwarzem Kleid („Olga")
Thomas Ethofer, 1900
Öl auf Leinwand, 175 x 99 cm
Salzburg, Carolino Augusteum – Salzburger Museum für Kunst und Kulturgeschichte, Inv. Nr. 82-1034

Der Salzburger Maler Ethofer versuchte mit mondänen Bildnissen, Anschluß an die internationale Salonmalerei zu gewinnen.

31.4 Selbstbildnis
Therese F. Ries, 1902
Öl auf Leinwand, 157 x 70,5 cm
Wien, Historisches Museum der Stadt Wien, Inv. Nr. 133.271

Die 1874 in Moskau geborene Teresa Feodorowna Ries kam 1894/95 nach Wien, um Bildhauerei zu studieren. Eduard Hellmer nahm sie als Privatschülerin auf, da ihr als Frau der Besuch der Akademie untersagt war. 1896 stellte sie im Künstlerhaus aus und löste mit ihren Skulpturen einen Skandal aus. 1909 entstand eines ihrer besten Werke „Eva". In ihrer Autobiographie schrieb sie darüber: „Ich verstand nicht, wie Frauen meiner Zeit Ziel und Zweck ihres Daseins darin sehen konnten, von der launischen Liebe eines Mannes abhängig zu sein. Und doch schien dies das Los des Weibes zu sein, seit Evas Zeiten ..."

31.5 Weiblicher Akt mit Maske
Heinrich Krenes, um 1900
Pastell, 45 x 105 cm
Wien, Sammlung Rudolf Schmutz

Das Leben des Malers Krenes bildete die Vorlage für den Film „Maskerade".

31.6 Leifaden für junge Mädchen beim Eintritt in die Welt
Malvine von Steinau, A. Hartleben's Verlag, Wien, Pest, Leipzig, 1879
Druck, gebunden, 19 x 12,5 cm
Wien, Österreichische Nationalbibliothek, Druckschriftensammlung, Inv. Nr.162.454-B

31.7 Die Macht der Frauen und ihr Einfluß auf Familie, Haus und Gesellschaft im Einklange mit ihren Rechten und Pflichten als Gattin, Hausfrau und Mutter
M. von Hagen, Bernhard Friedrich Voigt, Weimar 1865
Druck, gebunden, 18 x 12,5 cm
Wien, Österreichische Nationalbibliothek, Druckschriftensammlung, Inv. Nr. 298.733-A

31.1

31.8 Die Convenienz. Conventionelle Umgangsformen. Der Tanzunterricht als Erziehungsfaktor, die Quadrille française und deren Geschichte
Carl Haraschin, Manzsche k.k. Hofverlags- und Universitäts-Buchhandlung, Wien 1880
Druck, gebunden, 17,5 x 12 cm
Wien, Österreichische Nationalbibliothek, Druckschriftensammlung, Inv. Nr. 22.889-A

31.9 Einschreibebuch
Luise Klaps, geb. Hardt, datiert Jänner 1871 – Jänner 1883
Wien, Wiener Stadt- und Landesarchiv, Inv. Nr. HS A 87/3

Luise Klaps war die Gattin eines Finanzbeamten. Die Eintragungen in das handgeschriebene Haushaltsbuch gliedern sich in ein Küchen- und in ein Hausbuch. Die Eintragungen zeigen das Funktionieren eines bürgerlichen Haushalts: Für die Wäsche und für größere Reinigungsarbeiten kamen Frauen als Hilfskräfte ins Haus.

31.10 's Weib, das will ins Wirtshaus gehen
Schwankballade, Scherzlied, handschriftliche Liedaufzeichnung, Guttenbrunn 1913 (BH Mistelbach, Gerichtsbezirk Feldsbach)
Wien, Volksliedarchiv für Niederösterreich, Sign. Reihe A 85/7

31.11 I bitt, Herr Hauptmann, bitt recht schön
Rätsellied, handschriftliche Liedaufzeichnung
Wien, Volksliedarchiv für Niederösterreich, Sign. Reihe A 190/5

31.12 Eisläuferin
Wien, um 1905
Reproduktion; Original: Aquarell, 21,7 x 14,5 cm
Wien, Historisches Museum der Stadt Wien, Inv. Nr. 56.527

Um die Jahrhundertwende eroberte die Frau neue Freiräume und entdeckte den Sport.

31.13 Bergsteigerin
Wien, um 1905
Reproduktion, Original: Aquarell, 21,7 x 14,5 cm
Wien, Historisches Museum der Stadt Wien, Inv. Nr. 56.526

31.14 Golfspielerin
Wien, um 1905
Reproduktion; Original: Aquarell, 21,7 x 14,5 cm
Wien, Historisches Museum der Stadt Wien, Inv. Nr. 56.524

31.15 Tennisspielerin
Wien, um 1905
Reproduktion; Original: Aquarell, 21,7 x 14,5 cm
Wien, Historisches Museum der Stadt Wien, Inv. Nr. 56.523

31.16 Radfahrerin
Theo Zasche, 1897
Tuschfeder auf Papier, 25,5 x 18,4 cm
Wien, Historisches Museum der Stadt Wien, Inv. Nr. 25.583

Die Zeichnung diente als Vorlage für eine Illustration in „Radlerei", einer Schrift, die vom Wiener Radfahrer-Club Künstlerhaus herausgegeben wurde. Der dazugehörige Vierzeiler lautet: „Und fällst du auch von Zeit zu Zeit / ‚All Heil!' klingt immer wieder/Und keine Bertha Suttner schreibt: ‚Die Waffenräder nieder!' "

31.17 Damenduell
Cajetan (= Anton Elfinger)
Aquarell
Wien, Kunst- und Auktionshaus Wolfdietrich Hassfurther

Die Emanzipationsbestrebungen der Frauen blieben nicht ohne Widerhall in der Karikatur. Ab 1842 war Anton Elfinger ständiger Mitarbeiter bei Bäuerles „Wiener Allgemeinen Theaterzeitung".

31.18 Karikaturen auf Frauentypen
Berta Czegka, um 1903
Zeitungsausschnitte, ca. 17 x 7 cm
Maria Enzersdorf, Sonja Leiss

Die Zeitungsausschnitte stammen aus dem Nachlaß Therese Vogls. Berta Czega wurde 1880 in Feldkirch geboren. Sie war Schülerin an der Wiener Kunstgewerbeschule. Sie fertigte Karikaturen für die „Meggendorfer Blätter", für das „Illustrierte Sportblatt" und für die „Österreichische Illustrierte Zeitung" an. Unbekannt ist, ob auch die Verse, die die Karikaturen erläutern, von Berta Czegka stammen.

31.19 Auguste Fickert (1855–1910)
Fotografie
Wien, Österreichische Nationalbibliothek, Bildarchiv

Die 1855 in Wien geborene Auguste Fickert stammte aus einer kleinbürgerlichen Familie. Sie ergriff den Beruf der Volksschullehrerin und mußte daher unverheiratet bleiben. 1893 gründete sie den „Allgemeinen österreichischen Frauenverein". Sie gab mehrere Frauenzeitungen heraus. Sie trat vehement für das Frauenwahlrecht ein. 1899 gründete sie gemeinsam mit Rosa Mayreder und Marie Lang die Monatsschrift „Dokumente der Frau". Ab 1902 leitete sie die Zeitschrift „Neues Frauenleben". In ihren letzten Lebensjahren widmete sie sich dem Aufbau der Bau- und Siedlungsgenossenschaft „Heimho", die ursprünglich für alleinstehende Frauen als billige Unterkunft gedacht war. Das erste Einküchenhaus wurde 1911 eröffnet.

31.20 Haushaltsbücher
Auguste Fickert
Wien, Wiener Stadt- und Landesarchiv, Nachlaß Auguste Fickert, JB 88.149

31.21 Rosa Mayreder (1858–1938)
Fotografie
Wien, Österreichische Nationalbibliothek, Bildarchiv

Rosa Mayreder wurde als Tochter des Gastwirts Franz Obermayer in Wien geboren. Sie erhielt eine für eine Tochter ungewöhnlich umfassende Schulbildung. Nach ihrer Heirat mit dem Architekturstudenten Karl Mayreder setzte sie ihre künstlerische Betätigung als Malerin fort. 1893–1903 war sie Vizepräsidentin des „Allgemeinen Österreichischen Frauenvereins". Sie begann Novellen und Romane herauszugeben. Für Hugo Wolf verfaßte sie das Libretto für die Oper „Der Corregidor". 1897 gründete sie gemeinsam mit Marianne Hainisch den Verein „Kunstschule für Frauen und Mädchen". In ihrer schriftstellerischen Tätigkeit wandte sie sich auch kulturphilosophischen Themen zu und setzte sich mit der Geschlechterproblematik und der Rolle der Sexualität auseinander. In der Zeitschrift „Dokumente der Frauen", deren Mitherausgeberin sie war, trat sie dafür ein, daß Frauen eine soziale Mission zu erfüllen hätten. In der unverbrauchten Kraft der Frauen liege die beste Hoffnung der Kulturmenschheit. 1928 wurde sie Bürgerin der Stadt Wien.

31.22 Zur Kritik der Weiblichkeit. Essays
Rosa Mayreder, Diederichs, Jena, Leipzig 1905
Druck, gebunden, mit Autograph der Verfasserin
Wien, Österreichische Nationalbibliothek, Druckschriftensammlung, Inv. Nr. 291.215-B

31.23 Askese und Erotik
Rosa Mayreder, Diederichs, Jena 1926
Druck, gebunden
Wien, Österreichische Nationalbibliothek, Druckschriftensammlung, Inv. Nr. 296.123-B

31.24 Dokumente der Frauen
Jahrgang 1899 und 1900
Wien, Wiener Landesbibliothek, Inv. Nr. A 35.458

31.25 Adelheid Popp (1869–1939)
Fotografie
Wien, Österreichische Nationalbibliothek, Bildarchiv

Nach dem Besuch von nur drei Jahren Volksschule mußte sie ab dem achten Lebensjahr bereits in Fabriken und als Weißnäherin arbeiten. Frühzeitig engagierte sie sich in der Arbeiterjugendbewegung und im Arbeiterinnen-Bildungsverein. Nach Gründung der Arbeiterinnen-Zeitung 1892 wurde sie verantwortliche Redakteurin und blieb dies bis 1934. Ab 1898 gehörte sie dem sozialdemokratischen Frauenreichskomitee an. 1918–23 war sie Mitglied des Gemeinderates, 1919–34 Abgeordnete zum Nationalrat. Sie trat für eine Verbesserung des Schutzes von Mutter und Kind ein und kämpfte gegen die Kinder- und Jugendarbeit. Die Ehe betrachtete sie als Institution zur Unterdrückung der Frauen.

31.26 Die Haussklavinnen. Ein Beitrag zur Lage der Dienstmädchen
Adelheid Popp, Verlag der Wiener Volksbuchhandlung Ignaz Brand & Co., 1912
Druck, gebunden, 19 x 13,5 cm
Wien, Österreichische Nationalbibliothek, Druckschriftensammlung, Inv. Nr. 484.477-B

In ihrer politischen Tätigkeit setzte sich Adelheid Popp für die Besserstellung der Hausangestellten ein.

31.16

31.29

31.27 Die Lebensgeschichte einer Arbeiterin, von ihr selbst erzählt. Mit einführenden Worten von August Bebel
(Adelheid Popp), München 1909
Druck, gebunden
Wien, Österreichische Nationalbibliothek, Druckschriftensammlung, Inv. Nr. 464.149-B1

31.28 Die Arbeiterin im Kampf um's Dasein
Adelheid Popp, Brand, Wien 1895
Druck, gebunden
Wien, Österreichische Nationalbibliothek, Druckschriftensammlung, Inv. Nr. 84.898-B

31.29 Marianne Hainisch (1839–1936)
Fotografie
Wien, Österreichische Nationalbibliothek, Bildarchiv

Marianne Hainisch kann als Gründerin der bürgerlichen Frauenbewegung angesprochen werden. 1870 trat sie für die Errichtung von Realgymnasien für Mädchen ein und für die Zulassung von Frauen zum Studium. 1892 gründete sie den „Bund österreichischer Frauenvereine“. Bis 1924 war sie dessen Vorsitzende. Sie gründete das Wiener Frauenstimmrechtskomitee und setzte sich nach dem Ersten Weltkrieg für die Friedensbewegung verstärkt ein. 1929 wurde sie Bürgerin der Stadt Wien. Marianne Hainisch gab den Anstoß für die Einführung des Muttertags in Österreich.

31.30 Hildegard Burjan (1883–1933)
Fotografie
Wien, Österreichische Nationalbibliothek, Bildarchiv

Hildegard Burjan kam in Preußisch-Schlesien als Kind jüdischer Eltern zur Welt. Mit ihren Eltern übersiedelte sie zunächst nach Berlin, dann nach Zürich, wo sie Germanistik und Philosophie studierte. 1909 trat sie zum katholischen Glauben über und kam nach Wien. 1912 gründete sie den „Verband christlicher Heimarbeiterinnen“. Während des Ersten Weltkriegs rief sie das Werk „Soziale Hilfe“ ins Leben. 1918 war sie Mitglied im provisorischen Wiener Gemeinderat, 1919/20 Abgeordnete zum Nationalrat. 1918 gründete sie die Schwesternschaft „Caritas Socialis“ und die Bahnhofsmission.

31.31 Porträt der Malerin Roxane Zuruncic
Franz Lerch, um 1930
Öl auf Leinwand, 69 x 55 cm
Wien, Österreichische Galerie, Inv. Nr. 3208

Die Belgrader Malerin Roxane Zuruncic stellte 1932 im Hagenbund aus, dem auch Franz Lerch angehörte.

31.32 Porträt Kamilla Koko
Max Hirschenauer, um 1930
Öl auf Leinwand, 96,5 x 66,5 cm
Linz, Museum Nordico

31.33 Damen-Tageskleid
Wien, Salon Minni Ullmann, 1925/30
Salzburg, Carolino Augusteum – Museum für Kunst und Kulturgeschichte, Inv. Nr. 2230/90

31.34 Der gute Ton für Damen. Eine Anleitung, sich in den verschiedenen Verhältnissen des Lebens und der Gesellschaft als wohlerzogene, gebildete Dame zu betragen
Malvine von Steinau, A. Hartleben's Verlag, Wien 1922
Druck, gebunden, 18,5 x 12,5 cm
Wien, Österreichische Nationalbibliothek, Druckschriftensammlung, Inv. Nr. 543.449-B

31.35 Die Schönheits-Bücherei der Dame
Dr. Med. W. Perlstein, Wilhelm Braumüller, Wien und Leipzig, o. J.
Druck, gebunden, 3 Bde., 15 x 10,5 cm
Maria Enzersdorf, Sonja Leiss

31.36 Was verlangt der gute Ton. Ein Berater in allen Lebenslagen
Margarete Krockner-Weitzner, Frau-und-Mutter-Verlag, Wien 1935
Druck, gebunden
Wien, Österreichische Nationalbibliothek, Druckschriftensammlung, Inv. Nr. 644.765-B

31.37 Frauen im Nationalsozialismus

Fotocollage
Wien, Österreichische Nationalbibliothek, Bildarchiv
Wien, Institut für Zeitgeschichte der Universität Wien

Frauen hatten im Nationalsozialismus zwei Rollen zu erfüllen. Einerseits war ihre wichtigste Aufgabe, Frau und Mutter zu sein. Dem wurde Rechnung getragen mit Aktionen wie der Einführung der Verleihung des Mutterkreuzes für kinderreiche Mütter. Andererseits war es notwendig, Frauen in wirtschaftlichen Krisenzeiten und vor allem im Krieg in den Produktionsprozeß einzubinden. So finden sich im „Völkischen Beobachter" zur gleichen Zeit Artikel, die die Rolle der Frau als Mutter hervorheben, und solche, die positiv über Frauenarbeit berichten: „Junge, lachende Mädel sitzen bei den Arbeitstischen, bürsten und putzen das Metall, mit hurtigen Fingern wickeln sie die fertigen Stücke in Seidenpapier und legen dann die einzelnen Lagen in die bereitstehenden Schachteln. Flink geht's von der Hand, dabei wird gescherzt und geplaudert." („Völkischer Beobachter", 12. 1. 1939.) Ein weiterer fixer Bestandteil des nationalsozialistischen Mutterbildes ist die Bereitschaft zum Leiden; so werden die moralischen Voraussetzungen für die Entbehrungen und das Leid im Krieg geschaffen: „Weil sie lieben, werden sie so groß, so geheimnisvoll in ihrer Leidenschaft. Weil sie sich selbst ganz vergessen in ihrer Liebe und für ihre Kinder allen Schmerz, jede Not auf sich nehmen, weil Mütter sich so verschenken und verschwenden, deshalb sind sie heilig im Volke, deshalb steht das Bild der Mutter in stiller Verklärung auf den Wegen ihrer Söhne." („Völkischer Beobachter", 19. 5. 1940.)

31.38 Frauen im Krieg

Fotocollage
Wien, Österreichische Nationalbibliothek, Bildarchiv
Wien, Institut für Zeitgeschichte der Universität Wien

1939 wurde die Reichsarbeitsdienstpflicht für ledige Frauen und Mädchen von 17 bis 25 Jahren eingeführt. Im Frühjahr 1940 begann die Propagandakampagne für den „freiwilligen Ehrendienst der Frauen in der Kriegswirtschaft". Ab Sommer 1941 forcierte die Wehrmacht den Einsatz von Frauen im Kriegsdienst, die durch den Reichsarbeitsdienst verpflichtet wurden. Frauen arbeiten vornehmlich als Telefonistinnen, Fernschreiberinnen, Funkerinnen und Flakhelferinnen. Ab 1942 werden Frauen auch für den polizeilichen Revierdienst herangezogen. Nach der Ausrufung des totalen Krieges am 27. Jänner 1943 erfolgt die Einführung der Meldepflicht bei Arbeitsämtern für Frauen zwischen 17 und 45. Die Altersgrenze wird später auf 50 Jahre angehoben. Ende Februar 1945 werden auch Frauen zum „Volkssturm" einberufen.

31.39 Schriftenreihe für die praktische Hausfrau.

In Verbindung mit dem Frauenamt der DAF und des Deutschen Frauenwerks, hrsg. vom Reichsausschuß für volkswirtschaftliche Aufklärung
O. Beyer, Leipzig, um 1938
Wien, Österreichische Nationalbibliothek, Druckschriftensammlung, Inv. Nr. 666.219-C

31.40 Von Kopf bis Fuß. Körperkultur und Schönheitspflege für die deutsche Frau

Gerda Juergis, Bergstadtverlag 1941
Druck, gebunden
Wien, Österreichische Nationalbibliothek, Druckschriftensammlung, Inv. Nr. 718.229-B

31.41 Mädel im Kampf

Margarete Dargel, Georg Kallmeyer Verlag, Wolfenbüttel und Berlin, 1938
Druck, gebunden
Maria Enzersdorf, Sonja Leiss

31.42 „Trümmerfrauen"

Fotocollage
Wien, Österreichische Nationalbibliothek, Bildarchiv
Wien, Institut für Zeitgeschichte der Universität Wien

Die Zeit nach dem Krieg war für die Frauen geprägt vom Überlebenskampf. Frauen standen auf den Trümmern ihrer Existenz und oft genug auch auf den Trümmern ihres Lebens. Der Ausdruck „Trümmerfrauen" bezeichnete ursprünglich die Frauen, die aufgrund ihrer nationalsozialistischen Vergangenheit zwangsweise zur Aufräumung der Ruinen und Schuttberge verpflichtet wurden. Viele Frauen arbeiteten freiwillig an der Beseitigung der Schuttberge mit, um sich etwas Geld oder Essen zu verdienen.

31.12

31.43 Zigarettenpackungen

Chesterfield, Lucky Strike, Philip Morris
Wien, Österreichisches Tabakmuseum

31.44 Monitor 1: Filme 1920–1950

31.44.1 Die freudlose Gasse (Ausschnitt)

D 1925, Stummfilm, 125 min
Regie: G. W. Pabst
Darsteller: Asta Nielsen, Werner Kraus, Greta Garbo, Loni Nest
Produktion: Sofar-Film
Connaissance du Cinema, Paris

Wien im Jahre 1925. Inflation und Hunger haben die Menschen erniedrigt, die moralischen Grundsätze der Bürger wanken. Die Tochter eines Beamten gerät ins Elend und kann sich nur mit Prostitution durch das Leben bringen. Sie wird aber von einem schönen Amerikaner schließlich gerettet. Nach einem Roman von Hugo Bettauer. (Lexikon des internationalen Films. Hg. Kath. Institut f. Medieninformation e.V./ Kath. Filmkommission Deutschland. Reinbek b. Hamburg 1988, Bd. 2.)

Gert Tschögl

31.44.2 Ernte, auch: Die Julika (Ausschnitt)

A 1936, 88 bzw. 92 min
Regie: Geza von Bolvary
Darsteller: Paula Wessely, Attila Hörbiger, Gina Falckenberg, Fred Hennings
Produktion: Vienna-Film

Die Tochter des verstorbenen Kutschers bleibt, als der Gutsherr die Angestellten und Landarbeiter entlassen muß, allein bei ihm. Sie betreut die Wirtschaft und nimmt das Gerede des Dorfes auf sich. Am Ende heiraten sie schließlich. Frauenbild und Filmsprache propagieren den bereits vor den Toren stehenden Geist des Nationalsozialismus. (Österreichische Filmtage Wels 1986. Katalog. Hg: Österreichisches Film Büro. Wien 1986, 225.)

Gert Tschögl

31.44.3 Mutterliebe (Ausschnitt)

D 1939, 107 min
Regie: Gustav Ucicky
Darsteller: Käthe Dorsch, Paul Hörbiger, Wolf Albach-Retty, Hans Holt
Produktion: Wien-Film
Jupiter Film, Wien

Vier Kinder verlieren ihren Vater. Die Mutter rackert sich als Wäscherin ab, um ihre Kinder durchzubringen. Für einen erblindeten Sohn opfert sie die Hornhaut eines ihrer Augen. Erst als 60jährige kann sie sich zur Ruhe setzen. Nachdem sie auch das letzte ihrer Kinder versorgt weiß, sieht sie ihre Aufgabe als Mutter erfüllt. „Mit dem höchsten Prädikat (‚staatspolitisch und künstlerisch wertvoll') ausgezeichneter Großangriff auf deutsches Gemüt, produziert zur Verherrlichung der großdeutschen Mutter, wie sie für den Krieg erwünscht war." (Lexikon des internationalen Films. Hg. Kath. Institut f. Medieninformation e.V./ Kath. Filmkommission Deutschland. Reinbek b. Hamburg 1988, Bd. 5.)

Gert Tschögl

31.44.4 Der Engel mit der Posaune (Ausschnitt)

A 1948, 137 min
Regie: Karl Hartl
Darsteller: Paula Wessely, Attila Hörbiger, Hedwig Bleibtreu, Paul Hörbiger, Hans Holt, Fred Liewehr, Curd Jürgens, Helene Thimig, Oskar Werner, Maria Schell,
Produktion: Vindobona-Film
Creditanstalt, Wien

Geschichte um eine Klaviermacherfamilie aus Wien zwischen 1890 und 1945. Franz Alt, verheiratet mit der aus einer jüdischen Familie stammenden Henriette Stein, ist nach einer Verletzung aus dem Ersten Weltkrieg gelähmt. Er stirbt bald nach seiner Rückkehr. Nach dem Anschluß Österreichs an Hitlerdeutschland soll Henriette von der Gestapo festgenommen werden, da sie ihr Haus nicht mit der Hakenkreuzfahne beflaggt hat. Durch ihren Freitod entzieht sie sich der Verhaftung. Einer ihrer Söhne, mit einem

politischen Naheverhältnis zum Nationalsozialismus, beginnt an seiner Überzeugung zu zweifeln; die Tochter wandert nach Südamerika aus. Der älteste Sohn der Familie beginnt 1945 mit dem Wiederaufbau des Familienunternehmens. (Österreichische Filmtage Wels 1984. Katalog. Hg: Österreichisches Film Büro. Wien 1984.)
Gert Tschögl

31.44.5 Die letzte Brücke (Ausschnitt)
A/Jug 1954, 105 min
Regie: Helmut Käutner
Darsteller: Maria Schell, Bernhard Wicki, Barbara Rütting
Produktion: Cosmopol-Film/Ufus
Eine deutsche Lazarettärztin wird im 2. Weltkrieg in Jugoslawien von Partisanen zu deren medizinischer Betreuung gezwungen und tut dies später auch freiwillig, als der Weg zurück zu ihrem Freund, einem Angehörigen der deutschen Wehrmacht, frei wäre. Eine filmische Anklage gegen den Krieg und eine Auseinandersetzung mit den Begriffen „Volk" und „Freiheit" aus der Sicht einer Ärztin. (Österreichische Filmtage Wels 1984. Katalog. Hg: Österreichisches Film Büro. Wien 1984.)
Gert Tschögl

31.44.6 Der weite Weg, auch: Schicksal in Ketten (Ausschnitt)
A 1946, 81 min
Regie: Eduard Hösch
Darsteller: Rudolf Prack, Maria Andergast, Hans Holt, Willi Danek, Karl Skraup, Thea Weis
Produktion: Donau-Film
Jupiter Film, Wien
In sowjetischer Gefangenschaft entnimmt ein Mann den Prahlereien eines Mitgefangenen, daß dieser in Wien angeblich sehr enge Beziehungen zu seiner Frau hatte. Bei einer Auseinandersetzung schlägt er den Angeber so unglücklich zu Boden, daß dieser stirbt. In die Heimat zurückgekehrt, zieht der Mann zu seinem besten Freund, weil er seine vermeintlich treulose Frau nicht wiedersehen will. Erst durch Nachforschungen des Freundes ändert der Ehemann die Meinung über seine Frau. Das Ehepaar findet sich nach einem schweren Unfall des Mannes wieder. (Österreichische Filmtage Wels 1984. Katalog. Hg: Österreichisches Film Büro. Wien 1984.)
Gert Tschögl

31.45 Familie
Hans Wulz, 1951
Öl auf Leinwand, 100 x 120 cm
Wien, Hans Georg Wulz

31.46 Gutes Benehmen wieder gefragt
Willi Elmayer, Wien 1957
Druck, gebunden, 20 x 13 cm
Wien, Privatbesitz

31.47 Der gute Ton für meine Tochter. Ein Anstandsbrevier für die junge Dame
Fritz Beck, Pechan, Wien, München, Zürich (1960)
Druck, gebunden
Wien, Österreichische Nationalbibliothek, Druckschriftensammlung, Inv. Nr. 764.425-A Per 316

31.48 Schule des Charmes für Mädchen und junge Frauen
Mary Young, Wien 1967
Druck, gebunden
Wien, Österreichische Nationalbibliothek, Druckschriftensammlung, Inv. Nr. 1,016.317-B

31.49 Monitor 2: Filme der 50er und 60er Jahre

31.49.1 Die Försterliesl (Ausschnitt)
D 1956, 88 min
Regie: Herbert B. Fredersdorf
Darsteller: Anita Gutwell, Rudolf Lenz, Eva-Maria Meinecke, Rudolf Carl, Erik Frey
Produktion: Rex Film
Jupiter Film, Wien
Ein Heimatfilm mit ansprechenden Landschafts- und Tieraufnahmen, die den Hintergrund für eine dürftige Geschichte um das Dreiecksverhältnis zwischen einer Förstertochter, einem Jäger, einem Gutsherrn und einem Wilderer abgeben. Ganz im Stil des Genres deutscher und österreichischer Heimatfilme der 50er Jahre. (Lexikon des internationalen Films. Hg. Kath.

Institut f. Medieninformation e.V./ Kath. Filmkommission Deutschland. Reinbek b. Hamburg 1988, Bd. 2.)
Gert Tschögl

31.49.2 Noch minderjährig, auch: Unter achtzehn (Ausschnitt)
A 1957, 95 min
Regie: Georg Tressler
Darsteller: Paula Wessely, Vera Tschechowa, Paul Löwinger, Peter Parak, Erik Frey
Produktion: Paula Wessely Film
Jupiter Film, Wien
Die Geschichte einer straffällig gewordenen jungen Frau in Wien. Nach ihrer Entlassung aus der Jugendstrafanstalt wird sie trotz der Bemühungen ihrer Jugendfürsorgerin von ihrem früheren Arbeitgeber nicht mehr aufgenommen. Auf Anraten einer Freundin will sie als Tänzerin in einem Nachtlokal ihr Geld verdienen. Nach einer für einen Geschäftsmann kompromittierenden Situation bekommt sie als Schweigegeld von dessen Anwalt eine freie Wohnung zugestanden. Als ihr Freund aus der Haft entlassen wird, kommt es in ihrer Wohnung zum Streit. Der Film endet mit den Vorbereitungen für eine Party in einem Klublokal, welches sie gemeinsam mit anderen Jugendlichen und unter der Mithilfe der Jugendfürsorgerin eröffnet. (Lexikon des internationalen Films. Hg. Kath. Institut f. Medieninformation e.V./ Kath. Filmkommission Deutschland. Reinbek b. Hamburg 1988, Bd. 6.)
Gert Tschögl

31.49.3 Im Weißen Rössel (Ausschnitt)
A 1960, 103 min
Regie: Werner Jacobs
Darsteller: Peter Alexander, Waltraut Haas, Karin Dor, Adrian Hoven, Gunther Philipp
Produktion: Sascha-Film/Carlton Film
Jupiter Film, Wien
Neuverfilmung des gleichnamigen Films von Willi Forst aus dem Jahr 1952. Die vielumworbene Wirtin eines Hotels am Wolfgangsee entscheidet sich für ihren Oberkellner als Lebens- und Geschäftspartner, nach dem dieser mit allen Tricks versucht ihr Herz zu gewinnen. Liebesirrungen und -wirrungen im Stil eines musikalischen Heimatfilmes nach der Operette von Charell und Benatzky. (Lexikon des internationalen Films. Hg. Kath. Institut f. Medieninformation e.V./ Kath. Filmkommission Deutschland. Reinbek b. Hamburg 1988, Bd. 4.)
Gert Tschögl

31.49.4 Geständnis einer Sechzehnjährigen (Ausschnitt)
A 1960, 79 min
Regie: Georg Tressler
Darsteller: Barbara Frey, Michael Hinz, Wolfgang Preiss, Nina Sandt
Produktion: Cerny Film/Sascha-Film
Jupiter Film, Wien
Die Tochter einer gutsituierten bürgerlichen Familie leidet an der zerrütteten Ehe ihre Eltern. Sie sieht keinen anderen Ausweg mehr, als den Liebhaber ihrer Mutter zu töten. (Lexikon des internationalen Films. Hg. Kath. Institut f. Medieninformation e.V./ Kath. Filmkommission Deutschland. Reinbek b. Hamburg 1988, Bd. 3.)
Gert Tschögl

31.49.5 Mariandl (Ausschnitt)
A 1961, 88 min
Regie: Werner Jacobs
Darsteller: Conny Froboess, Rudolf Prack, Waltraut Haas, Peter Weck, Gunther Philipp, Hans Moser
Produktion: Sascha-Film
Jupiter Film, Wien
Neuverfilmung des Stoffes aus dem Film „Hofrat Geiger“ aus dem Jahr 1947. Durch Zufall erfährt Hofrat Geiger von der Existenz seiner unehelichen Tochter und beschließt, ihre Mutter nach siebzehn Jahren zu heiraten. Doch bis es so weit ist, sind noch einige Mißverständnisse und Verwechslungen aufzuklären. Am Ende gibt es eine Doppelhochzeit, denn auch seine Tochter und sein Sekretär geben sich das Jawort. (Lexikon des internationalen Films. Hg. Kath. Institut f. Medieninformation e.V./ Kath. Filmkommission Deutschland. Reinbek b. Hamburg 1988, Bd. 5.)
Gert Tschögl

31.19

31.25

31.49.6 Der Weibsteufel (Ausschnitt)

A 1966, 91 min
Regie: Georg Tressler
Darsteller: Maria Emo, Sieghardt Rupp, Hugo Gottschlich
Produktion: Vienna Film
Jupiter Film, Wien

Das unerfüllte Leben einer mit einem gerissenen Schmuggler und Bauern verheirateten jungen Frau ändert sich plötzlich, als ein junger Polizist mit dem Auftrag, das Schmugglernest auszuspionieren, ihr den Hof macht. Doch weder die Rechnung des Bauern noch die der Polizei geht bei diesem Spiel auf. Die Verfilmung des Theaterstückes von Karl Schönherr stellte den Versuch dar, einen Heimatfilm abseits der Klischees zu machen. (Lexikon des internationalen Films. Hg. Kath. Institut f. Medieninformation e.V./ Kath. Filmkommission Deutschland. Reinbek b. Hamburg 1988, Bd. 9.)

Gert Tschögl

31.50 Monitor 3: Filme der 80er Jahre

31.50.1 Sei zärtlich Pinguin (Ausschnitt)

A 1982, 94 min
Regie: Peter Hajek
Darsteller: Marie Colbin, Heinz Hönig, Rainer Hunold, Debbie Neon, Helga Uhlig
Produktion: R. Ziegler Filmprod./Dieter Geissler Film/Popular Filmprod./Günther Köpf Filmprod.
Regina Ziegler Filmproduktion, Berlin

Komödie um ein junges Paar, das eine Partnervermittlung betreibt. Auf der Suche nach sich selbst trennen sich für kurze Zeit ihre Wege, um mit neuen Erfahrungen in der Liebe und Sexualität wieder zueinander zu finden.

Gert Tschögl

31.50.2 Tafelspitz (Ausschnitt)

A/D 1992, 98 min
Regie: Xaver Schwarzenberger
Darsteller: Anika Pages, Christiane Hörbiger, Otto Schenk, Jan Niklas
Produktion: TV-60 Filmprod./IDUNA-Film/WEGA-Film
Jupiter Film, Wien

Verwechslungskomödie um die Besitzerin eines angesehenen Restaurantbetriebes, die ihre Tochter nach einem Disput um deren Zukunft auf eine angesehene Hotelfachschule schickt. Nach ihrer Ausbildung nimmt die Tochter einen Job als Aupair-Mädchen bei einer amerikanischen Familie in Deutschland an und wird an einen jungen Amerikaner als Köchin in die USA vermittelt. Der ebenfalls in diesem Hause arbeitende Butler erkennt in ihr seine uneheliche Tochter. Es beginnt ein Verwirrspiel, an dessen Ende Tochter und Mutter die Männer ihres Lebens finden. (Handbuch der katholischen Filmkommission für Österreich. Film 93–95. Hg: Kath. Zentrum für Massenkommunikation Österreichs. Wien 1995.)

Gert Tschögl

31.50.3 Lamorte (Ausschnitt)

A 1996, 90 min
Regie: Xaver Schwarzenberger
Darsteller: Nicole Heesters, Gertraud Jesserer, Inge Konradi, Dolores Schmidinger, Bibiane Zeller, Christiane Hörbiger, Else Ludwig, Elfriede Irrall, Ulli Philipp, Senta Berger, Paola Loew, Hertha Schell, Lotte Ledl
Produktion: Teamfilm für ORF/BR
ORF

Dreißig Jahre nach der Matura trifft eine ehemalige Mädchenklasse in einem Hotel zusammen. Die Erfolgreichste unter ihnen hat das Treffen initiiert. An einer unheilbaren Krankheit leidend wählt sie den Freitod im Kreis ihrer ehemaligen Mitschülerinnen, den einzigen Menschen, die ihr in dieser Stunde beistehen. Ein Film über Karriere, Ehe, Lebenssinn, Einsamkeit und Tod aus der Sicht höchst unterschiedlicher Frauen. (Austrian Films 1997. Hg: Austrian Film Commission. Wien 1997, 95.)

Gert Tschögl

31.50.4 Karambolage (Ausschnitt)

A 1982, 100 min
Regie: Kitty Kino
Darsteller: Marie Colbin, Renée Felden, Gerhard Rühmkorf, Florentin Groll
Produktion: Neue Studio Film Jupiter Film, Wien

Eine Frau erlernt in einem Lokal von einem jungen Burschen das Billardspielen. Ihre Bekanntschaft zu diesem Billardspieler und ihre Freundschaft zu einem anderen Mann trennen sie emotionell von ihrem Freund und dessen noblen Freundeskreis. Sie gewinnt ihr erstes Turnier. Ihre Umwelt stößt sich daran, daß sie durch ihr Billardspielen in eine Domäne der Männerwelt einbricht. Sie sucht den Wettkampf mit dem „King" aus dem Unterweltmilieu, dem besten Billardspieler der Stadt. Er versucht sie zu vergewaltigen, sie kann entkommen. (Österreichische Filmtage Wels 1984. Katalog. Hg: Österreichisches Film Büro. Wien 1984.)

Gert Tschögl

Verwendete und weiterführende Literatur:

Harriet Anderson, Vision und Leidenschaft. Die Frauenbewegung im Fin de Siècle Wiens. Wien 1994.

Aufbruch in das Jahrhundert der Frau. Rosa Mayreder und der Feminismus in Wien um 1900. Ausstellungskatalog Historisches Museum der Stadt Wien. Wien 1989.

Franz Severin Berger/Christiane Holler, Trümmerfrauen. Alltag zwischen Hamstern und Hoffen. Wien 1994.

Karin Berger, Zwischen Eintopf und Fließband. Frauenarbeit und Frauenbild im Faschismus Österreich 1938–1945. Wien 1984.

Die Frau im Korsett. Wiener Frauenalltag zwischen Klischee und Wirklichkeit. Ausstellungskatalog Historisches Museum der Stadt Wien. Wien 1984.

Lisa Fischer, Emil Brix, Die Frauen der Wiener Moderne. Wien 1997.

Frauen der ersten Stunde 1945–1955. Wien 1985.

Frauenleben 1945. Kriegsende in Wien. Ausstellungskatalog Historisches Museum der Stadt Wien. Wien 1995.

Michaela Kronthaler, Die Frauenfrage als treibende Kraft. Hildegard Burjans innovative Rolle im Sozialkatholizismus. Graz 1995.

Marion Wisinger, Land der Töchter: 150 Jahre Frauenleben in Österreich.

Filme und Videos österreichischer Künstlerinnen

32

32.1 Reflexion (Ausschnitt)
A 1965–69, 35 mm, 95 min.
Regie: Edith Hirsch/Sepp Jahn
Darsteller: Sieglinde Koch, Tomislav Mirkovic
Produktion: Hirsch/Jahn Produktion der Wien Film
Jahnfilm, Wien

Experimenteller Spielfilm über ein junges Mädchen, welches ihren Urlaub an einem See verbringt. Als bei einem Reifen des Rollers die Luft ausgeht, muß sie ihn auf der einsamen Waldstraße weiterschieben. Plötzlich tritt aus dem Wald ein Mann mit einem Messer heraus. Sie gerät in Hysterie, läßt den Roller fallen und flüchtet. Dabei fallen ihr als Reflexionen Greuelgeschichten ein, von denen sie im Film gesehen, gehört oder gelesen hat. Sie steigert sich immer mehr in diese Vorstellungen hinein. („Kurier", 3. 8. 1966)
Gert Tschögl

32.2 Unsichtbare Gegner (Ausschnitt)
A 1976, 16 mm, 112 min.
Regie: Valie Export
Darsteller: Susanne Widl, Peter Weibel, Josef Plavec, Monika Helfer-Friedrich, Helke Sander
Produktion: Valie Export Filmproduktion
EA-Generali Foundation, Wien

Anna hört im Radio Nachrichten, daß die Welt von unsichtbaren Gegnern bedroht wird. Auf diese Meldungen fixiert, beginnt sie, ihre Umwelt und Mitmenschen mit anderen Augen zu sehen. Sie beginnt die Aggressivität und Niedertracht, die ihr die Stadt entgegenbringt, am eigenen Leib zu spüren. Die Mitmenschen sieht sie unter dem Einfluß der unsichtbaren Gegner stehen und fällt in Isolation und Verzweiflung. Mit einer Kamera will sie ihre Wahrnehmungen beweisen; schließlich verläßt sie auch ihren Freund, der logisch und kritisch ihre Wahrnehmungen erklären möchte. Der Film endet mit Nachrichten über die täglich fortschreitenden Zerstörungen der Welt. Im Jahr 1977 wurde Valie Export für diesen Film von einer Jury für den Österreichischen Staatspreis nominiert. Minister Dr. Sinowatz legte aber sein Veto ein. (Anita Pammer, Valie Export. Eine multimediale Künstlerin. Reihe Frauenforschung Band 7. Wien 1988. 111–121.)
Gert Tschögl

32.3 Anna (Ausschnitt)
A 1980, 16 mm, 40 min
Regie: Linda Christanell
Darstellerin: Anna Rheinsberg
Linda Christanell, Wien

Der Film schafft optische Symbole zum Thema Weiblichkeit. Damit kommt das spezifisch weibliche Ambiente zur Sprache: Beschränkung weiblicher Existenz auf den Innenraum, ein Leben mit Schmuck und Flitter, Faszination durch die Welt des Mannes. Tätigkeiten wie Häkeln bestimmen das Leben von Anna. Mit dem Betrachten von Fotos aus der Vergangenheit tritt Anna eine Reise in die Vergangenheit an. Optische Symbole sind ambivalent und ironisieren die traditionelle Sozialisation der Frau. (Frauen und Film und Video Österreich. Hg: Claudia Preschl. Wien 1986, 69ff.)
Gert Tschögl

32.4 Canale Grande (Ausschnitt)

A/D 1983, 35 mm, 82 min
Regie: Friederike Pezold
Darsteller: Friederike Pezold, Hans Peter Hofmann, Martin Diem, Leocadia Rauch
Produktion: Primadonna Filmproduktion
Friederike Pezold, Wien

Im Film zeigt die Hauptfigur, eine Frau, daß es möglich ist, viele Träume, Phantasien und Utopien zu haben, und daß es möglich ist, diese trotz vieler Schwierigkeiten und Widerstände zu realisieren. Sie beweist, daß der Mensch, obwohl er als vorprogrammiertes Produkt in die Welt hinaus- und in ein vorprogrammiertes Programm hineingestoßen wird, durchaus sein eigenes Programm machen kann. (Österreichische Filmtage Wels 1984. Katalog. Hg: Österreichisches Film Büro. Wien 1984, o. S.)
Gert Tschögl

32.5 1220

A 1984, 16 mm, 2 min
Regie: Sabine Groschup
Produktion: Hochschule für angewandte Kunst
Sabine Groschup, Wien

90 Tage, an denen eine Hausfrau den Postboten trifft, die Lampe ein- und ausgeschaltet wird, einer ißt und ißt, und eine Hausfrau, die mit dem Staubsauger herumflitzt, das alles ist action. (Frauen und Film und Video Österreich. Hg: Claudia Preschl. Filmladen, Wien 1986, 88f.)
Gert Tschögl

32.6 Super-8-Girl-Games

A 1985, Super 8, 2 min
Regie, Darsteller: Ursula Pürrer/Hans Scheirl
Pürrer/Scheirl, Berlin/London

Die Akteurinnen erkunden mit witzigen Trickelementen die Faszination am Ekel.
Gert Tschögl

32.7 Cerolax

A 1985, 16 mm, 2 min
Regie, Darstellerin: Mara Mattuschka
Mara Mattuschka, Wien

Symbole, die einen Frauenkörper bedecken, verweisen auf geschlechtsspezifische, soziale und historische Traumata. Cerolax übersprüht diese Bilder und „reinigt" den Körper. „Es sind Blutflecken, die bei Gehirnwäsche nicht rausgehen. Es gibt gewisse Bilder, die sind wie Symbole, die trägt man ein Leben lang mit sich herum." (Mara Mattuschka, in: Blaue Wunder. Neue Filme und Videos von Frauen 1984 bis 1994. Hg: Eva Hohenberger, Karin Jurschik. Hamburg 1994, 132.)
Gert Tschögl

32.8 Splash

A 1989, U-Matic, 1:30 min
Regie: Ilse Gassinger
Produktion: Medienwerkstatt Wien
Ilse Gassinger, Canada

Nasse Körper in nassen roten Kleidern, blaues Wasser. Energische Musik und fast jeder Takt ein Schnitt. (Videokatalog Kunst-Dokumentar. Hg: Medienwerkstatt Wien. Wien 1997. Einzelblätter o. S.)
Gert Tschögl

32.9 Collected Views (Ausschnitt)

A 1990, U-Matic, 10 min
Regie: Gerda Lampalzer/Manfred Neuwirth
Produktion: Medienwerkstatt Wien
Lampalzer/Neuwirth, Wien

Eine Videokamera wird an acht verschiedenen Orten der Welt postiert. Sie nimmt das vor ihr ablaufende Geschehen in einem bestimmten Rhythmus auf. Was drauf ist, ist drauf. Eine Stunde wird zu eineinhalb Minuten. Collected Views wurde auch als Videoinstallation gezeigt. (Videokatalog Kunst-Dokumentar. Hg: Medienwerkstatt Wien. Wien 1997. Einzelblätter o. S.)
Gert Tschögl

Nikolaus Wagner, Feldkirch

Nikolaus Wagner, Feldkirch

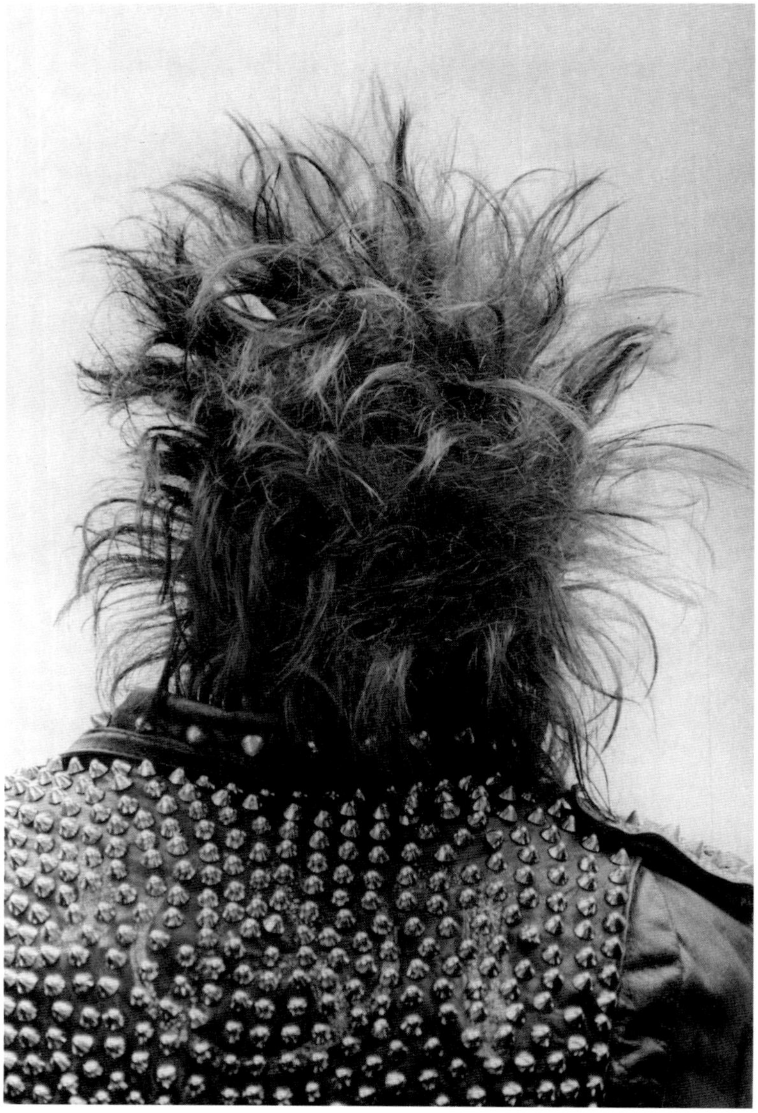

Nikolaus Wagner, Feldkirch

32.10 Maria Lassnig Kantate

A 1992, 16 mm, 8 min
Regie: Maria Lassnig, Hubert Sielecki
Darstellerin: Maria Lassnig
Produktion: Hubert Sielecki Animotion Films
Lassnig/Sielecki, Wien

Die Malerin Maria Lassnig übernimmt selbst die Hauptrolle und schildert ihr Leben in vierzehn poetischen Strophen.

Gert Tschögl

32.11 Going Nowhere Fast (Ausschnitt)

A 1993, D2, 10 min
Regie: Anna Steininger
Produktion: Medienwerkstatt Wien
Anna Steininger, Wien

Experimente mit narrativen Strukturen stehen im Zentrum meiner Arbeit. Das „Material" für „Going Nowhere Fast" sind Bilder, die ihren Ursprung in privater und sehr persönlicher Zufälligkeit haben. Genau dieses Persönliche, Subjektive und Private wird den Bildern wieder entzogen, indem sie per Montage einer Art Präsentations-Automation unterworfen wurden (Anna Steininger).

Gert Tschögl

32.12 War Requiem Bosnien

A 1994, Betacam SP, 1:50 min
Regie: Eva Brunner-Szabo
Produktion: Medienwerkstatt Wien
Eva Brunner-Szabo, Wien

Kroatien. Serbien. Photographie des Krieges. Eine Totenmesse für den Krieg, der nur scheinbar für kurze Zeit zu Ende geht. Sechs Tonspuren stellen die wichtigste Ebene dieses Videos dar. In ihnen ist schon alles angelegt, was man auch sehen kann, man braucht nur die Augen zu schließen, um das Grauen zu erleben. „War Requiem" gehört zur Serie Liebe & Anarchie, die zu visualisieren versucht, was auf sprachlicher Ebene nicht lösbar ist. (Videokatalog Kunst-Dokumentar. Hg: Medienwerkstatt Wien. Wien 1997. Einzelblätter o. S.)

Gert Tschögl

32.13 No More Isolation

A 1994, Betacam SP, 0:30 min
Regie: Lisi Frischengruber
Lisi Frischengruber, Wien

„No more Isolation" behandelt, in stilistisch sehr reduzierter Form, die Gefahr der gesellschaftlichen Ausgrenzung von Aids-Infizierten. Der Film wurde für die internationale „No More Aids"-Kampagne des Hiroshima-Animationsfilmfestivals 1995 hergestellt (Lisi Frischengruber).

Gert Tschögl

Es gibt Frauen, die

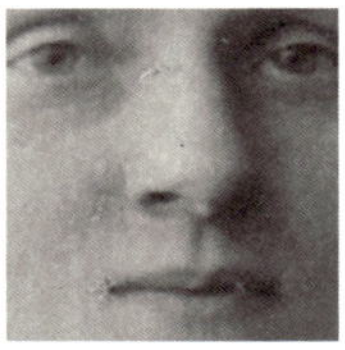

Wenn
Wenn man schöne Beine hab
Adam war nichts als ein roher Entwi
Man wird erst wissen, was die Fraue
Es ist bestimmt kein Zufa
Ich habe An

ein Mann will da

en will muß man sie von den

und die Schöpfung des Menschen ist Gott

nd, wenn ihnen nicht mehr vorgeschrieben wird, was

daß man als vorgeschriebene

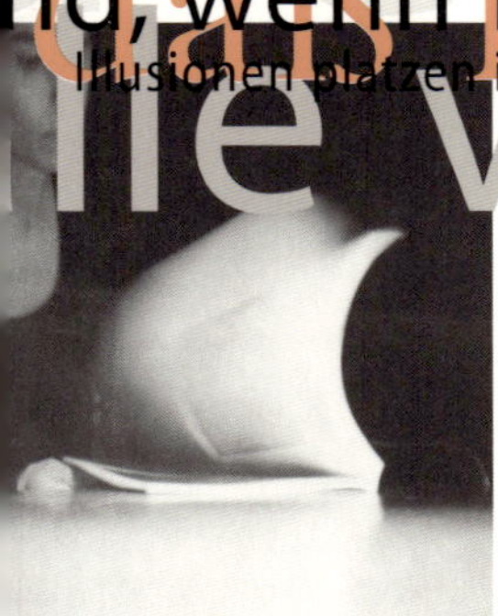

Illusionen platzen immer, Träume werden immer wahr.

Yoko Ono

ie von Damenhaftigk

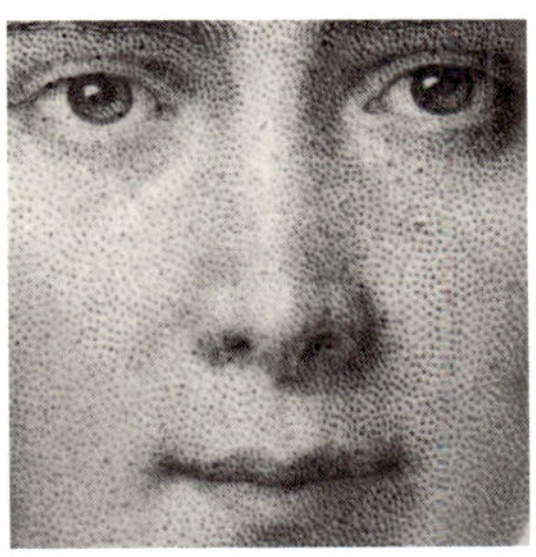

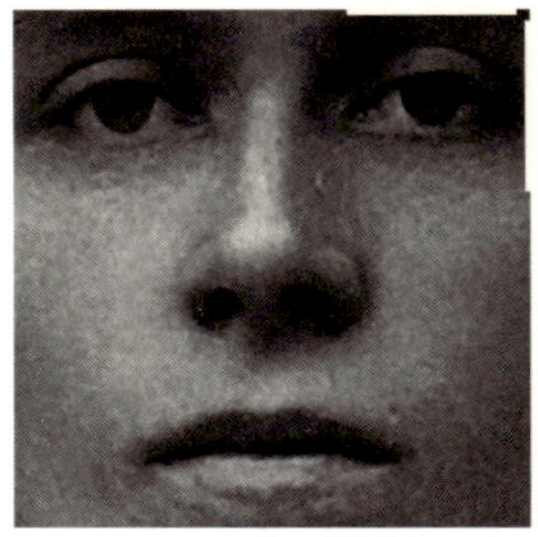

Ein Don Juan ist ein Mann, der den Frauen beim Fallen behilflich ist.

Jeanne Moreau

völlig gelungen, als er Eva geschaffen hat.

sie sein sollen.

Rosa Mayreder

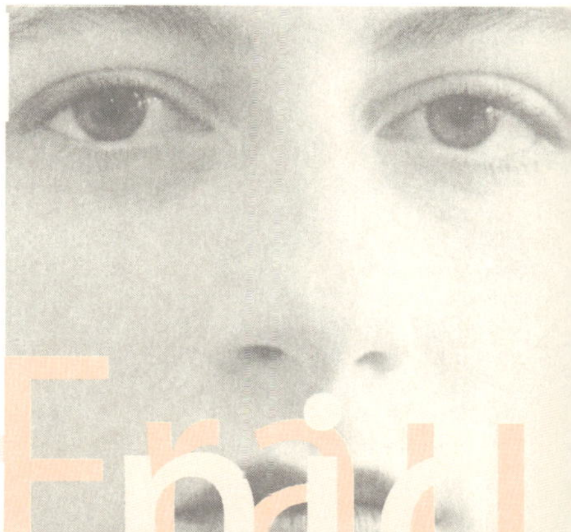

nlassen

In der Ehe ist es wichtig, daß man versteht harmonisch

nher aufstellt.

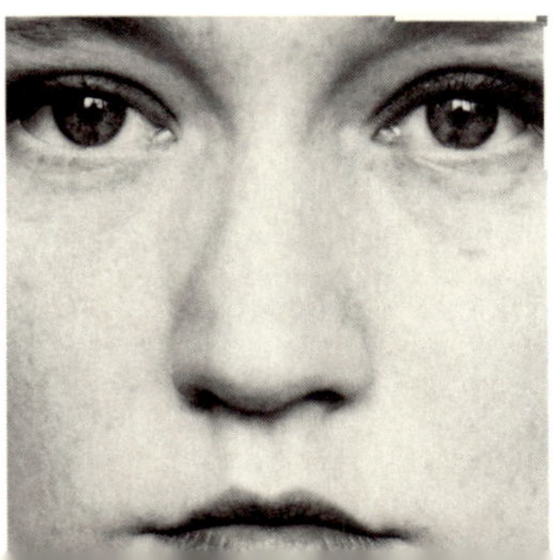

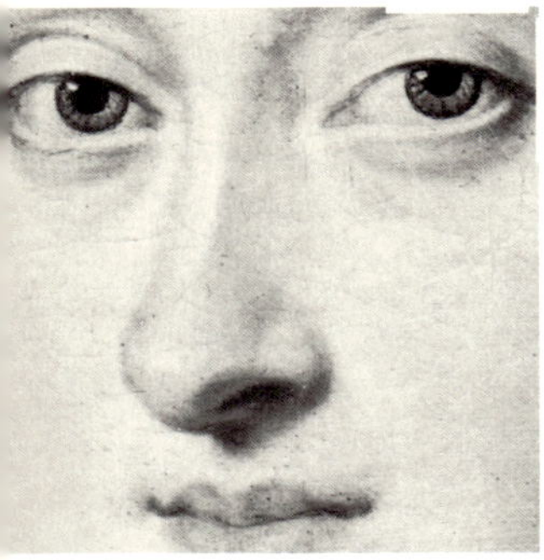

miteinander zu streiten.

Eine Frau kann jederzeit hundert Männer täuschen, aber

Anita Ekberg

Illusionen platzen immer, Träume w

Die Ehe – die vom Staat sanktionie

Man fordere nicht Wahrhaftigkeit von den Frauen, solange man sie in a

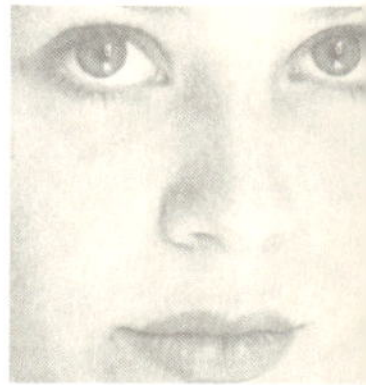

Als Gott den Mann schuf, übte sie nur.
Anonym

vollständig sein, ein

mmer wahr

ine einzige Frau

Tyrannei

auen erzieht, ihr vornehmster Lebenszweck sei zu gefallen.

Alma Mahler-Werfel

Marie von Ebner-Eschenbach

n vorgeschrieben w

was sie sein sollen.

Margit Kohlert

Zur Restaurierung des Schlosses Kirchstetten

Schloß Kirchstetten und seine weitläufigen Wirtschaftsgebäude liegen am Rand eines englischen Parks. Der mächtige, aus dem 16. Jahrhundert stammende Kernbau war ursprünglich eine vierflügelige Anlage, die von einem wasserführenden Graben umgeben und mit Mauern und kleinen Vorwerken befestigt war. Umbauten fanden im 17. und 18. Jahrhundert statt. Den letzten prägenden Ausbau ließ Matthias von Suttner, kurz nachdem er das Schloß 1723 erworben hatte, ausführen. Das Konzept dafür stammt wohl von Johann Bernhard Fischer von Erlach (gest. 5. 4. 1723), während die Arbeiten unter Mithilfe seines Sohnes Josef Emanuel erfolgten. In diese Bauetappe fällt auch die Errichtung der meisten Wirtschaftsbauten wie der langgestreckte Flügel mit Pferdestall, Wagenremise, Kuhstall und Meierhof sowie das Pförtnerhaus.

Heute präsentiert sich das Schloß als spätbarocke dreiflügelige Anlage mit dominierendem Mittelrisalit. Im Erdgeschoß befinden sich Wirtschaftsräume, in den beiden Obergeschoßen die Wohnräume und der Festsaal mit Kapelle. Die Innenräume erfuhren einige spätere Adaptierungen und Modernisierungen, zuletzt am Anfang des 20. Jahrhunderts. Zu dieser Zeit besuchte auch mehrmals eine Verwandte des Schloßherren Gustav von Suttner, die Trägerin des Friedensnobelpreises Bertha von Suttner, das Schloß.

Nach Beschädigungen im Jahr 1945, Akten des Vandalismus und einem Einbruch blieb das Gebäude lange Zeit unbewohnt.

Schon vor mehr als fünfzehn Jahren hatten die Eigentümer vorgeschlagen, Kirchstetten als Veranstaltungsort einer niederösterreichischen Landesausstellung zu wählen. Damit sollte die schwerpunktartige Zuerkennung von Förderungsmitteln des Bundes und des Landes für die Gesamtsanierung der Schloßanlage erreicht werden. Das Vorhaben blieb so lange unrealisierbar, als keine Nutzung für das Schloß, die dessen weitere Erhaltung auch nach dem Ende der Ausstellung sicherstellt, gefunden war.

Erst als vor vier Jahren eine Hotelerrichtungs- und betriebsgesellschaft auftrat und für die gesamte Anlage eine neue Widmung als Schloß- und Gesundheitshotel anbot, wurde ein Gesamtprojekt zur Instandsetzung und Restaurierung möglich. Es scheint aus den zu erwartenden Einnahmen nun die regelmäßige Pflege und damit die Erhaltung des Denkmals gewährleistet. Mit großem finanziellem und personellem Aufwand des Landes Niederösterreich und des Bundesdenkmalamtes wurde bis zum Beginn der Niederösterreichischen Landesausstellung „aufmüpfig & angepaßt, Frauenleben in Österreich" ein wesentlicher Teil der Instandsetzung des Bauwerks und dessen künstlerischer Ausstattung bewältigt.

Vorbereitende Untersuchungen

Am Anfang jedes Vorhabens von derartig komplexer denkmalpflegerischer Aufgabenstellung stehen Untersuchungen, die detaillierte Informationen über die Bausubstanz, deren Erhaltungszustand und die Bedeutung der einzelnen Teile innerhalb des Ganzen zum Ziel haben.

Die Vorarbeiten umfaßten die planliche Bauaufnahme, baugeschichtliche und restauratorische Untersuchungen sowie die Erfassung des Erhaltungszustandes.

Die Ergebnisse stellten die Grundlage für die Definition des Restaurierungszieles dar.

Der bauliche Zustand des Schlosses erwies sich prinzipiell als relativ gut. Die Außenerscheinung wird vom letzten prägenden Umbau um die Mitte des 18. Jahrhunderts bestimmt. Daraus folgt als grundsätzliche Zielvorstellung der Denkmalpflege die Wiederherstellung des authentischen Zustandes der Außenerscheinung.

Die schlichten Innenräume präsentierten sich sehr einheitlich in der Atmosphäre der Jahrhundertwende, die von gedämpftem Licht und dunklem Farbcharakter bestimmt wird. Der restauratorische Untersuchungsbericht beschreibt detailliert mehrere ältere, unter der gegenwärtigen Oberfläche liegende Dekorationen und bezeichnet zusammenfassend das Schloß als Dokument für einen adeligen Landsitz um 1900.

Auf dieser Grundlage stimmten Denkmalpfleger und Eigentümer darin überein, den „gewachsenen" Zustand des Schlosses zu respektieren. Der vorgefundene Bestand sollte so konsequent wie möglich konserviert und sein Alterswert berücksichtigt werden. Die Maßnahmen sollten in erster Linie der Substanzsicherung dienen und unter dem Grundsatz der minimalen Intervention geplant werden. Der Einsatz des Landeskonservators für Niederösterreich, HR Dr. Werner Kitlitschka, hat die unerläßliche methodische Aufbereitung und fachlich fundierte denkmalpflegerische Vorgangsweise abgesichert.

Ablauf der Restaurierungsarbeiten

Dem Eigentümer, der für mehrere Schlösser und Wirtschaftshöfe zu sorgen hat, waren in den letzten Jahrzehnten weder bauliche Sanierungen noch Maßnahmen an der künstlerischen Substanz in größerem Umfang möglich. Erst mit finanzieller Unterstützung durch die öffentliche Hand und großen eigenen Anstrengungen konnte in den Jahren 1993/94 mit der Instandsetzung der Wirtschaftsgebäude begonnen werden. Sie wurden statisch saniert, die Gewölbe instandgesetzt, die Dachstühle repariert und teilweise erneuert und die Dächer neu gedeckt.

Mit dem Beschluß, die niederösterreichische Landesausstellung 1998 in Kirchstetten zu veranstalten, setzten die Restauriermaßnahmen im Jahr 1996 in voller Intensität ein. Die Arbeiten im Inneren des Schlosses, an zwei Fassaden und an den Fassaden der nördlichen Wirtschaftsgebäude konnten bis 1998 abgeschlossen werden. Eine weitere Restaurieretappe, in der die übrigen Fassaden des Schlosses restauriert und die Wirtschaftsgebäude saniert werden, wird noch etwa ein Jahr in Anspruch nehmen.

Zu den vordringlichsten bautechnischen Maßnahmen am Schloß zählten die Verstärkung etlicher als nicht ausreichend tragfähig erkannter Deckenkonstruktionen,

Chinesenzimmer während der Restaurierung: unter der Papiertapete mit chinesischen Motiven fand man Wandmalereien mit szenischen Darstellungen eines chinesischer Ambientes

Restaurierung der Schloßfassade; nach dem Freilegen der barocken Putzschicht wurden alle Aufspitzlöcher gekittet

die Instandsetzung der Dachdeckung, der Kamine und Verblechungen, die Sanierung der Räume im Erdgeschoß, des Stiegenhauses, der Fenster, Türen und Tore.

Die für die Restaurierung der Schloßfassaden erforderlichen Maßnahmen wurden nach einer Pilotarbeit festgelegt, anhand derer die geeignete Technik zur Festigung der historischen Putzschichten, die methodische Ausführung der Putzergänzungen und Mörtelkonfektionierung und ein Färbelungsmuster erarbeitet wurde (Abb. 1). Die um 1900–1920 aufgebrachten, einfarbig rosa gestrichenen Putzüberriebe waren kaum noch mit dem Untergrund verbunden und in sehr schlechtem Erhaltungszustand. Die darunterliegende aus der Spätbarockzeit stammende Fassade, unter der noch zwei weitere, ältere Putzlagen mit Sgraffitoquaderung liegen, erwies sich als gut zu konservieren und ließ ein ansprechendes Ergebnis erwarten. Im Zuge der Sanierung arbeiteten Baufirma und Putzrestauratoren erfolgreich zusammen (Abb. 2 und 3). Abschließend wurde die Fassade in Kalktechnik in Weiß/Gelb gestrichen. Die künstlerischen Steindekorationen mußten teilweise ergänzt und neu befestigt, ihre Oberflächen gefestigt und neu gefaßt werden.

In den Innenräumen wurde angestrebt, ihre heutige Erscheinung weitgehend zu konservieren. Dazu zählen die schlichten Schablonenmalereien der Zeit nach 1900 und die prätiösen, mit kleinteiligen klassizistischen Elementen dekorierten Räume des ersten Stocks ebenso wie die Papiertapetenausstattung, ebenfalls nach 1900, im zweiten Obergeschoß. Im sogenannten Chinesenzimmer wurden die mit chinesischen Motiven bedruckten Papiertapeten zwecks Restaurierung abgenommen (Abb. 4). Dabei stieß man auf die darunterliegenden Malereien, die reizvolle Chinoiserien zeigen. Ein Wiederanbringen der Tapeten über die Wandmalereien schien konservatorisch bedenklich. Die Malereien wurden daher restauriert und präsentieren heute die künstlerische Gestaltung um die Mitte des 18. Jahrhunderts.

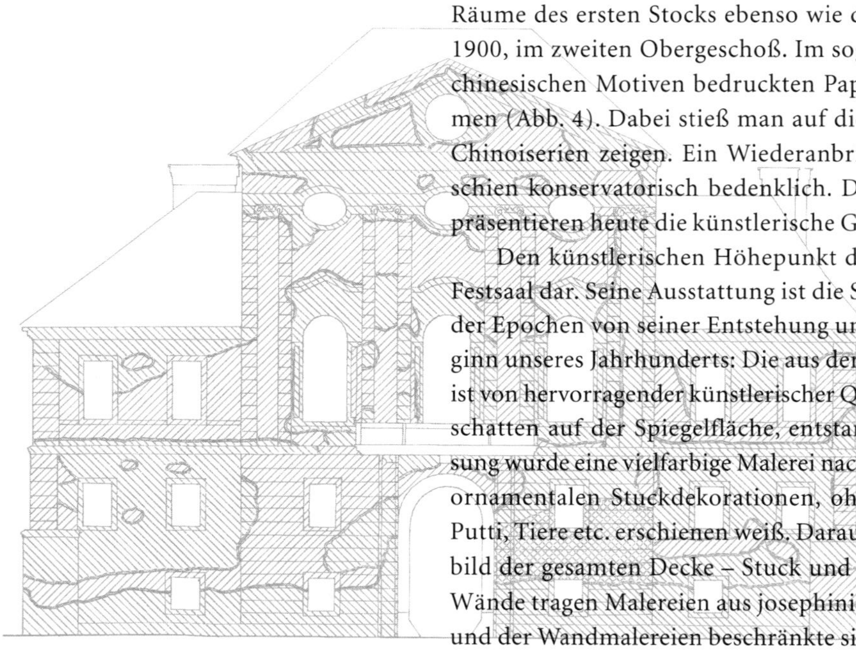

Den künstlerischen Höhepunkt des Schlosses stellt zweifellos der prachtvolle Festsaal dar. Seine Ausstattung ist die Summe aller künstlerischen Interpretationen der Epochen von seiner Entstehung um die Mitte des 18. Jahrhunderts bis zum Beginn unseres Jahrhunderts: Die aus der Erstausstattungszeit stammende Stuckdecke ist von hervorragender künstlerischer Qualität, ihre Fassung, weiß mit grünen Begleitschatten auf der Spiegelfläche, entstand nach 1900. Als darunterliegende Erstfassung wurde eine vielfarbige Malerei nachgewiesen, florale Motive ziehen sich über alle ornamentalen Stuckdekorationen, ohne die plastische Form zu berücksichtigen. Putti, Tiere etc. erschienen weiß. Daraus folgt, daß das ursprüngliche Erscheinungsbild der gesamten Decke – Stuck und zentrales Deckenbild – stark farbig war. Die Wände tragen Malereien aus josephinischer Zeit. Die Restaurierung der Stuckdecke und der Wandmalereien beschränkte sich auf die Konsolidierung und Reinigung der Oberflächen. 1974 war das Deckengemälde, ein eindrucksvolles Frühwerk Franz Anton Maulbertschs von 1752, das die allegorische Darstellung des Triumphes der Wahrheit über die Zeit zeigt, abmontiert und im Rahmen der Maulbertschausstellung im Barockmuseum Heiligenkreuz-Gutenbrunn gezeigt worden. Aus konservatorischen Gründen blieb es bis heuer dort. Da sich nun, mit der neuen Widmung, die Bedingungen verbessert hatten, konnte es an seinen ursprünglichen Standort zurückkehren.

Die vier großen Portraits der Familie Suttner von Franz Anton Palko, die sich derzeit noch im Barockmuseum Heiligenkreuz-Gutenbrunn befinden, sollen in Kürze restauriert und nach der Landesausstellung ebenfalls wieder an ihrem ursprünglichen Ort an den Schmalseiten des Festsaales angebracht werden.

An den Festsaal schließt die kleine Kapelle an, ein spätbarocker Raum mit Stuckdecke, einem Altar aus Stuckmarmor und barocken Sakristeischränken. Das ebenfalls von Franz Anton Maulbertsch gemalte Altarblatt mit der Darstellung der hl. Anna wurde aus dem unbewohnten Schloß vor einigen Jahren gestohlen.

Die neue Widmung des Schlosses als Kurhotel führte dazu, daß das Bundesdenkmalamt sich mit einem Neubauprojekt auseinanderzusetzen hatte, das allerdings bisher noch nicht fertiggestellt werden konnte. Das Ausmaß des direkt an das Schloß angebundenen Zubaus in Form eines weit ausladenden Baukörpers stellt aus Sicht der Denkmalpflege ein besonderes Problem dar, da die künstlerische Wirkung und überlieferte Erscheinung des Schlosses davon stark betroffen ist.

Architekten, Restauratoren und ausführende Firmen, Planaufnahmen und bauhistorische Untersuchungen:

Schloß:
Architekt Dipl.-Ing. Carl Auböck, Wien; Mag. Günther Rath, Klosterneuburg (1996)

Wirtschaftsgebäude:
Architekt Dipl.-Ing. Dr. Goetz Faisst, Wilfersdorf (1993)

Photogrammetrische Aufnahmen:
Abteilung für Photogrammetrie des Bundesdenkmalamtes

Restauratorische Befundungen:
Mag. Christa Linsinger, Wien (1991) und Mag. Rudolfine Seeber, Wien (1996)

West- und Nordfassade:
Pilotarbeit Mag. Rudolfine Seeber (1996)
Arbeitsausführung Restauratoren Johannes Weißenbach und Franz Hochholzer und Fa. Illbau Ges.m.b.H. Laa/Thaya (Entfernung aller nicht haltbaren Putzüberriebe und Putzschichten, im Bereich größerer Fehlstellen Aufbringen von reinem Kalkputz, Kittung der vielen Aufspitzlöcher und kleinen Fehlstellen. Tünchen zur Festigung der Oberfläche und gleichzeitig zur Neutralisierung der unterschiedlichen Alt- und Neuputzbereiche)

Fassadenfärbelung:
Fa. Weidenauer, Horn

Künstlerische Steindekorationen:
Restauratoren Erich Pummer, Rossatz und Jan Michalik, Herzogenburg

Steininstandsetzung am Wirtschaftsgebäude:
Fa. Thornton, Laa an der Thaya

Innenräume:

Restaurierung der Wandmalereien und Stuckdecken:
Mag. Rudolfine Seeber, Wien (Entfernung alter Elektroleitungen, Haken und Nägel, Anbindung schlecht haftender Bereiche und Schollen an den Untergrund, Festigung kreidender Malschichten, Entfernen alter Kittungen und Neukittung, Reinigen und Retuschieren aller Flächen. An der Stuckdecke mehrere Ergänzungen ausführen. Reinigen von Stuckmarmor. Durchführung 1997/98)

Papiertapetenrestaurierung:
Mag. Markus Klasz, Wien (In einem Raum konnten die Tapeten in situ gereinigt und die Fehlstellen ausgebessert werden. In zwei weiteren mußten alle Bahnen sorgfältig abgenommen, durch Wässern entsäuert, gereinigt, kaschiert und neuerlich tapeziert werden. Abschließend wurden Fehlstellen geschlossen und retuschiert. Durchführung 1997)

Montage des Deckenbildes:
Mag. Dieter Höfer, Wien, unter Mitarbeit der Restaurierwerkstätten des Bundesdenkmalamtes (Mag. Michael Vigl), organisatorisch betreut vom Gebietsbauamt Krems (Dipl.-Ing. Günther Graf). Die Größe des Bildes, 360 x 670 cm, erforderte aufwendige Manipulationen: nach der Demontage in Heiligenkreuz-Gutenbrunn mußte es abgespannt, auf eine Transportrolle aufgerollt und transportiert, in Kirchstetten – nach entsprechender Temperierung des Festsaales – abgerollt, auf den reparierten Keilrahmen aufgespannt und montiert werden.

Instandsetzung der Filialkirche Hl. Geist
Gegenüber der Schloßzufahrt befindet sich die Filialkirche Hl. Geist. Ihr romanisches Langhaus stammt aus dem 13. Jahrhundert und wurde um 1400 um einen gotischen Chor- und Turmbau erweitert. Auch diese bedeutende Kirche konnte im Rahmen der Vorbereitungen zur niederösterreichischen Landesausstellung instandgesetzt werden Eine schadhafte Dachstuhlkonstruktion und vermorschte Deckenträme hatten zu massiven statischen Beeinträchtigungen geführt. Der Bauzustand war bereits dramatisch schlecht, das Gutachten des Statikers bezeichnete die Decke als akut einsturzgefährdet. Es mußte die gesamte Deckenkonstruktion abgetragen und neu errichtet werden. Der Dachstuhl wurde repariert, die Deckung erneuert. Das Langhaus erhielt eine neue Holzdecke, der Innenraum wurde ausgemalt und die Einrichtung konsolidiert.

Verwendete Literatur:
Rudolf Büttner, Renate Madritsch, Burgen und Schlösser in Niederösterreich. Band 14. Vom Bisamberg bis Laa/Thaya. Wien, St. Pölten 1987, S. 181–184.
Dehio Handbuch. Die Kunstdenkmäler Österreichs. Niederösterreich nördlich der Donau. Wien 1990, S. 509.

Abbildungsnachweis:
Abb. 1, 2, 4: BDA, Margit Kohlert
Abb. 3: Restaurator Johannes Weißenbach
Anschrift des Autors:
Mag. Margit Kohlert, Landeskonservatorat für Niederösterreich, Bundesdenkmalamt, Hofburg, 1010 Wien,
Tel. 01-53415-165, -171